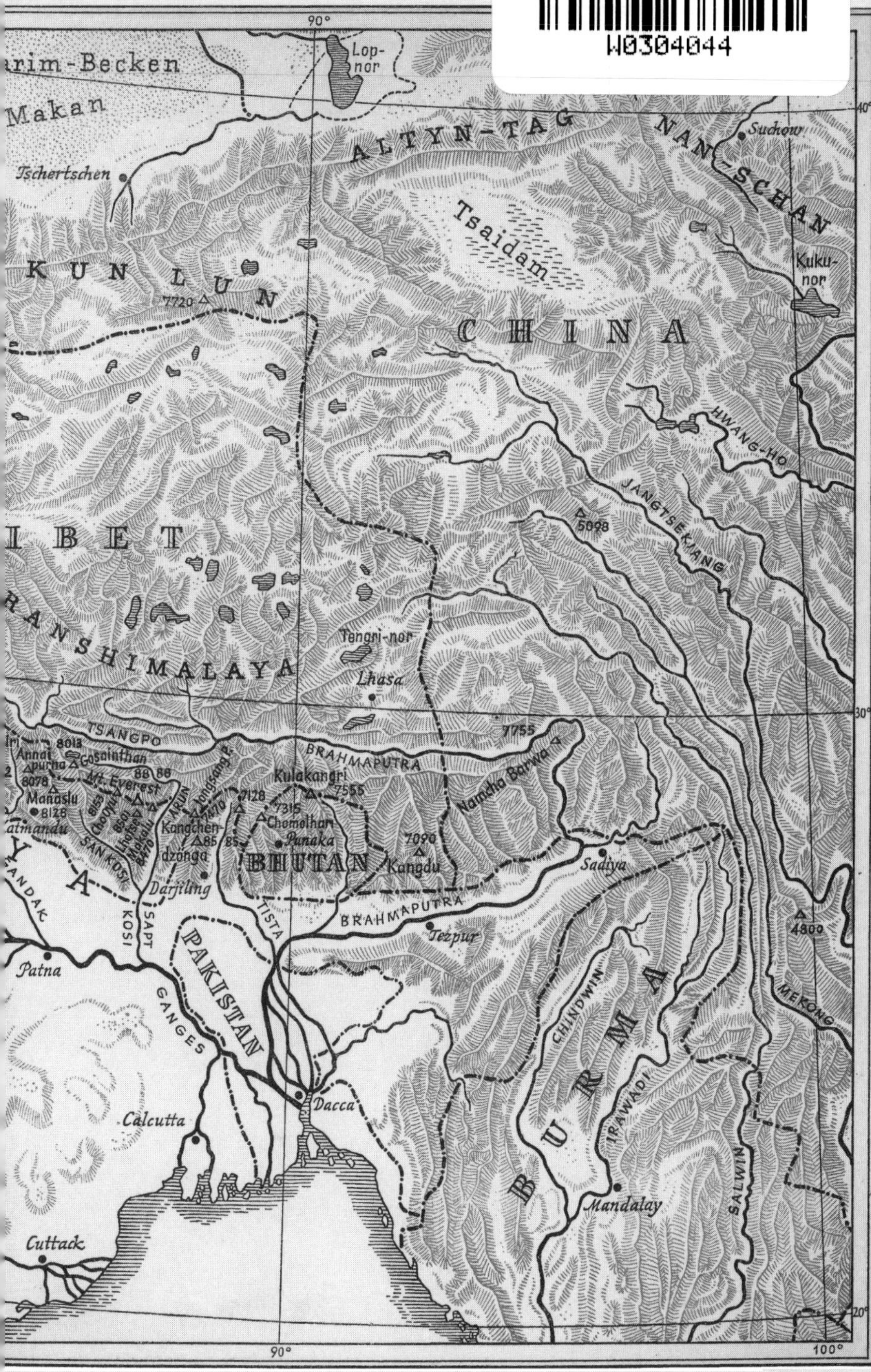

90°
Lop-nor
arim-Becken
Makan
ALTYN-TAG
NAN-SCHAN
Suchow
Tschertschen
Tsaidam
KUN LUN
7720
Kuku-nor
CHINA
HWANG-HO
JANGTSEKIANG
5098
IBET
RANSHIMALAYA
Tengri-nor
Lhasa
TSANGPO
BRAHMAPUTRA
7755
8013
Annapurna
Gosainthan
8078
Mt. Everest
88
Manaslu
8128
Katmandu
Kulakangri
7555
7128
7315
Chomolhari
Namcha Barwa
Kangchen-dzönga
85
Punaka
BHUTAN
7090
Kangdu
Sadiya
SAN KOSI
ARUN
Darjiling
KOSI
SAPT
TISTA
BRAHMAPUTRA
Tezpur
4800
Patna
PAKISTAN
GANGES
CHINDWIN
BURMA
MEKONG
Dacca
Calcutta
IRAWADI
SALWIN
Mandalay
Cuttack
40°
30°
20°
100°

NANGA PARBAT

Ralf-Peter Märtin

NANGA PARBAT

Wahrheit und Wahn des Alpinismus

Berlin Verlag

 • Umschlaggestaltung: Nina Rothfos und Patrick Gabler, Hamburg • Typografie: Renate Stefan • Gesetzt aus der Galliard durch psb, Berlin • Druck & Bindung: Friedrich Pustet, Regensburg • Printed in Germany 2002 • ISBN 3-8270-0425-X

Vorsatzpapier:

Karte der Achttausender des »Himalajapapstes« G. O. Dyhrenfurth aus den sechziger Jahren. Der Nanga Parbat liegt als Grenzberg zwischen Indien und Pakistan. Tatsächlich war er das nie, da das Fürstentum Kaschmir zwischen den beiden Staaten strittig ist. Die Waffenstillstandslinie von 1949 verläuft 50 Kilometer südlich des Berges, der sich heute auf pakistanischem Territorium befindet.

Nachsatzpapier:

Ausschnitt aus der Nanga-Parbat-Karte von R. Finsterwalder (1934) mit Einzeichnungen K. M. Herrligkoffers (1971).

Für Irene

INHALTSVERZEICHNIS

Ich wollte einmal hoch hinaufsteigen,
um tief in mich hineinsehen zu können.
Reinhold Messner

AUFSTIEG

Als ich nach fünf Wochen das Diamir-Tal verließ, konnte ich kein Geröll mehr sehen. Das ewige Braun und Grau der schottrigen Berge hing mir zum Hals heraus. Das Donnern der Lawinen nahm ich nicht mehr wahr. Das Weiß der Gipfel der Ganalo- und Mazeno-Kette brannte in meinen Augen. Am Beginn der Schlucht, durch die der schmale Pfad zum Indus hinunterführt, drehte ich mich noch einmal um: Von ungeheurer Massigkeit, hoch, steil, eisgepanzert, wuchtete die Westflanke des Nanga Parbat in einen stahlblauen Himmel. Der letzte Schein der untergehenden Sonne ließ das Gipfeltrapez golden aufflammen. Die tieferen Regionen versanken in abweisender Dunkelheit. Das Spiel des Lichtes, in den Alpen für eine Kitschpostkarte gut, hatte hier im Himalaja nichts Malerisches. Der Berg lockte und drohte zugleich. Wie ein spöttischer Gruß zum Abschied flackerte noch einmal Helligkeit um den höchsten Grat des »Königs der Berge«. Plötzlich wußte ich: Ich würde wiederkommen.

Zwei Träger hatten meine Bücher und eine alte mechanische Schreibmaschine ins Basislager geschleppt. Ich las bei strömendem Regen und bei brütender Hitze. Manchmal war es so kalt, daß ich meine Notizen mit Handschuhen tippte. Zurückgekehrt nach Europa, fesselte mich das Thema immer mehr.

Kein Berg hat eine so bewegte Geschichte wie der Nanga Parbat. Er war der erste Achttausender, den man zu besteigen versuchte. Man schrieb das Jahr 1895, und der beste Kletterer Englands, Albert Frederick Mummery, besaß die ungeheure Kühnheit, diesen Riesen mit Nagelschuhen, Hanfseilen und in einer Tweed-Jacke anzugehen.

In den dreißiger Jahren wurde der Berg für die Deutschen, was der Everest für die Engländer war. Beide Nationen wetteiferten darum, »ihren« Achttausender als erste zu »erobern«, aber nur die deutsche »Heldenrasse« verwandelte das Objekt ihrer Begierde in ein alpines Stalingrad, dem 26 Bergsteiger und Sherpas zum Opfer fielen. Bei der größten Katastrophe in der Geschichte des Alpinismus starben Willy Merkl, Willo Welzenbach und Carlo Wien. Durch ihren Tod avancierte der Nanga Parbat zum »Schicksalsberg der Deutschen«. Wie konnte es geschehen, daß sich die Elite der deutschen und österreichischen Bergsteiger so willfährig vor den Karren des Dritten Reiches spannen ließ?

In den fünfziger Jahren geriet der Berg zum Symbol des »Wir sind wieder wer« der jungen Bundesrepublik Deutschland, zum ersten Sieg nach dem Zusammenbruch 1945. Hermann Buhl, der Gipfelsieger von 1953, war der erste moderne Bergsteiger, unpolitisch, naiv und leistungsorientiert. Später, in den siebziger Jahren, ist der Nanga Parbat auch zum Schicksalsberg Reinhold Messners geworden, der hier seinen Bruder Günther verlor und mit der ersten Solobesteigung eines Achttausenders Alpingeschichte schrieb.

Aus den Büchern und Aufzeichnungen der Toten, aus Interviews mit den lebenden Akteuren habe ich Biographien, Motive und Expeditionen rekonstruiert. Ich verfolgte ihre Spuren durch die Archive und die zeitgenössische Presse überallhin, wo es nötig war: zum Nanga Parbat, Kangchendzönga und Everest, zum Eiger, Hidden Peak und zur Annapurna, zum englischen Alpine Club, dem Akademischen Alpenverein München und zur Deutschen Himalaja-Stiftung, zum Reichssportfest nach Breslau, in die NS-Ordensburg Sonthofen und in die Dokumentenschränke auf Messners Schloß Juval.

Nicht ausgewichen bin ich der »anderen« Geschichte des Berges, die sich in endlosen Streitereien, Prozessen und persönlichen Verunglimpfungen niederschlug. Vom »Ehrengericht« über die zwei »feigen« Österreicher Aschenbrenner und Schneider im Jahr 1935 bis zu den gerichtlichen Auseinandersetzungen, die Buhl 1953 und Messner 1970 mit dem Organisator des deutschen Expeditionsbergsteigens nach dem Zweiten Weltkrieg, Karl Maria Herrligkoffer, führten.

Wie in einem Brennglas konzentriert sich in der Geschichte des Nanga Parbat die Geschichte des Achttausender-Bergsteigens überhaupt. Von Mummery bis Messner erlebte er sämtliche Stile und Taktiken des Höhenbergsteigens. Von vierzehn Tonnen Ausrüstung, die Merkl 1934 mit 600 Trägern ins Basislager schaffte, bis zu den zwanzig Kilo, die Messner für seinen Alleingang brauchte, reicht die Skala der Möglichkeiten. Von Mummerys »by fair means« mit Seil und Pickel bis zum Einsatz einer Ju 52 zur Versorgung der Hochlager probierte man an diesem Berg alles aus, und hier wurden die Fragen gestellt, die noch heute die Öffentlichkeit bewegen.

Wie »funktionieren« Extrembergsteiger, warum quälen sie sich durch hüfthohen Schnee und lawinengefährdete Eiswände, riskieren Erfrierungen und tödlichen Absturz? Was treibt sie auf die hohen Berge und was haben sie davon? Geht es wirklich um die »Eroberung des Nutzlosen«, wie der französische Bergführer Lionel Terray einmal behauptet hat, oder ist das Achttausender-Bergsteigen nicht ein höchst einträgliches Geschäft, das für die Erfolgreichen Ruhm, Geld und Karrieren in Politik und Showgeschäft bereithält?

Sind Bergsteiger die besseren Menschen, machen sie intensivere Erfahrungen, ist man in den Bergen »freier« als anderswo und solidarischer, weil es die Bergkameradschaft gibt? Oder geht es auch in der »Todeszone« zu wie im richtigen Leben, einschließlich Neid, Eitelkeit und Konkurrenzdruck, Ehrgeiz und dem unbedingten Willen, nach oben zu kommen?

Was reizt den Bergsteiger am Berg? Warum riskiert der Kletterer sein Leben? Wer weiß die Antwort? Im Zweifel immer der Berg. Steigen wir auf.

Der Tod durch Absturz gehört zweifellos
zu der angenehmsten Art, sein Leben zu beenden.
Frank S. Smythe

DER ENGLÄNDER

MUMMERY & CO.

An einem Frühlingsmorgen des Jahres 1895 rannte ein Telegrammbote die Hauptstraße von Dover hinunter und läutete stürmisch am Maison Dieu House. Das hochherrschaftliche, im 17. Jahrhundert errichtete Gebäude gehörte dem Besitzer einer der größten Gerbereien der Stadt. Der Butler öffnete, nahm die Depesche entgegen und brachte sie sofort dem Hausherrn: Albert Frederick Mummery hatte Post aus Indien bekommen.

Der hochaufgeschossene, 1,85 Meter große Mummery trug wegen seiner extremen Kurzsichtigkeit eine Brille mit dicken Gläsern, was ihm das Aussehen eines Intellektuellen gab, war aber ein guter Kaufmann. Den vom Vater geerbten Betrieb führte er zusammen mit seinem zehn Jahre älteren Bruder William so erfolgreich, daß er ernsthaft überlegte – er war 39 Jahre alt –, sich aus dem aktiven Geschäftsleben zurückzuziehen und sich ganz seinen Neigungen zu widmen. Die waren zahlreich. Mummery interessierte sich für Militärgeschichte und -strategie, für politische Ökonomie und Philosophie, vor allem aber fürs Bergsteigen. Gerade feilte er an den letzten Seiten seines Buches, worin er seine Touren in den Alpen und im Kaukasus beschrieb. Unter dem trockenen Titel *My climbs in the Alps and Caucasus* sollte es im Sommer herauskommen und rasch zu einem Klassiker der Alpinliteratur werden. Angesichts des Autors verwunderte das niemand. Mummery galt als der beste Bergsteiger Englands.

Jetzt war die Verwirklichung seines größten Traums greifbar nahe. Der Generalgouverneur und Vizekönig von Indien, Sir Victor Alexander Bruce, 9. Earl of Elgin, erteilte ihm persönlich die Erlaubnis, Kaschmir zu bereisen, und wünschte ihm Glück für ein Vorhaben, das noch kein Mensch vor ihm gewagt hatte: die Besteigung eines Achttausenders. Mummery hatte sich den achthöchsten Berg des Himalaja, den 8125 Meter hohen Nanga Parbat, ausgesucht.

Mummery mit seiner Tochter (wahrscheinlich 1888).

Noch am gleichen Tag schrieb er überglücklich an seine Freunde Norman John Collie und Geoffrey Hastings. Beide hatten mit ihm in den letzten Jahren die schwierigsten Touren in den Alpen gemacht. Sie waren ein bewährtes Team. Einer konnte sich auf den anderen blind verlassen. Der Schotte Collie, auf den Tag genau vier Jahre jünger als Mummery, war nur zu froh, seinen Job als Naturkundelehrer am Cheltenham Ladies College in

London für eine Weile an den Nagel zu hängen. Er versprach, wegen der zu erwartenden Kälte in den Höhenlagen des Berges für ausreichend Shetland-Pullover zu sorgen und sich mit dem Rauchen zurückzuhalten. Mummery haßte Raucher. Aber der hagere, schlaksige Collie sah nicht nur aus wie Sherlock Holmes, er behielt auch seine Pfeife selbst bei den härtesten Klettereien stoisch zwischen den Zähnen. Dagegen war der »Benjamin« des Trios, Hastings, ein athletischer Sportlertyp. Er war berühmt für sein schnelles Stufenschlagen im Eis, kletterte famos und kochte passabel. Böse Zungen behaupteten, er trüge Mummerys Rucksack, denn der hatte in seiner Jugend an einer Wirbelsäulenschwäche gelitten und konnte keine schweren Lasten tragen.

Mummerys Frau Mary hatte Mühe, den strahlenden Optimismus ihres Mannes zu teilen. Nach ihrer Heirat 1883 hatte sie sich von seinem Enthusiasmus für die Alpen anstecken lassen und war ihm aufs Matterhorn und auf die Gipfel rund um Chamonix gefolgt. Sie kannte die Fähigkeiten von Mummery in Fels und Eis, seine Ausdauer und seine exzellente Kondition. Sie wußte, daß die Suche nach immer neuen Herausforderungen zu seinem Lebensprinzip gehörte. Bereits 1891 traf er sich mit Douglas William Freshfield, der den höchsten Berg des Kaukasus, den Elbrus, bestiegen hatte, und Martin Conway, der eine Himalaja-Expedition plante, und sie verabredeten einen Gipfelversuch am Kangchendzönga, dem dritthöchsten Berg der Erde. Aus dem Plan wurde nichts, aber im darauffolgenden Jahr lud ihn Conway zu einer Expedition in den Karakorum ein, die er im Auftrag der Royal Geographical Society durchführte. Mummery war begeistert, denn in den »Schwarzen Bergen« liegt die Eispyramide des zweithöchsten Berges, des K2.

Klugerweise testeten die beiden ihre unterschiedlichen Temperamente und Ansichten auf einer Probetour in den Grajischen Alpen. Schnell stellte sich heraus, daß sie bei aller gegenseitigen Wertschätzung Welten trennten. Conway war der klassische Forscher, der mit Barometer und Theodolit genauso gern hantierte wie Mummery mit Seil und Pickel. Mummery wiederum wollte klettern und nicht forschen. Lange Fußmärsche waren ihm zuwider, und er ertrug sie nur, wenn an ihrem Ende eine Wand oder ein Gipfel winkte. Er hatte beste Erfahrungen damit, allein zurechtzukommen. Also entschloß er sich, seine eigene Expedition zu organisieren und zu finanzieren. Ihm fehlte nur noch die Genehmigung der britischen Regierung in Indien. Nun hatte er sie. Es konnte losgehen.

ERSTE KUNDE VON DEN ACHTTAUSENDERN

Wirkliche Vorläufer, von denen Mummery hätte lernen können, gab es nicht. Die Riesenberge des Himalaja waren spät ins Bewußtsein der abendländischen Menschheit gerückt. Als Alexander von Humboldt 1802 den Chimborazo in den ecuadorianischen Anden bestieg, tat er es in dem Glauben, den höchsten Berg der Erde vor sich zu haben. Mit 6267 Metern ist der imposante Gipfel jedoch nicht einmal der höchste Amerikas. Erst als die Briten im 19. Jahrhundert Stück für Stück den indischen Subkontinent annektierten, kamen sie in die Nähe jener Berge, die den Einheimischen als Sitz der Götter heilig waren und deren Schnee- und Eispanzer drohend jeden Zugang verwehrten. Vom Beginn ihrer Herrschaft warfen die Briten ein feinmaschiges Vermessungsnetz über Indien, gründeten eine eigene Behörde, den Great Trigonometrical Survey (G.T.S.), der ein Beamter im Generalsrang vorstand, und arbeiteten sich in dreißig Jahren, bis 1846, an den Fuß des Himalaja heran. Es war Sir George Everest, der in seiner zwanzigjährigen Amtszeit als Leiter des G.T.S. das Instrumentarium entwickelte, mit dem man immer besser messen, vor allem aber Höhen bestimmen konnte, ohne sie zu betreten, ja sogar ohne in ihre Nähe gekommen zu sein – was gerade im Falle von

Nepal und Tibet entscheidend war, die ihre Grenzen lange Zeit kategorisch für Ausländer geschlossen hatten. Everests Methode, aus über 150 Kilometern Abstand die Gipfelhöhen des Himalaja mit verblüffender Exaktheit zu justieren, führte 1852 zur »Entdeckung« des höchsten Berges der Erde, des nach ihm benannten 8846 Meter hohen Mount Everest.

Waren die Höhenzüge des östlichen und mittleren Himalaja in groben Zügen bekannt, so wußte man fast nichts über den westlichen Teil, die Region von Kaschmir und den sich nördlich anschließenden Karakorum. Es waren drei Brüder aus Bayern, Adolph, Hermann und Robert Schlagintweit, die diese Gebiete im Dienste der englischen Ostindienkompanie zwischen 1854 und 1856 erforschten und erstmals Klarheit über den Verlauf der dortigen Gebirgszüge herstellten. Die Schlagintweits waren als Geographen ausgebildet und verstanden sich als Wissenschaftler, hatten aber durch ihre Vermessungsarbeiten in den Ostalpen Lust am Klettern entwickelt. Angesichts der Berge, die sie umgaben, und eingedenk ihres großen Vorbilds Alexander von Humboldt, mit dem sie befreundet waren, versuchten sie einen Siebentausender im indischen Himalaja, den Kamet (7756 m). Sie schafften zwar nicht den Gipfel, aber mit 6785 Metern den Höhenweltrekord.

Ein Jahr später, Mitte September 1856, reiste der Jüngste der Brüder, der 28jährige Adolph, durch den Norden Kaschmirs, um einen Weg über die Gebirgsketten des Himalaja, des Karakorum und des Kunlun nach Turkestan zu finden. Er benutzte einen alten Karawanenweg, der von Gilgit am Indus über den Flecken Astor nach Srinagar führte. Auf dieser Route mußte er den Nanga Parbat passieren. Er erblickte das Massiv vom Gue-Paß aus, auf etwa 3700 Meter Höhe, und fühlte instinktiv, daß er einen der ganz großen Berge vor sich hatte. Er stieß bis zu seiner Südwand vor und vermaß ihn nach allen Regeln der Kunst. Tiefbeeindruckt zeichnete er ein Panorama des Berges, die erste aussagekräftige Abbildung des Nanga Parbat überhaupt, sieht man von einer mehr als flüchtigen Skizze ab, die ein gewisser Colonel Bates 1854 veröffentlichte. Schlagintweit berechnete die Höhe mit 26629 Fuß, was fast genau den heute gemessenen 8125 Höhenmetern entspricht. Als 1862/63 die Vermessungstrupps des G.T.S. das Gebiet um den Nanga Parbat in die offizielle Karte aufnahmen, bestätigten sie seine Ergebnisse. Als erster überlieferte Schlagintweit auch die zwei Namen des Berges: Diamir, was im örtlichen Shin-Dialekt »König der Berge« bedeutet, und Nanga Parbat, der »Nackte Berg«, wie ihn indische Reisende auf Sanskrit nannten. Dicht neben einer vielbegangenen Handelsroute gelegen, war seine Existenz den Einheimischen im nordwestlichen Indien wohlbekannt. Vereinzelte englische Abenteurer hatten den Berg schon vor Schlagintweit erwähnt, darunter der Forschungsreisende Godfrey Thomas Vigne, dessen Bericht 1842 in London erschien. Aber keiner von ihnen hatte die Höhe des Berges richtig erkannt. Vigne schätzte sie auf nur 6000 Meter.

So blieb der Himalaja bis in die achtziger Jahre des 19. Jahrhunderts hinein die ausschließliche Domäne der Geographen, Geologen und Vermessungsbeamten. Man suchte und fand die wichtigsten Verbindungspässe in den Gebirgen, erkundete die Fluß- und Gletschersysteme, beschrieb Flora und Fauna und überließ im übrigen die Gipfel denen, die sie schon immer bewohnt hatten: den Göttern.

CONWAY, BRUCE UND ANDERE BRITEN

Es gab freilich eine Ausnahme, und Mummery hat sich ohne Zweifel über diesen ersten rein bergsteigerischen Versuch in Asien kundig gemacht. Das war einfach, denn der fragliche Himalaja-Alpinist war wie Mummery Mitglied des exklusiven britischen Alpine Club und hatte seine Erlebnisse im Jahrbuch des Vereins, dem *Alpine Journal*, ausführlich niedergelegt. William Woodman

Graham war 1883 nach Indien gereist und hatte sich das Gebiet um den Kangchendzönga vorgenommen. Da er über ausreichende Geldmittel verfügte, engagierte er für seine Expedition nicht weniger als drei Schweizer Bergführer. Freimütig bekannte er, die Reise aus sportlichen und abenteuerlichen Gründen und nicht aus wissenschaftlichen Motiven unternommen zu haben. Seine Besteigungen fanden ihren Höhepunkt im Aufstieg auf den Kabru, der mit 24 002 Fuß (7340 m) dem Rekordbedürfnis Grahams exakt entsprach. Da sein Umgang mit Karte und Kompaß äußerst dilettantisch war, fiel die Wegbeschreibung völlig wirr und nicht mehr nachvollziehbar aus. Heute nimmt man an, Graham habe sich vertan und statt des Kabru den Forked Peak (6201 m) bestiegen. Jedenfalls war Graham nach eigenem Bekunden im Himalaja »auf keine großen Schwierigkeiten« gestoßen. Auf- und Abstieg auf den »Kabru« bewerkstelligte er in nur drei Tagen.

Mummery hielt nicht viel von Graham. 1880 hatte er den Dent du Géant in der Montblanc-Gruppe versucht und war knapp unterhalb des Gipfels umgekehrt, weil er ihn »by fair means«, das heißt in freier Kletterei und ohne Hilfsmittel, für unersteigbar hielt. Zwei Jahre später »eroberte« ihn Alessandro Sella unter Einsatz eines halben Warenlagers mit Leitern, Zugseilen und Eisenstiften. Vierzehn Tage später war ihm Graham auf dieser »Treppe«, wie andere Bergsteiger Sellas Konstruktionen höhnisch nannten, gefolgt, um den zweiten Gipfel des Berges »zu machen«. Wenn Graham auf einen Siebentausender kam, würde Mummery mit Leichtigkeit einen Achttausender schaffen.

Bessere und genauere Informationen kamen von Martin Conway. Dessen 1892er-Expedition in den Karakorum hatte zu glänzenden Ergebnissen geführt. Conway beging nicht nur die drei längsten Gletscher der Erde in ihrer Gesamterstreckung, überquerte vereiste Hochpässe von über 5000 Metern und lieferte die erste vollständige Karte dieser Region, er bestieg auch zwei Berge – den Crystal Peak, knapp 6000 Meter hoch, und den

Pioneer Peak, dessen Höhe er mit 6890 Metern berechnete. Auf dem Weg in den Karakorum kam er am Nanga Parbat vorbei, war voller Bewunderung für diese ungeheure Masse Berg und fertigte eine Zeichnung an, die er in seinem Bericht publizierte. Die Einheimischen erzählten ihm die Sage vom Kristallpalast, den die Götter auf dem Gipfel erbaut hätten. Vor langer Zeit sei ein waghalsiger Jäger zu ihm vorgedrungen, habe aber nur zahllose Schlangen vorgefunden und rasch den Rückzug angetreten.

Nützlicher war der Hinweis auf einen jungen Offizier, Leutnant Charles Granville Bruce, der Conway in logistischen Fragen so hervorragend unterstützt hatte, daß dieser ihn »den Güterzug plus Lokomotive« der Expedition nannte. Bruce, damals 26 Jahre alt, diente in einem britischen Regiment im Pandschab. Es bestand aus Gurkhas, einem kleinwüchsigen Bergvolk aus Nepal, das die Briten seit 1815 als ihre eingeborene Elitetruppe einsetzten. Ihre Kampfkraft, Ausdauer und Zähigkeit waren legendär. Bruce beherrschte ihre Sprache, schulte sie im Gebirgskampf und war der erste, der ihre Eignung auch für zivile Zwecke – als Lastenträger bei Expeditionen im Hochgebirge – erkannte. Er machte sich einen Sport daraus, sie im Bergsteigen auszubilden, und war mit seinen vier besten Soldaten zu Conway gestoßen, der ihre Fähigkeiten und ihre Kaltblütigkeit an den steilsten Bergflanken nicht genug zu loben wußte. Mummery war fasziniert. Das war sein Mann. Er schrieb an seinen Vorgesetzten, General William Lockhart, er möge ihm Bruce und zwei Gurkhas für die Nanga-Parbat-Expedition zur Verfügung stellen. Ein zweiter Brief ging an Bruce mit der Bitte, für einen Koch, einen Dolmetscher und Transportpferde zu sorgen. Zelte, Steigeisen und Seile waren rasch zusammengepackt, die Rucksäcke schnell gefüllt. Am 20. Juni 1895 brachen Mummery, Collie und Hastings von Dover auf. Fast vierzig Jahre später wird der mittlerweile pensionierte Brigadegeneral Bruce mit der Erfahrung von drei gescheiterten Everest-Expeditionen über das Unternehmen urteilen: »Eine riskantere und wahnwitzigere Heldentat hat es in der ganzen Geschichte des Bergsteigens kaum gegeben.«

Mummerys Entscheidung für den Nanga Parbat hatte vor allem praktische Gründe. Von allen Achttausendern war er am leichtesten zu erreichen. Der Everest und die nepalesischen Berge waren Ausländern aus politischen Gründen verschlossen. Der Weg zu den Achttausendern des Karakorum, soeben von Conway begangen, war lang, unsicher und führte in völlig unbewohnte Gebiete, so daß sämtliche Lebensmittel mitgenommen werden mußten. Zudem waren die Anstiege weitgehend unbekannt. In Kaschmir erwartete sie dagegen eine zuverlässige Infrastruktur. Gangbare Wege bis fast direkt zum Berg, stabile, durch die britische Präsenz garantierte politische Verhältnisse und jegliche Unterstützung, die der berühmteste Bergsteiger Englands nur erwarten durfte.

Da Collie Mitte September wieder den jungen Londoner Damen Chemie und Physik beibringen sollte, sparten sie Zeit, wo sie konnten, reisten per Bahn ins italienische Brindisi und gingen erst dort an Bord eines britischen P&O-Dampfers. Passenderweise war es, eingedenk Collies schottischer Herkunft, die »Caledonia«. Die Reise verlief sehr angenehm, weder im Roten noch im Arabischen Meer war es allzu heiß, und am 5. Juli gingen sie in Bombay an Land. Das beste Eisenbahnnetz Asiens, das die Briten in den letzten dreißig Jahren in Indien gebaut hatten, beförderte sie in einem komfortablen Schlafwagenzug nach Norden, und schon am 7. Juli erreichten sie das mehr als 1500 Kilometer Luftlinie entfernte Rawalpindi, das die Engländer als Garnisonsstadt nach europäischem Muster zur Kontrolle des Pandschab völlig neu angelegt hatten.

Von Rawalpindi nach Murree, ihrer nächsten Station, benutzten sie zweirädrige, von drei Pferden gezogene Wagen, sogenannte Tongas oder Murree-Carts, die auf den schmalen Bergstraßen Kaschmirs eine sagenhafte Geschwindigkeit entwickelten. Alle drei bis vier Stunden wurden die Pferde gewechselt. Die Straße war außerordentlich befahren, und Mummery traf zu seiner Verblüffung mehr Engländer, als er jemals in den Alpen zu Gesicht bekommen hatte.

In Murree empfing sie General Lockhart mit militärischen Ehren. Alle Wünsche Mummerys wurden erfüllt. Die kommandierenden Offiziere in den Stützpunkten rund um den Nanga Parbat hatten Anweisung, sich um die Expedition zu kümmern, der Vizekönig schaltete sich fördernd ein, und Bruce, mittlerweile zum Major befördert, hatte schon für Pferde, Diener und Köche gesorgt und Reis und Mehl eingekauft. Noch auf dem Schiff machte Mummery die Bekanntschaft zweier englischer Kaufleute, die sich gegenseitig darin überboten, die Expedition mit allem erforderlichen auszurüsten. Den Proviant zum Nanga Parbat zu schicken sei kein Problem, zahlen könne er nach seiner Rückkehr. Mummerys appetitanregende Einkaufsliste ist erhalten. Von Bass Bier über Huntley & Palmers Zwieback, englisches Mehl und Fleischkonserven, dazu viel frisches Gemüse und Obst, war alles aufgeführt, was den Magen eines Gentleman erfreuen konnte. »Unsere Weiterreise«, schrieb er am 10. Juli an seine Frau, »wird königlich sein! Jeder gibt sich die größte Mühe, uns zu helfen.« Traten einmal Probleme auf, etwa wenn sich ein Dorfoberhaupt weigerte, für frische Pferde zu sorgen, genügte die Androhung eines Telegramms an die britischen Behörden, und schon standen mehr Ponys zur Verfügung, als Mummery brauchte.

Am 14. Juli überschritten sie den Kamri-Paß und sahen von der Paßhöhe zum ersten Mal den Nanga Parbat. »Nichts in den Alpen«, schrieb Collie, »kommt seiner Erhabenheit gleich. Oft ist es schwer, zu beurteilen, ob ein Berg wirklich groß ist oder nur so erscheint. Nicht beim Nanga Parbat. Er ist riesig, nein ungeheuerlich, sein schimmernder weißer Glanz überstrahlt alle umliegenden Bergzüge.« Ergriffen von seinem Anblick, zogen alle drei wie auf einen geheimen Befehl ihre Hüte.

Am nächsten Tag trafen sie beim Dorf Rattu auf eine britische Gebirgsartillerie-Batterie. Sie wurde von Leutnant Stewart kommandiert, einem Offizier, der trotz seiner Jugend bereits Wunderdinge an Tapferkeit verrichtet hatte. Kein Geringerer als Winston Churchill, damals Kriegskorrespondent der *Morning Post*, machte seinen Namen in England bekannt. Beim Fünfuhrtee, den die Gentlemen selbstverständlich auch in Kaschmir zelebrierten, unterrichtete er Mummery über die militärische Lage. Die Vorschrift, eine Erlaubnis des Vizekönigs einzuholen, um den Nanga Parbat zu besteigen, entsprang keineswegs einer bürokratischen Laune, sondern notwendiger diplomatischer Vorsicht. Mummery bewegte sich in einem politisch hochsensiblen Gebiet.

Ende des 19. Jahrhunderts beruhte die britische Machtstellung in Asien, ja Großbritanniens Status als Weltmacht überhaupt, auf der Kontrolle Indiens. In direkter Abhängigkeit oder als Protektorate verwalteten die Engländer den gesamten Subkontinent, einschließlich der heute unabhängigen Staaten Pakistan, Bangladesch, Birma, Sikkim, Ladakh und Sri Lanka. Die britische Königin, Queen Victoria, hatte 1877 den Titel einer Kaiserin von Indien angenommen. Anglo-Indien war das größte Juwel ihrer Krone, ein riesiger Absatzmarkt für die englische Industrie, ein ungeheures Reservoir an Arbeitskräften und Rohstoffen und somit eine nie versiegende Quelle des Reichtums. Mit einer rein britischen Verwaltung und einer Armee von einer Viertelmillion Mann, die Großbritannien zur stärksten Landmacht in dieser Region machte, hatten die Briten das feudale Chaos vergangener Jahrhunderte durch ihre »Pax Britannica« ersetzt. Den Verlust an politischer Souveränität, der sowieso nur eine zahlenmäßig kleine Oberschicht berührte, kompensierte ein in allen Landesteilen spürbarer wirtschaftlicher Aufschwung.

Je wichtiger Indien für Großbritannien wurde, desto mehr

Yasin
Hunza
Nagar
Rakipushi
25,550
25,493
25,503
Gilgit R.
Gilgit
Haramosh
24,270
Bunji
R. Indus
Gor
Chilas
Astor
Nanga
Parbat
26,629
Tashing
HIMALAYAN
Kamri Pass
Burzil Pass
Kunhar R.
Khaghan
Kishen Ganga R.
Gurais
Tragbal Pass
Bandipur
Wular L.
Vale of Kashmir
Sind R.
Abbottabad
Srinagar
R. Jhelum
Murree
PIR PANJAL RANGE
Rawal Pindi
R.
RANGE OF
R. Chenab

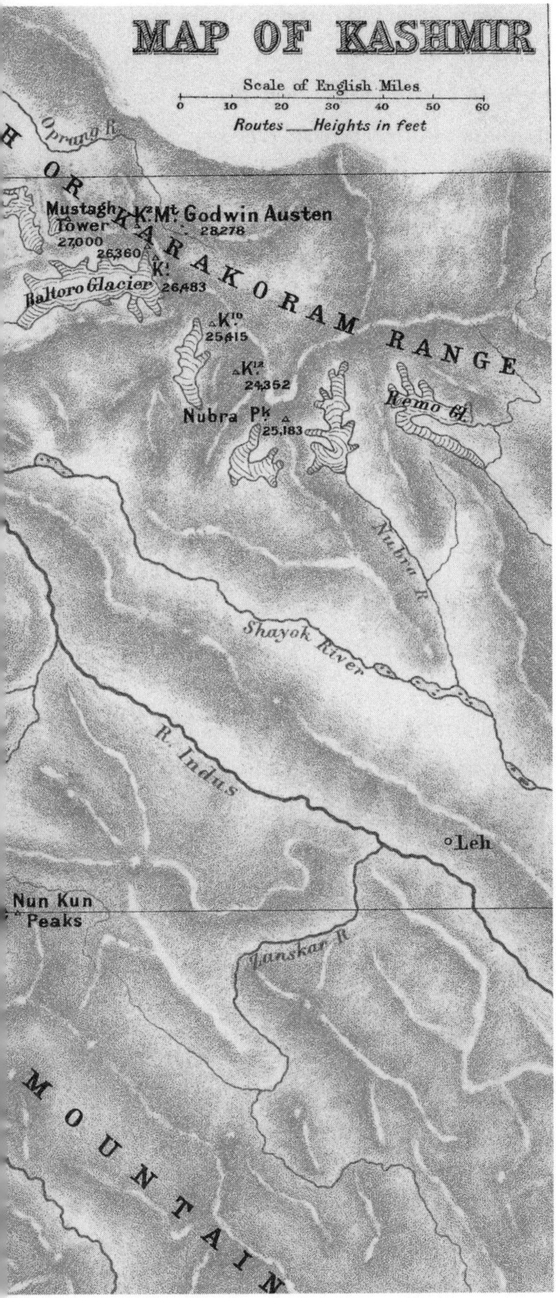

Englische Karte der Kaschmir-Region um 1900.

machte man sich Gedanken über mögliche Bedrohungen dieses kostbarsten Besitzes. Zu Mummerys Zeit grenzte dieses Sicherungsdenken fast schon an Hysterie und führte zu einer Diskussion, in deren Mittelpunkt kurioserweise die Region um den Nanga Parbat stand.

Die Formel lautete, daß Kaschmir die nördliche, unbedingt zu verteidigende Bastion von Indien sei. Dementsprechend saß in der Hauptstadt Srinagar des formal unabhängigen Fürstentums ein britischer Resident, der die eigentlich wichtigen politischen Geschäfte führte. Kaschmirs Armee wurde von englischen Offizieren befehligt und ausgebildet. Ihre Einsatzorte lagen im Norden, wo die wilden Bergstämme des Industals und Baltistans immer wieder die zu Kaschmir gehörigen Täler angriffen und plünderten. Am Nanga Parbat vorbei führte eine schlechte, zwei Drittel des Jahres gesperrte Straße nach Gilgit. Was Kaschmir für Indien war, bedeutete Gilgit für Kaschmir. Es war der am weitesten nach Norden vorgeschobene Außenposten des Fürstentums.

Seine strategische Bedeutung erhielt Gilgit, das »Sibirien von Kaschmir«, wie es ein englischer Reisender abschätzig charakterisierte, weil es das Industal kontrollierte und weil von hier aus eine der wenigen Straßen über den fast unzugänglichen Gebirgszug des Hindukusch nach Buchara führte. In dieser berühmten Handelsmetropole lagen aber russische Truppen, und von hier aus befürchteten die britischen Geostrategen den großen Angriff auf Indien.

Rußland, das zweite Empire in Asien, war der große Angstgegner der englischen Politik. Wie die Briten in Indien nach Norden, so schoben sich die Russen in Zentralasien nach Süden vor, marschierten in Turkestan ein und eroberten die Emirate an der Seidenstraße – Buchara, Samarkand und Merw. In englischen Zeitungen war zu lesen, Zar Alexander II. habe einem zögernden General, der anfragte, wo er haltmachen solle, zur Antwort gegeben: »Rußland hat in Asien keine Grenzen!« Schon waren Kosakentrupps über die Hochpässe des Hindukusch vorgestoßen, und fünfzig Kilometer nördlich von Gilgit, in dem kleinen unabhängigen Königreich von Hunza, tauchte plötzlich ein russischer Hauptmann auf.

Die Engländer waren aufs höchste alarmiert. »Für die Sicherheit des Empire ist es unabdingbar«, verkündete Francis Younghusband, der spätere Eroberer der tibetischen Hauptstadt Lhasa, »daß wir unter allen Umständen unsere Seite der Gebirgspässe halten. Gilgit und Hunza sind die Schlüssel. Hier ist die Stelle, wo Anglo-Indien verwundbar ist.«

So befand sich Mummery urplötzlich an der Schnittstelle der Interessensphären zweier Weltreiche. Für die Expedition war dies von Vorteil. Denn jene noch vor Jahresfrist grauenhafte Straße, die von Srinagar am Nanga Parbat vorbei nach Gilgit führte, war jetzt, wegen der neuen Bedeutung des Ortes und der Region, mustergültig instandgesetzt. Wie die Anwesenheit von Leutnant Stewart zeigte, war sie sogar für Artillerie ausgelegt. Dank der guten Straßenverhältnisse war die Expedition schon am 16. Juli am Ziel. Am 17. errichteten sie ein erstes Basislager in der Nähe des Dorfes Tarshing auf der Nordseite des Rupal-Tals. Von England bis zum Berg hatten sie 27 Tage benötigt.

DÜNNE LUFT AM NANGA PARBAT

Der Nanga Parbat, der westliche Eckpunkt der 2500 Kilometer langen Himalaja-Kette, ist die größte sichtbare Massenerhebung der Erde. Im Höhenunterschied zur nahen Umgebung übertrifft er alle anderen Berge. Während sich die Achttausender Nepals und des Karakorum aus den ihnen vorgelagerten Bergzügen langsam aufbauen, ragt das Massiv des Nanga Parbat in abschreckender Schroffheit unmittelbar aus den umliegenden Tälern empor.

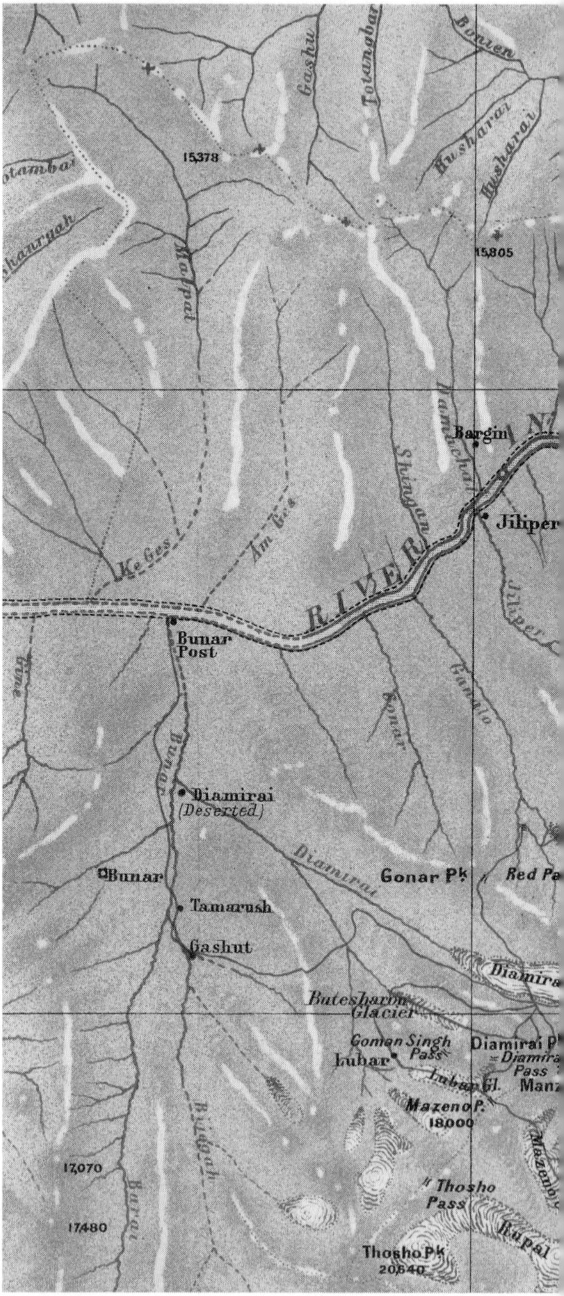

Englische Karte der Nanga-Parbat-Region um 1900.

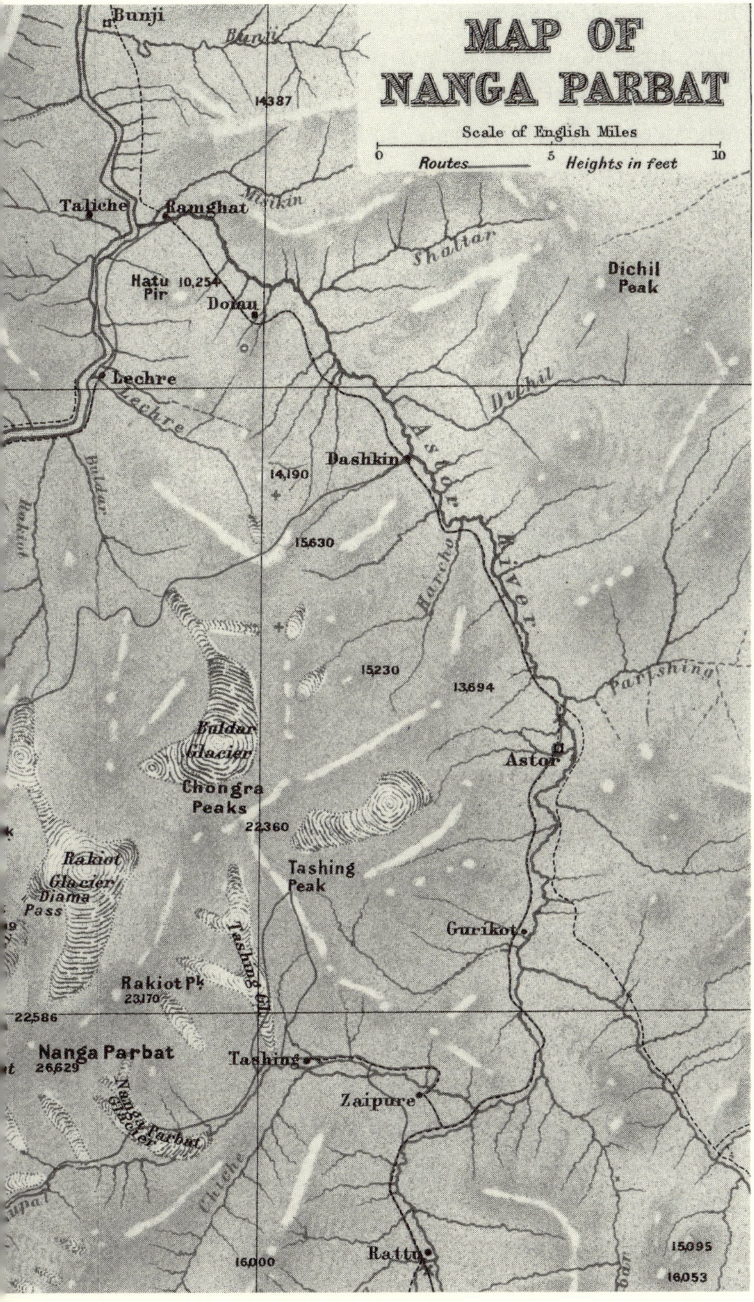

MAP OF
NANGA PARBAT
Scale of English Miles
0
5
10
Routes
Heights in feet
Bunji
Bunji
14387
Taliche
Ramghat
Hatu
Pir
10,254
Doian
Shaltar
Dichil
Peak
Lechre
Lechre
Dichil
Dashkin
Astor
River
Buldar
14,190
15,630
Harcho
15,230
13,694
Parishing
Buldar
Glacier
Astor
Chongra
Peaks
22,360
Rakiot
Glacier
Diama
Pass
Tashing
Peak
Gurikot
Rakiot Pk
23,170
22,586
Nanga Parbat
26,629
Tashing
Zaipure
Nanga Parbat
Glacier
Chiche
Rattu
16,000
15,095
16,053

Der nur 25 Kilometer westlich fließende Indus passiert seine tief eingeschnittene Schlucht auf nur 1090 Metern Höhe. Vom Industal bis zum Gipfel beträgt der Höhenunterschied folglich über 7000 Meter. Von Osten kommend, ist der Anblick des Berges nicht minder eindrucksvoll. S. G. Burrard von der Indischen Landvermessungsbehörde nannte ihn den größten und imponierendsten Einzelberg Asiens. Als Mummery und seine Begleiter ins Rupal-Tal auf der Südseite des Berges einbogen, wurde selbst der euphorische Mummery kleinlaut. Vor ihnen erhob sich die höchste Wand der Erde, die 4500 Meter hohe Rupal-Wand. Es sollten 75 Jahre vergehen, bis sie erstmals durchstiegen wurde. Noch am gleichen Tag schrieb Mummery an seine Frau: »Ich glaube nicht, daß wir am Nanga irgendwelche ernsthaften alpinen Schwierigkeiten finden werden, auch hat er viel weniger Hängegletscher, als ich angenommen hatte. Die Ersteigung wird wohl hauptsächlich eine Frage der Ausdauer sein. Sorge Dich nicht um uns, irgendwelchen Schwierigkeiten werden wir nicht begegnen.«

Schon am nächsten Tag war der Brief Makulatur. Von einem vorgeschobenen Lager stiegen Mummery und Collie auf etwa 4800 Meter auf, um einen möglichen Einstieg zu finden. Angesichts der senkrechten Fels- und Eishänge und der extremen Vergletscherung gaben sie auf. Die Wand war unmöglich zu machen. Als die Sonne herauskam und die gefrorenen Massen schmolzen, zeigte sich ihre wahre Gefährlichkeit: Eislawine auf Eislawine donnerte zu Tal.

Am Abend hielt man Kriegsrat. Hatte es hier keinen Zweck, mußte man es anderswo versuchen. Am Ende des Tals führte der 5358 Meter hohe Mazeno-Paß auf die Westseite des Berges, die Diamir-Flanke. Die Einheimischen warnten. Oftmals waren in den letzten Jahren die dortigen Bewohner, die Chilassi, über den Paß gekommen, um zu plündern. Deren Gebiet und das ganze Industal in diesem Abschnitt waren noch vollständig unerforscht, die englischen Karten wiesen große weiße Flecken auf. Weiter nördlich waren britische Offiziere auf Jagdausflügen nur mit knapper Not den wilden Bergstämmen entkommen.

Mummery ließ sich nicht abschrecken. Noch vor Sonnenaufgang brach der kleine Trupp, die Bergsteiger und vier örtliche Träger, auf. Es war ein Gelände, wie es Mummery haßte. Das Rupal-Tal präsentiert sich nur im unteren Teil als wildromantische Berglandschaft: bewaldet, von klaren Bächen durchzogen und mit blumenübersäten Wiesen. Im oberen Teil herrscht der Gletscher, der, von Spalten durchsetzt, den Talboden ausfüllt und rechts und links schuttübersäte Moränen ablagert. Zwischen riesigen Felstrümmern und losem Gestein, das bei jedem Tritt nachgab, bahnten sie sich mühsam ihren Weg. Gnadenlos brannte die Sonne, weichte den Schnee auf und verwandelte die Strecke in grundlosen Morast. Erstmals machte sich die Höhe und die noch nicht ausreichende Anpassung der Männer an die dünne Luft bemerkbar. Collie litt am meisten. Über die Paßhöhe kroch er fast auf allen vieren. Beim Abstieg wurden sie von der Nacht überrascht und konnten froh sein, Unterschlupf in einem Hirtenlager zu finden, wo sie sich mit verdreckter Ziegenmilch »stärkten«.

Daß man in großen Höhen mit Anpassungsschwierigkeiten des Körpers rechnen mußte, war Mummery durchaus bekannt. Alexander von Humboldt hatte sich mit wissenschaftlicher Akribie beim Aufstieg am Chimborazo beobachtet und von Übelkeit, Schwindel und dem Drang, sich zu erbrechen, berichtet. Auch Zahnfleischbluten und blutunterlaufene Augen vergaß er nicht zu erwähnen. Humboldt war jedoch kein trainierter Bergsteiger. Als 78 Jahre später, am 4. Januar 1880, der vierzigjährige Edward Whymper den Sechstausender bezwang, wollte er beweisen, daß eine derartige Höhe für Menschen durchaus erträglich ist. Als Droge gegen Kopfschmerz und Unwohlsein nahm er Kaliumchlorat, sein Begleiter Jean-Antoine Carrel stärkte sich mit Rotwein. Mummery selbst hatte 1888 bei der Erstbesteigung des Dych Tau (5180 m) im Kaukasus keine Probleme mit der Höhe gehabt. Sein Auf- und Abstieg in nur elf Stunden in völlig unbekanntem Gelände war eine respektable Leistung gewesen. Heutige Alpinisten schätzen sich glücklich, wenn sie die Tour in zwei Tagen bewältigen. So gesehen traute sich Mummery am Nanga Parbat einiges zu. Collie und Hastings konnten als ihren höchsten Berg nur den Montblanc vorweisen. Doch Mummery war sicher, daß sich die Höhentauglichkeit des Teams durch genügend Training verbessern ließ.

Am 21. Juli stießen sie ins damals unbewohnte Diamir-Tal vor. Sie waren die ersten Europäer, die es betraten, und Mummery war entzückt von seiner Schönheit. »Prächtige Bäume (meist Birken und Kiefern), Büsche von wilden Rosen, Blumen und Buschwerk die Fülle«, berichtete er seiner Frau, wobei er die landschaftstypischen Rhododendren glatt vergaß. Ebenfalls unerwähnt blieb der gewaltige Diamir-Gletscher, der die Vegetation des Tals auf zwei schmale grüne Streifen reduzierte. An seiner Südseite arbeiteten sie sich in mühsamem Marsch an die Westflanke des Berges heran. Collie, der die Vorhut bildete, sah sogar einen der riesigen roten Bären, die Reinhold Messner hundert Jahre später als das eigentliche Vorbild des sagenhaften Yeti identifizierte. Flankiert von den Sechstausendern der Ganalo-Kette im Norden und des Mazeno-Kammes im Süden, führte das Tal direkt auf ihren Traumberg zu. »An seinem Ende«, schrieb Collie, »thronte der Nanga Parbat, eine einzige kompakte Masse aus Eis und Schnee, gespickt mit Hängegletschern, die jederzeit bereit waren, Tausende von Tonnen Eis auf uns herabzuschmettern. Er sah unglaublich prächtig aus, aber nicht sehr vielversprechend.«

Die Diamir-Wand, die den vorsichtigen Collie mit Skepsis erfüllte, war nicht so steil wie die Rupal-Wand, »nur« 3500 Meter hoch und in der Wandmitte durch drei direkt zum Gipfel leitende

Felsrippen gegliedert. Mummery war von der Logik dieser Aufstiegsmöglichkeit wie elektrisiert. Daß die Rippen klettertechnisch äußerst schwierig, die ganze Wand hochgradig lawinengefährdet war, sah er durchaus auch. Im bald folgenden Brief an seine Frau behielt er dieses Wissen aus guten Gründen für sich. »Wir entdeckten einen vollständig gefahrlosen Weg auf den Nanga«, liest man dort. »Leichter Gletscher, auf den die Kulis unser Zelt schaffen können, und von dort weiter ein breiter Schnee- und Felsrücken geradewegs zum Gipfel. Ich bin mir ziemlich sicher, daß wir hinaufkommen. Du brauchst Dir aber gar keine Sorgen zu machen.«

Erst einmal ging ihr Proviant zur Neige, und sie mußten zurück. Mummery graute vor dem endlosen Marsch über die Geröllfelder des Passes, und so schlug er, als Teil ihres Trainingsprogramms, eine »Abkürzung« nach Süden über den Mazeno-Kamm vor, um »bequem« ins Rupal-Tal abzusteigen. Als sie am 25. Juli nach vierzig Stunden ohne Schlaf erschöpft in ihr Basislager taumelten, hatten sie einiges über die Entfernungen im Himalaja gelernt. Obwohl sie schon um Mitternacht im trüben Schein ihrer Laternen aufbrachen, erreichten sie die Kammhöhe erst vierzehn Stunden später. Sie waren fast 2000 Meter in teilweise schwieriger Kletterei aufgestiegen, hatten lawinengefährdete Schneefelder überquert, nur um festzustellen, daß sie noch immer auf der Mazeno-Seite des Passes waren. In Luftlinie gemessen, hatten sie nicht einmal fünf Kilometer geschafft. An Lebensmitteln verfügten sie noch über eine Scheibe Wurst, ein paar Riegel Schokolade und sechs Kekse. Als in dieser Situation Mummery die Überquerung des nächsten, 6500 Meter hohen Grates ins Gespräch brachte, von wo aus sie ganz sicher ins Rupal-Tal kämen, überstrapazierte er zum ersten Mal die Loyalität seiner Begleiter. Collie und Hastings lehnten dankend ab.

Es war eine vernünftige Entscheidung. Hungrig und ausgelaugt marschierten sie die ganze Nacht, denn für ein Biwak war es zu kalt und zu eisig. Collie hielt durch, weil er mit Pfeiferauchen seinen Magen zur Ruhe zwang. Mummery fiel in eine Pfütze und stolperte durchnäßt und verfroren am Schluß des Zuges dahin. Im Basislager empfing sie Major Bruce, der Koch bot seine ganze Kunst auf, und beim Abendessen am prasselnden Lagerfeuer feierten sie ihre Rückkehr mit sämtlichen Flaschen Bass Bier, die sie aus Kaschmir mitgebracht hatten. Genau das waren die wahren Freuden, und man erfuhr sie nur, wenn man sich Hunger und Erschöpfung aussetzte. Erst die Gefahr, erst die Anspannung, ihr zu entkommen, machten das Dasein intensiv und farbig. Alle vier akzeptierten diese Gleichung. Es war die magische Formel ihres Lebensglücks.

Was Mummery in den Bergen suchte, hat er nie verhehlt und nie kaschiert, schon gar nicht, indem er sich das Mäntelchen wissenschaftlicher Nützlichkeit zur Begründung seines Tuns umlegte. Mummery wollte klettern und nichts sonst, »selbst wenn die finsteren, scheußlichen Löcher und Gruben von Yorkshire die einzige Möglichkeit hierzu böten«. Natürlich schätzte er die Ästhetik der Berge, die Ausblicke, die Formen der Gebirgszüge, das Wechselspiel des Lichts, aber er wußte sehr wohl, daß ihm vor allem das prickelnde Gefühl der Gefahr, die Lust am Wettkampf mit der Natur und die helle Freude am Klettern in die Berge trieben. Mummery begriff das Bergsteigen als Sport im reinsten Sinn, als etwas völlig Zweckfreies. Wie zwei Fechter in der Arena standen sich in den Alpen oder im Himalaja der Berg und sein menschlicher Herausforderer Auge in Auge gegenüber: auf der einen Seite der Berg mit all seinen klettertechnischen Schwierigkeiten, die durch schlechtes Wetter noch eine Steigerung erfuhren, auf der anderen Seite der Bergsteiger, der all sein Wissen und Können aufbot, um diese Schwierigkeiten zu meistern.

Der wahre Alpinist war nach Mummery derjenige, »der am liebsten dort ist, wo noch keines Menschen Fuß gestanden hat, jener, der sich an neue Aufstiege und Wege wagt«. Das Risiko gehörte dazu, ja, es war unabdingbare Voraussetzung, denn »das reine Glück des Kampfes kann nur gewonnen werden, wenn man sich an Dinge wagt, die das weiteste Können und die beste Kraft eines Menschen aufs Spiel setzen«. Den Tod in den Bergen nahm Mummery bewußt in Kauf. Allerdings setzte er voraus, daß der Bergsteiger seine Grenzen kannte. Wer Wagnisse einging, ohne sich der Gefahren bewußt zu sein, war in seinen Augen nichts als ein Stümper.

Entschieden polemisierte Mummery gegen unzulässige Hilfsmittel in den Bergen. Seil, Steigeisen und Pickel mußten für jeden guten Kletterer genügen. Das Ende der Tour war erreicht, wenn die eigenen Fähigkeiten Halt geboten, alles andere galt ihm als unsportlich. »By fair means« lautete sein Credo, mit fairen Mitteln den Berg anzugehen – und er hielt sich selbst daran. Mit dieser Einstellung gab er dem Bergsteigen eine neue Richtung. Nicht mehr der Gipfel stand nun im Mittelpunkt des Erfolgs, sondern der Weg dorthin. Im Idealfall sollte er so anspruchsvoll wie möglich gewählt werden. »Es muß das Richtige sein«, formulierte Mummery, »die schwersten Wege auf die schwierigsten Gipfel zu versuchen und die Schutthaldenwege den anderen zu überlassen.«

Als bestes Training für solche Touren empfahl er das Alleingehen auf Bergen und Gletschern, denn nirgendwo würden die Fähigkeiten eines Menschen rascher und gründlicher entwickelt: »Niemand entdeckt eine Spalte so sicher wie jemand, der gewöhnt ist, Firnfelder und Gletscher allein zu überqueren. Niemand wie der einsame Felskletterer merkt sich so gut den Weg, den er ohne Hilfe wieder absteigen muß.« Für die Methode sprach einiges, in ihrer Radikalität wirkte sie allerdings provozierend auf die Zeitgenossen.

Ursprünglich war das Bergsteigen bloß Mittel zum Zweck. Wissenschaftliche Gründe, nicht obskure Kletterlust, standen im Vordergrund. Horace-Benedict de Saussure, ein Geologe aus Genf, hatte 1760 einen erklecklichen Geldpreis für denjenigen ausgesetzt, der als erster den Gipfel des höchsten Berges Europas, den 4807 Meter hohen Montblanc, erstieg. Es ging ihm um die Erforschung der Berg- und Gletscherverläufe, und damit war der Gelehrte ein typisches Produkt seines aufklärerischen und enzyklopädischen Zeitalters, das in der Erschließung und Nutzbarmachung der Gebirge eine Fortsetzung des Strebens nach der vollständigen Beherrschung und Aneignung der Erde sah. 26 Jahre lang war die Angst vor dem Berg unter den Hirten und Gemsjägern so groß, daß sich niemand den Preis verdienen mochte. Endlich geschah das Unglaubliche am 8. August 1786, und schon ein Jahr später stand de Saussure selbst auf dem Gipfel, rekognoszierte und maß, was seine Instrumente hergaben, und berichtete: »Was ich gesehen hatte und mit der größten Klarheit sah, war die Gesamtheit aller dieser hohen Gipfel, deren Bau ich schon so lange zu kennen wünschte. Ihre Lagen gegeneinander, ihre Verbindungen, ihr Bau war mir jetzt deutlich, und ein einziger Blick beseitigte Zweifel, die Jahre der Arbeit nicht hatten aufklären (sic!) können.«

Die Besteigung des Montblanc ermutigte zum Gipfelsturm auf die Alpenberge insgesamt. Von 1786 bis 1859, also innerhalb von gut 70 Jahren, erkletterten Großherzöge und Pariser Damen, Pastoren und Kaufleute, Bergführer und Wissenschaftler 25 Viertausender, dann folgte in den nur sieben Jahren bis 1865 der große Rest, die übrigen 68 Viertausender. Was war geschehen?

Die reichste Nation Europas im 18. und 19. Jahrhundert, die Briten, waren die ersten, die sich private Reisen leisten konnten. Die »Grand Tour«, die Bildungs- und Vergnügungsreise der jungen Adligen und der bürgerlichen Oberschicht, führte die »Touristen« traditionellerweise nach Frankreich und Italien und, war man etwas abenteuerlustiger, auch in die Schweiz. Um 1800, verstärkt dann in den zwanziger Jahren, wurde es schick, in die Alpen zu reisen. Im Gegensatz zu den »zivilisierten«, an Kulturdenkmälern reich klassischen mediterranen Reiseländern waren die Berglandschaften, vorzugsweise der Schweiz und Frankreichs, eine *terra incognita* – abgelegen, romantisch und vielfach unzugänglich. Der Komfort ließ mehr als zu wünschen übrig. In den düsteren Gasthöfen mußte man mit schlechtem Essen und Flöhen rechnen, die Verständigung mit den Eingeborenen war schwierig, es gab kaum Straßen, aber zu Hause in merry old England war das Interesse der Zuhörer garantiert. Zunächst wanderte man nur in den Tälern und über die Pässe. Diverse Führer und Reiseberichte erschienen, und 1842 kam der erste Baedeker »Alpen« heraus. Bald gehörte es zum guten Ton, während eines Aufenthalts in den Alpen einen der bekannten Gipfel bestiegen zu haben. Ähnlich dem heutigen Trekkingtourismus im Himalaja begriffen die Schweizer schnell, daß man mit den verrückten Touristen gutes Geld verdienen konnte. Wie heutzutage in Nepal trugen die einheimischen Bergführer die Lasten und führten ihre Kunden auf die Berge und Gletscher. Schon 1821 schrieb die Gebührenordnung von Chamonix zwingend vor, daß jeder Tourist, der den Gipfel des Montblanc besteigen wollte, vier Bergführer anzumieten habe. 1851 erreichte die Alpenbegeisterung in England ihren vorläufigen Höhepunkt, als Albert Smith die »Egyptian Hall« in London für einen Bericht über seine Montblanc-Tour mietete. Smith war von nicht weniger als sechzehn Bergführern auf den Montblanc eher getragen worden als gestiegen, aber er war ein genialer Entertainer. Vor einer Kulisse aus Bergsee und eigens herantransportierten Findlingen, Mädchen in Tracht und Bernhardinern zauberte eine Laterna magica die Abgründe und Eiswände des Berges auf die Leinwand. In der

Pause lockte ein Imbiß mit dem typischen Mundvorrat auf Bergtouren: Schwarzbrot, Käse, kaltes gepökeltes Hammelfleisch und Rotwein in Lederschläuchen. Die Show lief sechs Jahre vor ausverkauftem Haus. Sogar Queen Victoria adelte sie mit ihrer Gegenwart. Smiths Vortrag löste einen wahren Ansturm auf den Montblanc aus. Von 1852 bis 1857 zählte man 64 Besteigungen, davon sechzig von Engländern.

Weitgehend unbemerkt von der Öffentlichkeit begann in den Bergen ein sportlicher Wettkampf. Seit den fünfziger Jahren pflegten viele Bergbegeisterte ihre Sommerurlaube in den Alpen zu verbringen. Es war ein ausgesprochen teures Vergnügen und deswegen fast ausschließlich den vermögenden Schichten vorbehalten. Einer ihrer Wortführer, Leslie Stephen, übrigens der Vater von Virginia Woolf, erklärte die Alpen zum »Spielplatz Europas«. Das Spiel bestand darin, immer neue unbestiegene Gipfel zu finden. Gewonnen hatte, wer möglichst viele Erstbesteigungen schaffte. Verlierer war derjenige, der gezwungen war, umzukehren. An dem Spiel beteiligten sich vor allem britische Gentlemen. Ob Dufourspitze, der zweithöchste Berg Europas, Dom oder Eiger, immer stürmten englische Kletterer als erste den Gipfel. Als sie am 22. Dezember 1857 beschlossen, sich als Verein zu organisieren, »da viele von jenen, die sich in ähnlichen Unternehmungen bestätigt hatten, gerne die Gelegenheit benutzen würden, sich zu treffen, gegenseitige Mitteilungen über wohlfeile Unternehmungen auszutauschen und Pläne zu neuen, großen Werken zu entwerfen«, nannte man die Vereinigung einfach »Alpine Club« (AC), ohne nationale Charakterisierung. Die Arroganz war berechtigt. Ein Bergsteiger, der kein Engländer war, hatte in den Alpen Seltenheitswert. Von vornherein beabsichtigt war der elitäre Charakter des Clubs. Paragraph 12 der Statuten besagte, daß niemand aufgenommen werden dürfe, der nicht mindestens einen Viertausender bestiegen hatte. Genauso wichtig war die gesellschaftliche Stellung. Eine Analyse der ersten 281 Mitglieder belegt die absolute Dominanz der oberen Mittelschicht. Juristen und Geschäftsleute, Geistliche und Professoren, Ärzte und künstlerische Berufe gaben den Ton an.

Thomas Clinton Dent, Generalsekretär des AC und einer der Förderer Mummerys, sah als Motivation für die kühnen Unternehmungen der gesetzten Herren, die alle in der englischen Gesellschaft eine anerkannte Stellung einnahmen, »eine Reaktion gegen unsere moderne und so überaus verfeinerte Kultur«. Das Bergsteigen beweise, »daß wir mehr vermögen, als in Büros und Läden zu hocken«. Abgesehen davon war die in den Bergen verbrachte Zeit vollkommen selbstbestimmt und nahm auf Konventionen, die im moralisch strengen viktorianischen England eine so große Rolle spielten, keine Rücksicht.

Daß der »Alpine Club« unter einem gewissen Rechtfertigungsdruck stand, dokumentierte nicht zuletzt das von ihm seit 1863 herausgegebene Jahrbuch, das *Alpine Journal.* Es trägt den Untertitel »A Record of Mountain Adventure and Scientific Observation«, behauptete also einen wissenschaftlichen Anspruch, den viele Mitglieder bewußt akzeptierten, indem sie auf ihren Bergtouren Höhenmessungen durchführten oder bislang unbekannte Routen kartierten. Freshfield, langjähriger Präsident des Clubs, betonte noch 1902 die Nützlichkeit des Bergsteigens für Wissenschaft und Gesellschaft. In einer Rede rühmte er »die Generation der Entdecker, diese Männer, die vor vierzig Jahren mit vereinten Kräften einen großen weißen Fleck auf der Landkarte Mitteleuropas zum Verschwinden gebracht haben«.

VORSTOSS ZUM GIPFEL

Zurück im Basislager, genügte Mummery ein Ruhetag zur Erholung. Er nutzte die Zeit für einen Brief an seine Frau. »Du brauchst Dich nicht im geringsten zu sorgen«, betonte er zum wiederholten Male. »Ich habe niemals bessere Gefährten gehabt und mich auf leichterem Gelände bewegt.« Ersteres stimmte, letzteres war nachweislich falsch.

Doch sein Optimismus war ungebrochen. Major Bruce hatte seine besten Gurkha-Soldaten mitgebracht. Ragobir Thapa und Goman Singh waren vollwertige Bergsteiger. Was ihnen an Technik fehlte, brachte ihnen Collie bei einigen Probetouren bei. Ende Juli waren sie für den nächsten Vorstoß ins Diamir-Tal bereit.

Auf keinen Fall wollte Mummery wieder über den Mazeno-Paß. Von einem Lager auf knapp 4000 Meter Höhe aus startete er einen zweiten Versuch, direkt vom Rupal- ins Diamir-Tal zu gelangen. Der Plan scheiterte noch grandioser als der erste. In elfstündigem Aufstieg durch schwierige Felspassagen und Schneecouloirs arbeiteten sie sich bis auf 6500 Meter hoch. Bruce war völlig erschöpft und hielt nur mit Hilfe von Koffeintabletten durch. Er litt an Mumps, was er nicht wußte. Nach dem Abendessen trennten sie sich. Mummery und Hastings stiegen weiter. Collie, Bruce und Ragobir kehrten um. Die Nacht überraschte sie in einer Höhe von 5800 Metern, und so mußten sie auf einer schmalen Felskante ausharren, eng zusammengedrängt und vor Kälte schlotternd. Nur wenige hundert Meter entfernt verbrachten Mummery und Hastings, die ihren Vorstoß hatten abbrechen müssen, die Nacht unter ebenso scheußlichen Bedingungen. Ihre Wollpullover und Tweedjacken waren weder wind- noch wasserdicht, dafür mehr als doppelt so schwer wie heutige moderne Bergbekleidung. Am nächsten Morgen stiegen sie zum verhaßten Paß ab. Bruce übernahm die Führung, Ragobir brach zusammen und konnte nur durch Collies Pfeife wiederbelebt werden. Mummery ging als Schlußmann – entnervt und gereizt durch die unvermeidliche Stolperei. Als sie am Abend die Alm Lubar erreichten, waren sie so ausgehungert, daß sie die von Bruce zubereitete Schafsleber halbroh hinunterwürgten.

Am 2. August schlugen sie ihr Basislager im Diamir-Tal auf. Mummery ordnete eine dreitägige Ruhepause an. Zum ersten Mal überwogen im üblichen Brief an seine Frau die moderaten Töne. »Wir haben unseren Angriff aufgeschoben, da uns klar ist, daß wir die Besteigung nicht so schnell durchführen können, wie ich erwartet hatte. Ich glaube, der Gipfel ist uns sicher, denn es ist nur eine Frage steter Übung, daß wir richtig atmen. Wir verleben hier eine sehr schöne Zeit, und selbst wenn wir am Nanga abgeschlagen werden, so soll es mich nicht reuen, diese gigantischen Berge gesehen und die Hochgipfel jenseits von Hunza und der russischen Grenze geschaut zu haben.«

In den nächsten Tagen studierte Mummery seinen Aufstiegsweg. Die später nach ihm benannten Felsrippen boten seiner Meinung nach den einfachsten Zugang zum Gipfel. Schwarz und scharf, weil wegen ihrer Steilheit schnee- und eisfrei, ragen sie aus der extrem lawinengefährdeten Wand. Die Rippen sind in drei Teile gegliedert, jeweils durch Eisfelder und Couloirs voneinander getrennt. Collie sah sofort, daß diese Übergänge die eigentlichen Gefahrenpunkte beim Aufstieg ausmachten, denn dort war man etwaigen Lawinen schutzlos ausgeliefert.

Doch zunächst ließ sich alles gut an. In famoser Kletterei schaffte Mummery zusammen mit Ragobir eine Höhe von knapp 5500 Metern. Zusammen mit Collie transportierte er in den nächsten Tagen zwölf Pfund Schokolade und sechs Dosen Kekse und Suppen in einem wasserdichten Rucksack an einen geschützten Punkt 300 Meter tiefer. Von diesem Depot aus wollte Mummery den endgültigen Gipfelangriff wagen.

Plötzlich wurde das Wetter schlecht. Es goß in Strömen. Im oberen Teil des Berges fiel Schnee. Die Lawinengefahr nahm noch mehr zu. Ohnehin war die vergangene dreiwöchige Schönwetterperiode ungewöhnlich gewesen. Aber woher sollte Mummery wissen, daß die Wetterverhältnisse am Nanga Parbat im Gegensatz zu den anderen Achttausendern von häufigen Wechseln geprägt sind?

Bruce verabschiedete sich. Er mußte in seine Garnison, ließ aber die Gurkhas zurück. Schlimmer war, daß Hastings sich an der Ferse verletzte und als Bergsteiger ausfiel. Noch unangenehmer war der knappe Proviant. Die bestellten Nahrungsmittel kamen und kamen nicht. Die verbleibenden Rationen waren für die körperlichen Anstrengungen viel zu mager. Hastings erbot sich, zurück nach Astor zu gehen und für Nachschub zu sorgen.

Um die Zeit zu überbrücken und nicht aus der Übung zu kommen, bestieg Mummery mit Collie und Ragobir den Diamirai-Peak (5570 m). Es war schwere Kletterei, und Collie klagte über heftige Kopfschmerzen. Mummery hingegen fühlte sich absolut frisch, obwohl er Dutzende von Stufen ins Eis geschlagen hatte. Collie blieb der Realist und Skeptiker der Expedition. Zwischen dem erstiegenen Gipfel und dem des Nanga Parbat bestehe noch ein Unterschied von 2500 Metern, gab er zu bedenken. Nach dem damaligen Stand der Wissenschaft wurde die Höhenkrankheit zwischen 6400 und 6700 Metern virulent. Als Auslöser vermutete man, parallel zu anderen gerade entdeckten Krankheitserregern, einen Bazillus. Schwere Nervenschädigungen und Lähmungen sollten die Folge zu großer Höhe sein. Mummery aber machte sich über diese Theorien nur lustig.

Der Gipfelerfolg motivierte ihn. Am 15. August kletterte er zusammen mit Collie und Ragobir wieder in der Diamir-Wand. Sie brachten Feuerholz, ein Zelt und Lebensmittel ins Depot. Collie litt erneut unter Kopfschmerzen und ging zurück. Mummery stieg am nächsten Morgen zur dritten, obersten Rippe auf, um ein weiteres Lager anzulegen. Das Wetter wurde schlecht, Regen und Schnee behinderten die Sicht, aber als der pudelnasse Mummery mitten in der Nacht wieder das Basislager erreichte, berichtete er Collie begeistert von der Eiswelt des Nanga Parbat. Die Spalten der Gletscher waren riesig, die Lawinen gigantisch und die Felskletterei so direkt, wie es Mummery liebte: Schritt für Schritt und Griff um Griff ging es *direttissima* zum Gipfel.

Als der Schneesturm nach zwei Tagen nachließ, war Mummery nicht mehr zu halten. Lor-Khan, ein einheimischer Jäger, der sich ihnen angeschlossen hatte, prophezeite den baldigen Einbruch des Winters. Hastings kam nicht, und die Vorräte gingen nun endgültig zur Neige. Collie fiel wegen Durchfall aus. Er vertrug das lokale Mehl nicht, das mit Sand von den Mahlsteinen vermischt war. Außerdem war er »nicht sehr darauf erpicht, den Berg einzustecken«, wie Mummery anzüglich bemerkte. Also ging Mummery nur mit Ragobir. Die Logistik war bestens vorbereitet. Am 20. August stiegen sie in einem Zug bis zur zweiten Rippe auf und übernachteten im dort aufgestellten Zelt. Am nächsten Tag wurde das Klettern leichter, je höher sie kamen. Aber in einer Höhe von 6100 Metern, kurz vor dem Erreichen des obersten Schneefeldes, wurde Ragobir höhenkrank. Mummery mußte umkehren. Er war tiefenttäuscht. »Ich wäre wahrscheinlich hinaufgekommen«, schrieb er an seine Frau, »wenn Ragobir nicht in einem kritischen Augenblick unpäßlich geworden wäre und ich ihn hätte hinunterbringen müssen.«

Mummery hatte geplant, in einer Höhe von 7000 Metern noch einmal zu biwakieren und dann »den Nanga ernsthaft anzupacken«. Heute ist man übereinstimmend der Meinung, daß er die Schwierigkeiten in diesem Bereich unterschätzte. Der Weg zum Gipfel ist unter den Bedingungen der sauerstoffarmen »Todeszone« viel länger, als Mummery vermutete. Es war außerdem zu spät im Jahr. Zwar blieb das Wetter noch drei Tage gut, aber die Gefahr eines weiteren Schneesturms verbot jeden weiteren Versuch.

Am nächsten Tag trafen Hastings und seine Träger mit reichlich Lebensmitteln ein. Da nun immerhin die Versorgung gesichert war, beschloß man, sich noch die Nordseite des Berges, die Rakhiot-Flanke, anzusehen. Der Weg dorthin führte vom Diamir-Tal über zwei 5000 Meter hohe Pässe. Es würde eine elende Schinderei werden, und Mummery hatte dazu nicht die mindeste Lust. Am 23. August schrieb er noch einen Brief an seine Frau: »Morgen gehe ich mit den Gurkhas über einen Hochpaß in das Rakhiot-Tal. Hastings und Collie gehen mit den Kulis und den Vorräten auf einem Umweg dorthin. Wenn die Nordseite des Nanga leicht ist, schaffen wir es vielleicht noch.«

Was Mummery als »Hochpaß« bezeichnete, war alles andere – ein Paß war es nicht. Von verschiedenen Punkten ihrer Touren hatten Collie und Mummery gesehen, daß von Nordosten her ein weiterer Gletscher, der Diama, an der Bergflanke entlangfloß. Vom Diamir-Gletscher trennt ihn eine Hunderte von Metern hohe Geländestufe, über die seine Eismassen zerrissen und zerspalten herabgleiten. Das Tal, das er ausfüllt, ist eng. Im Osten begrenzt durch den Nanga Parbat, im Westen von den Sechstausendern der Ganalo-Kette, liegt es oberhalb der Vegetationszone: eine trostlose Wüste aus Schutt und Eis. Lawinenstriche ziehen überall von den Bergflanken hinunter. Am Ende des Tals konnten sie eine Scharte erkennen, eine scharfe Einkerbung des Kammes auf etwa 6200 Meter. Das war Mummerys »Hochpaß«, von dem aus er ins Rakhiot-Tal absteigen wollte. Die Route führte unterhalb einiger prächtiger Hängegletscher entlang. Collie war die Sache nicht geheuer, aber Mummery sicherte ihm zu, »daß er wegen eines Hochpasses nicht sein Leben aufs Spiel setzen werde«. Dann brach er mit Ragobir und Goman Singh, den beiden Gurkhas, zu seinem letzten Abenteuer auf.

DER ALPINE CLUB

Mummerys Einstellung zum Risiko war von der älteren Generation der englischen Bergsteiger öfters kritisiert worden. Die Erstersteiger der Alpengipfel wählten ganz selbstverständlich den leichtesten und sichersten Anstiegsweg und heuerten für ihre Touren grundsätzlich örtliche Bergführer an. Als 1865 einer der letzten spektakulären »Großberge«, das als unersteigbar geltende Matterhorn, fiel, vertraten die Gründer des Alpine Club – Männer wie Stephen, Freshfield, Tucker und Whymper – die Ansicht, daß in den Alpen eigentlich nichts mehr zu holen sei. Konsequenterweise suchten sie sich neue Ziele in den Anden, im Kaukasus und in den Bergen Nordafrikas. Dent als Vertreter der jüngeren Generation brachte es auf den bitteren Punkt, daß die Älteren sich die Rosinen aus dem Kuchen gepickt und den Nachfolgern bloß ein paar Felsspitzen übriggelassen hätten. Mummerys Ansatz, die Gipfel auf neuen, schwierigen Routen anzugehen, löste dieses Dilemma. Plötzlich waren die Alpen wieder interessant, mehr noch – die Möglichkeiten in den Bergen hatten sich praktisch vervielfacht.

Allerdings wuchsen mit den Gefahren die Anforderungen. Mummery plädierte auch deswegen für das »führerlose« Bergsteigen, weil es die eigenen technischen und konditionellen Fähigkeiten zwangsläufig verbesserte. Die Zeiten, wo »jeder sich den Bergsport wie den Jachtsport kaufen kann«, indem man das eigene Unvermögen durch Bergführer kompensierte, waren für Mummery endgültig vorbei. Allein in den schwierigen Wänden zählte nur noch die persönliche Leistung.

Die konservativen Mitglieder des AC und eine alarmierte Öffentlichkeit sahen das anders. Bestand die Zukunft des Bergsteigens im Suchen, nicht im Vermeiden der Gefahr, würde es Tote geben – und welchen Sinn sollte ein solcher Bergtod haben? Edward Whymper, der Matterhorn-Bezwinger, dessen grenzenloser Ehrgeiz ihn im siebten Anlauf auf den Gipfel trug, hatte beim Abstieg von seinem Traumberg vier Tote zu beklagen. Zwei davon, Lord Francis Douglas und Douglas Madow, waren nicht einmal zwanzig Jahre alt, der dritte, Reverend Charles Hudson, hätte als Mann der Kirche nach Ansicht der Zeitgenossen Besseres zu tun gehabt, der vierte, der Bergführer Michel Croz, hinterließ Frau und Kinder. 1300 Meter tief waren sie auf den Matterhorn-Gletscher gestürzt, ihre Leichen, zerfetzt und verstümmelt, kaum zu identifizieren – die von Lord Douglas fand man nie.

Die wichtigste Tageszeitung Englands, die *Times*, machte sich zum Anwalt der Vernunft gegen den neuen Sport, der so offenkundig die britische Oberschicht dezimierte. Warum, klagte das Blatt in einem Leitartikel, wird das beste Blut Englands geopfert, um unbezwungene Gipfel zu ersteigen? Statt ihre Verantwortung und ihre Pflichten gegenüber der Gesellschaft wahrzunehmen, mußten die Unglücklichen eines eitlen Ruhms wegen einen schrecklichen Tod sterben. Welchen Zweck hat es, steile Felsen zu erklimmen und dann eine halbe Stunde auf einer luftigen Spitze der Erdkugel zu stehen? Wer hat diesen Gentlemen das Recht gegeben, die Gabe des Lebens und tausend günstige Gelegenheiten, sein Leben erfolgreich zu gestalten, einfach wegzuwerfen, um mit Lerchen, Affen, Katzen und Eichhörnchen in Wettbewerb zu treten?

Das war 1865 gewesen, und Edward Whymper nahm sich die Vorwürfe so zu Herzen, daß er sich fast völlig vom Bergsteigen zurückzog und es nur noch aus wissenschaftlichen Gründen betrieb. Seinen Bericht über die Matterhorn-Besteigung schloß er mit den warnenden Worten: »Ersteige die Hochalpen, wenn du willst, aber vergiß nie, daß Muth und Kraft ohne Klugheit nichts sind, und daß eine augenblickliche Nachlässigkeit das Glück eines ganzen Lebens zerstören kann. Übereile dich nie, achte genau auf jeden Schritt und denke beim Anfang immer, wie das Ende sein kann!« Als letzte Illustration des Buches zeichnete er einen abstürzenden Bergsteiger. So wurde Whymper, der selbst jedes Risiko eingegangen wäre, um zum Gipfel zu kommen, vom Saulus zum Paulus und zu einem entschiedenen Gegner Mummerys.

Mummery, Jahrgang 1855, und damit fünfzehn Jahre jünger als Whymper, reiste als Sechzehnjähriger mit seinen Eltern in die Alpen und war sofort von den Bergen fasziniert. Schon mit achtzehn Jahren, 1874, wiederholte er Whympers Tour und hätte ihn um ein Haar selbst auf dem Matterhorn getroffen. Die Route war mittlerweile »erschlossen«, es gab eine Hütte auf dem Nordostgrat, und Whymper berichtete einigermaßen angeekelt von dem Rummel auf »seinem« Berg. In der Hütte drängten sich fast zwanzig Leute, die dabei waren, abzusteigen, und zwei weitere Partien folgten ihm dicht auf dicht. Whymper kletterte nie wieder aufs Matterhorn, und Mummery teilte seine Abneigung. Fünf Jahre später hatte er soviel gelernt, daß er künftig dorthin gehen konnte, »wo die anderen nicht sind«. Er suchte sich einen neuen Aufstieg aufs Matterhorn und nicht zufällig den Zmutt-Grat. Den hatte Whymper ausdrücklich als unmöglich bezeichnet. Als er am 3. September 1879, sieben Tage vor seinem 24. Geburtstag, auf dem Gipfel stand, hatte er sich den Respekt der alpinen Welt erworben. Logische Folge mußte die Aufnahme in den Alpine Club sein und damit die offizielle Anerkennung als Bergsteiger. Einfach eintreten konnte man nicht. Der Club hielt sich viel auf seine Exklusivität zugute und zählte nie mehr als 700 Mitglieder. Aber Mummery hatte einflußreiche Fürsprecher.

Jedes Jahr im Dezember veranstaltete der AC ein festliches Abendessen in London. Der Präsident hielt eine Rede, in der er die wichtigsten Ereignisse der vergangenen Klettersaison zusammenfaßte. Dem Präsidenten zur Seite standen zwei Vizepräsidenten, ein Generalsekretär und ein Komitee von acht Mitgliedern. Die Aufnahme in den Club war nur auf Vorschlag eines Mitglieds möglich, das den Kandidaten persönlich kennen mußte, ein zweites Mitglied fungierte als Bürge, und wer den Eintritt fördernd unterstützen wollte, trug sich in eine in den Clubräumen ausliegende Liste ein. Der Kandidat schrieb einen Bericht über seine Bergtouren und reichte sie dem Komitee zur Prüfung ein. Wurden die bergsteigerischen Leistungen als ausreichend angesehen, schritt man zur Wahl. Vorher lag der Bericht vierzehn Tage zur Einsicht für alle aus. Gewählt wurde mit schwarzen und weißen Kugeln. Letztere zählten als Ja-, erstere als Neinstimmen. Überstieg die Anzahl der schwarzen Kugeln 20 Prozent – später senkte man die Marke sogar auf 10 Prozent –, war der Kandidat durchgefallen. Der Nachteil dieses Wahlsystems (Ballotierung), das auf höchstmöglichen Konsens unter den Mitgliedern abstellte, lag auf der Hand: Eine relativ kleine Gruppe konnte jede Neuaufnahme verhindern.

Mummery beim Durchklettern des nach ihm benannten Risses am Grépon 1881.

Mummery wurde vom Generalsekretär Dent vorgeschlagen, als zweiter Befürworter fungierte der Vizepräsident Freshfield. Seine Tourenliste wurde am 18. März 1880 vom Komitee akzeptiert, doch als am 6. April gewählt wurde, fiel Mummery durch. Die Spekulationen über die Gründe reichen von »nicht gesellschaftsfähig«, weil Mummery nur Gerber gewesen sei, bis »nicht gentlemanlike«, weil er den Zmutt-Grat im Wettstreit mit einem anderen AC-Mitglied, William Penhall, begangen und dabei mit einem Vorsprung von anderthalb Stunden gewonnen habe. Beides ist unwahrscheinlich. Mummerys Familie – sein Vater wurde dreimal zum Bürgermeister von Dover gewählt – war jedenfalls gesellschaftlich akzeptiert. Penhall wiederum hatte seine Niederlage sportlich genommen und noch am nächsten Tag mit Mummery zusammen eine Bergtour gemacht. Im übrigen war es Penhall, der ihm den Eintritt in den AC überhaupt schmackhaft machte. Naheliegender ist der Verdacht, daß es Mitglieder gab, die ihn einfach nicht mochten oder schlicht neidisch waren. Mummery selbst vermutete im Komiteemitglied William E. Davidson den Drahtzieher. Mummery pflegte seine Meinung deutlich auszusprechen und spöttelte gern über die umständliche und langwierige Art, auf Berge zu steigen, wenn ein direkter Anstieg schneller und interessanter war. Für den gerade aus den Anden zurückgekehrten Whymper waren das unerträgliche Ketzereien eines Spielers, der die Gefahr um der Gefahr willen suchte.

Nichtsdestotrotz litt Mummery unter der Ablehnung. Es tröstete ihn auch nicht, daß einer der Präsidenten des Alpine Club, E. S. Kennedy, aus Protest sogar zurückgetreten war, weil man zwei seiner Kandidaten hinausballotierte. Auch nach Mummery gab es immer wieder peinliche und dem Club schadende Fälle von Zurückweisung, bis man endlich 1938 das Mehrheitswahlrecht einführte.

Als ob er zeigen wollte, wen man zurückgewiesen hatte, durchstieg Mummery in den folgenden Jahren die schwierigsten und gefährlichsten Routen rund um Chamonix. Die Erstbesteigungen der Felszacken und Grate der Aiguille du Géant, der Aiguille Verte und des Grépon waren so spektakulär, daß der Herausgeber des *Alpine Journal*, A. B. Coolidge, ihn bat, darüber einen Bericht zu verfassen. Mummery tat es in Form eines Briefes, bemerkte aber spöttisch, er fände es äußerst merkwürdig, von der Mitgliedschaft im AC ausgeschlossen zu sein, andererseits als Autor und Bergsteiger so geschätzt zu werden, daß die offizielle Vereinszeitschrift ohne ihn nicht auskomme.

Mummerys Taten und seine neue Bergphilosophie machten ihn bald zum Haupt einer »Schule«. Die Kritik der alten Herren, die Touren seien zu waghalsig und unbesonnen, nahmen seine Anhänger nicht mehr ernst. Was sie als Felskletterer leisteten, war allem überlegen, was bis dahin in den Alpen versucht worden war. Und Mummery war nicht nur in der Routenfindung innovativ. Er entwarf ein leichtes, transportables und haltbares Zelt aus Seide, mit dem er unmittelbar an den Anstiegen biwakierte und sich so die langen Anmarschwege in der Nacht ersparte. Er experimentierte mit dünnen Hanfseilen, um weniger Gewicht mitzuschleppen, zog die üblichen schweren Nagelschuhe beim Klettern aus und benutzte statt dessen Tennisschuhe. Für den Eiseinsatz entwickelte er spezielle Spikes, die Mummery-Nägel.

1888 bewies er, daß er auch außerhalb der Alpen mithalten konnte. Seine Erstbesteigung des Dych-Tau im Kaukasus brachte ihm eine Einladung zum Vortrag bei der berühmten Royal Geographical Society ein. Es war die kleinste Expedition, die jemals dorthin aufgebrochen war. Nur zu zweit und bis zum Wandfuß unterstützt von einem einheimischen Jäger, hatten sie den höchsten unerstiegenen Berg der Region auf der direktesten Route bezwungen und damit die neun vorangegangenen Expeditionen des AC in den Schatten gestellt. Jetzt wurde es selbst dem Alpine Club peinlich. Im Winter 1888 schritt man zu einer zweiten Wahl, und am 18. Dezember war Mummery endlich Mitglied.

Als wäre ein gordischer Knoten zerschlagen, der alle Fähigkeiten und Talente Mummerys gefesselt hätte, gerieten ihm die Jahre bis zur Nanga-Parbat-Expedition zu einer einzigen Erfolgsserie. Als Bergsteiger war er unbestritten der Beste. Der Alpine Club berief ihn in sein Komitee, seine Wahl in den Vorstand war beschlossene Sache, und späterhin hätte er sicherlich einen hervorragenden Präsidenten abgegeben. Sein alter Traum, ein »Team von gleichwertigen Spitzenbergsteigern« um sich zu scharen, die gleichzeitig seine Freunde waren, hatte sich erfüllt. Als Unternehmer war er so erfolgreich, daß er sich aus dem Tagesgeschäft zurückziehen konnte. Darüber hinaus war Mummery ein guter Theoretiker. Zusammen mit dem Nationalökonomen John A. Hobson schrieb er ein Buch über die Ursachen von Wirtschaftskrisen. *The Physiology of Industry* kam 1889 heraus. Hobson schätzte Mummerys Beitrag daran so hoch ein, daß er dessen Namen, obwohl im Alphabet hinter ihm, als ersten aufführte. Fast fünfzig Jahre später wird John Meynard Keynes, der Begründer der modernen Volkswirtschaftslehre, Hobson und Mummery als seine Vorläufer bezeichnen. Vier Wochen vor der Abreise nach Indien erschien schließlich Mummerys alpinistisches Testament. Fast ein ganzes Jahr hatte er an *Meine Bergfahrten in den Alpen und im Kaukasus* gearbeitet, wie der deutsche Titel von *My climbs* … lautete. Whymper fand das Buch eine Zumutung, Dent lobte es überschwenglich und wünschte sich eine Fortsetzung nach Mummerys Rückkehr aus dem Himalaja.

VERSCHOLLEN

Am 24. August teilte sich die Expedition. Wie geplant brachen Mummery und die beiden Gurkhas zum »Hochpaß« der Diama-Scharte auf. Die drei führten Proviant für drei Tage mit sich. Für den Fall, daß sie umkehren mußten, legten sie ein Lebensmitteldepot am Zugang zum Gletscher an. Collie und Hastings quälten sich mit den Trägern über die Pässe in Richtung Nordosten. Als sie am 25. August das Rakhiot-Tal erreichten, war das Wetter vollständig umgeschlagen. Eisiger Regen und Gewitter empfingen sie. Collie preßte sein Teleskop an die Augen, um ein Zeichen von Mummery zu finden. Was er sah, war alles andere als hoffnungsvoll. Zwar zeigte sich die Nordseite weniger steil als die anderen Flanken des Berges. Dafür hatte er noch nie einen so großen und zerklüfteten Gletscher wie den Rakhiot zu Gesicht bekommen. Der Abstieg von der Diama-Scharte erschien ihm vollkommen unmöglich. Hastings war der gleichen Meinung: Unter diesen Umständen konnte Mummery nur den Rückzug angetreten haben.

Doch Mummery kam nicht. Nicht am ersten, nicht am zweiten und nicht am dritten Tag. Am 29. August hielt Hastings das Warten nicht mehr aus. Er marschierte zurück ins Diamir-Tal, fand aber keine Spur von Mummery. Das Lebensmitteldepot am Diama-Gletscher lag unberührt. Collie, der bereits nach Astor vorausgegangen war, da er die Heimreise antreten mußte, eilte sofort zur Hilfe herbei. Bis Mitte September suchten sie erfolglos nach dem Verschollenen. Der Winter kam. Neuschnee verlangsamte alle Bewegungen. Die oberen Gletscher wurden unzugänglich. Lawine auf Lawine brach von den Wänden los. In einem letzten Versuch stieg Collie auf der Mazeno-Seite auf, um einen Einblick in das Diama-Tal zu gewinnen, in dem Mummery verschwunden war. Er sah nichts als eine weiße unberührte Eis- und Schneewüste. »Die Lawinen donnerten den Berg herunter und füllten die Luft mit ihrem eisigen Hauch. Sie immerhin sprachen eine deutliche Sprache. Es war unmöglich, weiter vorzudringen. Eindringlich baten sie uns zu gehen«, schrieb er im Rückblick sieben Jahre später. Collie und Hastings kehrten nie wieder in den Himalaja zurück.

Mit Mummery und seinen Begleitern hatte der Nanga Parbat

seine ersten Opfer gefordert. Bis heute sind die Umstände ihres Todes ungeklärt. Hastings und Bruce vermuteten, daß eine Lawine alle drei verschüttete. Angesichts der Verhältnisse im Diama-Tal besitzt diese These die größte Wahrscheinlichkeit. Mummery war risikofreudig, aber kein Hasardeur. Falls er die Scharte erreichte, dürfte er umgekehrt sein. Sein Leben galt ihm viel. Ebensowenig hätte er das der beiden Gurkhas aufs Spiel gesetzt. Die ohnehin schon gefährliche Situation im Tal mußte sich freilich dramatisch zu seinen Ungunsten verschlechtern, als das stürmische Wetter einsetzte. Der Regen, der Collie und Hastings im Rakhiot-Tal durchweichte, fiel in den höheren Lagen als Schnee, was die Lawinengefahr immens steigerte. Vieles spricht dafür, daß sich das Diama-Tal für Mummery und seine Begleiter als Todesfalle erwies, dessen einziger Ausgang durch Lawinenabgänge unpassierbar geworden war.

Nach einer anderen Theorie kam Mummery nicht im Tal, sondern bei einem letzten Gipfelversuch ums Leben. Beim Aufstieg zur Diama-Scharte hätte Mummery demnach eine Route entdeckt, die relativ leicht zum Gipfel führte. Ihr Verlauf ergibt sich aus einem Foto, das Collie von der Ganalo-Kette aus schoß. Mummery hätte in diesem Weg die verlockende Chance sehen können, doch noch das Blatt zu wenden. Zumindest wäre er versucht gewesen, ihn näher zu erkunden. Womöglich verlor er hier die Zeit, die er zum schnellen Verlassen des Tales gebraucht hätte. Sein Collie gegebenes Versprechen, sein Leben nicht aufs Spiel zu setzen, galt für die Diama-Scharte, nicht aber für den Gipfel. Oft hatte Mummery in den Alpen im Vertrauen auf sein Können bewiesen, daß er bereit war, alles zu wagen. Drei Jahre zuvor, bei der ersten Traverse über den Grépon, waren seine einheimischen Begleiter, alle gestandene Bergführer, aus lauter Angst davongelaufen. Außerdem war der 24. August kein Tag wie jeder andere. Genau sieben Jahre zuvor hatte er seinen höchsten Berg bestiegen, den Dych Tau im Kaukasus, der ihm die lang verwei-

Nanga Parbat von Westen, Diamir-Seite. Auf der linken mittleren Bildseite zieht der Diama-Gletscher zu den gleichnamigen Scharten. Hier

verschwand Mummery. Vom hinteren Abschnitt des Gletschers führt die Messner-Route vom Jahr 2000 hinauf zum Gipfel.

gerte Anerkennung gebracht hatte. Immer vorausgesetzt, daß Mummery die mögliche Route sah, muß die Versuchung, zum Gipfel zu gehen und damit den größten Erfolg seiner bergsteigerischen Laufbahn zu erreichen, übergroß gewesen sein. Daß ein solcher Weg auf die Spitze des Berges vom Diama-Tal aus existiert und begangen werden kann, hat Reinhold Messners Nanga-Parbat-Expedition im Jahr 2000 bewiesen.

Die *Times* vom 12. November 1895 brachte als erste die Nachricht vom Unglück. Im *Alpine Journal* des gleichen Jahres schrieb der Herausgeber, Mummerys alter Freund Martin Conway, einen bewegenden Nachruf: »Mit ihm verliert der AC eines seiner fähigsten, gebildetsten und berühmtesten Mitglieder.« Beim traditionellen Jahrestreffen im Dezember resümierte Freshfield: »Sein unzeitiger Tod ist ein schmerzlicher Verlust für den Club.« Mummerys alter Kontrahent Whymper sah das anders. Als die Rede des Präsidenten im *Alpine Journal* abgedruckt und an die Mitglieder versandt wurde, notierte er an den Rand seines Exemplars ungnädig: »Glaube ich nicht!«

Wer es wollte, konnte aus Mummerys Expedition viele Schlüsse ziehen. Der Nanga Parbat war offenkundig kein besserer Montblanc, sondern bedurfte einer anderen Logistik als in den Alpen. Das Problem der »dünnen Luft« war größer und entscheidender, als Mummery vermutet hatte. Ebenfalls unterschätzt hatte er das Proviantproblem. Es war äußerst schwer, »aus dem Lande zu leben«, da es sich um eine arme Region handelte. Gute und ausgewogene Nahrung bildete jedoch angesichts der körperlichen Beanspruchung die Grundlage bergsteigerischer Erfolge. Als wegweisend aber erwies sich der Einsatz trainierter Einheimischer. Die Gurkhas waren die Vorläufer der später bei allen Expeditionen verwendeten Sherpas.

Mummerys Mißerfolg prägte entscheidend die Taktik des Himalaja-Bergsteigens der nächsten 75 Jahre. Wenn der beste Felskletterer Englands mit seiner »rush-tactic«, der Taktik des

Handstreichs, des schnellen Auf- und Abstiegs, am Nanga Parbat scheiterte, weil der Berg zwar technisch zu bewältigen, aber ungleich höher als ein Alpengipfel war, dann mußte man anders vorgehen. Mehr und mehr setzte sich die Auffassung durch, daß die großen Himalaja-Riesen nur durch große Expeditionen zu bezwingen seien und daß statt Spontaneität und Schnelligkeit ein schrittweises, systematisches Vorgehen den Erfolg verbürge.

Mummerys Expedition wurde bald als liebenswerter Spleen eines naiven Bergpioniers belächelt. Es war Frank Smythe, der exzellente englische Kletterer der dreißiger Jahre, ein Schriftsteller und Ausnahmebergsteiger, der mit seiner Besteigung des 7756 Meter hohen Kamet mit kleinster Mannschaft und in nur acht Stunden an Mummery anknüpfte, den er als »Prototyp des modernen Bergsteigers«, als »Fürst unter den Felskletterern« verehrte. Vollständig rehabilitiert wurde der Engländer durch Reinhold Messner. 83 Jahre nach Mummery demonstrierte der Alleingang des Südtirolers durch die Diamir-Flanke auf den Gipfel des Nanga Parbat, daß die Idee seines Vorgängers weder abstrus noch naiv, sondern machbar war.

Vor uns liegt noch ein steiler Aufstieg. Aber wir glauben,
daß er eher von einem Volke bezwungen werden kann,
das durch jahrelange harte Übung in den Strapazen
des Bergsteigens geschult ist.
Joseph Goebbels (20. September 1942)

DIE DEUTSCHEN

NORDWÄNDE, MÜNCHNER SCHULE UND WELZENBACH

Dr.-Ing. Wilhelm, genannt Willo, Welzenbach holt aus seinem DKW-Sportwagen heraus, was er kann. Mit über hundert Stundenkilometern jagt er den schnittigen Flitzer mit der langen Motorhaube über die Asphaltstraße von Bern nach Lausanne. Oben in den Bergen rast er immer noch mit siebzig durch die Kurven. In der Nacht zuvor hat er wenig geschlafen. Kurz vor Genf verliert er den Kampf mit der Müdigkeit, was dem »besten Bergsteiger der Zwischenkriegszeit« samt seinem Begleiter Wilhelm, genannt Willy, Merkl fast das Leben kostet. Welzenbach schläft am Steuer ein, gerät auf die falsche Seite und wird nur durch Merkls entsetzten Aufschrei vor Schlimmerem bewahrt. Eine zweistündige Mittagspause stellt die erschöpften Kräfte wieder her, und am Sonntagabend, dem 28. Juni 1931, sind sie nach sechzehnstündiger reiner Fahrzeit an ihrem Ziel im französischen Chamonix, dem »Mekka der Bergsteiger«.

Welzenbach und Merkl sind zu ihrer Tour am Samstagmittag in München gestartet. Es herrscht Weltwirtschaftskrise, die Stimmung ist schlecht, die Banken fallieren, und die Arbeitslosenzahlen erreichen Rekordniveau. Die beiden Bergsteiger sind davon nicht betroffen. Welzenbach ist Stadtbaurat in der bayerischen Metropole, Merkl Ingenieur beim Ausbesserungswerk der Reichsbahn in München-Neuaubing. Sie sind beide unverheiratet, stellen keine besonderen materiellen Ansprüche, haben für niemanden zu sorgen und verwenden ihr Einkommen für ihre einzige Leidenschaft: das Bergsteigen. Dafür sind sie gerade im richtigen Alter. Willo und Willy, wie man die zwei Wilhelme aus Gründen der Unterscheidung in Bergsteigerkreisen nennt, sind beide Jahrgang 1900.

Welzenbach hat sich einen der härtesten Aufstiege der Alpen vorgenommen, die Nordwand der Grands Charmoz (3444 m), bislang undurchstiegen, eine Tausend-Meter-Wand aus kombiniertem Fels und Eis, so unglaublich steil, daß Merkl »ein Gefühl leichten Grauens« beschleicht, als er sie jetzt zum ersten Mal betrachtet. Welzenbach hat sie schon öfter, 1927 und 1930, studiert und »neigt zu der Meinung, daß sie unter günstigen Wetterverhältnissen zu meistern sei«. Die vorsichtige Formulierung ist typisch Welzenbach, der immer rein sachlich-technisch bleibt, ein Meister des Understatement, der nichts so sehr haßt wie übertriebene Dramatik am Berg.

»Am frühen Morgen des 30. Juni verließen wir das Hotel«, notiert Welzenbach. Tatsächlich war es zwei Uhr nachts. Über den Thendia-Gletscher erreichen sie bei Sonnenaufgang den Einstieg in die Wand. Für die granitene Plattenzone der ersten 500 Meter brauchen sie beinahe den ganzen Tag. Am späten Nachmittag schlagen sie ein Biwak auf, denn die jetzt zu durchkletternde Eiswand ist durch die Sonne aufgeweicht. Der matschige, auf dem Eis nur lose aufliegende Firn ist extrem lawinengefährlich. Der Biwakplatz ist alles andere als bequem, ein schmales, abschüssiges

Nordwand der Grands Charmoz.

Band, auf dem sie sich mit Mauerhaken sichern. Welzenbach, von athletischem Körperbau, fast 1,90 Meter groß, tut sich schwerer als der kleinere untersetzte Merkl. In der Nacht finden sie kaum Schlaf. Rechts und links von ihnen sausen die Lawinen zu Tal. Gegen Mitternacht bricht gar ein ganzer Felsturm ab und donnert krachend in die Tiefe.

Die nächtliche Episode ist nur der Auftakt. Zwar ist am nächsten Morgen die Eiswand wie erwartet hartgefroren und fest, so daß sie in zwei Stunden bewältigt werden kann. Die letzte Eisrinne zur Gipfelscharte ist aber steinschlaggefährdet. Welzenbach versucht sie rechts zu umgehen und verfehlt den Gipfel. Am Grat überrascht sie ein Gewitter. Es ist so heftig, daß sie absteigen müssen. Wenig später bricht ein zweites los, stärker als das erste, ein wahrer Hagelsturm, der sie an einer ungünstigen Stelle erwischt. Es bleibt keine Zeit, den Biwaksack überzustülpen, geschweige denn Schutz zu suchen. Binnen kurzem sind sie klatschnaß bis auf die Haut. Blitze zucken, Donner grollt. Auf den Felsspitzen knistern Elmsfeuer. Die Entladungen sind so nah, daß es einem Wunder gleichkommt, daß die Männer nicht getroffen werden.

Erst gegen halb acht Uhr abends können sie weiter absteigen. Wieder ist ein Biwak nötig, noch unbequemer als das erste – mit wassertriefenden Bergschuhen, nasser Kleidung und einem durchfeuchteten Zeltsack. Es gießt in Strömen, ein scharfer Wind weht, und die Temperatur sinkt fast auf Null. »Eine der schlimmsten Nächte, die wir bis dahin in den Bergen verbringen mußten«, kommentiert Merkl. An Schlaf ist nicht zu denken. Am Nachmittag des 1. Juli sind sie erschöpft, aber wohlbehalten wieder im Hotel.

Das Ergebnis der Tour befriedigt weder Welzenbach noch Merkl. Tage später treffen sie eine andere Seilschaft. Anderl Heckmair und Gustav Kröner wollen ebenfalls die Wand versuchen. Das darf nicht sein. Kaum wird das Wetter am 5. Juli wieder etwas besser, starten Willo und Willy zu ihrem zweiten Versuch.

Diesmal steigen sie nicht vom Gletscher auf, sondern queren in die Wand. Planmäßig beziehen sie ihr Biwak, das dritte auf dieser Fahrt. Merkl ist begeistert vom »schönsten Fleckchen im Hochgebirge«, Welzenbach »vom eindrucksvollsten Platz, den ich je kennenlernte«. Die Blicktiefe hinab zum Gletscher beträgt fast tausend Meter. Aber die Idylle macht Welzenbach unruhig: »Ich ahnte schon etwas von drohendem Unheil – der Himmel schien mir zu klar, die Sterne zu funkelnd.«

Zunächst läuft alles nach Wunsch, doch schon am späten Vormittag wird das Wetter schlecht. Wieder bricht ein Gewitter los. Es erwischt die beiden mitten in der Wand, auf einer abschüssigen, steinschlaggefährdeten Stelle. Drei Stunden lang können sie nichts tun, als dazustehen und den Biwaksack über ihre Köpfe zu halten. Als das Toben nur etwas nachläßt, versuchen sie mit aller Kraft, den Gipfel und damit den rettenden Grat zu erreichen. Aber 92 Meter unterhalb ist Schluß. Auf einer kleinen Felskanzel zwingt sie der Schneesturm zu Biwak Nummer vier. Der Sturm tobt die ganze Nacht und wird am Morgen noch heftiger. Schnee und Nebel hüllen den Berg ein. Es geht weder vorwärts noch zurück. Die beiden haben keine Chance, zum Gipfel aufzusteigen – und der Rückweg über die tiefverschneite und vereiste Wand wäre Selbstmord. Langsam erkalten in der quälenden Hockstellung die Gliedmaßen, die Kleidung ist feucht, das winzige Zelt droht von den Schneemassen erdrückt zu werden. Eine zweite eisige Nacht beginnt. Wasser ist nicht mehr vorhanden, der Brennstoff schon im ersten Biwak aufgebraucht, gekocht werden kann nichts, und der Schnee, den sie zur Not essen, macht sie noch durstiger. Am nächsten Tag hält der Sturm unvermindert an. Noch eine Nacht. Als der Morgen dämmert, haben Welzenbach und Merkl sechzig Stunden auf dem gleichen engen Fleck in Schnee und Regen zugebracht. Die Wolkendecke reißt auf, die Sicht ist frei, doch aus den Wetterzeichen liest Welzenbach, daß diese Besserung nicht von Dauer sein wird.

Dennoch gelingt das Unmögliche. In neun Stunden, davon die letzten vier wieder im Sturm, kämpfen sich die beiden zum Gipfel hinauf. Am 10. Juli nachmittags um drei Uhr haben sie es geschafft. Die Gipfelrast wird auf »kaum eine Minute« beschränkt, dann tasten sie sich im Nebel, in tiefster Dunkelheit zu Tal und durch das Spaltengewirr des Nantillonsgletschers zurück. Als sie gegen 22.30 Uhr wieder ihr Hotel erreichen, sind sie genau 110 Stunden am Berg gewesen.

Eine Stunde später hat Welzenbach die schon angelaufene Rettungsaktion telefonisch gestoppt. Gegen ein Uhr liegt er endlich im Bett, drei Stunden später wecken ihn Heckmair und Kröner, die helfen wollten, aber jetzt erleichtert sind, daß alles gutgegangen ist. Am Nachmittag fahren Welzenbach und Merkl nach Hause. Am Sonntagabend sind sie zurück in München. Am Montag, dem 13. Juli, morgens um acht Uhr, sitzen beide wieder im Büro. Das Unternehmen kostete sie die Hälfte ihres Jahresurlaubs, aber das war es ihnen wert.

Die spektakuläre Durchsteigung sorgte weit über die Bergsteigerszene hinaus für Aufmerksamkeit. Die deutschen Zeitungen berichteten ausführlich über den »stolzen Bergsieg zweier Münchner«, wobei sie vor allem betonten, daß Welzenbach und Merkl trotz schlechten Wetters auf der gefährlichsten Route in die Wand eingestiegen waren und mit unglaublicher Zähigkeit eine Lage gemeistert hatten, die jedem anderen den sicheren Tod gebracht hätte. Dementis nützten nichts. Keiner glaubte, was die beiden beteuerten: daß sie nämlich in Kenntnis der Verhältnisse die Tour nicht gewagt hätten. Armand Charlet, ein französischer Bergführer von exzellentem Ruf, brachte es auf die griffige Formel: »Das ist nicht Bergsteigen, das ist Krieg!« Dem englischen *Alpine Journal*, dem Welzenbach einen Bericht zusandte, war die Durchsteigung nur eine höhnische Bemerkung wert: »Dr. Welzenbach hat uns freundlicherweise mit allen Einzelheiten seiner Route versorgt. Wir können jedoch über unseren Glückwunsch, daß es ihm gelang, die Seilschaft aus einer Reihe scheinbar hoffnungsloser Situationen zu befreien, keinen weiteren Kommentar abgeben.« Ob sie es wollten oder nicht: Fortan umgab Welzenbach und Merkl eine Aura der Unzerstörbarkeit.

Von der breiteren Öffentlichkeit unbemerkt, hatte sich das Bergsteigen seit den Tagen Mummerys entscheidend verändert. Die neue Generation der Kletterer bewegte sich nun ganz selbstverständlich »führerlos« in den Bergen und hatte sich längst neue und gefährliche Routen jenseits der bekannten Normalwege auf die Gipfel gesucht. Statt der »sicheren« Grataufstiege bevorzugten die Vertreter der neuen Philosophie des Bergsteigens die großen Wände der Alpen, insbesondere deren Nordseiten, eisige, schattige und windige Felsabbrüche, in denen sich die Gefahren von Steinschlag, Lawinen und Wetterstürzen gleichsam potenzierten. Früher hatte man solche Routen vermieden, um sich nicht dem Vorwurf verantwortungslosen Leichtsinns auszusetzen. Jetzt waren sie Programm. Bei diesem »Gefahrenbergsteigen« gaben die Deutschen den Ton an, insbesondere die Münchner, die von den konkurrierenden Engländern ausdrücklich als Schule angesprochen wurden. Ihr führender Kopf in der Routenfindung und im Entwickeln neuer Techniken war Willo Welzenbach. An der Nordwand der 4176 Meter hohen Dent d'Hérens in den Walliser Alpen demonstrierte er 1925 den Unterschied zwischen traditionellem Bergsteigen und dem Ansatz der »Münchner Schule«.

Nach Meinung des *Alpine Journal* war die Wand bereits 1923 von George Finch durchstiegen worden. Ihren oberen Teil, eine Eiswand von 60 bis 70 Grad Neigung, hatte Finch mit Recht als extrem lawinengefährdet eingestuft. Er war deshalb über den Ostgrat ausgewichen, um zum Gipfel zu kommen. Damit hatte er nach seiner Meinung das Problem gelöst: Er hatte die Wand so lange durchstiegen, bis der weitere Weg zu riskant war. Nach Auffassung der »Münchner« hatte sich Finch seine Lösung vom

Berg diktieren lassen. Zwei Jahre später stieg die Seilschaft Welzenbach/Eugen Allwein in die Wand und wählte trotz der objektiven Gefahren die direkte Linie, »den kühnsten Weg«. Roberto Cassin, der italienische Spitzenkletterer, hatte ihn als die Fallinie eines vom Gipfel geworfenen Steins definiert. Die beiden benötigten sechzehn Stunden, entgingen nur knapp einer Lawine und kamen erst auf dem Gipfel – abends um halb sieben – zu ihrem verdienten Imbiß, den Allwein mit einer Zigarette krönte. Lange galt diese Route als die härteste Eistour der Alpen.

Das *Alpine Journal* sah Welzenbachs Leistung anders. Sein Herausgeber, E. L. Strutt, wertete sie als »törichte Variante führerloser, wenn nicht verführter Amateure, in Wänden, die beständig Steinschlag und Lawinen ausgesetzt sind«. War ein Anstieg zu riskant, also mit Verletzungs- oder gar Lebensgefahr verbunden, mußte man, so das Credo des Alpine Club, auf ihn verzichten. Strutt berücksichtigte nicht, daß die bergsteigerische Leistung Welzenbachs, seine Ausdauer, Schnelligkeit und der Einsatz neuer Techniken die Gefahren in der Wand verringerten. Der beste Beweis dafür war Welzenbach selbst, der bei seinen fünfzig Erstbegehungen nie stürzte und sich und seine Begleiter immer heil zurückbrachte.

Die Kritik der Briten an den Deutschen machte sich noch an einem anderen Punkt fest – der »Mechanisierung des Kletterns«. Mauerhaken und Karabiner, von den Münchnern zur Lösung »schwerster Probleme« eingesetzt, waren in England genauso verpönt wie der bei Überhängen praktizierte Seilzugquergang. R. L. G. Irving verurteilte in seinem Buch *The Romance of Mountaineering* den Mauerhaken als ein unzulässiges, weil in die Substanz des Berges eindringendes und ihn veränderndes Hilfsmittel und fand es bezeichnend, daß im Englischen der Begriff des Karabiners überhaupt nicht vorhanden sei. »Fair Play« am Berg hieß für ihn, dem »Ratschluß der Natur« zu folgen, nur dorthin zu gehen, wo dies ohne Technik für den Menschen möglich war.

Insofern geißelte er die »Münchner Schule« als eine »Hochburg der Gewalt«, deren Bergethik sich auf reine Kletterprobleme und ihre Lösung reduzierte. Dabei entsprach das harte Wort von den »Hochbaumonteuren« der »Dangle & whack school«, wovon das erste die Seilkunststücke der Deutschen disqualifizierte und das zweite ihren Hakeneinsatz karikierte, nur entfernt den tatsächlichen Verhältnissen. Vierzig Jahre zuvor hatte der junge Mummery die Kritik des Kulturphilosophen John Ruskin kühl zurückgewiesen, der den Bergsteigern vorwarf, sie hätten die Berge, »diese erhabensten und heiligsten Manifestationen der Landschaft, die natürlichen Kathedralen der Erde«, zu »geölten Klettermasten« herabgewürdigt. Jetzt war es der 23jährige Leo Maduschka, der 1931 in seinem Aufsatz »Der junge Bergsteiger von heute« den »Mauerhakenstreit« zumindest für seine Generation für überholt erklärte: »Wir jungen Bergsteiger wollen nun einmal das Letzterreichbare in Fels und Eis leisten, und dazu haben wir – neben manchem anderen – eben auch die technischen Hilfen von Haken, Karabinern und Seilzug nötig.«

Welzenbach sah es genauso. Nicht der Haken war das Problem, sondern wie man ihn einsetzte. Benutzte man ihn nur als Sicherungshilfe, sozusagen als psychologische Stütze für den Fall, daß man ausrutschte und fiel, war nichts gegen ihn zu sagen. Nur in den Fels getrieben, um den tödlichen Sturz abzufangen, änderte er nichts am Kletterstil, sondern diente dazu, die Reichweite zu erhöhen und vorher ungangbare Partien zu erschließen. Idealerweise bewegte sich der Bergsteiger in der Wand, als ob es keinen Haken gäbe. Verwerflich war dessen Einsatz dann, wenn man ihn mangels Können als Aufstiegshilfe mißbrauchte oder die Sache übertrieb, wie jene italienische Seilschaft, die für einen Abschnitt von 200 Metern sage und schreibe 50 Haken benötigte. Oberstes Ziel mußte es sein, mit sowenig Haken wie möglich auszukommen, sie eigentlich nur in Notfällen zu schlagen. Je besser die Klettertechnik und die allgemeine körperliche Kondition waren, je sorgfältiger die Vorbereitung und das Urteilsvermögen am Berg, je realistischer die Einschätzung der eigenen Fähigkeiten, desto weniger Haken würde der Bergsteiger brauchen. Ausdrücklich warnte Welzenbach vor den Gefahren der »Vernagelung« von Felsrouten: »Weniger Geübte werden veranlaßt, im Vertrauen auf die steckenden Haken Felsfahrten zu unternehmen, denen sie unter günstigen Umständen gerade noch gewachsen sind, denen sie aber unterliegen müssen beim Eintritt widerlicher Verhältnisse. Einen Felsweg zu ›spicken‹ ist ein tadelnswertes Unterfangen ...«

In der Praxis blieb diese anspruchsvolle »Ethik des Verzichts« Theorie. Der konsequenteste Verweigerer des Hakens, der Verfechter des kompromißlosen Freikletterns ohne künstliche Hilfsmittel, Paul Preuß, fiel durch seinen tödlichen Absturz am 3. Oktober 1913 an der Nordkante des Mandlkogls als Vorbild weg. Die Mehrheit der Bergsteiger verunzierte mit ihren hemmungslos eingeschlagenen Eisenstiften die klassischen Routen, und von Welzenbachs Ideal, »eine Wand so anzutreffen wie die Erstbegeher«, blieb angesichts des Ansturms der bergbegeisterten Massen nicht viel übrig.

Wie in England war es auch auf dem Kontinent zur Gründung von Alpenvereinen gekommen. 1862 entstand in Wien der »Österreichische Alpenverein«, sieben Jahre später in München der »Deutsche Alpenverein«. 1873 schlossen sich beide zum »Deutschen und Österreichischen Alpenverein« (DÖAV) zusammen. Von vornherein war der DÖAV im Gegensatz zum englischen Alpine Club auf touristische Breitenwirkung und nicht nur auf die bergsteigerische Elite angelegt. »Zweck des Vereins ist, die Kenntnis der Alpen zu erweitern und zu verbreiten, sowie ihre Bereisung zu erleichtern«, lautete Paragraph eins seiner Statuten. 1909 war man diesem Ziel so nahe gekommen, daß der Alpinist und Generalmajor Theodor von Wundt angesichts der Erschließung der Alpen händeringend klagte, »der Aufenthalt in den Hütten und auf den bevorzugten Gipfeln« erinnere »stark an

Sonntagnachmittage in der Vorstadt«. 1914 zählte der DÖAV bereits über 100 000 Mitglieder, 1930 waren es schon 244 000, die dank der Tätigkeit des DÖAV auf gebahnten Wegen und über gesicherte Klettersteige in die mehr als 500 Schutzhütten in den Bergen strömten, von denen manche sogar den Luxus einer heißen Dusche boten.

Den wirklichen Bergsteigern paßte diese Entwicklung ganz und gar nicht. Sie wollten ihre Berge für sich und entwickelten den »Ödland«-Gedanken, der bis heute die Diskussion um wirtschaftliche Nutzung und ökologische Bewahrung beherrscht. Welzenbach vertrat ihn konsequent. »Die vornehmste Aufgabe einer alpine Interessen vertretenden Vereinigung wäre es«, schrieb er 1924, »ihr Arbeitsgebiet systematisch verkommen zu lassen, Weganlagen zu vernachlässigen, gekünstelte Steiganlagen zu entfernen. Unseren Alpen würde dadurch ihre Ursprünglichkeit wiedergegeben, die Flut der Auchalpinisten würde zurückgedrängt ...«

Der Gegensatz zwischen Bergsteigern und »alpinistischem Fußvolk« brach schon im 19. Jahrhundert auf. 1878 gründete Julius Meurer mit 109 Unzufriedenen den »Österreichischen Alpenklub« (ÖAK), der sich in seiner betont sportlichen Ausrichtung und seiner gesellschaftlichen Exklusivität am Alpine Club orientierte, seine Mitgliederzahl bewußt klein hielt (nie mehr als 750) und an auswärtigen Mitgliedern führende englische (Dent, Coolidge) und deutsche Bergsteiger (Hans Pfann, Welzenbach) aufnahm. Mit der Gründung der *Österreichischen Alpenzeitung (ÖAZ)* im Jahr 1879 und ihrem Anspruch, »geistiger Mittelpunkt hochturistischen Lebens« zu sein, entstand die erste deutschsprachige Konkurrenz zum englischen *Alpine Journal.*

Auch in Deutschland herrschte unter den Bergsteigern »schärferer Richtung« Unzufriedenheit mit dem DÖAV. 1895 bildete sich aus Protest gegen die Erschließung des höchsten deutschen Berges durch eine Hütte (Zugspitzhaus) die Sektion Bayerland, die 1925, an ihrem 30. Stiftungstag, bekräftigte, sie wolle »ein Verein von Bergsteigern sein und bleiben«. Drei Jahre zuvor gründete eine Handvoll bergbegeisterter Studenten völlig unabhängig vom DÖAV den »Akademischen Alpenverein München« (AAVM). Ende der zwanziger Jahre hatte sich dieser Zusammenschluß von herausragenden Fels- und Eisgehern einen solchen Ruf erworben, daß sich nach der Meinung des französischen Bergsteigers Lucien Devies die Hauptstadt des Bergsteigens von London nach München verschoben hatte. Die in Wien erscheinende *Deutsche Wochenzeitschrift für Alpinismus und Schilauf, Der Bergsteiger* urteilte: »Der AAVM ist in der Geschichte der Eroberung der unbekannten Gebirge der Erde neben dem englischen AC die führende bergsteigerische Körperschaft.« Es waren vor allem die Bergsteiger des AAVM – Welzenbach, Paul Bauer, Hans Hartmann, Karl Wien –, die »später die Elitemannschaften zum Sturm auf die 8000er stellen sollten« (Walter Schmidkunz) und am Nanga Parbat starben.

Albrecht Krafft von Delmensingen, geboren am 17. März 1871 in Rothenfels am Main, war wie Mummery zum Bergsteigen gekommen. Sein Vater nahm ihn auf Bergtouren mit, seine Begeisterung übertrug sich auf den Sohn, die Berge waren nahe – er besuchte Gymnasien in Kempten und München – und sie blieben es, denn Krafft studierte in München. Das ihm verordnete Jurastudium fand er fad. Zum Ausgleich kletterte er in den Alpen, vor allem in den Dolomiten und im Kaisergebirge, und sammelte dort die Freunde, die sich wie er als Alpinisten verstanden und den bürgerlichen Zwängen und Verpflichtungen an den Wochenenden und in den Semesterferien durch Flucht in die Berge entzogen. Er war der entscheidende Mann bei der Gründung des AAVM, obwohl er, mit zwanzig Jahren vom Pferd gestürzt, fast Halbinvalide war. Mit größter Willenskraft trainierte er gegen die Folgen seiner Verletzung an und überwand sie weitgehend. Die gleiche Zähigkeit bewies er im Studium, absolvierte dem Willen des Vaters gemäß die juristische Staatsprüfung, wechselte dann aber sogleich zur Geologie, promovierte und begleitete 1898 Willi Rickmer Rickmers auf eine Forschungsreise nach Buchara. Da Krafft wenig Lust hatte, ins wilhelminische Deutschland zurückzukehren, trat er in englische Dienste, arbeitete für den Survey of India und bereiste in dieser Eigenschaft den Himalaja und die arabische Halbinsel. 1901, mit nur dreißig Jahren, starb er in Kalkutta an Malaria. In seinem kurzen, aber ereignisreichen Leben manifestierte sich in der Mischung aus Revolte, Pflicht und Eskapismus das Lebensgefühl einer ganzen Generation.

Von vornherein hatte Krafft den AAVM als bergsteigerische Elite der akademischen Jugend konzipiert. Per Satzung bestand der Vorstand aus Studenten, insoweit war der AAVM einer studentischen Verbindung nachgebildet. Wer sein Examen machte, schied aus der activitas aus und wurde Alter Herr. Er war immer noch Mitglied, beteiligte sich am Vereinsleben und ging mit den anderen auf Bergtouren. Kandidieren für den Vorstand durfte er nicht mehr, allerdings verblieb ihm noch für fünf Jahre das aktive Wahlrecht. Die Absicht war klar: Der Verein sollte immer von den jungen und aktiven Mitgliedern geführt werden und somit jung bleiben. Gleichzeitig sorgte die Einbindung der Alten Herren für Kontinuität und wertvolle Verbindungen. Allen Mitgliedern vorgeschrieben war die Verpflichtung, einer beliebigen Sektion des DÖAV anzugehören. Auf diese Weise wollte der AAVM, trotz seiner Distanz zum großen Alpenverein, seine Vorstellungen und Ideen in den Gesamtverein hineinwirken lassen. Tatsächlich haben in der Folgezeit Mitglieder des AAVM führende Positionen vor allem in den süddeutschen Sektionen Bayerland, München, Oberland und Hochland eingenommen.

Wilhelm Ludwig Welzenbach trat im Sommersemester 1921 dem AAVM bei. Am 10. November 1900 in München geboren, unternahm er seine ersten Klettertouren in den Berchtesgadener Alpen. Sein Vater, ein höherer Beamter der Reichsbahn, war während des Ersten Weltkrieges nach Salzburg versetzt worden. Welzenbach blieb das »Fronterlebnis« erspart. Zwar wurde er 1918 noch eingezogen, kam aber nicht mehr zum Einsatz. 1920, nach der Reifeprüfung, schrieb er sich als Student der Ingenieurwissenschaften an der Technischen Universität München ein und wurde Mitglied der katholischen Studentenverbindung Aenania. Er war das einzige Kind seiner Eltern.

Welzenbach war vor allem Perfektionist. Was er anfing, führte er systematisch, mit nie erlahmender Ausdauer und bis zum meist erfolgreichen Ende durch. Letztlich gab es für ihn nur zwei Tätigkeitsfelder: sein Studium, später sein Beruf und das Bergsteigen. Letzteres praktizierte er so intensiv – an jedem Wochenende, in allen Ferien, sommers wie winters –, daß er innerhalb von zwei Jahren der beste Felskletterer im AAVM wurde. Dabei trainierte er nie an Kletterfelsen, immer im Gebirge, da ihm die rein klettertechnischen Aufgaben nicht genügten. Der Kampf gegen Wind und Wetter, gegen die sich ständig verändernden Schnee- und Eisverhältnisse, mit, wie er formulierte, »den Fährnissen und Widrigkeiten der Natur« galt ihm als das wahre Bergsteigen. Dabei war ihm jegliche Zeitverschwendung verhaßt. Schlechtes Wetter hielt ihn nur im Extremfall von einer geplanten Tour ab. War die avisierte Route wirklich ungangbar, wich er auf eine leichtere aus. Irgend etwas ließ sich immer unternehmen.

Mit dieser Einstellung am Berg ist es nicht verwunderlich, daß seine Tourenbücher, die er mit gründlichster Sorgfalt abfaßte, für die Zeit von 1920 bis 1933 über 50 spektakuläre Erstbegehungen und 940 Gipfelbesteigungen, darunter 72 Viertausender verzeichnen. Als Welzenbach-typisch gilt die Erstdurchsteigung der Nordwand des Großglockner, die er mit Karl Wien an einem Wochenende im Sommer 1926 absolvierte.

Die beiden nahmen den Nachtzug von München und kamen am Samstagmorgen in Österreich an. Sie schwangen sich auf ihre mitgebrachten Räder, radelten zwanzig Kilometer das Fuschtal aufwärts – dabei einen 1600 Meter hohen Paß überquerend – und stiegen dann zur Hütte auf. Sonntagmorgen gegen 2.30 Uhr brachen sie auf und bewältigten insgesamt 1400 Höhenmeter, davon 600 in der Nordwand, die noch heute als die »härteste kombinierte Route in den Ostalpen gilt« (Eric Roberts). Bei Sonnenuntergang waren sie zurück. Aber anstatt auf der Hütte ihren Erfolg zu feiern, stiegen sie ab, radelten wieder über den Paß und erreichten gerade noch den Nachtzug nach München. Am Montagmorgen, frisch rasiert und gut gelaunt, ging der Referendar der Deutschen Reichsbahn Wilhelm Welzenbach mit neuem Schwung wieder an die Arbeit.

Seinen überragenden Ruf als Bergsteiger verdankte Welzenbach seinen Fähigkeiten im Eis. Die Aufstiege waren enorm kräftezehrend. Da Steigeisen mit Frontalzacken noch nicht erfunden waren, blieb nichts anderes übrig, als mit dem Pickel Stufe um Stufe in die Eiswand zu schlagen. Die Methode war zeitraubend und erhöhte damit die Gefahr, denn anders als im Fels ist die Stabilität einer Eiswand von vielen Faktoren abhängig. Sonneneinstrahlung weicht sie auf, unberechenbare Lawinen brechen von den Hängegletschern los, oft ist die Neigung des Hanges so steil, daß sichere Standplätze schwer zu finden sind. Der Gebrauch eines Seils wird sinnlos, weil der Sichernde damals einen schweren Sturz des Vorsteigenden ohnehin nicht abfangen konnte und mit ihm aus der Wand gerissen wurde.

Am 7. Juli 1924, in der bis dahin undurchstiegenen Nordwand des Großen Wiesbachhorns (3570 m) in der Großglocknergruppe, entwickelten Welzenbach und sein Seilpartner Fritz Rigele eine neue Technik – den Schlüssel für die Erfolge in den großen Nordwänden der Alpen und später im Kaukasus und Himalaja. Sie entdeckten, daß man den im Fels gebräuchlichen Mauerhaken ebensogut im Eis anwenden konnte. Ein ins Eis getriebener Stahlhaken friert sofort fest, ist also ein hervorragendes Sicherungsmittel. An der 75 bis 80 Grad steilen Wand hatten sie genügend Gelegenheit, ihre Erfindung zu erproben. Sie funktionierte, schützte aber nicht vollständig vor den Gefahren der Alpen. Eine Stunde nach ihrem Gipfelsieg jagte über ihre Aufstiegsroute eine Lawine zu Tal, die den beiden zum Verhängnis geworden wäre. Aber wie ein Jahr später an der Dent d'Hérens rettete Welzenbach seine Schnelligkeit. Realist, der er war, blieb er trotz dieser Leistung bescheiden. »Nicht nur das Können bedingt den Erfolg, auch Glück muß der Mensch haben«, kommentierte er trocken.

In den folgenden Jahren perfektionierte Welzenbach seine Technik, entwickelte einen neuen, kürzeren Eispickel und ein leichtes dreieckiges Biwakzelt. Allerdings blieb er seinen Prinzipien treu, benutzte sowenig Haken wie möglich, um die Geschwindigkeit zu steigern und damit die objektiven Gefahren zu vermindern, und nahm seine Biwakausrüstung nur auf schwerste Touren mit. »Wer sie dabei hat, benutzt sie auch«, lautete sein skeptischer Kommentar. Eleganter war es nach seiner Auffassung, so schnell zu klettern, daß man sie gar nicht brauchte.

Welzenbachs Ruhm speiste sich aus vielen Quellen. Jahr für Jahr unternahm er spektakuläre Erstbegehungen durch »unmögliche« Wände und fand darin mit schlafwandlerischer Sicherheit den richtigen Weg. Seine Begleiter berichteten vom Gefühl unbedingter Sicherheit, das er ihnen vermittelte, und lobten seine realistische Einschätzung des Risikos. Er bewies Mut zur Umkehr, wußte er doch, daß er mit Zähigkeit und Ausdauer und mit den richtigen Wetterverhältnissen jede Route meistern würde. Mit fast schon übertriebener Gründlichkeit bereitete er sich auf seine Touren vor, las die Alpinliteratur, studierte Karten und Abbildungen. Bevor er aufbrach, war er die Route im Kopf schon zehnmal geklettert. Systematiker in allem, was er tat, nahm er sich Region für Region in den Bergen vor und wechselte erst, wenn er alle interessanten Aufstiege bewältigt hatte. Aus der Fassung geriet er nur, wenn sich Konkurrenten an »seinen Bergen« zu schaffen machten. Die Erstdurchsteigung der Ortler-Nordwand, die ihm in seiner Sammlung noch fehlte, hat er Hans Ertl bitter übelgenommen. Welzenbachs Erfahrung, sein Können und seine Fähigkeiten wurden auch im Ausland als einzigartig eingeschätzt. Das *Alpine Journal* druckte seine Tourenberichte genauso ab wie die deutschsprachigen Alpinzeitschriften. In vielen Artikeln nahm er knapp und präzise zu Problemen des Bergsteigens Stellung. Von sich selbst hatte Welzenbach eine hohe Meinung. Er war ehrgeizig und kannte seinen Wert sehr genau.

Angesichts dieser bergsteigerischen Karriere war seine Wahl in den Vorstand des AAVM nur logisch. Seit dem Wintersemester 1923 bekleidete er das Amt des 2. Vorsitzenden, ab dem Sommersemester 1925 wurde er, für drei Semester in Folge, zum 1. Vorsitzenden gewählt. Im Rückblick kommentierte sein Nachfolger Wien, Welzenbach habe »den AAVM in einigen Jahren nach dem Krieg zu einer wirklichen Stätte des Bergsteigens gemacht«. Vor allem sei er darauf bedacht gewesen, »das technische Können unter den jungen Mitgliedern zu steigern, unerläßliche Vorbedingung für alles andere«. Es war in dieser Zeit, daß Welzenbach eine Skala zur Routenklassifizierung vorschlug, die er in sechs Schwierigkeitsgrade unterteilte. Sie wurde von Italien und Frankreich übernommen und blieb bis 1947 maßgebend. In England lehnte man sie vehement ab. Leistungsvergleiche und Konkurrenz am Berg um die schwierigsten Routen verstießen nach Meinung des Alpine Club gegen das bergsteigerische Ethos. In der Praxis setzte sich Welzenbachs Skala rasch durch, da eine objektive Einordnung der Alpenrouten in den weitverbreiteten Kletterführern überfällig war.

Als Welzenbach 1925 den AAVM-Vorsitz übernahm, zählte der Verein knapp 300 Mitglieder. Davon waren etwa 250 Alte Herren – Ärzte, Ingenieure, Studienräte, Unternehmer, Professoren und Juristen –, deren Wohnsitze sich über ganz Deutschland verteilten, und 34 ordentliche Mitglieder, das heißt aktiv bergsteigende Studenten. Bereits ein Jahr zuvor hatte Welzenbach mit den anderen Mitgliedern des Vorstands, darunter Ernst von Siemens, eine neue Satzung erarbeitet. Sie war schärfer gefaßt als die alte und definierte als Ziel des Vereins »die Förderung der Hochturistik [damit war das Bergsteigen gemeint, Anm. d. Verf.] unter der akademischen Jugend und die Erziehung seiner Mitglieder zu selbständigen Bergsteigern«. Bewußt grenzte sich der Verein vom »großstädtischen Sonntagsalpinismus« ab: »Die Erschließung der Berge für den allgemeinen Verkehr, soweit sie nach der Meinung anderer immer noch notwendig ist, mögen andere weiterführen.« Verschärft wurden auch die Aufnahmebedingungen für Neumitglieder. Vorgeschaltet war eine Probezeit, in der die Bewerber mindestens zweimal mit ordentlichen Mitgliedern auf Tour gewesen sein mußten. Danach bewertete ein Prüfungsausschuß ihre Leistungen. Schließlich bedurfte es für die endgültige Aufnahme einer Dreiviertel-Mehrheit der Mitglieder.

Das Vereinsleben war nicht weniger straff durchorganisiert. Die wöchentlichen Versammlungen waren Pflicht. Sie fanden jeden Dienstag ab 20 Uhr im Münchner Vereinsheim in der Rosenstraße statt, wo von den Mitgliedern und auswärtigen Referenten regelmäßig Vorträge zu alpinen Themen gehalten wurden. »Gemütliche Abende mit Orgien in Alkohol und ungeniertem Austoben der Hauskapelle« schlossen sich an. Pflicht war ferner die schriftliche Abgabe eines jährlichen Tourenberichts. Hatte ein aktives Mitglied keine Touren unternommen, war auch dieses anzugeben. Der Vorstand entschied dann über den Verbleib im Verein. Großen Wert wurde auf Erstbegehungen gelegt. Eine eigene Rubrik im Jahrbuch war ihnen gewidmet, klassifiziert wurden sie nach der neuen, von Welzenbach entwickelten Schwierigkeitsskala. Der Anspruch des AAVM, nicht nur die bergsteigerische Elite auszubilden, sondern auch eine intellektuelle Führungsrolle zu übernehmen, drückte sich in den Vorträgen aus, die Vereinsmitglieder in anderen Sektionen des Alpenvereins hielten, in Aufsätzen, Berichten und Buchveröffentlichungen.

Der AAVM bot eine Lebensform, die das Mitglied – jenseits des Studiums und des Berufs – rund ums Bergsteigen organisierte. Ein gesellschaftliches Programm – Vereins- und Hüttenabende, gemeinsame Bergfahrten, traditionelle Treffen etwa zu Pfingsten oder an Silvester – verband sich eng mit dem bergsteigerischen Training. Wie Welzenbach von Pfann und Wilhelm Paulcke ins Bergsteigen eingeführt worden war, so schulte er jetzt die Neuzugänge Hartmann, Wien, Heinz Tillmann, Leo Maduschka und Erich Schulze in der Fels- und Eistechnik. Neu war ein »härterer« Umgang mit den Bergen. Alpenvereinshütten nutzte man nur noch im Winter als Unterkünfte, im Sommer wurde das Biwakieren zur Ehrensache (»Biwakare necesse est«), und die Hütten überließ man den »Sonntagsbergsteigern«. Gleiches galt für den »genießerischen, unschwierigen« Skilauf, den ein richtiger AAVMler als Zeitverschwendung betrachtete. Statt dessen wurde das »expeditionsmäßige« Winterbergsteigen zum Kult. Es sollte eine gute Vorbereitung für den Himalaja werden.

EXKURS EINS: EVEREST

Lord George Nathaniel Curzon, Vizekönig von Indien, begriff es nicht: Wieso machten seine Landsleute keine Anstalten, auf den Mount Everest zu steigen, um mit der Eroberung des höchsten Gipfels der Erde England unsterblichen Ruhm zu sichern? 1904 hatten britische Truppen in seinem Auftrag die Hauptstadt Tibets, Lhasa, erobert. Fortan war klar, wessen Einfluß in dem bis dahin völlig abgeschlossenen Land galt, und daß es möglich sein würde, vom Dalai-Lama die Erlaubnis für eine Besteigung einzuholen.

Im darauffolgenden Jahr schrieb Lord Curzon in diesem Sinne an den Alpine Club, schätzte die Kosten für eine solche Expedition auf etwa 6000 Pfund und bot nicht nur die Unterstützung der indischen Regierung, sondern auch eine hälftige Kostenbeteiligung an. Douglas Freshfield, der damalige Präsident des AC, griff den Vorschlag begeistert auf und veranstaltete eine Sammelaktion unter den Mitgliedern. Sie ergab bescheidene hundert Pfund. Im gleichen Jahr schied Lord Curzon auf Druck seiner politischen Gegner aus dem Amt. Der Tschomo-Lungma, die »Göttin-Mutter des Landes«, wie der tibetische Name des Everest lautet, hatte einen Aufschub erhalten.

Kaum zwei Jahre später, 1907, war das Finanzproblem gelöst. Der Verleger A. L. Mumm, Mitglied des AC, schenkte dem Club die Expedition zur Feier seines fünfzigjährigen Bestehens. Nachfolger von Curzon war Lord Minto, ebenfalls ein Mitglied des AC. So gesehen hätte eigentlich nichts schiefgehen können, und Mumm und sein Mitstreiter Tom Longstaff heuerten bereits Schweizer Bergführer für die Everest-Kampagne an. Allerdings hatten sie die Rechnung ohne John Morley, den Unterstaatssekretär für Indien, gemacht.

Der Regierung in London waren die bergsteigerischen Ziele und Ideale des Alpine Club herzlich egal. Hinsichtlich des Everest dachte sie weder in Begriffen nationalen Prestiges, noch fand sie es entscheidend, daß hier »kühne Mannestat« zum höchsten Punkt der Erde drängte. Sie handelte rein machtpolitisch, wollte nach dem imperialen Säbelgerassel in Lhasa, das zu schweren Spannungen mit Rußland geführt hatte, keine weitere Unruhe in der Region und war froh, sich mit dem Zarenreich über die Abgrenzung der Einfluß-Sphären in Asien geeinigt zu haben.

Unter geographisch-politischen Gesichtspunkten lag kein Berg unglücklicher als der Everest, nämlich auf der Grenze zwischen Nepal und Tibet, fernab vom englischen Gebiet, und somit bedeutete jeder Besteigungsversuch einen diplomatischen Kraftakt. Nepal hatte noch nie den Transit gestattet. Insofern war der einfachere Anmarsch von Süden nicht möglich. Der Anstieg von Norden setzte tibetisches Entgegenkommen voraus. Dabei ging es auch um religiöse Probleme, denn den Tibetern war der Berg heilig. Überdies war der Zugang noch gar nicht erforscht. In jedem Falle würde der Weg sehr lang sein. Alles in allem sprach viel dafür, daß eine große Expedition in diesem Gebiet von den Einheimischen und den anderen europäischen Mächten mißverstanden würde. Das wog schwerer als eine etwaige »Eroberung« des Berges. Mumm und Longstaff trösteten sich mit dem 7120 Meter hohen Trisul im nordischen Himalaja: Bis 1928 blieb der Berg der höchste erstiegene Gipfel der Welt.

Erst 1919, nach dem Ersten Weltkrieg, griff man in England den Everest-Gedanken wieder auf. Nicht nur bergsteigerisch stand er auf der Tagesordnung. Angesichts der sich verändernden Weltlage gewann der Prestigegedanke, daß es ein Engländer sein müsse, der als erster den Gipfel betrat, gewaltig an Bedeutung. Denn das Schicksal hatte es mit der »Heldenrasse«, wie nationalstolze englische Zeitungen formulierten, nicht gut gemeint. 1909 stellte eine italienische Expedition unter dem Herzog der Abruzzen an der Chogolisa im Karakorum mit 7498 Metern einen neuen Höhenweltrekord auf, 378 Meter mehr, als Longstaff am Trisul geschafft hatte. Leer ausgegangen waren die Engländer auch am Nordpol, den Robert Peary im gleichen Jahr »für Amerika« in Besitz nahm. Wirklich getroffen fühlte sich England durch die Niederlage am Südpol. Seit 1901 kämpfte sich der englische Marineoffizier Robert F. Scott immer näher an den »Fluchtpunkt der Eitelkeiten« (Christoph Ransmayr) heran, mit dem erklärten Ziel, »dem Britischen Empire die Ehre zu sichern, diese Großtat vollbracht zu haben«. 1913 stand er am Pol, doch die Huskys des Norwegers Roald Amundsen waren um Wochen schneller als die ihre Schlitten selbst ziehenden Briten gewesen. Scott überlebte die Niederlage nicht. Kurz vor Erreichung des rettenden Lebensmitteldepots starben er und seine Mannschaft im Schneesturm. Damit wuchs dem Everest mit einem Mal ein neuer Nimbus zu. Er war nicht mehr nur der höchste aller Berge, sondern das letzte größte Wagnis der Menschheit, ein weißer Fleck in 8848 Meter Höhe, der »dritte Pol«. Hier endlich wollte England zu seinem Recht kommen.

Treibende Kraft des Unternehmens war Francis Younghusband, berühmter Asienforscher und 1904 Kommandant des britischen Angriffs auf Lhasa, der ihm den Titel Sir eingebracht hatte. Inzwischen war er Präsident der Royal Geographical Society (RGS) und bildete zusammen mit dem Alpine Club einen Everest-Ausschuß, dessen einziger Sinn und Zweck die Besteigung des Berges sein sollte. Philosoph, der er war, fügte er der nationalen Komponente eine spirituelle hinzu. Im Kampf mit dem Everest sah er den Kampf des Geistes mit der Materie gespiegelt. Berg und Mensch seien einander verwandt: »Der Mensch ist kleiner an Masse, aber gewaltiger an Geist. Deshalb will er die höchste Verkörperung des Stofflichen besiegen.«

Die Schwierigkeiten am Berg hielt er sämtlich für lösbar. Klettertechnisch sah er keine größeren Probleme als in den Alpen. Gegen die Kälte ließ sich entsprechender Schutz finden, wie die Polexpeditionen bewiesen hatten. Den Witterungsbedingungen, insbesondere dem Monsun, konnte man durch genaue Zeitplanung beikommen. Einzig die dünne Luft, das Sauerstoffproblem in den großen Höhen, bereitete ihm Kopfzerbrechen. Andererseits war die Grenze des dem Menschen Zumutbaren immer höher hinauf geschoben worden. Am Anfang des 19. Jahrhunderts hatte Humboldt das physiologisch Erträgliche bei 6000 Metern gesehen, an seinem Ende ging man von 7000 Metern aus; doch die Expeditionen im Karakorum und am Trisul hatten gezeigt, daß diese Grenze bei genügender Akklimatisation fließend war und man sogar in diesen Höhen schlafen konnte. Man mußte es versuchen, erst dann würde man wissen, ob das Unternehmen im Bereich der menschlichen Fähigkeiten lag.

Zunächst galt es, den diplomatischen Knoten zu zerschlagen. Der amtierende Vizekönig, Lord Chelmsford, ließ sich für den

Plan gewinnen. Noch besser fügte es sich, daß der britische Vertreter in Tibet, Charles Bell, mit dem Dalai-Lama befreundet war. Im Januar 1921 traf der offizielle Geleitbrief in London ein, AC und RGS hatten mittlerweile die finanziellen Mittel bereitgestellt, und der Everest-Ausschuß prüfte Hunderte von Bewerbungen, die von Bergsteigern aus der ganzen Welt eintrafen. Man war sich rasch einig, daß im Prinzip nur Mitglieder des Alpine Club in Frage kämen, deren Zahl durch den Krieg allerdings stark ausgedünnt war. Als Leiter der Expedition wählte man Oberst Charles Kenneth Howard-Bury. Er war kein Bergsteiger, hatte aber als passionierter Jäger ausführlich den Himalaja bereist. Unter den Alpinisten war George Leigh Mallory die bekannteste und interessanteste Persönlichkeit. Er hatte in Cambridge studiert, war im besten Achter der Universität mitgerudert und viel in den Alpen geklettert. Der 35jährige pflegte literarische Ambitionen und verabscheute seinen Beruf als Lehrer. Er hatte ihn längst aufgeben wollen, doch seine Familienverhältnisse – er hatte Frau und drei Kinder – erlaubten ihm keine Experimente. Er bewegte sich in den Zirkeln der Londoner Intellektuellen um Virginia Woolf und Lytton Stratchey, wurde aber mehr aufgrund seines guten Aussehens, seiner »Ähnlichkeit mit einem griechischen Gott«, akzeptiert als wegen seiner Geistesblitze. Anfangs kam ihm die Einladung zum Everest nicht einmal gelegen. Erst nach gutem Zureden seiner Freunde sah er die Expedition als Chance, mit seiner seit Jahren geplanten Schriftstellerkarriere endlich ernst zu machen. Der Berg bot Stoff für viele Bücher.

Von vornherein war Younghusband klar, daß es mit einer Expedition nicht getan sein würde. Man wußte einfach zu wenig über den Weg zum und auf den Berg, über die dortigen Wetterverhältnisse und die Bedingungen in großen Höhen. Der erste Vorstoß sollte folglich nur der Erkundung dienen. Unmittelbar darauf würde dann mit den gewonnenen Erfahrungen der eigentliche Angriff beginnen.

Drei Arten der Flußdurchquerung: Arthur Wakefield zieht sich die Stiefel aus, Howard Somervell seine Hose, George Mallory entblößt sich ganz.

Mitte Mai 1921 brach die Expedition von Darjeeling auf. Das Gepäck trugen hundert Maultiere der indischen Armee – allerdings nur für fünf Tage. Die aus dem Tiefland stammenden Tiere waren dem Auf und Ab über die Pässe mit täglichen Höhendifferenzen von mehr als tausend Metern nicht gewachsen. Besser ging es mit berggewohnten einheimischen Tragtieren. Die Kolonne bewegte sich in Nebel und Regen durch das unter englischer Oberherrschaft stehende Sikkim und überschritt die Grenze nach Tibet über den 4386 Meter hohen Djelep-Paß.

Anfang Juni setzt in Indien der Monsun ein, ein periodischer Wind, der vom Meer her schwere Wolken gegen den Himalaja treibt, die Berge im Neuschnee versinken läßt und jedes Bergsteigen verhindert. Im Durchschnitt hält er drei Monate an. Younghusbands Plan sah vor, daß die Expedition bis Ende August die nähere Umgebung des Everest auskundschaftete. Später im September, in der Nachmonsunzeit, wenn schönes und stabiles Wetter zu erwarten war, sollte die eigentliche Erkundung des Berges beginnen.

Mallory fand wenig Gefallen an Tibet. »Ein grauenhaftes Land, bevölkert von grauenhaften Leuten«, schrieb er an seine Frau. Die Expedition sei von Anfang bis Ende Betrug und verdanke sich allein der Begeisterung eines einzigen Mannes: Younghusband. »Die Aussicht, den Berg aus irgendeiner Richtung zu besteigen, ist praktisch null, und was wir tun, ist, unsere Nasen am Unmöglichen platt zu drücken.« Mallory entwickelte eine Haßliebe zum Objekt seiner Begierde. »Was wir hier sahen«, notierte er beim ersten Anblick des Everest, »schien der wildesten Ausgeburt eines Traumes zu gleichen. Eine ganz unwahrscheinliche dreieckige Masse türmte sich aus der Tiefe auf; in siebziggradiger Neigung schoß ihre Kante ins Unendliche empor. Rundum stehen andere Riesen zwischen 7000 und 8000 Meter Höhe, aber keines ihrer kühnen, schlanken Häupter reicht dem Großen auch nur bis an die Schulter.«

Das war Ende Juni an der Zunge des sechzehn Kilometer langen Rongbuk-Gletschers. Rongbuk bedeutet im Tibetischen »Tal der Abgründe«. Bedingt durch schlechtes Wetter, dauerte es weitere zwei Monate, bis sie den eigentlichen Zugang zum Berg an der Nordflanke gefunden hatten. Erst am 23. September bekam Mallory eine Aufstiegschance. Über schwieriges Gelände erreichte er den Nordsattel, knapp 7000 Meter hoch und noch vier Kilometer vom Gipfel entfernt. Von seinem Standpunkt aus sah er den Nordostgrat in sanfter Neigung zur Gipfelpyramide aufsteigen. Es war Gehgelände, schwierig durch rutschige abschüssige Platten, ansonsten aber ohne technische Probleme. 600 Höhenmeter traute

Die Nordflanke des Everest, Ausgangspunkt der britischen Expeditionen der zwanziger und dreißiger Jahre.

sich Mallory an diesem Tag noch zu. Doch ein aufkommender Sturm und die Erschöpfung seiner Begleitmannschaft ließen ihn den Versuch abbrechen. Die Entscheidung war richtig. Im Handstreich war dieser Berg nicht zu nehmen.

Die Ergebnisse der Erkundung konnten sich sehen lassen. Mallory hatte den Schlüssel zum Berg gefunden. Das gesamte Gebiet wurde von den mitgereisten Landvermessern genau kartiert. Man wußte jetzt mehr über das Wetter. Im August, also während der Monsunzeit, war es viel schlechter gewesen als erwartet und hatte ihre Bewegungen entscheidend gehemmt. Der September hielt nicht, was sich Younghusband von ihm versprochen hatte. Es wurde zu kalt am Berg. Eisige Winde trieben die Bergsteiger nach unten. Der lange Aufenthalt in den großen Höhen hatte an den Kräften gezehrt. Besser war es, den nächsten Versuch in die Monate Mai und Juni, also vor den Monsun, zu legen.

Mallory war von dem Ausgang des Unternehmens enttäuscht. In einem Brief an Geoffrey Winthrop Young, mit dem er viele Touren in den Alpen unternommen hatte, klagte er über die Diskrepanz zwischen dem Wunsch, in die Nähe des Gipfels zu kommen, wenigstens »bis zu einem Punkt, von dem ich dann erschöpft, aber nicht entmutigt, zufrieden eher mit dem Erreichten zurückkehre«, und »der Wirklichkeit, wie sie sich uns darbot: endloser Schnee, der über graue Hänge dahinfegt, nur dieser eintönige Anblick, keine Wetterbesserung, keine Hoffnung«. Das Fazit teilte er kurz und bündig seiner Schwester mit: »Ich werde nächstes Jahr nicht noch einmal gehen, nicht für alles Gold Arabiens.« Er ging doch.

Die Vorbereitungen für die Hauptexpedition liefen bereits im Herbst 1921 an. Das Zeitfenster Everest öffnete sich nur für etwa vier Wochen zwischen Mai und Juni. Davor war es für einen Gipfelsturm zu kalt, danach herrschte der Monsun. Da man für den Anmarsch von Darjeeling aus einen Monat benötigte, mußte die Expedition im April 1922 starten. Gespart wurde an nichts. Da es in großen Höhen meist am Appetit fehlt, schmeichelte man dem Gaumen mit außergewöhnlichen Leckerbissen wie Wachteln in Aspik, Kaviar und Trüffelpastete. Jeder Teilnehmer durfte seine Lieblingsspeisen angeben. Dementsprechend wurde der Proviant, einschließlich einiger Kisten Jahrgangschampagner, zusammengestellt. Viel Sorgfalt verwendete man auf die Verbesserung der Kleidung. Zwar waren, wie zu Mummerys Zeiten, noch immer Tweedjacke und Nagelstiefel Standard, sie wurden aber mit Ausrüstung aus den Polregionen, mit Wollanoraks, Überhosen, leichten, winddichten Zelten und Daunenschlafsäcken ergänzt.

Keinen Gedanken verschwendete man an die Möglichkeit, den Everest in der alpinen Taktik des schnellen Auf- und Abstiegs anzugehen. Mummerys mißglückter Versuch und die 1921 und davor gemachten Erfahrungen schrieben als einzig erfolgversprechende Vorgehensweise den Aufbau einer Lagerkette vor. Vom Basislager auf dem Rongbuk-Gletscher in etwa 5000 Meter Höhe aus mußten weitere Lager in immer größere Höhen vorgeschoben werden, bis vom höchsten der Schlußangriff auf den Gipfel erfolgen konnte. Diese Lager anzulegen, den Weg dorthin gangbar zu machen und zu sichern war Aufgabe der Bergsteiger. Sie mit einem ständigen Nachschubstrom zu versorgen war wiederum Part der einheimischen Träger. Ohne sie gab es keine Gipfelchance. Unter ihnen die richtigen, die wirklich Leistungsfähigen auszusuchen, war für den Erfolg des Unternehmens genauso entscheidend wie die Auswahl der Bergsteiger. Selbstverständlich benötigten sie die gleiche Ausrüstung wie ihre englischen »Kollegen«. Das Verhältnis der »Sahibs« zu ihren Trägern blieb immer ungleich, doch im Laufe der Expeditionen wandelte es sich von einer »Herr-und-Knecht«-Beziehung zu einer kameradschaftlichen. Die Bergsteiger unterschieden sorgfältig zwischen den gmeinen Trägern, den »Kulis«, die nur bis ins Basislager Lasten trugen, und ihren »Sherpas« und »Gurkhas«, die sie in die Hochlager begleiteten. Deren Ausdauer und Mut imponierten ihnen so, daß sie den besten die Ehrenbezeichnung »Tiger« gaben.

So gesehen war Charles Bruce, der Mitstreiter Mummerys am Nanga Parbat, der beste Expeditionsleiter, den man finden konnte. Mittlerweile war er Brigadegeneral und 56 Jahre alt. Dreißig Jahre lang hatte er in Indien Gurkha-Regimenter befehligt, sprach mehrere ihrer Dialekte und genoß bei ihnen höchsten Respekt. Zu seiner Unterstützung in Fragen des Transports und der Organisation waren drei Offiziere abgestellt, Geoffrey Bruce, ein Vetter des Generals, sowie die Hauptleute John Morris und Colin Grant Crawford, alle drei erfahren im Umgang mit einheimischen Trägern und vertraut mit ihrer Sprache und Kultur. Mit Edward Lisle Strutt als Stellvertreter von Bruce und dem Arzt Tom Longstaff stießen zwei der erfahrensten englischen Alpinisten zur Expedition. Mallory und Henry Treise Morshead waren schon 1921 dabeigewesen. Hinzu kamen Edward Felix Norton, Howard Somervell und der Australier George Finch, den man im Jahr zuvor unter reichlich obskuren Umständen ausgebootet hatte. Er war so alt wie Mallory, eindeutig der bessere Bergsteiger, gehörte aber irgendwie nicht dazu. In der Schweiz aufgewachsen, hatte er es zum Präsidenten des Akademischen Alpenclubs Zürich gebracht und dort und in Genf Physik und Chemie studiert.

Im Mittelpunkt der Diskussion um die richtige Taktik stand der Einsatz von künstlichem Sauerstoff. Schon Marco Polo war im 13. Jahrhundert bei seiner Reise durch das Pamir-Gebirge aufgefallen, »daß das Feuer nicht so hell und rot brennt wie andernorts und die Speisen nicht richtig garen«. Er führte das Phänomen auf die »eisige Höhenluft« zurück. In Wirklichkeit war es Sauerstoffmangel. Darunter hatten auch die Primuskocher der Erkundungsexpedition im Jahr zuvor gelitten. Ab 5500 Meter funktionierten sie nur noch ungenügend. Jetzt standen neuentwickelte zur Verfügung, mit denen man noch in einer Höhe von 9000 Metern Schnee schmelzen und warme Mahlzeiten zubereiten konnte.

Die Geräte wurden von Finch in einer Unterdruckkammer getestet, um die Everest-Höhe zu simulieren. Sauerstoffgehalt und Luftdruck wurden auf ein Drittel des Normalwerts reduziert. Während des Tests versorgte sich Finch über einen Schlauch mit zusätzlicher Luft. Die belebende Wirkung überzeugte ihn so sehr, daß er vorschlug, künstlichen Sauerstoff am Berg einzusetzen. Die Mehrzahl der medizinischen Koryphäen unterstützte ihn. Nach ihrer Meinung konnte ab 8500 Meter Höhe kein Mensch ohne diese Hilfe überleben. Finch entwickelte mit Unterstützung der Royal Airforce einen Apparat, in dem sich vier mit komprimiertem Sauerstoff gefüllte Stahlzylinder bergwärts transportieren ließen. Über ein einfaches Ventilsystem atmete der Bergsteiger in eine Maske hinein. Das Traggestell wog 5,5 und jeder Zylinder etwa 2,5 Kilo. Die gesamte Last betrug also mehr als 15 Kilo.

Englisches Sauerstoffgerät der zwanziger Jahre.

Der Everest-Ausschuß war in dieser Frage gespalten. Der Geschäftsführer, Arthur Robert Hinks, schrieb voller Spott an General Bruce: »Heute nachmittag sehen wir uns die Gasausbildung an. Man hat einen wundervollen Apparat entwickelt, über den Sie sich totlachen werden. Ich würde gern mein Geld auf Mallory setzen, wenn er ohne die Hilfe von vier Zylindern und einer Maske auf 8000 Meter steigt.« Auch Mallory hielt anfangs nichts von der »englischen Luft«, wie sie die Träger im Himalaja nennen sollten. Seiner Meinung nach reduzierte Finchs Erfindung den Kampf Mensch gegen Berg auf ein technisches Problem. Es war nicht »fair«. Allerdings hatte Mallory zur Technik ein gespanntes Verhältnis. Er war wenig praktisch begabt und kam mit dem Apparat schwer zurecht. Außerdem mochte er den Australier nicht besonders. Im Verlauf der Anreise versuchte Finch, seine Bergsteigerkollegen mit der Funktionsweise der Sauerstoffgeräte vertraut zu machen, konnte sie aber nicht wirklich überzeugen.

Als am 19. Mai 1922 vom Lager IV auf dem Nordsattel in knapp 7000 Meter Höhe aus der Gipfelsturm begann, fand er ohne Sauerstoff statt, und Finch war wie selbstverständlich nicht dabei. Vier Bergsteiger – Mallory, Norton, Somervell und Morshead –, unterstützt von neun Trägern, hatten die Aufgabe, ein weiteres Lager auf 7900 Meter vorzuschieben und von dort aus den Gipfel zu erreichen. Es war eisig kalt, die mitgebrachten Spaghetti gefroren in den Konservendosen, und fünf Träger meldeten sich bergkrank. Auf 7350 Meter setzte ein fürchterlicher Wind ein. Trotz der rasch übergezogenen Reservekleidung erfroren sich Norton ein Ohr und Mallory die Fingerspitzen, weil er statt seiner Wollhandschuhe lederne trug, um den Pickel besser greifen zu können. Auf 7600 Meter Höhe wurde Lager V aufgeschlagen. Die Träger stiegen ab. Der nächste Morgen war klar und schön. Morshead, auf dessen Fingern sich Frostbeulen bildeten, blieb krank zurück. Die drei übrigen arbeiteten sich bis zum frühen Nachmittag auf 8220 Meter hinauf. Damit war klar, daß der Gipfel für diesmal außerhalb ihrer Reichweite lag. Zwischen ihm und dem Nordsattel waren nicht ein, sondern zwei Lager nötig. Die trockene Luft hatte ihre Kehlen völlig ausgedörrt. Trotzdem zwangen sie sich dazu, ein paar Rosinen und getrocknete Pflaumen hinunterzuwürgen, und spülten das frugale Mahl mit Brandy hinunter. Die Ärzte hatten unisono vor Alkohol in großen Höhen gewarnt, doch die sofort einsetzende belebende Wirkung widerlegte ihren Rat. Mallory schloß daraus, daß der Schnaps keinen Alkohol enthalten habe.

Auf dem Rückweg wäre es beinahe zu einer Katastrophe gekommen. Der erschöpfte Morshead, der dritte in der Reihe, glitt aus und riß Somervell und Norton mit sich. Mallory an der Spitze hörte das Geräusch hinter sich, stieß reflexartig seinen Eispickel in den Schnee und warf das Seil darum. Es hielt alle vier.

Am 24. Mai erhielt Finch mit seinem Sauerstoff eine Chance. »Jetzt beginnt der Gasangriff«, witzelte General Bruce. Zusammen mit Geoffrey Bruce stieg Finch vom Nordsattel bis auf 7770 Meter auf. Obwohl sie zwei Stunden nach ihren Trägern aufgebrochen waren, schlossen sie trotz der kiloschweren Apparate bald zu ihnen auf. Da es immer stürmischer wurde, schickte Finch am Nachmittag die Träger bis auf einen zurück. Die Sturmnacht, die man in einem kleinen Zelt direkt auf dem Grat verbrachte, war das härteste, was Finch je erlebt hatte. Zweimal rissen die Haltetaue. Die Gefahr, auf den 1500 Meter tiefer liegenden Rongbuk-Gletscher hinabgeweht zu werden, vergrößerte sich mit jeder Stunde. Steinschlag riß Löcher in die Zeltwand. Erst am Mittag des folgenden Tages hatte sich der Orkan ausgetobt.

Unter diesen Umständen nicht sofort zum Nordsattel abzusteigen, sondern eine weitere Nacht dort verbringen zu wollen, um am anderen Morgen Richtung Gipfel zu marschieren, beweist Chuzpe. Es gab kaum noch Proviant. »Es hätte nicht viel gefehlt und wir wären zum Kannibalismus übergegangen.« Finch hatte den Experten vertraut, die ihm völlige Appetitlosigkeit in großen

Höhen prophezeiten. Immerhin hatten sie noch Zigaretten. Der Rauch dämpfte nicht nur das Hungergefühl, sondern erleichterte ihnen sogar das Atmen. Doch in der Nacht ging es ihnen immer schlechter. Finch hatte die rettende Idee, den Sauerstoff, den man bisher nur zum Steigen verwendete, auch im Ruhezustand einzusetzen. Das Ergebnis war eindeutig: »Es war kein Zweifel, und jedes weitere Wort über diesen Gegenstand ist überflüssig: der Sauerstoff hat uns in jener Nacht das Leben gerettet!«

In weiser Voraussicht nahm Finch seine Bergschuhe mit in den Schlafsack. Seine Begleiter hingegen verbrachten am nächsten Morgen eine Stunde damit, ihre hartgefrorenen Stiefel über ein paar Kerzenflammen aufzutauen. Mit jeweils 18 Kilo auf dem Rücken zogen sie los und arbeiteten sich in immer schwieriger werdendem Gelände bis auf 8310 Meter vor, hundert Meter höher, als Mallory ohne Sauerstoff gekommen war. Finch hätte noch weitergehen können, doch Geoffrey Bruce, durchtrainiert, aber ein bergsteigerischer Anfänger, war zu sehr mitgenommen. In den Bergen ergibt sich der Erfolg aus tausend kleinen Schritten. Der Profi, dessen kraftsparende Technik den Energieaufwand minimiert, wird auf die Dauer immer dem Neuling, und sei er noch so konditionsstark, überlegen sein. Zurück im Lager III stellte man bei beiden Erfrierungen an den Füßen fest. Drei Paar Socken und zentimeterdicke Sohlen hatten der Kälte nicht standgehalten. Daß die mangelnde Durchblutung aufgrund der langsameren Fließgeschwindigkeit des Blutes in großen Höhen bewirkt wird, wußte man noch nicht. Der englische Extrembergsteiger und Alpinhistoriker Chris Bonington hat die Steigleistungen von Mallory und Finch miteinander verglichen. Nach seinen Berechnungen kam die »Sauerstoffgruppe« auf eine Klettergeschwindigkeit von 156 Höhenmetern pro Stunde, die von Mallory auf 119 Meter.

Mallory gab seine Vorurteile auf. Er wollte noch einen letzten Versuch wagen und diesmal ab 7600 Meter Sauerstoff einsetzen.

Vier Teilnehmer der englischen Everest-Expedition von 1922.
V. l. n. r.: Morshead, Mallory, Somervell, Norton.

Longstaff, der Expeditionsarzt, protestierte und erklärte alle bis auf Somervell für berguntauglich. Mallory akzeptierte das ärztliche Urteil aber nicht und marschierte mit Somervell, Crawford und vierzehn Sherpas los. Der Vorstoß erreichte nicht einmal den Nordsattel. Beim Aufstieg ging eine Lawine ab und begrub die gesamte Mannschaft. Die drei Engländer konnten sich aus eigener Kraft befreien, doch sieben Träger starben. Mallory erntete harsche Kritik. Es sei unverantwortlich gewesen, unter diesen Umständen zu starten. Zwei Tage zuvor hatte es frisch geschneit, der Schnee hätte sich erst setzen müssen. Somervell klagte: »Nur Sherpas getötet – warum, o warum nur konnte keiner von uns Briten ihr Schicksal teilen?« Mallory war verzweifelt. Es war sein Fehler gewesen. Und er wußte es.

Das bis dahin schwerste Unglück in der Geschichte des Alpinismus stellte von neuem die Frage nach der Verantwortung.

Wenn Bergsteiger tödliche Risiken eingingen, war dies zuvorderst ihre selbstgewählte Entscheidung. Aber durften sie ihre einheimischen Helfer, die ohne sie nie in die Berge gegangen wären, die gegen Bezahlung trugen und stiegen, den gleichen Gefahren aussetzen?

Als Erfolge waren die höchste Höhe zu verbuchen, die je ein Mensch ohne Sauerstoff erreicht hatte (Mallory, Norton, Somervell), und die höchste Höhe überhaupt (Finch und Geoffrey Bruce). Auf tibetischer Seite sah man den Ausgang der Expedition als Strafe der Götter, die offenkundig doch etwas dagegen hatten, daß man auf der Tschomo-Lungma herumturnte. Es bedurfte größten diplomatischen Einsatzes, um dem widerstrebenden Dalai-Lama noch einmal eine Besteigungsgenehmigung abzuringen.

Daß die nunmehr dritte Expedition zum Everest den Gipfelsieg bringen mußte, war die verbreitete Meinung in England. Es galt, die richtigen Lehren zu ziehen und die Vorbereitungen noch mehr zu perfektionieren. Eben deswegen verschob man den Start um ein Jahr, auf 1924. Die Zeit nutzte man, um die Sauerstoffapparate zu verbessern, einen wärmeren, teilweise mit Filz gefütterten Schuhtyp zu entwickeln und allen ausgewählten Bergsteigern Gelegenheit zu geben, in den winterlichen Schweizer Alpen zu trainieren. Mallory wurde von der englischen Presse zum »Mr. Everest« hochgeschrieben. Doch vom Berg zurückgekehrt, fand er sich ohne Job. Eine dreimonatige Vortragsreise durch die USA brachte ihm gute Kritiken und wenig Geld ein. Als ein eifriger Reporter den mürrischen Mallory fragte, warum er den Everest besteigen wolle, gab er kurz angebunden seine berühmte Antwort: »Weil er da ist.« Das Everest-Komitee wußte jedoch, was es ihm schuldig war, und sorgte für eine Anstellung als Dozent an seiner alten Universität Cambridge. Die Tätigkeit gefiel ihm, und als es darum ging, die Teilnehmerliste für die nächste Expedition zusammenzustellen – Mallory saß in der Auswahlkommission –, setzte er sich selbst mit einem großen Fragezeichen auf die letzte

Stelle. Insgeheim hoffte er, sein neuer Arbeitgeber würde ihn nicht beurlauben. Aber die stolze Universität, die später ihm zu Ehren einen Mallory-Hof erbaute, gab ihrem »Everester« großzügig sechs Monate bei halben Bezügen frei.

Anders stand es um Finch. Seine Verdienste und Erfolge zählten nichts, da er es gewagt hatte, öffentlich Ausrüstung und Organisation der 22er-Expedition zu kritisieren. Er hielt Vorträge wie Mallory, weigerte sich aber, 50 Prozent seiner Einnahmen an den Everest-Ausschuß abzuführen. Als er 1925 ein Buch über den »Kampf um den Everest« schrieb, fand sich ein deutscher, aber kein englischer Verleger.

Das Team von 1924 war schließlich eine Mischung aus »Bewährten« und Neuen. Erneut war General Bruce Expeditionsleiter, als sein Stellvertreter wurde Norton berufen. Bewußt nahm man nicht Mallory, denn seine Führungsqualitäten waren umstritten. Er galt als sprunghaft und zudem zerstreut bis zur Vergeßlichkeit. Seine vergangene Fehlentscheidung am Berg hing ihm noch immer nach. Zu den Veteranen zählten außerdem Somervell und Geoffrey Bruce. Neuzugänge waren Noel Odell, Bentley Beetham, John de Vere Hazard und Andrew Comyn Irvine. Von ihnen war Odell der stärkste Bergsteiger. Geldprobleme gab es nicht, da man die Film- und Fotorechte für 8000 Pfund und die exklusive Berichterstattung an die *Times* verkauft hatte.

Nach eingehender Diskussion über die Taktik am Berg hatte man sich auf den Aufbau von sieben Lagern geeinigt. Vom Nordsattel, Lager IV, sollten weitere drei in Höhen von 7700, 8000 und 8200 Metern angelegt werden. Für den endgültigen Ansturm galt es zu berücksichtigen, daß durch zwei Felsstufen größere klettertechnische Schwierigkeiten gerade im unmittelbaren Bereich der Gipfelpyramide zu erwarten waren. Die Aufstiegsversuche ab dem Nordsattel sollten in zwei Zweierteams der besten Bergsteiger vorgenommen werden. Man wollte diese vier möglichst schonen, um ihre Kraft für den Endspurt aufzusparen.

Die Expedition startete mit 350 Tragtieren und siebzig Trägern, davon viele in den früheren Expeditionen erprobt, pünktlich Ende März von Darjeeling. Schon Ende April war man im Rongbuk-Tal, allerdings ohne General Bruce, den ein schwerer Malariaanfall aus dem Rennen geworfen hatte. Norton übernahm die Führung und setzte Mallory als bergsteigerischen Leiter ein. Bis Lager III lief alles wunschgemäß. Dann wurde das Wetter derart schlecht und eisig – am Nordsattel maß man minus 30 Grad –, daß alle Versuche, dort ein Lager aufzubauen, scheiterten. Bis Ende Mai erreichte man gar nichts und verbrauchte statt dessen nur wertvolle Kräfte. Von den Trägern waren bloß noch fünfzehn einsatzfähig. Das beabsichtigte Schonprogramm für die Spitzenbergsteiger war illusorisch, da beim Auskundschaften der Routen und bei der Trägersicherung gerade die Fähigkeiten der Besten ständig gefragt waren.

Anfang Juni setzte eine Schönwetterperiode ein. Norton und Mallory wußten, daß diese Gelegenheit nicht ungenutzt bleiben durfte. Zusammen mit Geoffrey Bruce stieg Mallory über den Nordsattel auf und richtete auf 7700 Meter Höhe Lager V ein. Bruce konnte nicht weiter. Mallory kehrte mit ihm um. An ihnen vorbei marschierten Norton und Somervell mit vier Trägern. Am nächsten Tag stießen sie bis auf 8150 Meter vor, wo sie Lager VI, das höchste Lager überhaupt, aufschlugen. Da es auf dem Nordgrat keine ebene Stelle gibt, mußte man eigens eine Stützmauer aufschichten und eine künstliche, zwei Meter lange Plattform bauen.

Ächzend und nach Luft schnappend, liegen Norton und Somervell in ihrem Zelt. Nach einer Stunde Erholung beginnt die übliche Arbeit. Einer schleppt sich hinaus, um Schnee zu holen, der andere bereitet den Kocher vor. Es dauert lange, bis sich der Schnee im Aluminiumtopf in Wasser verwandelt. Aufgrund der Höhe liegt der Siedepunkt bei kaum 40 Grad. Der Tee ist lauwarm, nicht heiß. Der Vorgang wird drei- bis viermal wiederholt, dann kann man den Proviant hinunterwürgen: Pemmikan [getrocknetes Fleischpulver], Sardinen und Hartbrot. Appetit hat niemand.

Am 4. Juni, bei immer noch strahlendem Wetter, was angesichts der fortgeschrittenen Jahreszeit ein reines Wunder ist, beginnen sie den Gipfelsturm. Wegen des schneidenden Windes haben sie alles angezogen, was sie haben. »Ich [Norton, Anm. d. Verf.] trug Leibchen und Unterhose aus dicker Wolle, ein dickes Flanellhemd, zwei Schlüpfer; darüber einen Berganzug aus winddichtem Gabardine, dessen Kurzhosen mit Flanell gefüttert waren; ferner weiche Wadenbinden aus Kaschmir. Die Ledersohlen der mit Leder besetzten Filzstiefel waren berggerecht, aber nicht sehr schwer benagelt. Alles bedeckte ein langhosiger Windanzug aus Gabardine. Die Hände staken in langen Wollfäustlingen mit Überzügen aus Gabardine. Auf dem Kopfe hatte ich einen pelzgefütterten Lederhelm, wie ihn die Kraftradfahrer tragen. Die Schneebrille war in eine Ledermaske eingenäht, die das Gesicht verhüllte. Ein riesiger wollener Halswärmer vervollständigte diese Rüstung.« Somervell leidet unter einem lästigen und schmerzhaften Höhenhusten, wie ihn die trockene Luft leicht verursacht. Norton beginnt ab 8400 Metern alles doppelt zu sehen: »Wir schlichen dahin wie die Schnecken. Es war mein höchster Ehrgeiz, zwanzig Schritte zu tun, ohne anzuhalten und nach Luft zu schnappen. Ich habe es nur auf dreizehn gebracht. In kurzen Zwischenräumen setzten wir uns hin, um einige Minuten zu rasten. Fürwahr, ein trauriges Paar.«

Mittags auf einer Höhe von 8534 Metern kann Somervell nicht mehr weiter. Norton quält sich noch eine Stunde voran. Er schafft 270 Meter waagerecht und 30 Meter senkrecht: 8573 Meter, sieben Meter unter der Höhe des Kangchendzönga, des dritthöchsten Berges der Welt. Bei dieser Geschwindigkeit kommt er, wenn überhaupt, erst nachts zum Gipfel. Es wäre Selbstmord. Norton gibt auf. Sein Höhenrekord, der jetzt sein eigener und

Höhenskizze des Mount Everest von 1925.
Zeichenerklärung:
A Lager VI (8170 m)
B Von Sommervell 1924 erreichter Punkt
C Von Norton 1924 erreichter Punkt
D Second Step: letzte Sichtung Mallorys und Irvines
E First Step
F Von Finch und Bruce 1922 erreichter Punkt
G Von Mallory, Norton und Sommervell 1922 erreichter Punkt
H Gipfel des Mount Everest (8848 m)

nicht wie 1922 ein Gruppensieg ist, wird fast dreißig Jahre, bis zur Erstbesteigung des Everest durch Hillary im Juni 1953, Bestand haben. Seine Schwäche führt Norton auf die Strapazen der letzten Monate zurück. Für ausgeruhtere Bergsteiger sieht er bei gutem Wetter durchaus eine Chance.

Jetzt ist die Reihe an Mallory. Er probiert es mit Sauerstoff. Sein Begleiter soll Irvine sein, ein begeisterter Bastler, der sich mit dem Apparat auskennt. Durch geschickte Verbesserungen hat er dessen Gewicht um zwei Kilo reduziert. Allerdings ist Irvine erst 22 Jahre alt und hat wenig Klettererfahrung. Norton schlägt Odell vor, der – bestens in Form und ein erstklassiger Bergsteiger – die Sauerstofftechnik ebenfalls beherrscht. Mallory besteht auf Irvine. Vermutlich liegt es an seinem Ehrgeiz, daß er den Sieg am Berg lieber mit einem »Schüler« erringen will als mit einem gestandenen Bergsteiger.

Das Duo bricht am 6. Juni kurz nach sieben Uhr auf und geht mit seinen Trägern bis Lager V. Am 7. Juni folgt Odell, um »allein in der Nordflanke umherzuwandern und geologische Beobachtungen zu machen«, wie er behauptet. Wahrscheinlicher ist, daß er ebenfalls zum Gipfel will. Er begegnet den absteigenden Trägern, die ihm einen Brief von Mallory, den letzten, geben: »Lieber Odell, tut uns leid, daß wir solche Unordnung hinterlassen haben. Unna-Kocher im letzten Augenblick den Berg hinuntergerollt. Gehen Sie morgen nur rechtzeitig nach Lager IV zurück, um vor Dunkelwerden zu räumen. Ich muß einen Kompaß liegengelassen haben; retten Sie ihn um Himmels willen; denn wir haben keinen. Großartiges Wetter zum Gehen. Immer Ihr G. Mallory.« Am 8. Juni, kurz vor ein Uhr mittags, als Odell einen kleinen Vorsprung auf 7800 Meter Höhe erklettert, reißt der Nebel auf, der die Gipfelpyramide verhüllt. Er sieht seine zwei Kameraden vor der zweiten Felsstufe, dem »Second Step«, und wundert sich. Denn Mallory wollte diesen Punkt schon um acht Uhr morgens passieren. Es ist das letzte Mal, daß die beiden lebend gesehen werden. Das Zelt im Lager VI bleibt unbenutzt. Eine größere Suchaktion ist weder möglich noch sinnvoll. Jeden Tag kann der Monsun einsetzen. Norton ist froh, die übrige Mannschaft heil vom Berg zu bekommen.

Sofort begannen die Spekulationen. Wann und wie waren Mallory und Irvine gestorben? Hatten sie vorher den Gipfel erreicht? 1933 fand man Irvines Eispickel, 1999 dann, 75 Jahre nach dem Unglück, die Leiche von Mallory auf einer Terrasse in

8230 Meter Höhe. Eine Laune der Natur hatte sie konserviert. Ein gerissenes Seil und das gebrochene Schien- und Wadenbein lassen einen Sturz vermuten. Daß die Engländer zum Gipfel kamen, hält die überwiegende Zahl der bergsteigerischen Experten für unwahrscheinlich. Der »Second Step«, eine dreißig Meter hohe Felswand, »glatt und unzugänglich wie der Schiffsbug eines Schlachtkreuzers«, war mit der damaligen Ausrüstung nicht kletterbar. Unter den Papieren des Toten fand sich ein Brief von seiner Frau und – typisch Mallory – eine unbezahlte Rechnung.

Das Telegramm mit der Trauerbotschaft traf am 19. Juni beim Everest-Ausschuß ein. Durch eine Indiskretion erfuhr die Presse die Nachricht, noch bevor Hinks die Familien der Verunglückten verständigen konnte. So wurde Mallorys Witwe an der Haustür mit dem Tod ihres Mannes konfrontiert, als ein Journalist sie um eine Stellungnahme bat. England stand unter Schock.

Am 17. Oktober würdigte ein Trauergottesdienst in der St. Paul's Kathedrale im Beisein von Mitgliedern der königlichen Familie die Verdienste der beiden Bergsteiger. Norman Collie, der Freund und Begleiter Mummerys am Nanga Parbat, inzwischen Präsident des Alpine Club, rühmte den »Heldentod« der beiden Kletterer. Younghusband schrieb: »Der Everest bezwang ihre Körper. Doch ihr Geist ist unsterblich. Von heute an wird kein Mensch mehr einen Gipfel im Himalaja besteigen, ohne dabei an Mallory und Irvine zu denken.« Er behielt recht.

Die öffentliche Meinung war gespalten. Machten die Everest-Expeditionen überhaupt Sinn? War es angesichts der Toten wirklich so wichtig, den Berg zu »erobern«? Mallory selbst hatte zum Ärger des Everest-Ausschusses wiederholt sein Bedauern darüber geäußert, daß mit der Besteigung des Berges sein Nimbus unwiederbringlich zerstört würde. Auch andere hatten starke Zweifel an den »segensreichen Wirkungen« eines endlichen Siegs. Irving, Mallorys bergsteigerischer Mentor, malte in grellen Farben das Bild des konsequenten technischen Angriffs: Dynamit, um Plattformen für Zeltplätze auszusprengen, Fixseile, Mauerhaken, Sauerstofflager und so viele Bergsteiger, daß jederzeit Hilfe geleistet werden konnte. Seine Schreckensvision, damals als Übertreibung belächelt, ist heute in der Ära der kommerziellen Expeditionen mit Gipfelgarantie Realität geworden.

Verbreiteter war die Ansicht der *Morning Post*, die den Everest-Gedanken vorbehaltlos unterstützte: »In Friedenszeiten wird es in England immer Leute geben, die sich mit langweiliger Routine und fader Alltäglichkeit nicht abfinden mögen. Der Geist, der die Angriffe auf den Everest beflügelte, ist derselbe, der uns in die Arktis und zu anderen Zielen führte, er war es, dem wir die Gründung des Empire verdanken. Wer kann sagen, daß diese Grundeinstellung wertlos ist? Wer kann leugnen, daß diese treibende Kraft einen weitreichenden Einfluß auf unsere Rasse ausübt? Sicher ist, daß sie Rost ansetzt, wenn wir sie nicht gebrauchen, und Expeditionen wie die zum Everest dienen dazu, das Schwert des Ehrgeizes und des Muts aufs neue zu schärfen.« George Finch, der Australier, der sich wie selbstverständlich als Brite fühlte, sah es ähnlich: »Nationen, die man zu den großen zählt, verdanken ihre Stellung in der Welt dem Abenteurergeist, der den einzelnen zur heldischen Tat weckt. An den weiten weißen Wegen, die zum Nordpol und zum Südpol führen, bleichen die Gebeine britischer Pioniere. Ist der Wunsch unbescheiden, daß es nach den vielen und schweren Opfern, die wir auf dem Altar des Everest niedergelegt haben, einem Manne unserer Rasse vergönnt sein möge, den siegreichen Fuß auf diesen heiß umkämpften höchsten Punkt der Erde zu setzen, auf den Gipfel des unnahbaren Mount Everest?« Nach dieser Lesart machte Mallorys und Irvines Sterben Sinn. Durch ihren Tod verwandelten sie den Berg in eine Familiengruft. Der Everest war nicht mehr öffentlicher, sondern Privatbesitz. Bestattungen Fremder waren nicht vorgesehen. Der Friedhof war exklusiv: reserviert für England.

Unverdrossen plante der Everest-Ausschuß die vierte Expedition. Sie ließ sich, trotz der chauvinistischen Untertöne, schwerer vermitteln als die vorangegangenen. Die Ikone Mallory wurde schmerzlich vermißt. Sein starker Abgang, ob mit oder ohne Gipfel, hatte etwas Endgültiges. Der eisige Sarg des Everest verschloß ihn. Viele empfanden die Fortsetzung der Expeditionen als unpassend, als eine Art Leichenfledderei, die das tragische Ende Mallorys und Irvines entwertete.

Die Politik nutzte diese Stimmung aus und zögerte mit einer weiteren Erlaubnis. Aus Tibet kamen kritische Stimmen. Hauptmann John Noel, der Fotograf und Filmer der Expeditionen von 1922 und 1924, war auf die wenig glückliche Idee verfallen, buddhistische Mönche aus Gyatse zu »importieren«. Sie traten mit ihren Gebeten und religiösen Tänzen im Vorprogramm des von ihm gedrehten Everest-Streifens in den Lichtspieltheatern auf. Was das englische Publikum amüsierte, fand beim Dalai-Lama wenig Gefallen. Er beschwerte sich bei der indischen Regierung und verlangte die Entfernung diskriminierender Sequenzen. Noel hatte Tibeter bei dem vermeintlichen Verzehr von Läusen gefilmt. Auch mit den englischen Geologen waren die Tibeter über Kreuz. Ihr Hämmern und Bohren störe die Dämonen, und schließlich sei der kürzliche Tod der englischen Bergsteiger kein gutes Omen.

Unter diesen Umständen hatte die indische Regierung wenig Lust, sich für den Everest stark zu machen. Die Probleme am Berg schienen ungelöst, die Ersteigung des Gipfels ungewiß. Der Everest-Ausschuß hatte seine Chance gehabt, sie aber nicht genutzt. F. M. Bailey, der zuständige Beamte für Tibet, lehnte in Übereinstimmung mit dem Dalai-Lama weitere Expeditionen kategorisch ab.

Die »Münchner Schule« verfolgte die Taten der Engländer am Everest mit gespannter Aufmerksamkeit. Die Bücher der Expeditionsteilnehmer standen in der Bibliothek des AAVM und wurden eifrig gelesen. Man diskutierte über die richtige Taktik an den Achttausendern, machte sich Gedanken über den Sauerstoffeinsatz und schnitt die Frage der Finanzierung an. Wenn die Engländer es nicht schafften, hatten andere das Recht, es zu versuchen. Paul Bauer, Mitglied des AAVM, ein passabler Bergsteiger und vorzüglicher Organisator, entwarf ein Rundschreiben an seine Bergkameraden, das mit den Worten begann: »Es ist mir klar geworden, daß wir im Jahre 1929 in den Himalaja müssen.«

Paul Friedrich Peter Bauer, am 29. Dezember 1896 in Kusel in der Rheinpfalz geboren, war entscheidende vier Jahre älter als Welzenbach und Merkl. Beim Ausbruch des Ersten Weltkrieges meldete sich der achtzehnjährige Bauer als Kriegsfreiwilliger und trat ins Königlich-Bayerische 18. Infanterieregiment ein. Bereits 1915 zum Leutnant befördert, bewährte er sich als Infanterieoffizier und Kompaniechef, erhielt mehrere Tapferkeitsauszeichnungen und erlitt einen Lungendurchschuß. Im Sommer 1917 geriet er in Flandern in englische Gefangenschaft. Das republikanische Deutschland, das ihn bei seiner Heimkehr im November 1919 empfing, verabscheute er aus vollem Herzen: »Wir waren als Soldaten des Königs in die Schlacht hinausgezogen, aber als wir zurückkehrten, mußten wir feststellen, daß die Monarchie abgeschafft war und die Leute verächtlich über diese altehrwürdige Institution sprachen. Wir hatten für unser Volk gekämpft, und viele meiner Freunde waren dem klassischen Beispiel gefolgt und hatten ihr Leben geopfert. Jetzt aber wurden Tugenden wie Vaterlandsliebe, Heldentum und Selbstaufopferung geschmäht und verunglimpft. Die Dinge, zu denen wir aufgeschaut hatten, waren vom Thron gestoßen worden. So suchte ich Zuflucht in den Bergen.«

Bauer war mit seiner Enttäuschung nicht allein. Wie er lehnten Millionen den »Schandfrieden von Versailles« ab, der dem »im Felde unbesiegten« Deutschen Reich Gebietsverluste, Reparationen, eine Hyperinflation und die verachtete »Weimarer Republik« eingebracht hatte. Man sah es als Aufgabe jedes national empfindenden Deutschen an, dafür zu sorgen, daß Deutschland das alte Ansehen, die alte Weltgeltung wiedererlangte. Bauer kam dieser patriotischen Pflicht als Angehöriger verschiedener Freikorps nach, die sich aus Formationen des alten Heeres und Freiwilligen bildeten, um gegen Kommunisten, Rätedemokraten und die Rote Armee zu kämpfen. Demobilisiert entdeckte er das Bergsteigen als Ersatz: »Als wir das Gewehr aus der Hand geben mußten, tastete die verwaiste Hand nach dem Pickel. Der letzten Grundlage des Lebens scheinbar für immer beraubt, trieb es uns suchend nach neuem Boden hinaus in die Natur, dorthin, wo sie einsam, wild und unberührt ist. Dort hat uns der Kampf mit den Bergen das stolze Bewußtsein der Ehre und Wehrhaftigkeit wiedergegeben.«

So kämpfte Bauer den verlorenen Ersten Weltkrieg in den Bergen weiter. Und er fand auf den einsamen Gipfeln Hunderttausende von Mitstreitern. 1919 verabschiedete der DÖAV seine »Nürnberger Leitsätze« und formulierte, ganz in Bauers Sinn: »Eines der wichtigsten Mittel, um die sittliche Kraft des deutschen Volkes wiederherzustellen, ist der Alpinismus, und zwar in der Form der bergsteigerischen Arbeit.« Die Sektion Oberland, der Bauer angehörte, sah es genauso: »Wir Bergsteiger holten uns immer wieder neuen Mut aus unseren Bergen. Nicht als Genußalpinisten (sic!), sondern kämpferisch, wie unsere Kriegsgeneration eingestellt ist, zogen wir zu hartem Ringen in das von Zivilisation noch nicht angekränkelte Felsenland. Und in der alpinen Tat fanden wir Befreiung aus der seelischen Not.« Da war es nur logisch, daß Bauer sein eigentliches bergsteigerisches Umfeld, den AAVM, als Elitetruppe zum Kampf für Deutschlands Ehre instrumentalisierte: »Der AAVM hat nach dem Krieg die Aufgabe richtig erkannt und für das Bergsteigertum die Lehren aus dem Krieg gezogen. Die Kühnheit und Kaltblütigkeit, die der Krieg in deutschen Männern geweckt hatte, die Kameradschaft, die in den Schützengräben gewachsen war, hat er ins Bergsteigerische übersetzt. Auf dieser Grundlage konnte der AAVM darangehen, den Wall, den wirtschaftliche Knechtung und die feindliche Haßpropaganda um Deutschland aufgerichtet hatten, niederzureißen, um deutschem Bergsteigertum in der Welt wieder Anerkennung zu verschaffen.«

Das war reichlich dramatisch ausgedrückt. Die deutschen Bergsteiger genossen in Italien, Frankreich und der Schweiz hohen Respekt. Daß die Engländer den Deutschen, insbesondere der »Münchner Schule«, kritisch begegneten, hatte mit unterschiedlicher Bergethik zu tun und war mehr eine prinzipielle Haltung. Welzenbach war wie Pfann in ganz Europa bekannt und berichtete seinen Eltern stolz von jeder Einladung ins Ausland. Bauer stieß verhältnismäßig spät, im Wintersemester 1922/23, zum AAVM. Welzenbach war schon drei Semester früher eingetreten. Bei ihrer ersten gemeinsamen Tour in der Bernina zeigte sich rasch, daß Welzenbach der bessere Bergsteiger war, obwohl er in keinem Schützengraben gelegen hatte.

Auch die wirtschaftliche Not hat Bauer stilisiert. 1922 beschreibt sich der Jurastudent als »mittellos ... unser Reichtum: ein Feldkessel, einige Erbswürste, ein Trumm Käse aus dem Allgäu«. Aber noch im gleichen Jahr tritt er sein Referendariat an und ist bald wohlbestallter Notar. Damit unterscheidet er sich in nichts von den Karrieren der anderen Mitglieder. Der AAVM war kein Klub gesellschaftlich gescheiterter Desperados, sondern ein Verein erfolgreicher bürgerlicher Karrieren. Das Fahrrad machte rasch Motorrad und Auto Platz. Die Fotos von den traditionellen »Pfingstgebrenzeln«, wo man sich zu Trank und Tour in den Alpen traf, zeigen einen beeindruckenden Fuhrpark. Daß Bauer die Situation in den schwärzesten Farben malte, war der Rolle geschuldet, die er für das deutsche Bergsteigen übernehmen wollte: die des Retters.

Bauer mußte sich sputen, denn der aus Breslau stammende Geologieprofessor Günter Oskar Dyhrenfurth plante gleichfalls und aus denselben Gründen eine Himalaja-Expedition. »Es ist nötig, daß wir dem Ausland zeigen, daß deutsche Tüchtigkeit und Kraft noch weiter bestehen«, schrieb er 1925 in den *Mitteilungen des DÖAV.* Dyhrenfurth, zehn Jahre älter als Bauer, war Mitglied der Sektion Bayerland und genoß aufgrund seiner wissenschaftlichen Arbeiten, die ihm den Beinamen »Himalaja-Papst« einbrachten, im Ausland großes Ansehen. Markige Töne kamen auch aus Österreich: »Die großen Nationen schreiten voran, die letzten Hochgebirge der Erde zu erobern. Die deutschen Bergsteiger können zuschauen. Während der Jugend und dem reifen Mannestum der englischen Nation nur das Höchste gut genug ist, soll die deutsche Bergsteigerjugend weiterhin neue Varianten in den Ostalpen suchen.« (*Der Bergsteiger*, 1927)

1928 gingen gleich drei Expeditionen mit finanzieller Unterstützung des DÖAV ins außereuropäische Ausland. Pfann nahm sich die Anden vor, Rickmer Rickmers zog in den Pamir, Bauer, als erster Deutscher nach dem Krieg, in den Kaukasus. Für Bauer war es die Generalprobe für den Himalaja. Noch im gleichen Jahr erhielt der Präsident des kürzlich gegründeten Himalayan Club, Kenneth Mason, einen Brief mit der Bitte um logistische Unterstützung einer deutschen Expedition. »Die Teilnehmer«, schrieb der Absender Rickmer Rickmers, »möchten ihre Fähigkeiten an etwas ausgesprochen Schwierigem erproben, sie haben sich einen Berg ausgesucht, der sie an die Grenzen dessen bringen soll, was sie an Mut, Ausdauer und Standhaftigkeit besitzen.« Bauer hatte sich für den Kangchendzönga entschieden.

Der Kangchendzönga, dessen tibetischer Name »Die fünf Schatzkammern des Schnees« bedeutet, hat eine Höhe von 8598

Der Kangchendzönga mit dem Nordostsporn.

Metern. Auf der Grenze zwischen Nepal und Sikkim gelegen, bildet er eine Gruppe von sechs Gipfeln. Er ist der östlichste aller Achttausender und am weitesten gegen die indische Tiefebene verschoben. Von Darjeeling aus bietet sich auf ihn eine großartige Aussicht. Wegen seiner günstigen Lage war der Berg früh bekannt und vermessen. Bis zur Mitte des 19. Jahrhunderts galt er sogar als höchster Berg der Welt. Im Herbst 1899 umrundete ihn der englische Alpinist Freshfield in sieben Wochen. In der Rangfolge der Achttausender nimmt er heute die dritte Stelle ein. Zu Bauers Zeit war noch unklar, ob es sich um den zweit- oder dritthöchsten Berg handelte.

Der Gipfel des »Kantsch«, wie ihn die Deutschen militärisch knapp abkürzten, war bis dahin nie ernsthaft versucht worden. Das hatte Gründe. Nach übereinstimmender Meinung gab es für den Aufstieg nur einen möglichen Grat, den Ostsporn, und dessen Aussehen, steil, lawinengefährdet und mit riesigen Eistürmen und Wächten besetzt, hatte bislang jede Besteigung oberhalb von 6300 Metern scheitern lassen. Im Gegensatz zum Everest potenzierten sich zudem die Schwierigkeiten im Gipfelbereich. Ab der 8000-Meter-Grenze ist der Kangchendzönga ein schwerer Felsberg, der klettertechnisch alles abverlangt. Damit nicht genug, hat er die schlechtesten Wetterverhältnisse aller Achttausender. Er ist die erste große Barriere des Monsun, und dementsprechend stark sind die Niederschläge.

So gesehen hatte Bauer recht, als er von dem »in mehr als einer Beziehung bedeutendsten Berg der Erde« sprach. Der Kangchendzönga ist einer der schwierigsten Hochgipfel Asiens. Falls ihn deutsche Bergsteiger bezwangen, war die Frage, welcher Nation am Berg der Vorrang gebührte, beantwortet. Genaugenommen wäre dann auch das Monopol der Engländer auf den Everest nicht mehr zu halten. Der »Vater des Everest-Gedankens«, Younghusband, der selbst gern auf der nationalen Klaviatur herumklimperte, verstand diesen Anspruch nur zu gut: »Das Hauptmotiv der deutschen Kletterer bestand nicht im Aufstellen eines Rekords, sondern im Beweis, daß die Deutschen Männer waren. Es war nicht einmal das Bergsteigen, was sie reizte. Sie liebten die Berge. Aber noch mehr liebten sie ihr Vaterland. Und jetzt wollten sie der Welt zeigen, daß Deutschland noch immer Männer hervorbrachte, die es wagten, sich mit den Riesen des Himalaja zu messen.«

Bauer wiederum glaubte zu wissen, warum die Engländer am Everest gescheitert waren: Es hatte ihnen am eisernen Willen, an straffer Führung und an einer »heiligen Idee« gefehlt. Die Briten waren eine Horde von Individualisten, dachten nicht als Soldaten, sondern als gleichberechtigte Gentlemen, die zuviel diskutierten, anstatt zu handeln. »Wir hatten keinen Führer im eigentlichen Wortsinn«, räumte Mallory 1922 ein, »also niemanden, der dem Rest der Gruppe Befehle erteilen konnte. Wir wußten aber alle, was wann zu tun war, und wenn dann der Augenblick kam, daß etwas erledigt werden mußte, übernahm das einer von uns.« General Bruce, der Expeditionsleiter, hielt die Frage nach der Befehlsgewalt für so nebensächlich, daß er, als sie sich einmal stellte, einen Sack auf den Rücken nahm und mit den Worten »Ich bin jedenfalls nur ein Kuli« lachend um die nächste Zeltecke bog.

Das konnte Bauer nicht passieren, er bestand auf dem Führerprinzip. Wer es nicht akzeptierte, blieb zu Hause: »Unser Unternehmen mußte auf einer Art militärischer Disziplin und bedingungslosem Gehorsam beruhen. Ein Beschluß wurde natürlich nicht gefaßt. Bei uns wurde gesprochen, dann entschieden und – angeordnet. Mit Abstimmungen kommt man über keine Schwierigkeiten weg. Neben der engen Kameradschaft war die Unterordnung die Vorbedingung des Vorwärtskommens.« Kaum verwunderlich, daß einige Teilnehmer Bauer mit »Hauptmann« ansprachen. Er leitete im Grunde keine Expedition, sondern kommandierte eine Kompanie am Berg. Dazu paßte das Hauptnahrungsmittel: vier Zentner »schmackhafter und leicht verdaulicher« deutscher Heereszwieback.

Die acht Teilnehmer, sämtlich von Bauer persönlich ausgewählt, kamen alle aus der Bergsteigerschule des AAVM. »In zahlreichen harten Bergfahrten und in Hunderten von Biwaknächten hatten wir gelernt, die Berge in jeder Lage, bei Wind und Wetter, bei Nacht und Schnee, zu meistern.« Darüber hinaus legte Bauer Wert auf Sicherheit statt Risiko, Härte gegen sich selbst, Disziplin, Gleichmut und Kameradschaftsgeist. Der DÖAV, die Sektionen Hochland und Oberland sowie der AAVM unterstützten die Expedition mit zusammen 25 000 Reichsmark. 15 000 Reichsmark schossen die Teilnehmer zu. Die Vorbereitungen wurden mit größter Akkuratesse betrieben, jedes Stück der Ausrüstung von Bauer selbst in die Hand genommen. Seidenunterwäsche, Windanzüge, Schuhe und Schlafsäcke wurden von Münchner Firmen speziell für die Expedition angefertigt. Alkohol entfiel aus Kostengründen. Künstlichen Sauerstoff als Aufstiegshilfe lehnte Bauer ab. Wenn der Brite Norton am Everest die Gipfelhöhe des Kantsch aus eigener Kraft bewältigt hatte, waren auch die Deutschen dazu fähig. Die Regierung von Britisch-Indien gab die Erlaubnis zur Einreise nach Sikkim und stellte Transportoffiziere. Der Himalayan Club sorgte für fünfzehn erstklassige Sherpas der letzten Everest-Expedition. Am 23. Juni 1929 um 23 Uhr bestiegen Bauer und seine »Mannen« in München den Nachtzug nach Genua. »Diese Männer«, schrieb Bauer später, mittlerweile Mitglied der NSDAP, »verband mehr als Bergkameradschaft. Eine heilige Idee, wie sie die Kreuzfahrer geführt hatte, leuchtete ihnen voran. Treu, wie germanische Krieger ihrem Herzog, bis zum Letzten, unzugänglich für Zweifel und Zaghaftigkeit, erfüllt von unbändigem Stolz auf ihre geistige Unerschütterlichkeit gingen sie ihren Weg, ohne nach seinem Ende zu fragen. Wie eine verlorene Rotte setzten sie sich ein für ein Deutschland, das damals nicht einmal in der Heimat etwas galt – und gerade das band sie am festesten aneinander. Sie waren eine Schicksalsgemeinschaft auf Leben und Tod ...«

Bauer entschied nach gründlichem Abwägen der Vor- und Nachteile und gegen den Widerstand des DÖAV, den Zeitpunkt der eigentlichen Besteigung in die Nachmonsunzeit zu legen. Anreise, Anmarsch und nötige Erkundungen sollten während des Monsuns erfolgen, danach hoffte man im September und Oktober auf stabiles, schönes Wetter. Damit nahm Bauer die Taktik der ersten englischen Everest-Expedition wieder auf.

Am 26. Juli landeten die Deutschen in Kalkutta, und schon eine Woche später setzten sie sich von Darjeeling aus mit 86 Trägern in Marsch. Vorausgegangen waren freundliche Einladungen von den britischen »Offiziellen« und vom Himalayan Club. Bauer und Mason stellten bei dieser Gelegenheit fest, daß sie sich 1915 im gleichen Abschnitt der Westfront gegenübergelegen hatten.

Mitte August wurde das Basislager am Zemu-Gletscher auf 4370 Meter Höhe eingerichtet. Bauer studierte den Berg und kam zu dem Schluß, den Anstieg über den Nordostsporn zu wagen. »Brenner [Julius Brenner war der Fotograf der Expedition, Anm. d. Verf.] und ich betrachteten ihn lange prüfend. Brenner sagte keinen Ton; ich verstand ihn auch ohne Worte: er hielt den Sporn für vollkommen unmöglich, wollte mir aber seine Meinung nicht aufdrängen. Der Anblick war auch wirklich niederschmetternd. Freilich unmöglich? Na, das würde man ja sehen.«

Der Grat war entsetzlich. Seine scharfe Schneide war mit riesigen Wächten und Eistürmen besetzt, die im Neuschnee des Monsuns immer bizarrere Formen annahmen. Das dazwischen liegende »Gehgelände« war extrem lawinengefährdet, die Schneeauflage instabil und immer in Gefahr, zu den Gletschern links und rechts abzurutschen. Im übrigen war es nicht damit getan, daß sich die deutschen »Eismänner« im Chaos aus Schnee, Eis und Fels irgendwie einen Durchschlupf bahnten. Der Weg mußte für die Träger und damit für den Nachschub an Proviant und Brennstoff gangbar gemacht werden. Angesichts der Schwierigkeiten veranschlagte Bauer neun Lager bis zum Gipfel. Eine gigantische Arbeit – aber war es im Weltkrieg leichter gewesen?

»Wie wir am Morgen so gingen, sechs Mann im Tropenhelm, mit dem Pickel unterm Arm, das sah sehr nach Vormarsch aus, es sah aus, als ob die Infanterie zum Angriff vorginge, und meine alte Soldatenseele konnte nicht anders – wenn der Krieg auch feierlich geächtet ist –, sie mußte sich freuen«, bekannte Bauer in seinem Buch *Im Kampf um den Himalaja*, für das er bei der Olympiade 1932 in Los Angeles die goldene Medaille für das beste Bergbuch erhielt. Was weiter folgte, übersetzte Bauer konsequent in militärische Begriffe. Der Berg wird zum »Feind«, die Bergsteiger zu »Soldaten«. Dr. Eugen Allwein, ein Arzt aus München, Bauers langjähriger Freund und Seilkamerad, ist »stellvertretender Kommandant«. Bergsteiger und Sherpas in den Hochlagern werden in Bauers Abwesenheit von »Etappenkommandeuren« befehligt. Ende August, mittlerweile ist man über

Die Mannschaft von 1929. V. l. n. r.: Aufschnaiter, Allwein, Thoenes, Bauer, Leupold, Fendt, Beigel, v. Kraus.

7000 Meter hoch, wird die »Generaloffensive« eingeleitet, gegen die sich der »Kantsch« mit »Lawinensalven« wehrt. Vergebens, denn »im feindlichen Sperrfeuer des Berges werden alle Deckungsmöglichkeiten klug genutzt«.

Die Route den Sporn hinauf stellte alles in den Schatten, was je zuvor im Himalaja geklettert worden war. Vierzehn Tage hackten sich die Deutschen buchstäblich durch das Eis, brachten Wächten zum Absturz, untertunnelten Eistürme oder bohrten in ihnen Schächte nach oben. Sie hausten in Schneehöhlen und schlugen Hunderte von Stufen für die Träger. Daß unter diesen Umständen niemand verunglückte, war ein Wunder. »Noch nie«, schrieb anerkennend Bauers Konkurrent Dyhrenfurth, »war bisher ein derart schwieriger Weg an einem Achttausender geschlagen worden.« Andere interpretierten Bauers Taktik als Fortsetzung des Dolomitenkrieges mit bergsteigerischen Mitteln.

Am 3. Oktober stießen Allwein und Karl von Kraus auf 7400 Meter vor. Laut Plan sollte jetzt eine ruhige Schönwetterperiode einsetzen, die den Weg zum Gipfel freimachte. Statt dessen begann es stärker und stärker zu schneien. Am 8. Oktober fielen zwei Meter Neuschnee. Alle Lager waren abgeschnitten, die Versorgung brach zusammen. Der Rückzug mitten im Sturm war eine Meisterleistung. Am 28. Oktober trafen alle Teilnehmer, bis auf Ernst Beigel, der sich teilweise die Füße erfroren hatte, wieder wohlbehalten in Darjeeling ein.

Bauer erntete uneingeschränktes Lob von seiten der englischen und deutschen Presse. Das *Himalayan Journal* nannte den Versuch der Deutschen eine »Tat harter, zäher Arbeit und unerschütterlicher Entschlußkraft«, das ewig kritische *Alpine Journal* rühmte die »in den Annalen des Alpinismus einzig dastehende Tat«. *The Times* und der *Statesman*, die führenden englischen Zeitungen, stimmten in den Chor der Anerkennung ein. Letzterer kommentierte nachdenklich: »Die Deutschen haben sich, wie das die meisten Spitzenkletterer zu tun pflegen, über die überstandenen Gefahren ausgeschwiegen. Aber es ist doch genug bekannt geworden, um festzustellen, daß dieses Abenteuer mit all jener Gründlichkeit geplant und durchgeführt wurde, die man mit dem Namen Deutschland in aller Welt verbindet. Es beruhte auf dem, was den modernen Kletterer auszeichnet: auf Mut und Hartnäckigkeit.« Wer es wollte, konnte daraus Kritik am Everest-Komitee und seiner schlampigen Organisation ableiten. Als Konkurrenten nahm man die Deutschen jedenfalls bitterernst.

Als »wichtigsten Erfolg der Reise« betrachtete Bauer, daß mit der erfolgreich abgewickelten Expedition »die Achtung vor den Deutschen« wiederhergestellt sei. Auf einem Dinner des Himalayan Club zu ihren Ehren brachte Captain Birnie den hintersinnigen Toast aus, »daß, wenn der Mount Everest ein englischer Berg genannt werden könne, dann sicher der Kangchendzönga ein deutscher Berg sei«. Erst in zweiter Linie war Bauer stolz darauf, tausend Meter höher als seine Vorgänger gekommen zu sein. Er war überzeugt, daß sie bei besserem Wetter zum Gipfel gekommen wären. Darüber hinaus glaubte er, den Beweis erbracht zu haben, daß man auf Sauerstoff an den Achttausendern verzichten konnte, war man nur genügend akklimatisiert. Wochenlang hatte sich die Expedition zwischen 6000 und 7000 Metern bewegt. Die deutschen Bergsteiger trugen Lasten zwischen 15 und 20 Kilo und schafften trotzdem 100 bis 200 Höhenmeter in der Stunde.

Younghusband teilte Bauers Ansicht. Aus den Everest-Expeditionen schloß er, daß man die Höhe immer besser vertrug, je öfter man sie aufsuchte, und daß ein Vorstoß über die 8000-Meter-Grenze möglich war, wenn man sich »in der Luftschicht zwischen 7300 und 7900 Meter gründlich einlebte, und zwar auch ohne Sauerstoff«. Es war nicht sinnvoll, Bergsteigern und Trägern die wartungsintensiven Apparate und schweren Flaschen aufzubürden, wenn »die natürlichen Fähigkeiten zuverlässiger sind als künstliche Hilfen« (Odell). Der »Führer der Sauerstoffschule« am Everest, der Naturwissenschaftler Finch, hatte wirkliche Anpassung nur für eine Höhe zwischen 6400 und 7000 Meter angenommen. Oberhalb dieser Grenze könne sich der Körper nicht mehr regenerieren, und es komme zu einem schleichenden Kraftverlust. Aus diesem Grund hielt Finch Übernachtungen in dieser Zone für kontraproduktiv. Sie bewirkten das Gegenteil des Erhofften, akklimatisierten nicht, sondern schwächten nur. Die richtige Taktik bestehe darin, die »Todeszone« so rasch es ging zu passieren und vom Gipfel wieder auf mindestens 6500 Meter abzusteigen. Nach Finchs, des Außenseiters, Überzeugung war all dies am sichersten mit künstlichem Sauerstoff zu bewerkstelligen.

Bauer und Younghusband dagegen setzten nicht auf Chemie, sondern auf die Kräfte der menschlichen Seele. Jener beschwor »das seelische Feuer, daß den Leib an die Grenzen der Kraft treibt«, dieser »die ungeheure Macht des menschlichen Willens, dem auch dort oben keine Schranken gesetzt sind«. Der Geist besiegt das Fleisch und triumphiert über die Materie. Das war, in der besten Tradition des deutschen Idealismus, eine schöne und erhabene Vorstellung. Sie verlangte nach Männern, denen erst der Tod zeigen konnte, daß es auch für sie Grenzen und Schranken gab. Er sollte bald kommen. Die Tragödie vom Nanga Parbat begann am Kangchendzönga.

IDEOLOGE GEGEN TECHNIKER

Wilhelm Welzenbach hat harte Jahre hinter sich. Im November 1926, gerade wird sein Schüler Karl Wien zum neuen Vorsitzenden des AAVM gewählt, entzündet sich sein rechter Ellenbogen. Die Ärzte diagnostizieren Ankylose, eine Gelenkversteifung, und raten zur Operation. Da Welzenbach den Arm weder beugen noch strecken kann und damit beim Bergsteigen massiv behindert ist, stimmt er sofort zu. Eine erste Operation bringt nicht die gewünschten Ergebnisse. Man vermutet eine verschleppte Tuberkulose und verordnet ihm einen Aufenthalt in einem Schweizer Sanatorium. Dort sitzt Welzenbach auf einer Terrasse mit Bergblick, massiert seinen tauben Arm und fühlt sich schlecht. Seine Stimmung wird nicht besser, als ihn Rickmer Rickmers im Mai 1927 zur deutsch-sowjetischen Pamir-Expedition einlädt, die für das nächste Jahr geplant ist. Deprimiert schreibt er aus der Schweiz an seine Eltern: »Ich könnte verrückt werden bei dem Gedanken, daß ich dank meiner bisherigen aktiven Leistungen in erster Linie in Frage gekommen wäre.«

Aber er gibt nicht auf. Sobald es der steife Arm wieder zuläßt, geht er in die Berge. Mit Wien übt er am Montblanc und am Großglockner, er versucht die Schwäche des rechten Arms durch verbesserte Fuß- und Beinarbeit auszugleichen und macht rasch Fortschritte. Im September 1928 wird er ein zweites Mal operiert, diesmal mit Erfolg. Auch sonst geht es aufwärts. Die Stadt München ernennt ihn zum Stadtbaurat, die Sektion Bayerland wählt ihn zum Ersten Vorstand, ab 1929 sitzt er im Hauptausschuß des DÖAV, und seine Promotion bei Wilhelm Paulcke, dem Begründer der modernen Schnee- und Lawinenforschung, einem Alten Herrn des AAVM, macht gute Fortschritte. Wien kommt begeistert aus dem Pamir zurück und hat einen Siebentausender, den Pik Lenin (7125 m), in der Tasche. Bauer bereitet seine Expedition zum Kangchendzönga vor. Er denkt nicht daran, Welzenbach, den bekanntesten deutschen Bergsteiger, dem sogar der Präsident des englischen Alpine Club zu seiner Genesung gratuliert, zur Teilnahme aufzufordern. Bauer und Welzenbach sind zwar im gleichen Verein, aber bergsteigerisch trennen sie Welten. Sie sind Konkurrenten. Und sie mögen sich nicht.

Bauer störte sich daran, daß es Welzenbach nur ums Bergsteigen ging. Dieser war im Grunde ein Techniker, der sich den Alpen mit der gleichen Gründlichkeit näherte, mit der er sich als Münchner Stadtbaurat der Kanalisation und der »Anwesensentwässerung« widmete. Hier wie dort gab es Probleme zu lösen. Sie mußten beschrieben, systematisiert und mit Hilfe der von ihm entwickelten Schwierigkeitsskala klassifiziert werden. Welzenbach verschaffte es tiefe Befriedigung, ein »allerschwerstes Problem«, eine Nordwand nach der anderen, zu bewältigen. Alpiner Erfolg und die Freude am eigenen Können machten das Glücksgefühl aus, daß ihn in die Berge trieb. Er war kein »Genußbergsteiger«, auch wenn er sich zuweilen auf einem Gipfel »an einer Feldflasche wärmenden Schnapses gütlich tat«, sondern ein ernsthafter Arbeiter am Berg mit dem Ehrgeiz, der Härteste und Beste zu sein. Alle seine Tourenbeschreibungen, alle seine Artikel kreisen ausschließlich um klettertechnische Probleme. Dabei war er präzis, knapp und offenkundig in seinem Element. Holprig und wie auswendig gelernt, rang er sich dagegen Sätze wie den folgenden ab, den er 1924 als Fazit einer Westalpentour niederschrieb: »Wir hatten einen Tag verlebt, der uns bleibende Werte geschaffen fürs Leben, Werte, die uns niemand rauben kann, die uns hinweghelfen können über alle Widerwärtigkeiten des Lebens.« Mit solch stereotyper Rechtfertigungsprosa hatte schon Whymper seine exzessive Bergleidenschaft kaschiert.

Für Bauer, der sich nach der Machtergreifung viel darauf zugute hielt, »im AAVM konsequent einen nationalen und nationalsozialistischen Kurs verfolgt« zu haben, und für den »Adolf Hitler bereits 1923 der Mann war, den wir nicht antasten ließen«, war Welzenbach ein ideologisches Leichtgewicht, eine »Bergsteigerkanone, die nur Rekorde anstrebt und dem nur der alpine Erfolg etwas gilt«, ein Karrierist, der sich als Beamter und Mitglied der Bayerischen Volkspartei mit den herrschenden Verhältnissen der Weimarer Republik arrangiert hatte. Bauer hingegen begriff das Bergsteigen immer und zuerst als Mittel der nationalen Wiedergeburt, die nur aus dem soldatischen Geist des Schützengrabens geschehen konnte. Da Welzenbach dieser Gesinnung fernstand, hätte er die Geschlossenheit der Mannschaft und Bauers Autorität gefährdet, gerade weil er ein Spitzenbergsteiger war.

Wann immer Welzenbach das Problem methodisch durchdachte, kam er zum gleichen Schluß: Der Kangchendzönga war zu schwierig. Definierte man als Ziel der Deutschen die erste Ersteigung eines Achttausenders und wog man kühl die Erfolgschancen ab, kam nur der Nanga Parbat in Frage. Welzenbach war ein großer Verehrer Mummerys. Er kannte dessen Buch, hatte seine Briefe gelesen. Die Gründe, die den Engländer bewogen, sich den Berg als den leichtesten und zugänglichsten Achttausender auszusuchen, waren auch noch nach 35 Jahren gültig. Die Gipfelhöhe, 8125 Meter, lag 448 Meter unter Nortons Höhenrekord am Everest. Damit war sie »ohne künstlichen Sauerstoff zweifelsfrei zu meistern«. Der Monsun, der den Engländern im östlichen Himalaja so oft einen Strich durch die Rechnung gemacht hatte, spielte am Nanga Parbat keine große Rolle. Kenner von Kaschmir hatten ihm versichert, dort gäbe es keine richtige Regenzeit. Wie Bauer hatte auch Welzenbach seine Freunde im AAVM. Er wählte seine Schüler Wien und Hartmann – der eine studierte Physik, der andere Medizin –, zwei Ingenieure, Hubert Rüsch und Herbert Kunigk, sowie den Kunststudenten Martin Pfeffer. »Alle Teilnehmer«, notierte er in seinem Entwurf für die Expedition, »verfügen über hervorragendes alpines Können und ebensolche alpine Erfahrung.« Im Gegensatz zu Bauer sah sein Plan die Mitnahme eines Topographen für die Anfertigung wissenschaftlicher Karten und Messungen vor. Welzenbach wollte im Stil seines Vorbilds eine kleine, schlagkräftige Truppe bilden, und wie Mummery hatte er sich die Westseite des Berges, die Diamir-Wand, vorgenommen.

Kaum ist Bauer – wie von seinem Rivalen erwartet: ohne Gipfelsieg – aus Sikkim zurückgekehrt, reicht Welzenbach beim Hauptausschuß des DÖAV, dem er seit einem Jahr angehört, seinen Vorschlag mit der Bitte um Prüfung und finanzielle Unterstützung ein. Der Plan wird sehr positiv aufgenommen und zudem von der Sektion München unterstützt, in der Welzenbach ebenfalls im Vorstand sitzt. Kontakte zu den Engländern werden aufgebaut. Welzenbach korrespondiert mit General Bruce, Mason und Strutt vom *Alpine Journal*, die sich sämtlich begeistert äußern und jede Unterstützung anbieten. Er bittet seinen Arbeitgeber, die Stadt München, um Sonderurlaub – er hat die Expedition auf 122 Tage veranschlagt –, und bereits am 18. März 1930 liegt die Einreiseerlaubnis der britisch-indischen Regierung für Indien und Kaschmir vor.

Doch gegenüber dem Auswärtigen Amt kann sich Welzenbach nicht durchsetzen. Es erlaubt pro Jahr nur eine deutsche Himalaja-Expedition, und der Glückliche ist diesmal Dyhrenfurth, der schon vor Bauer in den Himalaja wollte. Sein Ziel ist gleichfalls der »Kantsch«, allerdings von der nepalesischen Seite. Die Expedition scheitert genauso wie die vorige.

Also will Welzenbach 1931 zum Nanga Parbat. Bauer ist empört: »Ein sportlich aufgefaßter Wettkampf schien sich zu entwickeln in einer Sphäre, wo es einen Kampf auf Leben und Tod gilt, wo unpersönliche Aufopferung im Dienste des Ganzen an die Stelle sportlichpersönlichen Ehrgeizes zu treten hat. Mir schwebte als höchstes Ziel vor, daß die deutsche Bergsteigerschaft ihre Kräfte einig im Ziel am Kangchendzönga einsetzen möge. Welzenbach hatte auch dafür, daß es sich um eine nationale Angelegenheit handele, kein Verständnis.« Vermittlungsversuche zwischen den streitenden Parteien bleiben erfolglos. Ein Kompromißvorschlag, beide Berge in einer gemeinsamen Expedition anzugehen, scheitert, weil Welzenbach Bauers »Führerprinzip« ablehnt. Seiner Meinung nach ist ein kameradschaftliches Zusammenwirken in einer kleinen Gruppe, die sich gut kennt, völlig ausreichend.

Außerdem ist die Finanzierung seiner Expedition gesichert, die von Bauer dagegen nicht. Aber Welzenbach zieht trotzdem den Kürzeren. Bauer hat die besseren Beziehungen zum Auswärtigen Amt und überzeugt zudem die Mehrheit des AAVM von seiner Sache. Ein Prüfungsausschuß, der zwischen »Kantsch« und »Nanga«, zwischen Bauer und Welzenbach entscheiden soll, gibt dem Kangchendzönga den Vorzug. Denn wie die Engländer immer wieder »ihren« Berg, den Everest, berennen, müßten die Deutschen dieselbe Ausdauer für den Kantsch beweisen. Am 9. Dezember 1930 fällt die Vollversammlung des AAVM die Entscheidung pro Bauer. Die bereits für Welzenbachs Expedition gesammelten Spenden werden trotz seines Protests dem Konkurrenten zugeschlagen. Bauer, der gedroht hatte, Welzenbach »an die Wand zu quetschen, wenn er nicht gutwillig von seinem Expeditionsplan zurücktrete«, hatte gesiegt. Die zehnköpfige Mannschaft, darunter – was Welzenbach mit Bitterkeit vermerkt – Wien und Hartmann, ist nach Meinung des *Alpine Journal* die stärkste, die je zusammengestellt wurde. Wie zum Hohn bietet

Bauer Welzenbach die Teilnahme an. Der lehnt, wie nicht anders zu erwarten, brüsk ab. In England sind die Nerven zum Zerreißen gespannt. In Reaktion auf die deutschen Versuche gründet sich das Everest-Komitee im März 1931 neu. Gerüchte, die Deutschen hätten bereits beim Dalai-Lama um eine Besteigungserlaubnis nachgefragt, alarmieren Younghusband und Collie, die Präsidenten von RGS und AC, aufs höchste.

Am 25. Mai 1931 verläßt Bauer München, denn er will diesmal früher am Berg sein. Dem hohen Ziel angemessen, hat sich der Aufwand verdreifacht. 210 Träger schleppen die Ausrüstung ins Basislager. Am 14. Juli beginnt von Lager VI (5140 m) aus der »Angriff«. Das Wetter ist anfangs gut, aber dafür stellt sich ein anderes Problem. Durch die sommerliche Wärme weichen die schnee- und eisbedeckten Flanken des Berges auf und verlieren jegliche Stabilität. Der Aufstieg wird unter diesen Umständen zum Vabanquespiel, Bewegungen auf dem Grat sind nur zwischen fünf und acht Uhr morgens möglich. Wer später steigt, marschiert in beständiger Lawinengefahr. Am 9. August stürzen Hermann Schaller und der Träger Pasang 600 Meter tief vom Grat auf den Gletscher. Das Grab »der im edlen Kampf gefallenen Streiter« läßt Bauer auf einer malerischen Felsinsel anlegen. Am 16. August befinden sich alle wieder im Aufstieg. »Die Fortsetzung des Angriffs auf den Kangchendzönga war für mich eine innere Selbstverständlichkeit. Jeder hatte von allem Anbeginn die Möglichkeit eines Unfalles erwogen, jeder wünschte, daß die anderen wenigstens das Ziel erreichen sollten, wenn seinem Leben vorzeitig ein Ende gesetzt würde.« Das mochte für Schaller zutreffen. Pasangs Wünsche waren Bauer ganz sicher unbekannt.

Die Expedition erreicht den höchsten Punkt des Ostgrats, den Sporngipfel, auf 7700 Meter Höhe. Dann ist Schluß. Ein extrem lawinengefährdetes Schneefeld versperrt den Weg zum Hauptgipfel. Bauer selbst ist nur bis 7275 Meter gekommen. Die Höhe setzt ihm so zu, daß er beim Abstieg einen Herzkollaps erleidet.

Er überlebt nur mit knapper Not. Gleichwohl stilisiert Bauer sich und seine Begleiter als »freudige Kämpfer, die ein einsames Schicksal tragen, die als Vorhut der Menschheit Meilen voraus, Meilen fern der dumpf harrenden Menschenmasse da vorne allein kämpfen und fallen«. Da spielt es gar keine Rolle, ob man den Gipfel schafft oder nicht, denn es geht um »das Höchste: um ein solches Ziel ohne Wanken, ohne Zagen bis zuletzt gekämpft zu haben«.

Zurück in Deutschland, gab es ein unschönes Nachspiel. Hartmann, der als Arzt die physiologischen Ergebnisse zusammenfaßte, bestätigte die medizinischen Schlußfolgerungen der ersten Expedition. »Niemals traten auch bei den Bergsteigern, die viele Wochen in den Lagern oberhalb der 6000-Meter-Grenze verbrachten, Anzeichen von Berg- oder Höhenkrankheit auf.« Bauers Zusammenbruch erklärte er als »Folge einer starken Überanstrengung«. Der Sportjournalist Walter Bing meldete an dieser Interpretation gehörige Zweifel an. Gestützt auf die Erfahrungen der Engländer am Everest und auf die Berichte Dyhrenfurths, hielt er die Bauersche Akklimatisationstheorie schlicht für falsch. Bauer schlug zurück. In der *Österreichischen Alpenzeitung* denunzierte er den Journalisten, der bis 1933 als 2. Vorsitzender des Reichsausschusses der Deutschen Sportpresse amtierte, als »elsässischen Juden mit französischer Staatsangehörigkeit«. Der »Pazifist mit internationaler Einstellung«, so der Vorwurf, »verfolge unter dem Deckmantel sachlicher Kritik politische Ziele«.

In deutschnationalen Kreisen setzte Bauers Expedition den vorläufigen Schlußpunkt für Wiederaufstieg und Anerkennung Deutschlands durch Alpinismus: »Von verschwindend geringen Ausnahmen abgesehen, hat deutsche Tat die letzte alpine Epoche geleitet: Von Deutschen sind die Fels- und Eisanstiege gemacht worden, die hart an der Grenze physischer Beschränkung liegen. Deutsch ist die Masse, die auf den extremen Wegen kämpft. Als deutscher Jugend Ruhmestat hat man in Zermatt Tonis Sieg

[Toni und Franz Schmid hatten 1931 die Matterhorn-Nordwand erstdurchstiegen, Anm. d. Verf.] gefeiert. Und deutsch war endlich auch der Kampf am Kantsch – Deutsche sind es, die um den schwersten Eisberg der Erde rangen!« (*Österreichische Alpenzeitung*, 1932)

Noch während die »Kantsch-Helden« gegen den Gipfel anrannten, drangen endlich Welzenbachs Argumente durch. Für 1932 erhielt er grünes Licht für den Nanga Parbat und finanzielle Unterstützung vom DÖAV. Seine alte Mannschaft hatte sich jedoch aufgelöst, war entweder ins feindliche Lager übergelaufen oder beruflich verhindert. Die neue wählte er weder aus Bauers »Vasallen« noch überhaupt aus dem AAVM.

MERKLS ERSTER VERSUCH

Die neue Mannschaft ist eine kleine, aber schlagkräftige Truppe. Sie besteht aus den Sachsen Felix Simon und Fritz Wiessner, einem der besten damaligen Kletterer, der 1929 nach Amerika ausgewandert war. Er schlägt einen guten Freund vor, Rand Herron, einen vielversprechenden amerikanischen Bergsteiger mit Touren in den Alpen, im Kaukasus und im Atlasgebirge. Vierter im Bunde ist Walter Stösser, ein Lehrer aus Pforzheim, der sich als »alpiner Landsknecht« versteht und dermaßen waghalsige Touren absolviert, daß ihn die Schweizer Bergführer für verrückt erklären. Willy Merkl kennt Welzenbach seit zehn Jahren von vielen Bergtouren. Neben Wiessner ist er der einzige mit Auslandserfahrung. 1929 hat er eine Expedition in den Kaukasus geführt. Von den damaligen Teilnehmern stößt nur Kunigk wieder dazu.

Doch jetzt sind es die Auswirkungen der Weltwirtschaftskrise, die Welzenbach stoppen. Die Stadt München, sein Arbeitgeber, reagiert mit Haushaltskürzungen und Stellenabbau. In dieser Situation einen drei- bis viermonatigen Sonderurlaub zu beantragen, ist schlicht illusorisch. Im Juni 1931 schreibt Welzenbach resigniert an Wiessner: »So wie die Dinge heute liegen, bleibt mir nichts übrig, als auf meine langgehegten und schon sehr weit geförderten Pläne zu verzichten.« Er bietet Wiessner die Leitung der Expedition an. Wiessner sieht sich freilich außerstande, von Amerika aus die organisatorischen Vorbereitungen zu treffen, und schlägt statt dessen Simon vor. Schließlich einigen sie sich auf Merkl als dritte Wahl, der in München lebt und so leichter als der Leipziger Simon von Welzenbach eingewiesen werden kann. Hintergrund dieser Entscheidung ist auch, daß Welzenbach bis zuletzt auf eine Teilnahme hofft. Von vornherein wäre er dann in die Vorbereitungen mit einbezogen.

Als ob Welzenbach zeigen wolle, wie ungerecht man mit ihm umgeht, steigt er im Juli mit Merkl in die Nordwand der Grands Charmoz. Die Münchner Zeitungen, die den Erfolg der beiden, ihre Kletterkunst und ihre unglaubliche Widerstandsfähigkeit feiern, werden auch von Welzenbachs Vorgesetzten gelesen. Welzenbach ist mehr als enttäuscht. Gerade jetzt hat er seinen Ruhm als »Eispapst« auch publizistisch untermauert. Im *Alpinen Handbuch des DÖAV* steht sein Beitrag über »Das Gehen im Eis«, die alpintechnischen Teile in Emil Zsigmondys Klassiker *Die Gefahren der Alpen* hat er überarbeitet, und jüngst ist seine mit *summa cum laude* benotete Dissertation »Untersuchungen über die Stratigraphie der Schneeablagerungen und die Mechanik der Schneebewegungen« erschienen. Alles umsonst. Drei Jahre Vorbereitungen, Pläne, Korrespondenzen perdu. Natürlich ist auch sein Ansehen beschädigt. Hans Ertl, der ein inniges Konkurrenzverhältnis mit Welzenbach pflegte, meinte später, der Stadtbaurat hätte unter diesen Umständen einfach seinen Job an den Nagel hängen sollen. Für den Verlauf der Expeditionen am Nanga Parbat hätte das entscheidend sein können. Welzenbach aber ist bei allem Wagemut ein deutscher Beamter und hat den preußischen Lehrsatz »Pflicht geht vor Neigung« absolut verinnerlicht.

Am 30. Juli informiert er den DÖAV: »Es hat sich eine neue Gruppe gefunden, die im Einvernehmen mit mir den Plan aufgreifen und weiter verfolgen will.« Seine Bitte, die an seine Person geknüpfte finanzielle Förderung auf die neue Expedition zu übertragen, lehnt der DÖAV ab. Statt dessen springt Herron ein, der von Haus aus mit Geldmitteln reichlich gesegnet ist. Fortan firmiert das Unternehmen als »Deutsch-Amerikanische Himalaya-Expedition«, und Herron bringt noch seine Freundin, die Journalistin Elizabeth Knowlton, als Berichterstatterin mit.

Sobald Merkl offiziell Expeditionsleiter ist, modifiziert er Welzenbachs Plan. Nach einem Besuch bei Collie in London, der ihm die Diamir-Seite als zu schwierig ausredet, beschließt er, den Berg von Norden, von der Rakhiot-Seite her anzugehen. Stösser verläßt die Mannschaft. Merkl holt dafür seinen Schulfreund Fritz Bechtold, »den Treuesten der Treuen«, der ihn auch in den Kaukasus begleitet hat, sowie den Bergführer Peter Aschenbrenner aus Kufstein und Dr. Hugo Hamberger als Expeditionsarzt. Im April 1932 brechen sie auf. Welzenbach wirft sich auf die Nordwände der Berner Alpen. Am Großhorn hackt er bei ständigem Schneefall in zwei Tagen 3000 Stufen in härtestes Wassereis. Das ist schon etwas. Aber der Nanga Parbat ist es nicht.

Im Umgang mit der Presse zeigte sich Merkl äußerst professionell. *Der Bergsteiger* freute sich, »als einzige alpine Zeitschrift die Berichte unmittelbar von der Expedition zu erhalten«, und schloß seinen lobenden Erstbericht mit den Worten: »Also setzen wir auf Merkl!« Die *Münchner Illustrierte Presse* hatte ebenfalls Grund zur Freude, denn auch mit ihr, also für das breite Publikum, war exklusive Berichterstattung verabredet. Für die englischsprachigen Gazetten hatte Ms. Knowlton mit der *New York Times* abgeschlossen und einen Buchvertrag unterzeichnet. Was Merkls Vorbereitung der Expedition anbetrifft, sind sich Alpinhistoriker und Himalaja-Kenner ansonsten einig: das Urteil lautet auf dilettantisch.

Merkl nahm weder Kontakt zum Himalayan Club auf, noch bat er die britisch-indische Regierung um Transportoffiziere. Als er am 9. Mai 1932 mit seiner Mannschaft in Bombay an Land ging, hatte er nicht einmal die Erlaubnis, den Berg, wie beabsichtigt, von der Nordseite her anzugehen. Seine Schlamperei erscheint um so unerklärlicher, als die Vorgehensweise exakt in Bauers Büchern beschrieben ist und er ohne weiteres auf Welzenbachs Verbindungen hätte zurückgreifen können.

Nach einer feuchtfröhlichen Begrüßungsfeier mit »echtem Münchner Löwenbräu« im Deutschen Club reist die Expedition per Bahn und Auto nach Kaschmir weiter. Beinahe hätte Merkl gegen seinen Willen doch die Diamir-Seite versuchen müssen, aber nach zähen Verhandlungen, in denen sich die sprachgewandten Amerikaner Herron und Wiessner bestens bewähren, erhalten sie doch noch die Genehmigung für die Nordseite. Allerdings mit der Auflage, wegen Lebensmittelknappheit keine Dörfer zu berühren, was die Expedition zu einem Umweg durch unbekanntes Gebiet zwingt. Katastrophal wirkt sich aus, daß er den HC nicht um Trägerunterstützung gebeten hat. Die hervorragenden, von den Engländern und den vorangegangenen deutschen Expeditionen trainierten Sherpas stehen Merkl somit nicht zur Verfügung. Nicht weil »die erprobten zuverlässigen Darjeelingsträger schon für andere Expeditionen verpflichtet waren«, wie Merkl später schreibt, sondern weil er sie nicht angefordert hat. Statt ihrer wirbt er ein »Leibregiment« aus Kaschmiris an, die das Gepäck über die schon von Mummery benutzte Route auf 110 Tragtieren nach Astor schaffen. Getreu ihrem Ehrenkodex weigern sich die Männer, Lasten zu tragen, und Merkl kann froh sein, daß ihm der englische Transportoffizier Captain Frier, den ihm die englische Obrigkeit zur Seite stellt, örtliche Balti- und Hunza-Träger organisiert.

Der Anmarsch zieht sich hin. Der Weg über drei Kämme muß erkundet werden, die Trägerkapazitäten reichen nicht aus. Am

Märchenwiese, darüber die Rakhiot-Flanke des Nanga Parbat.

23. Mai haben sie Srinagar, Kaschmirs Hauptstadt, verlassen, Mitte Juni erreichen sie die »Märchenwiese«, einen romantischen, von Bergwald umstandenen Lagerplatz in 3000 Meter Höhe, und erst am 29. Juni beziehen sie Lager I, ihr Standlager, auf 3600 Meter. Daß sie für den Weg über fünf Wochen gebraucht haben, liegt auch an ihrem Gepäckvolumen. Acht Tonnen schleppt Merkl mit, Bauer ist am Kangchendzönga mit 2½ Tonnen ausgekommen. Aber schon wird es weniger. Zehn Säcke sind unterwegs »abhanden« gekommen. Es fehlen ein Geldsack mit 1100 Rupien, Wiessners persönliche Ausrüstung sowie, das eigentliche Unglück, die gesamte Bergausrüstung für die vorgesehenen vierzig Hochträger. Merkl improvisiert und läßt Ersatz aus Zeltstoff und Sackleinen schneidern. Mehr als zehn halbwegs brauchbare Garnituren bekommt er jedoch nicht zusammen.

Am 30. Juni beginnt die Besteigung des Berges. Es ist für Himalaja-Verhältnisse reichlich spät. Am Everest hat schon der Monsun eingesetzt, aber am Nanga Parbat herrscht ausgesprochen schönes Wetter. Oberflächlich betrachtet haben beide Berge ansonsten vieles gemeinsam.

Ihre Flanken galten damals bis auf die Nordseiten als unersteigbar. Wie am Everest der Rongbuk-Gletscher den Zugang eröffnet, so am Nanga Parbat der zwölf Kilometer lange Gletscher des Rakhiot. Die »schwache Stelle« des Everest ist der Nordsattel, von dem aus alle Gipfelversuche vorgetragen werden, am Nanga Parbat ist es der »Silbersattel«. Beide liegen mit ungefähr 7000 Metern gleich hoch. Die Höhendifferenz zum Gipfel beträgt beim Nanga Parbat allerdings nur etwas mehr als tausend Meter. In Kombination mit dem in Kaschmir schwächeren Einfluß des Monsun mußte der Berg also »leichter« als der Everest sein.

Der Nanga Parbat hat freilich seine spezifischen Tücken. Von der auf 5000 Meter Höhe liegenden Zunge des Rongbuk-Gletschers bis zum Fuß des Nordsattels auf 6400 Metern ist am Everest unschwieriges Gehgelände, danach folgt ein anspruchsvoller Aufstieg durch eine 600 Meter hohe Wand. Der Rakhiot-Gletscher des Nanga Parbat beginnt dagegen schon auf 3200 Metern, und bereits in 5300 Meter Höhe zerfällt er in ein Labyrinth von Spalten und Riesenblöcken. Während an der Nordflanke des Everest der schneidende Westwind den Berg »blankputzt«, ist die seines »kleinen Bruders« nur so gespickt mit tonnenschweren Hängegletschern und Eisbalkonen, die jederzeit in die Tiefe sausen können. Kann man den Nordsattel des Everest bei gutem Wetter in einem Tag erreichen, benötigt man am Nanga Parbat drei bis vier Lager. Und keines dieser Lager ist wirklich lawinensicher. »Der Aufstieg vom Rakhiot-Gletscher zum ›Silbersattel‹«, resümierte Mason, der große Himalaja-Experte und Mitglied des Everest-Ausschusses, »ist im Vergleich zu dem auf den Nordsattel des Everest doppelt so hoch, doppelt so schwierig, dreimal so gefährlich und viermal so lang.« Er schrieb dies 1955 – für Merkl zwanzig Jahre zu spät.

Kaum war Lager I auf 4600 Meter Höhe eingerichtet, raste die erste Lawine zu Tal. Allein ihr Luftdruck knickte die Zeltstangen wie Zündhölzer und überschüttete das gesamte Lager mit einem halben Meter Schneestaub. Die Träger gerieten in Panik und weigerten sich weiterzugehen. Merkl beklagte die unterschiedliche Einstellung zum Berg bei »Sahibs« und »Kulis«: »Während wir dieses Naturereignis [die Lawine, Anm. d. Verf.] mit der Gelassenheit von Kämpfern hinnahmen, denen der Gegner sein wahres Gesicht zeigt, waren die Träger in ihrem fassungslosen Entsetzen kaum zu beruhigen.« Im Gegensatz zu den bergerfahrenen Sherpas waren die in den Tälern lebenden Baltis und Hunzas derartige Szenen einfach nicht gewohnt. Ab Lager II, knapp über 5000 Meter, wurden fast alle Träger bergkrank. Die Bergsteiger mußten nun selbst die Lasten schleppen, um weiterzukommen, und verausgabten sich beim Aufstieg. In Lager VI (6600 m) waren Merkl, Bechtold und Wiessner schließlich unter sich. Alle Träger

50–60 Meter tiefe Spalten auf dem Rakhiot-Gletscher.

waren ausgefallen, Kunigk litt an einer Blinddarmentzündung und war mit Hamberger abgestiegen, desgleichen Aschenbrenner, der sich die Zehen angefroren hatte. Herron und Simon gaben wegen »Herzproblemen« und eines quälenden Hustens auf, der sich dort oben aufgrund der trockenen Luft schnell einstellt. Die Höhe spielte laut Merkl keine Rolle, denn »alle Bergsteiger hatten sich so gut akklimatisiert, daß keiner je von der Bergkrankheit befallen wurde«. Daß die »Kulis«, die ja den gleichen Weg zurückgelegt hatten, nicht zu dieser Anpassung fähig waren, wäre als medizinisches Phänomen einer Untersuchung wert gewesen.

Am 29. Juli stehen Merkl und Bechtold endlich auf dem Grat in 7000 Meter Höhe. Statt der von Mason veranschlagten drei, haben sie sieben Lager gebraucht, aber endlich sehen sie zum ersten Mal den Hauptgipfel, zu dem »ein sanft geneigter Grat und ein langgezogenes Plateau ohne technische Schwierigkeiten führt«. Merkl ist sich seiner Sache sicher: »Nur fünf bis sechs schöne Tage noch und der Sieg kann unser sein!« Eine grandiose Fehleinschätzung. Der Weg von hier bis zum Hauptgipfel ist mit neun Kilometern erbärmlich lang und alles andere als leicht.

Als ob der Berg ihm eine weitere Warnung senden will, wird schlagartig das Wetter schlecht. Merkl trifft die richtige Entscheidung und steigt ohne zu zögern ab. Im Schneesturm wühlen sich die Bergsteiger die steilen, lawinengefährdeten Eishänge hinunter, vorbei an den verlassenen Lagern. Credo aller gut geführten Expeditionen war es eigentlich, auf keinen Fall die Lagerkette zu unterbrechen, um jederzeit Hilfe für in Not geratene Partien gewährleisten zu können. Doch mit viel Glück erreichen alle Lager IV. Zwanzig Tage tobt der Orkan. Ein letzter Versuch bleibt Ende August im Triebschnee stecken.

Zurück in Deutschland, gab Merkl dem »ständigen Kulielend« und dem Wetter die Schuld, »das uns den Sieg aus den Händen nahm«. Merkl wußte es nicht besser. Keine der folgenden Expeditionen der dreißiger Jahre wird eine so lange, so stabile Schönwetterperiode wie jene von 1932 beschert bekommen. Sie war für den Nanga Parbat absolut untypisch. Als Ergebnis brachte Merkl die »Gewißheit vom Nanga mit: Er ist ersteigbar, er ist auf unserem Weg ersteigbar.« Dyhrenfurth beurteilte die Leistung Merkls als Expeditionsleiter vernichtend: »Daß es nicht bereits 1932 zu einer Katastrophe kam, scheint mir persönlich beinahe ein Wunder.« Die Engländer gingen mit Merkl sanfter um und führten die Fehler der Expedition auf seine Unerfahrenheit zurück. In Unkenntnis des Streits unter den deutschen Spitzenbergsteigern, konnten sie sich nicht erklären, warum Merkl nicht auf den Rat und das Personal der früheren Himalaja-Unternehmungen zurückgegriffen hatte. Daß die Deutschen ohne Träger 2000 Meter aufgestiegen waren, fanden sie eine beeindruckende Leistung. Sie war freilich vollkommen sinnlos, denn selbst wenn das Wetter gehalten hätte, wäre die ausgelaugte Spitzengruppe niemals zum Gipfel gekommen. Hatte die generalstabsmäßige, kalte Präzision Bauers die Engländer das Fürchten gelehrt, durften sie sich angesichts Merkls organisatorischer Fehlgriffe wieder entspannt zurücklehnen. Sie taten es allerdings nicht, sondern erhöhten den politischen Druck auf den widerstrebenden Dalai-Lama. Während Merkls Expedition im Neuschnee versank, traf die neue Besteigungserlaubnis für den Everest in London ein.

Diesmal sollte eine neue Taktik den Erfolg verbürgen. Die zehn ausgewählten Bergsteiger – Durchschnittsalter dreißig Jahre – hatten aufgrund ihrer Erfahrungen und ihres Könnens allesamt die theoretische Chance, zum Gipfel zu kommen. Im Laufe der Expedition würde sich erweisen, wer die Stärksten am Berg waren. Entsprechend zusammengestellte Zweier-Teams würden dann zum endgültigen Sturm ansetzen. Geleitet wurde die Expedition von Hugh Ruttledge, 49 Jahre alt, kein Bergsteiger, aber seit über zwanzig Jahren in Diensten des britischen Civil Service und ein profunder Kenner des Himalaja. Der beste Bergsteiger war ohne Zweifel Frank S. Smythe, 32 Jahre alt und Inhaber eines

Rekords. 1931 hatte er mit einer winzigen Expedition von insgesamt vier Bergsteigern den Kamet (7756 m) bezwungen und damit den höchsten je bestiegenen Gipfel vorzuweisen. 1930 war er mit Dyhrenfurth am Kangchendzönga gewesen. Von seinen bergsteigerischen Qualitäten her hätte er der Leiter sein müssen, aber der Everest-Ausschuß zog den zurückhaltenden, ausgleichenden Ruttledge dem selbstbewußten, rechthaberischen und leicht beleidigten Smythe vor. Zudem paßte sein Broterwerb nicht ins Bild des vornehmen Alpine Club. Smythe lebte vom Schreiben von Bergbüchern und hatte demnach, so die Kritik, ein Faible von Gentlemen zum Beruf gemacht.

Die Expedition errichtete am 6. Mai 1933 Lager III unter dem Nordsattel und litt fortan unter schlechtem Wetter und, wie schon gewohnt, an diffusen Führungsstrukturen. Während Ruttledge unten Nachschub und Transport organisierte, gerieten sich oben im Lager IV die Bergsteiger über die richtige Taktik in die Haare. Schließlich waren Lager auf 7800 und 8350 Meter eingerichtet, letzteres das höchste je aufgeschlagene am Everest. Am 30. Mai versuchte das erste Team, Percy Wyn Harris und Lawrence Wager, den Gipfelsturm. Sie kamen bis zum »Second Step«, fanden dort den Eispickel von Irvine und querten hinüber zum Norton-Couloir. 300 Meter unterhalb des Gipfels, um 12.30 Uhr, gaben sie auf. So weit war auch Norton 1924 gekommen. Jetzt kam das nächste Team, Smythe und Eric Shipton, zum Einsatz. Sie hatten sich viel zu lange in der großen Höhe aufgehalten, und es war genau das eingetreten, was Finch vorausgesagt hatte. Sie hatten sich zwar akklimatisiert, aber mehr und mehr an Kraft eingebüßt. Shipton gab bald auf. Smythe quälte sich bis auf 8580 Meter, sieben Meter höher als Norton, und hielt nun den Höhenweltrekord. Den verpönten Sauerstoff hatte man natürlich nicht eingesetzt. Finch kommentierte zornig: »Langsam beginnen wir ziemlich lächerlich auszusehen.« Younghusband erwies sich als lernfähig und korrigierte seine Position in der Akklimatisationsfrage: »Halten sich Bergsteiger zu lange in den großen Höhen auf, dann muß die Verschlechterung des Allgemeinbefindens die Vorzüge der Anpassung aufheben.« Sein Buch *Der Himalaja ruft*, das diese neue Erkenntnis enthielt, wurde 1937 ins Deutsche übersetzt – Merkl und Welzenbach konnten es nicht mehr lesen.

Heinrich Wilhelm Cajetan Merkl kam am 6. Oktober 1900 im thüringischen Kaltennordheim als uneheliches Kind zur Welt. Seine Mutter Therese, Tochter eines Eisenbahners aus Nördlingen, kehrte mit dem kleinen »Willy«, wie er später von seinen Freunden und der Presse genannt wurde, dorthin zurück. 1907 heiratete sie Rudolf Herrligkoffer, der wie ihr Vater bei der Deutschen Reichsbahn beschäftigt war, und zog mit ihm nach Schweinfurt. Merkl »in seiner etwas eigenwilligen Art« (Karl Herrligkoffer) verstand sich offenbar mit seinem Stiefvater nicht und übersiedelte zu seiner Großmutter, die mittlerweile im bayerischen Traunstein lebte. Hier entdeckte er seine Leidenschaft fürs Klettern und durchstreifte, meist mit seinem Schulfreund Fritz Bechtold, die Berge des Chiemgau. Nach dem Realschulabschluß begann er 1917 eine Lehre bei den Bayerischen Stickstoffwerken in Trostberg, wurde am 25. Juni 1918 eingezogen, kam aber, wie Welzenbach, nicht mehr an die Front. Im Januar 1919 war er wieder in Traunstein und setzte seine Lehre fort. 1920 wurde sein Stiefvater nach Prien am Chiemsee versetzt und nahm mit seiner Frau und dem 1916 geborenen Sohn Karl vorläufig Quartier bei seiner Schwiegermutter. Merkl ging nach Nürnberg, wo er sich an der Höheren Technischen Lehranstalt für zwei Semester im Fach Elektrotechnik einschrieb. Im gleichen Jahr trat er in die Sektion Bayerland ein und begann mit dem »ernsthaften« Bergsteigen. 1921 wechselte er an die gerade gegründete Eisenbahnfachschule und ließ sich zum Maschinenbautechniker ausbilden. Im Februar 1923 bestand er die Abschlußprüfung und erhielt im Mai eine Anstellung als Ingenieur bei der

Reichsbahn in Augsburg. In die dortige Sektion des DÖAV trat er ebenfalls ein. Durch sie lernte er den österreichischen Alpenpionier Julius Kugy (1858–1944) kennen, der seinerzeit die Julischen Alpen erschlossen hatte und mit den Brüdern Zsigmondy geklettert war. In den zwanziger Jahren unternahm Merkl Touren in den Dolomiten und den Westalpen, wechselte bald vom Fels ins Eis und organisierte 1929 zusammen mit Bechtold und Walter Raechl, einem Mitglied des AAVM, eine Kleinexpedition in den Kaukasus. Im gleichen Jahr wurde er als technischer Inspektor zum Reichsbahn-Ausbesserungswerk nach München-Neuaubing versetzt und übernahm dort bald die Leitung der Bergsportabteilung des Eisenbahner Turn- und Sportvereins.

Verglichen mit Bauer und Welzenbach, war Merkl bis dahin im Hintergrund geblieben. Als Nichtakademiker war ihm der AAVM verschlossen. Weder hatte er sich wie Bauer als Expeditionsleiter im Himalaja noch wie Welzenbach als »Eispapst« in Deutschland und im Ausland einen Namen gemacht. Verantwortliche Funktionen im DÖAV, wie sie Welzenbach gern ausübte, hatte er nicht vorzuweisen. Im Kaukasus wie in der Grands-Charmoz-Nordwand war er der ewige Zweite. Intellektuell fühlte er sich beiden unterlegen, hatte weder als Buchautor reüssiert wie Bauer noch als Wissenschaftler wie Welzenbach. Gesellschaftlich gehörte er sowieso nicht dazu.

Merkl besaß freilich nicht weniger Ehrgeiz als seine etablierten Konkurrenten. Zurückgekehrt vom Nanga Parbat, sah er seine Chance und nutzte sie. Bauer und Welzenbach waren angeschlagen. Der eine hatte trotz härtesten Einsatzes den Gipfel des »Kantsch« nicht erreicht, der andere war durch widrige Umstände erst gar nicht in den Himalaja gekommen. Jetzt, 1933, büßte Welzenbach auch noch seinen Sitz im Hauptausschuß des DÖAV ein. Unverändert – und erst recht nach dem abermaligen Scheitern der Engländer am Everest – stand die Eroberung eines Achttausenders auf der Tagesordnung. Bauer warb mit aller Hartnäckigkeit um eine dritte Kangchendzönga-Expedition unter seiner Leitung. Welzenbach beanspruchte dank seiner Vorarbeiten ein Anrecht auf den Nanga Parbat. In dieser Situation gelang Merkl der Hattrick: Er organisierte Geld, Presse und Politik für die nächste, seine eigene, Nanga-Parbat-Expedition.

Noch ehe sich kritische Stimmen zu Wort melden konnten, zog Merkl bereits das Fazit der 32er-Erkundung. Sie sei erfolgreich gewesen, denn man habe den Zugang zum Berg gefunden und wertvolle Erfahrungen gesammelt. In der *Münchner Illustrierten Presse* veröffentlichte er auf zehn großformatigen Seiten einen spannenden Bericht mit seinen Schlußfolgerungen und vielen eindrücklichen Fotos. Es folgten Lichtbildervorträge, vorzugsweise vor den Sportvereinen der Reichsbahn, mit denen er nicht nur sein Publikum, sondern auch den Gesamtvorstand und den Generaldirektor von der Notwendigkeit einer zweiten Expedition überzeugte. Am Ende spendeten 600000 Reichsbahner für das Zustandekommen der »Deutschen Himalaja-Expedition 1934«. Merkl jubelte: »So etwas ist nur in Deutschland möglich.« Seine Reisekasse quoll fast über. War Bauer für seine erste Kangchendzönga-Expedition noch auf sparsame 40000 Reichsmark angewiesen, stand Merkl jetzt das Fünffache zur Verfügung. Er fuhr nach London und skizzierte sein geplantes Unternehmen vor dem Alpine Club. Damit war der Nanga Parbat auch in England mit dem Namen Merkl verbunden. Schließlich versicherte er sich der politischen Unterstützung des »neuen Deutschland«. Der Reichssportführer, SA-Gruppenführer Hans von Tschammer und Osten, wurde »in weitschauender Erkenntnis der Bedeutung des Unternehmens« (Fritz Bechtold) Schirmherr der Expedition.

Am 30. Januar 1933 übernahm die NSDAP die Macht in Deutschland. Adolf Hitler wurde Reichskanzler. Am 27. Februar brannte der Reichstag. Am nächsten Tag folgte das Ermächtigungsgesetz, das Hitler diktatorische Vollmachten einräumte. Die »nationale Revolution«, wie Hitlers begeisterte Anhänger die Zerschlagung der Weimarer Republik und die Errichtung des »Führerstaates« nannten, richtete sich gegen den demokratischen Staat, dessen Parteien entweder verboten wurden (KPD, SPD) oder sich selbst auflösten (Bayerische Volkspartei, Zentrum), und gegen die Juden. Am 1. April 1933 wurden jüdische Geschäfte boykottiert, im weiteren Verlauf des Jahres begann man mit der Entlassung aller Nicht-Arier aus dem Staatsdienst. Verantwortlich für die Umsetzung dieser Maßnahmen war Reichsinnenminister Dr. Wilhelm Frick, Mitglied der Sektion München, der sich ebenso wie der Reichstagspräsident und preußische Innenminister Hermann Göring gern in seiner Eigenschaft als Bergsteiger präsentierte.

Dem Sport und insbesondere dem Bergsteigen war im nationalsozialistischen Staat eine Schlüsselrolle zugedacht. Hitler hatte es in seiner Programmschrift *Mein Kampf* als Aufgabe des Sports definiert, »nicht nur den einzelnen stark, gewandt und kühn zu machen, sondern er soll auch abhärten und lehren, Unbilden zu ertragen«. Denn, so rief er 1933 den Teilnehmern des Deutschen Turnfestes in Stuttgart zu: »Wer so wie wir ein starkes Reich ersehnt, muß an einem starken Geschlechte hängen.« Auf dem Parteitag von 1935 forderte er die deutsche Jugend auf, sie solle »flink wie die Windhunde, zäh wie Leder und hart wie Kruppstahl werden«. Endziel war die »heroische Jugend, die in den schwierigsten Proben die Todesfurcht besiegen lernt«. Im Sport und beim Bergsteigen, so die Überzeugung, zeigte sich die biologische und charakterliche Überlegenheit des deutschen Volkes, triumphierte der arische Edelmensch über die minderen Rassen.

Der Weg zum Erfolg bestand in der Entwicklung kämpferischer Eigenschaften: Mut, Härte, Willensstärke, Ausdauer und, wenn es sein mußte, Todesverachtung. Größten Wert legte man auf den Gemeinschaftsgeist. Nicht der persönliche Ehrgeiz von »Championen und künstlich gezüchteten Sportkanonen« (SA-Chef Ernst Röhm) sollte befriedigt werden, sondern der freudige, selbstlose, opferwillige Einsatz für Volk und Staat rangierte in der Ethik des NS-Staates an oberster Stelle.

Die vorrangige Aufgabe der neugeschaffenen Position des Reichssportführers, der sich als »Vollstrecker der Ideen des Führers« begriff, war es, die nationalsozialistische Zweckdefinition von Sport in allen Disziplinen und in den Verbänden und Vereinen durchzusetzen. Von Tschammer und Osten wußte, was er an den Bergsteigern hatte. »Ich weiß sehr wohl, den Wert der Bergsteiger in der Gesamtheit der deutschen Menschen des deutschen Sportes zu schätzen und zu würdigen«, schrieb er 1934, »denn die Bergsteiger brauche ich nicht das Kämpfen zu lehren, weil Bergsteigen selbst kämpfen bedeutet.«

In der Tat hatte der DÖAV, der sich bis 1938 immer noch als »unpolitisch« definierte, keinen Grund, dem zu widersprechen. Bei Kriegsausbruch 1914 schon hatte er den Kampf mit den Bergen umstandslos in den Kampf für Volk und Vaterland umdefiniert: »Begeistert folgen wir alle dem Rufe unseres Kaisers. Der Kampf mit den Gewalten der Alpennatur hat uns gestählt für den Kampf mit unseren Feinden.« In seiner Festschrift von 1925 betonte er den tieferen Sinn der Gipfelstürme: »Die Bergsteigerei bedeutet uns im Sinne Turnvater Jahns völkische Ertüchtigung und Aufrichtung.« Fritz Rigele, Welzenbachs Seilpartner im Eis, »erblickte im Bergsteigen einen bescheidenen Ersatz für die unmöglich gemachte allgemeine Wehrpflicht«. Der Österreicher Hofrat Eduard Pichl, Rigeles Freund, wollte »in den bergsteigerischen Nachwuchs den völkischen Wehrgedanken pflanzen«, mit dem Ziel der Bildung einer »bergsteigerisch-politischen Kampftruppe«. 1933 resümierte die *Münchner Zeitung*: »Wir dürfen sagen, daß der im Alpenverein herrschende Geist immer schon auch einen nationalsozialistischen Einschlag hatte.«

Positionen ohne national unterfütterte Sinnstiftung wie der radikal individualistische Gefahrenalpinismus eines Eugen Guido Lammer, das Klettern als Selbstzweck eines Paul Preuß oder der pathosfeindliche »sachliche Romantizismus« eines Leo Maduschka gerieten mehr und mehr unter Rechtfertigungsdruck. Die Berge nur ihrer Schönheit wegen aufzusuchen, dort gar »Harmonie und Frieden der Seele« zu finden, die Einsamkeit gegenüber dem Gruppenerlebnis zu bevorzugen, war jetzt »Verrat am Volksganzen«, war Flucht vor den gesellschaftlichen Erfordernissen der Zeit.

Widerspruchslos akzeptiert der DÖAV das Führerprinzip, das dem Reichssportführer jederzeit das Recht einräumt, gewählte Vorstände abzuberufen und nach Gutdünken zu ersetzen. Keine Probleme gibt es mit der von Tschammer und Osten dekretierten Einführung des Arierparagraphen. Schon 1899 hatte die Sektion Brandenburg entsprechende Bestimmungen in ihre Statuten aufgenommen. 1905 tat es ihr die Sektion Wien nach. 1921 schloß der exklusive ÖAK seine Türen vor Juden. Im gleichen Jahr setzte Pichl – »Die Reinigung wird anfeuernd auf noch verjudete Sektionen wirken« – mit Hilfe von 3000 Neumitgliedern in der Sektion Austria den Ausschluß jüdischer Mitglieder durch. Die daraufhin von den jüdischen Bergsteigern gegründete Sektion Donauland (berühmte Mitglieder waren Julius Kugy, der Regisseur Fred Zinneman und der Begründer der Logotherapie, Viktor Frankl) wird 1924 auf einer außerordentlichen Hauptversammlung des DÖAV mit 90 Prozent der Stimmen aus dem Verband ausgeschlossen. 1922 rufen Pichl und Rigele den »Deutschvölkischen Bund« ins Leben, dem sich 70 Sektionen anschließen, die dann umgehend Plakate mit der Aufschrift »Juden und Mitglieder des Vereines Donauland sind hier nicht erwünscht!« an ihren

Hütten anbringen. Liberale Mitglieder wie Lammer, Rickmer Rickmers oder Bing können sich nicht durchsetzen. Bing sieht den Sinn des Alpinismus in Frage gestellt, »wenn politische oder soziale Gegensätze in den Formen der modernen Kampfpropaganda in die Natur getragen werden«. Er plädiert für einen Bergsteiger, »der sein politisches Ich abstreift, wenn er in die Berge geht«. Umsonst. 1924 wird der Arierparagraph in der Sektion München eingeführt. Bis 1927 folgen die Sektionen Hoch- und Oberland, zuletzt Bayerland, in der Paul Preuß, Halbjude und Spitzenbergsteiger, einmal bewundertes Mitglied war. Gerade die akademischen – von Universitätsangehörigen geprägten – Sektionen pflegen einen aggressiven Antisemitismus und sind nur offen für »Herren germanischer Abstammung«. Ende der zwanziger Jahre ist der DÖAV, ohne Druck von außen, praktisch »judenfrei«. »Wir möchten wirklich wissen«, schrieb die kritische Berliner Zeitung *Die Welt*, »ob es auch nur ein einziger charaktervoller Republikaner in einer solchen Vereinigung noch aushalten kann.« Bis zum heutigen Tag ist in Kärnten eine Hütte des ÖAV nach dem »Judenfresser« und Antisemiten Pichl benannt.

Der AAVM hatte plumpe Paragraphen nicht nötig. Im Jahresbericht 1932/33 teilte der frischgewählte »Führer« Günther Hepp die beabsichtigte Satzungsänderung mit, »eine Bestimmung, die ja schon immer ungeschriebenes Gesetz war, daß nur Arier aufgenommen werden können«. Er unterzeichnete mit »Heil Hitler!«. Der Reichssportführer ordnete die Einführung des Grußes im offiziellen Briefverkehr erst im November 1936 an.

Im Sommer 1933 wurden zwei Bergsteigergruppen bei von Tschammer und Osten vorstellig. Die Führung des DÖAV, die Herren von Sydow, von Klebelsberg und Paul Dinkelacker, suchte den Reichssportführer (RSF) in Berlin auf, die andere Gruppe mit Allwein, dem Freund Bauers, an der Spitze traf ihn Ende Juli auf dem Deutschen Turnfest in Stuttgart, wo er in Gegenwart Hitlers offiziell in sein Amt eingeführt wurde.

Beide Delegationen wollten wissen, wie sich von Tschammer die Neuordnung des deutschen Sports, speziell des Bergsteigens, im nationalsozialistischen Sinne vorstellte, beide verfolgten unterschiedliche Interessen. Allwein vertrat die »Bergsteigergruppe« im DÖAV, die sich 1920 gebildet hatte, um im Hauptverein die Belange der eigentlichen Bergsteiger nicht zu kurz kommen zu lassen. Der RSF erläuterte ihnen seine Position: »Turn- und Sportverbände sind nicht dazu da, um das persönliche Wohlergehen von Privatleuten zu fördern; die Leibesübungen sind vielmehr ein grundlegender Bestandteil des nationalen Erziehungssystems. Das Zeitalter des individualistischen Sportbetriebs ist vorüber.« Zu diesem Zweck gliederte von Tschammer das gesamte Sportwesen in sechzehn Fachverbände, denen die einzelnen Sportarten zugeordnet waren und die von jeweils einem Fachverbandsführer geleitet wurden. Alle zusammen bildeten den Reichssportführerring. Innenminister Frick persönlich verpflichtete sie auf die »Erziehung der Jugend im Geist des Nationalsozialismus«. Dem für die Bergsteiger zuständigen Fachverband elf waren auch die deutschen Wander- und Freizeitvereine zugeordnet.

Der Vorstand des DÖAV regte an, dem Alpenverein die Führung dieses Fachverbands anzuvertrauen. Das erwies sich als politisch unopportun, denn der DÖAV war eine übernationale, deutsche und österreichische Sektionen umfassende, Organisation. Die »Gleichschaltung« des deutschen Teils hätte wahrscheinlich zu einer Abtrennung der österreichischen Sektionen durch die nazifeindliche Regierung in Wien geführt. Gerade wegen der Bedeutung des Bergsteigens wollte der RSF andererseits auf einen Fachverband zumindest für die reichsdeutschen Bergsteiger nicht verzichten. Allwein schlug Paul Bauer als dessen Führer vor. Beide hatten ihre Loyalität zur neuen Ordnung durch ihren Parteieintritt bekundet. Im August weilte Bauer in Berlin und diskutierte mit von Tschammer »meine Gedanken, wie der Verein zu führen sei«. Von Tschammer und Osten war davon so sehr angetan, daß er Bauer vom Fleck weg zum Fachverbandsführer Bergsteigen und Wandern ernannte.

Bauer brauchte nicht mehr als ein halbes Jahr, um seinen Posten zu einem einflußreichen »Zentralamt Bergsteigen« umzubauen. Die für ihn uninteressante Zuständigkeit fürs Wandern, Zelten und die Jugendherbergen gab er ab. Statt dessen versammelte er in seinem neugeschaffenen »Reichsverband der Deutschen Bergsteiger« alle reichsdeutschen Sektionen des Alpenvereins sowie die nicht im DÖAV organisierten Bergsteigervereine, also auch den AAVM. Kraft seines vom RSF verliehenen Amtes hatte er Weisungs- und Kontrollbefugnis in allen Bereichen. Die Führung des DÖAV sah sich politisch ausmanövriert. Ihre Zuständigkeit bezog sich nur noch auf den Gesamtverein. Wollte sie mehr, mußte sie mit Bauer Rücksprache halten. Der wiederum sah seinen Verband dem Alpenverein eindeutig überlegen: »Es ist das kein Verband im alten Sinn. Wir erhalten unsere Aufgabe unmittelbar von der höchsten Gewalt unseres Staates, viel klarer und bewußter, als dies jemals früher in einem Verein der Fall war, dienen wir dem Staat – dem Volk – seiner Zukunft. Uns wurde die Aufgabe gestellt, die Deutschen Bergsteiger zu sammeln, sie zum Bewußtsein ihrer hohen Sendung zu führen und den Nachwuchs zu hegen, daß er kühn und einsatzbereit lernt, um hohe leuchtende Ziele besonnen, ruhig – und unerschütterlich zu kämpfen.« Bauer hatte sein politisches Ziel erreicht. Im April 1934 war er der oberste deutsche Bergsteiger. Militärisch ausgedrückt, hatte man Hauptmann Bauer zum General befördert.

Auf der Hauptversammlung des DÖAV im liechtensteinischen Vaduz trat Bauer zum ersten Mal in seiner Eigenschaft als Führer des Deutschen Bergsteigerverbandes auf. Er tat es als überzeugter Nationalsozialist: »Der Durchbruch der heroischen Weltanschauung, den unser Führer Adolf Hitler erkämpft hat, rückt unser bergsteigerisches Tun erst in das rechte Licht. Für uns kann es kein Schaffen, keine Tätigkeit geben, die nicht in Beziehung zum

Staate steht. Für uns Reichsdeutsche ist das Heil des Deutschen Staates gleich dem Heil jedes einzelnen Volksgenossen und das Heil Deutschlands ist für uns das Heil der Menschheit.« Daß künftig alle Sektionsführer und ihre Stellvertreter Mitglied der NSDAP sein sollten, ergab sich daraus genauso zwingend wie die letzte Konsequenz bergsteigerischer Ertüchtigung: der Kampf fürs Vaterland in der Gebirgsjägertruppe.

Dem fulminanten Aufstieg Bauers hatte Welzenbach nichts entgegenzusetzen. Als der Kommandeur des Münchner SA-Sturms IV Leibstandarte, Obersturmbannführer Hanns Dachgruber, im Herbst 1933 zur Bildung eines »Gebirgssturms« aufrief, trat Welzenbach in die SA ein. Er bekleidete – wohl das mindeste, was man dem promovierten Stadtbaurat zugestehen mußte – den Rang eines Scharführers, den niedrigsten Führerdienstgrad. Der Führer der Sektion München, Dr. Georg Leuchs, Freund Welzenbachs, hatte in einem Rundschreiben an die Mitglieder für den Eintritt geworben: »Mancher hat es vielleicht schon bereut, sich nicht rechtzeitig in die nationale Front eingereiht zu haben und abseits zu stehen. Hier ist ihm noch einmal Gelegenheit geboten, das Versäumte nachzuholen und einen Schritt zu tun, zu dem er möglicherweise bald gezwungen werden könnte.« Welzenbach war ein ehrgeiziger Bergsteiger und deswegen in einen unüberbrückbaren Gegensatz zu Bauer geraten. Ein politischer Oppositioneller war er deswegen noch lange nicht.

DIE KATASTROPHE VON 1934

Am 25. März 1934 brach Willy Merkl zum Nanga Parbat auf. Er hatte genug Geld aufgetrieben, seine Beziehungen zu den neuen Machthabern waren ausgezeichnet, Presse und Rundfunk lechzten förmlich danach, fortlaufend über die Besteigung berichten zu dürfen. Bauer hatte in seiner neuen Funktion versucht, die Expedition zu torpedieren, seine Position war aber noch zu ungefestigt, und so war er bei von Tschammer und Osten nicht durchgedrungen. Seine Einwände bezogen sich auf die Person Merkls, den er als Expeditionsleiter für unfähig hielt, sowie auf die Zusammensetzung der Mannschaft, die allem Hohn sprach, was Bauer seit Jahren predigte. Es war keine »verschworene Gemeinschaft«, sondern ein, nach seiner Meinung, zusammengewürfelter Haufen von »Bergsteigerkanonen«, dazu noch von Leuten aus dem feindlichen Lager.

Von der 32er-Erkundung waren außer Merkl noch dessen Freund Bechtold und der Tiroler Aschenbrenner dabei. Zu den Neuen gehörten Erwin Schneider, ebenfalls Tiroler, und Ulrich Wieland, beides Teilnehmer der von Dyhrenfurth geleiteten Kangchendzönga-Expedition von 1930. Schneider galt als »Siebentausendersammler«. 1928 war er im Pamir, 1932 in den Anden gewesen. Der Expeditionsarzt, Dr. Willi Bernard, kannte ihn aus dieser Zeit. Alfred Drexel war mit Welzenbach befreundet und mit ihm in den Berner Alpen geklettert. Wie Merkl war er Beamter der Reichsbahn. Peter Müllritter war ein alter Bekannter Merkls aus dem Chiemgau. Hinzu kam eine wissenschaftliche Gruppe, die sich aus dem Kartographen Dr. Richard Finsterwalder, dem Geographen Dr. Walter Raechl, Merkls Begleiter im Kaukasus, und dem Geologen Peter Misch zusammensetzte. Willo Welzenbach, neben Raechl der einzige aus dem AAVM, konnte froh sein, daß ihm Merkl angesichts einer derart auslandserfahrenen Mannschaft die stellvertretende Expeditionsleitung überließ. Gerüchte wollten wissen, die ehrgeizige Mutter Welzenbachs habe ihren Sohn angefleht, auf der Expeditionsleitung zu bestehen. Doch welche guten Gründe hätte Welzenbach für sich ins Feld führen können – er, der »Eismann« der Alpen und nur der Alpen, der nie eine Expedition geleitet, der weder das Geld aufgetrieben hatte, noch über die politischen Verbindungen Merkls verfügte und dem jeder Presserummel zuwider war?

Merkl hatte sich über Bauer geärgert und jeden, der es hören wollte, bei der Abschiedsfeier im Hotel »Schottenhamel« beschworen, nie wieder mit dem Intriganten in den Himalaja zu fahren. Aber eigentlich konnte ihm Bauer egal sein. Weder politisch noch finanziell war er von ihm abhängig. Der DÖAV, erbost über die politischen Winkelzüge Bauers, übernahm zusammen mit der Notgemeinschaft für die Deutsche Wissenschaft, dem Reichsluftfahrt- und dem Reichswissenschaftsministerium die Kosten für die drei genannten Wissenschaftler. Das gab Merkl und seiner Expeditionskasse noch mehr Spielraum. 1932 war seine Mannschaft zu klein gewesen. Jetzt hatte sie Everest-Format und bestand aus neun, durch Leistung qualifizierten Bergsteigern, laut Mallory die Idealzahl für eine Achttausender-Besteigung.

Noch nie aber hatte sich eine Expedition dermaßen unter Erwartungsdruck gesetzt. Für Mummery war der Vorstoß zum Nanga Parbat eine Privatangelegenheit gewesen. Abgesehen von seiner Familie hatte er gegenüber niemandem und nichts eine Verpflichtung verspürt. Merkl dagegen jagten die guten Wünsche wie den Fuchs die Meute. Seinen Eisenbahnern hatte er für ihr Geld den Gipfel versprochen, Presse, Rundfunk und Öffentlichkeit auf eine Erfolgsstory eingestimmt. Die Reichsregierung, die der Expedition »tatkräftige Unterstützung angedeihen ließ und sie mit allen zur Verfügung stehenden Mitteln fördert«, wollte Taten sehen. Die erste Besteigung eines Achttausenders war nun nicht mehr der sportliche Spleen einer kleinen Bergsteigergruppe, sondern »Sache des ganzen deutschen Volkes«, eine »vaterländische Aufgabe«, die der erste sportliche Triumph des »neuen Deutschlands Adolf Hitlers« sein würde. »Die Eroberung des Gipfels wird zum Ruhme Deutschlands erwartet«, lautete der Befehl des Reichssportführers. Schon kündigten die Engländer für 1935 ihre nächste Everest-Expedition an, bei der endlich die Entscheidung fallen sollte. Plötzlich waren Beurlaubungen kein Thema mehr. Welzenbach, der deutsche Beamte, war auch und gerade am Nanga Parbat im Dienst. Von Tschammer und Osten persönlich schrieb an den Münchner Stadtrat und bat um Welzenbachs Freistellung für fünf Monate bei Fortzahlung der Bezüge. Beim Abschied in München sangen die Bergsteiger das Horst-Wessel-Lied, die neue Nationalhymne.

Diesmal wollte Merkl alles richtig machen. Er fuhr extra voraus und traf sich mit jedem, der wichtig war – er sprach in Neu-Delhi mit Regierungsvertretern, hielt einen Nanga-Parbat-Vortrag im United-Service-Club, antichambrierte beim britischen Residenten von Kaschmir und klopfte auch noch bei dessen Stellvertreter an. Anschließend reiste er mit Wieland nach Darjeeling. Um den Kardinalfehler der ersten Expedition zu vermeiden, warb er so viele erprobte Sherpas an, wie er kriegen konnte. Er bekam die besten – Männer, die Empfehlungsschreiben von Bruce, Smythe, Ruttledge, Norton, Dyhrenfurth und Bauer vorwiesen, die mit ihren »Sahibs« auf den Everest, den Kangchendzönga und den Kamet geklettert waren. Alle hatten Bergerfahrung über 7000 Meter, fünfzehn waren bis auf 7900 Meter, einer auf 8300 Meter aufgestiegen. Für den Himalayan Club war es Ehrensache, die Deutschen bei der Auswahl der Hochträger gut zu beraten. Am Ende waren es 35 Träger, die Merkl, der »Bara-Sahib«, der »Große Führer«, wie er bei den Sherpas hieß, mit nach Kaschmir nahm. Als seinen persönlichen Diener (Orderly) wählte er bezeichnenderweise den von Ruttledge aus, dem Leiter der letzten Everest-Expedition.

Die britische Regierung stellte gleich zwei Transportoffiziere. Der deutsche Konsul in Bombay wollte unbedingt Augenzeuge des deutschen Bergsiegs sein, nahm Urlaub und kam ebenfalls mit. Am 25. April landete in Bombay der zweite Teil der Mannschaft unter der Führung von Welzenbach, insgesamt dreizehn Mann, die am Freitag, dem 13., von Venedig aus gestartet waren. Auf dem Schiff hatten sie Tisch dreizehn zugewiesen bekommen, aber sie waren nicht abergläubisch und lachten herzlich darüber. In

Srinagar vereinigten sich die beiden Trupps. Zum Transport der fast vierzehn Tonnen Material benötigte die Expedition 600 Träger. Die Sherpas übernahmen Ordnungsaufgaben. Sie fungierten gleichsam als die Unteroffiziere von Merkls Armee, um im Jargon der Zeit zu sprechen.

Die Anmarschroute war die gleiche wie 1932. Sie führte über zwei 3600 und 4000 Meter hohe Pässe nach Astor. Beide waren schneebedeckt und eigentlich unpassierbar, da man sie zu früh im Jahr überquerte. Aber irgendwie ging es, und die »Sahibs« mußten nicht oft von ihren »scharfen Gäulen« absteigen, um die Träger aus dem Schnee zu ziehen. Diesmal erhielt Merkl von den Briten die Erlaubnis für die bequemere Route entlang des Indus, den seit 1916 die hochwassersichere Rakhiot-Brücke überspannte. Beim Abstieg ins Tal wurde es brüllendheiß. Die bis dahin vegetationsreiche Landschaft verwandelte sich in eine staubige Bergwüste. Die schwitzenden Bergsteiger durchritten sie mit leichtem Gepäck im Schutz ihrer Tropenhelme. Am Abend folgte der angenehmere Teil des Tages. Wenn die Sahibs ins Lager kamen, hatten die Sherpas bereits die Zelte aufgeschlagen und Schaumgummimatratzen und Schlafsäcke ausgerollt. Der Orderly zog seinem »Herrn« die Nagelschuhe aus, bereitete ihm ein warmes Bad und reichte ihm ein frisches Hemd. Morgens wurden sie mit einem »Early Morning Tea« geweckt.

Trotz der riesigen Gepäckmengen erreichte die Expedition schon am 29. Mai das Hauptlager. Es befand sich an der gleichen Stelle wie 1932, mußte aber erst mühsam aus dem Schnee gegraben werden, da man diesmal vier Wochen früher eingetroffen war. Dyhrenfurth, der Merkl sonst scharf kritisiert, bescheinigt ihm »eine gute organisatorische Leistung für eine so große Expedition«. Die Trägerausrüstung war diesmal vollständig vorhanden. Es gab ein großes Eßzelt für alle Bergsteiger, ein Dunkelkammerzelt, in dem die Filme für die deutschen Zeitungen entwickelt wurden, und einen Flaggenmast, an dem über der

Die Trägerkolonne Merkls überschreitet den Tragbal-Paß (3600 m).

englischen Fahne die des »neuen Deutschland« mit dem Hakenkreuz wehte.

In flottem Tempo geht es weiter. Trotz schlechten Wetters und schwieriger Wegfindung im sich ständig bewegenden Eis des Rakhiot-Gletschers richten Aschenbrenner, Drexel, Schneider und Welzenbach bis zum 7. Juni vier Hochlager auf 4470 (I), 5350 (II), 5900 (III) und 6185 (IV) Meter ein. Die Verbindung mit dem Hauptlager wird durch ein Funkgerät gehalten. Am Abend des 6. Juni schleppt sich Drexel krank ins Lager III. Während der Nacht bekommt er heftige Kopfschmerzen und kann trotz seiner Erschöpfung keinen Schlaf finden. Erst auf Drängen der anderen steigt er am nächsten Nachmittag, sich immer schlechter fühlend, ins Lager II ab. Er ist blau im Gesicht und atmet schwer. Die halbe Nacht hustet er, dann beginnt er zu phantasieren. Um zehn Uhr morgens wird er bewußtlos. Noch am Vorabend hat man den Arzt im Hauptlager benachrichtigt. Dr. Bernard, der in einem Zug 1400 Höhenmeter aufsteigt, trifft am Nachmittag ein und diagnostiziert eine schwere Lungenentzündung mit akutem Lungenödem. Er will mit Sauerstoff therapieren, aber der liegt im Hauptlager. Wieland und seine Träger schaffen die Zylinder bei Nacht und Schneesturm herbei. Zu spät. Als sie um drei Uhr morgens Lager II erreichen, ist Drexel seit sechs Stunden tot. Er war, was der Kabelbericht Merkls im *Völkischen Beobachter* nicht thematisiert, ein Opfer der Höhenkrankheit geworden. Der rasche Aufstieg von 4000 auf fast 6000 Meter war für ihn zuviel gewesen. Da half kein Sauerstoff. Nur der sofortige Abtransport in tiefere Lagen hätte seinen Tod verhindern können. Auch für Bechtold gab es kein Ödem. In seinem Bericht ist nur von Lungenentzündung die Rede – und die hätte Drexel ja auch in München bekommen können.

Alfred Drexel wurde am 11. Juni begraben. Zu seiner Beerdigung rief Merkl alle Bergsteiger aus den Hochlagern zurück. Welzenbach war sehr deprimiert. Seine Eltern suchte er zu beruhigen. Er schrieb ihnen von »zufälligen, unglücklichen Umständen, auf die der Tod Balbos [Drexels Spitzname, Anm. d. Verf.] zurückzuführen ist«. Keineswegs könne ihm etwas Ähnliches zustoßen. Merkl und der deutsche Konsul hielten markige Reden. Der »eiserne Kampfwille unseres Toten« verpflichtete natürlich alle dazu, »um den Nanga Parbat weiterzukämpfen«. Lobend bemerkte Bechtold, daß »unser Führer Willy Merkl unseren Geist in höhere Regionen reißt« und daß er »dem letzten Gang des Kameraden den entschlossenen Sinn eines Soldatenbegräbnisses gibt«. Dann sank der mit der Hakenkreuzfahne verhüllte Sarg des SA-Sturmmanns Drexel ins Grab. Die weihevolle Stunde fand ein unschönes Ende, weil sich Schneider über Merkls Publicityrummel aufregte. Für seine fortlaufende Berichterstattung in der deutschen Presse benötigte Merkl Bildmaterial, und deshalb ließ er Müllritter »Drexels letzten Gang« (Bildunterschrift) von der Bergung bis zum tieftraurig-männlichen Abschiedsblick der »Bergkameraden« durchfotografieren. Schneider fand das geschmacklos, wie »die meisten von uns« (Welzenbach). Merkl wie-

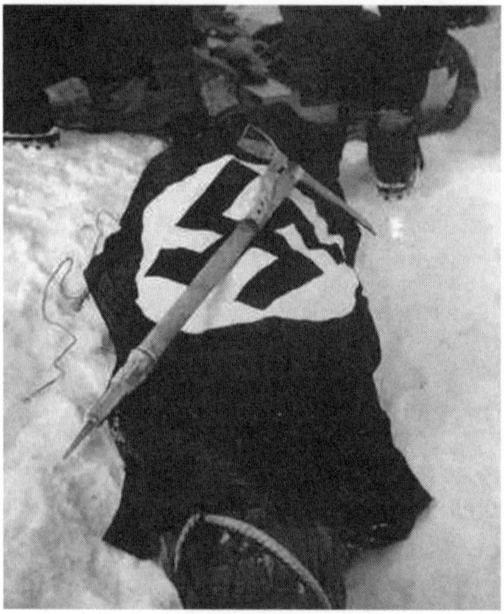

Die Leiche Alfred Drexels wird ins Hauptlager transportiert.

Das offizielle Trauerfoto: Expeditionsleiter Merkl am Grab von Alfred Drexel.

derum erregte sich über die vermeintliche Untergrabung seiner Autorität und wollte Schneider im ersten Zorn »davonjagen«. Welzenbach klagte: »Merkl handelt zunehmend wie ein Diktator, der keine Kritik zuläßt. Er scheint wirklich zu glauben, daß eine feste und kompromißlose Haltung seine Autorität festigen und seinen Minderwertigkeitskomplex, den er als Emporkömmling offensichtlich fühlt, unterdrücken könnte. Mit Balbo verloren wir eine wirksame Unterstützung im Kampf gegen Willys Anfälle von Größen- und Verfolgungswahn. Er ist seiner Führerrolle seelisch nicht gewachsen.«

Expeditionen sind Ausnahmesituationen. Wie nirgends sonst zeigen sie den wirklichen Charakter, das wirkliche Leistungspotential eines Menschen. Ein Ausweichen vor den sich stellenden Aufgaben ist nicht möglich. Entweder man löst sie oder man versagt. Den großen »Blendern«, die im richtigen Leben oft reüssieren, schlägt hier die Stunde der Wahrheit. So auch in diesem Fall. Merkls eigentliche Stärke war die Propagierung »seiner« Idee, die zwar von Welzenbach stammte, aber von ihm realisiert worden war. Er hatte es genau zum richtigen politischen Zeitpunkt getan. Die Tür öffnete sich für einen Augenblick, und Merkl zögerte nicht hindurchzugehen. Jetzt stand er im kalten Zugwind des Erfolgs.

Als Bergsteiger war Merkl Welzenbach und Schneider unterlegen, und das wußte er. Als Expeditionsleiter hatte er gegenüber Leuten wie Welzenbach oder Drexel einen schweren Stand. Beide, Welzenbach als Stadtbaurat, Drexel als Reichsbahnrat, waren es gewohnt, zu organisieren und in ihrer Umgebung den Ton anzugeben. Dipl.-Ing. Drexel war Leiter der Technischen Abteilung des Reichsbahn-Ausbesserungswerks in München-Freimann, Merkl ein kleiner Reichsbahninspektor. In der Beamtenhierarchie standen Welzenbach und Drexel vier Rangstufen über ihrem Expeditionsleiter. Auslandsexpeditionen waren bisher eine Domäne des akademischen Bürgertums gewesen, ihre Leitung eine Prestigeangelegenheit. Nur in den seltensten Fällen, wenn das Talent wirklich überragend war, holte man sich dabei aus den »unteren« Schichten Unterstützung. Die vielfach behauptete »Gleichheit am Berg«, die alle Bergsteiger zu »Fürsten der Welt« (Bergsteigerlied) machte, war eine Chimäre. Merkl war ein Nichtakademiker zweifelhafter Herkunft, mit Welzenbachs Worten »ein Emporkömmling«. Soziologisch betrachtet war er der erste Kleinbürger, der jemals eine deutsche Auslandsexpedition leitete. Daß Merkl Minderwertigkeitskomplexe gegenüber den promovierten und diplomierten Herren seiner Mannschaft entwickelte, daß er sich zumindest unsicher fühlte und überreagierte, ist verständlich. Doch zu den psychologischen Schwierigkeiten kamen auch noch praktische Versäumnisse hinzu.

Noch vor Drexels Tod hatte sich Welzenbach bei Merkl schriftlich über die mangelhafte Logistik beschwert. Der Nachschub an Brennstoff, Lebensmitteln und Trägern, den die Spitzengruppe zum weiteren Vorstoß brauchte, wurde nicht mit der nötigen Schnelligkeit nach oben gebracht. Bevor jedoch die Situation in den Hochlagern kritisch werden konnte, befahl Merkl den Rückzug ins Hauptlager. Nach den Trauerfeierlichkeiten stellte sich heraus, daß es an Tsampa, dem Grundnahrungsmittel der Sherpas, fehlte. Ohne das Gerstenmehl, das unter Zugabe von Tee und ranziger Butter zu einem grauen glitschigen Kloß geknetet wird, war ihre Leistung gemindert. Die neue Lieferung hätte schon da sein sollen, verzögerte sich aber aus unbekannten Gründen. Merkl beschloß zu warten und verfaßte derweil Presseberichte. Ein Postläufer brachte sie alle drei Tage nach Astor. Von dort wurden sie per Kabel nach Deutschland geschickt. Erst am 22. Juni, elf Tage nach Drexels Beerdigung, erreichten die Mehllasten das Hauptlager. Die ganze Zeit war schönes Wetter gewesen, ohne daß man es genutzt hätte. Der vierwöchige Vorsprung war dahingeschmolzen. Welzenbach war erbost. Er schrieb seinen Eltern, er fürchte, »daß es doch einmal zum Krach kommen wird«, beherrschte sich aber und verfaßte statt dessen einen Grundsatzbrief: »Ich glaube, Merkl hat immer noch nicht erkannt, was auf dem Spiel steht, und daß der Erfolg des ganzen Unternehmens davon abhängt, daß endlich ganz energisch Maßnahmen ergriffen werden. Sonst kehren wir ohne Gipfel heim, und es wird nicht ausbleiben,

Die Teilnehmer der 34er Expedition im Hauptlager.
V. l. n. r.: (vordere Reihe) Schneider, Welzenbach, Aschenbrenner, Merkl, Konsul Kapp, Müllritter, Kuhn, (hintere Reihe) Bernard, Wieland, Capt. Sangster, Hieronimus, Bechtold.

daß von Merkl Rechenschaft gefordert wird, was für die 200 000 Reichsmark erreicht wurde. Er gefällt sich hier in der Rolle eines Paschas, die er oben, wenn es hart auf hart geht, wahrscheinlich wird aufgeben müssen. Am 11. ist Balbo beerdigt worden. Am 12. oder 13. hätte die Expedition sofort wieder starten müssen, ungeachtet dessen, ob das Tsampa da war oder nicht. Dann stünden wir vielleicht jetzt schon im Endkampf um den Gipfel. Wir hätten andere Lebensmittel genug gehabt, um notfalls auf das Tsampa verzichten zu können. So ließen wir aber kostbare Zeit verstreichen. Die letzten vier Tage brachten sogar wolkenloses Wetter, das wir nicht nützten. Ob wir es schaffen? Mit den bisherigen Methoden kaum! Man kann nicht einen Verein von zehn bis zwölf Leuten auf einen Achttausender bringen wollen. Dann kommt eben keiner hinauf. Aber alles Predigen ist hier vergeblich. Willy weiß alles besser und ist zudem furchtbar wankelmütig in seinen Entschlüssen.«

Sosehr Welzenbachs Argumente einleuchten, sosehr ist der Brief Ausdruck seiner Hilflosigkeit. Er, der »stellvertretende Expeditionsleiter«, war eben auch kein »leader«, sondern in erster Linie Bergsteiger. Er wollte keine Auseinandersetzungen führen, sondern auf den Berg. Merkl sollte es organisieren, aber der konnte es nicht. Merkl seinerseits wollte ebenfalls unbedingt auf den Gipfel. Er war im besten Alter und nicht wie die englischen Expeditionsleiter am Everest ein Veteran. Darüber hinaus war dies auch seine einzige Chance, sich nach außen, das heißt für eine künftige Rolle im »neuen Deutschland«, zu profilieren. Bechtold konnte er einfach nicht ausschließen – er war sein bester Freund. Aschenbrenner, Schneider, Wieland und Welzenbach waren Spitzenkletterer. Keiner von ihnen hätte akzeptiert, beim Gipfelsturm nicht dabei zu sein. Und konnte Merkl nach Drexels Tod einfach zur bergsteigerischen Tagesordnung übergehen? Bauer unterbrach 1931 nach Schallers und Pasangs Absturz ganz selbstverständlich seine Expedition, ging mit der gesamten Mannschaft zurück und begrub am 9. August feierlich die Toten. Die alte Höhe und die Lager wiederzubesetzen, hatte auch er vierzehn Tage gebraucht.

Am 25. Juni war Lager IV erneut bezogen, am 1. Juli Lager V (6550 m) eingerichtet. Welzenbach verbuchte einen Erfolg: »Merkl konnte endlich dazu bekehrt werden, daß die langsame Hinaufbiwakiererei keinen Sinn hat und daß der Vorstoß zum Gipfel forciert werden muß. Wir hoffen, von hier bis zum Gipfel mit drei bis vier Hochlagern auszukommen. Ich bin der Meinung, daß höchstens drei bis vier Teilnehmer den Gipfel erreichen werden.« Da auch noch Müllritter aufstieg, drängten sich nun sieben Bergsteiger zusammen mit siebzehn Sherpas in den Zelten von Lager V.

Merkl sah ein, daß die Route, mit der er 1932 den Grat erreicht hatte, diesmal unmöglich war. Gemeinsam mit Welzenbach und den beiden Tirolern präparierte er eine neue Route über den Rakhiot-Peak (7070 m), die zwar länger, dafür aber sicherer war. Am 3. Juli nahmen sich Bechtold, Merkl, Welzenbach und Wieland einen Eishang vor, den sie für die Träger durch Stufenschlagen und mit 180 Meter Fixseilen gangbar machen mußten. Müllritter, dem die Höhe nicht bekam, stieg ab. Aschenbrenner und Schneider gönnten sich einen Rasttag. Lager VI (6955 m) wurde am 4. Juli am Hauptgrat eingerichtet. Es stand genau dort, wo Merkl 1932 hatte aufgeben müssen. Das Wetter blieb schön und windstill. Der Sturm auf den Gipfel konnte endlich beginnen.

Am 5. Juli melden sich vier Hochträger bergkrank und gehen zurück. Die übrigen, sechs Bergsteiger und dreizehn Sherpas, steigen weiter auf. Sie weichen einem schwarzen Felsturm aus, dem sie den poetischen Namen »Mohrenkopf« geben. Dann geht es weiter in Richtung »Silbersattel«, der ersten Aufschulterung des Grates. Finsterwalder, der Kartograph, hat von den Bergen bei Astor aus die Gipfelregion des Nanga Parbat eingesehen. Von ihm weiß Merkl, daß der Weg vom »Silbersattel« zum Vorgipfel auf einem breiten unproblematischen »Plateau« verläuft. Erst ab 7950 Meter sieht der Kartograph eine schwierige Strecke. Der Marsch über den sanft geschwungenen langen Grat, »Schaumrolle« nennen sie das Stück in Anlehnung an den »Mohrenkopf«, kostet Zeit. Gegen Mittag verschlechtert sich das Wetter. Ein scharfer Wind peitscht Schneefahnen in die Luft. Die Temperatur fällt stetig. Im Lager VII (7050 m) verbringen Merkl, Welzenbach, Wieland und Bechtold eine schlechte Nacht. Sie leiden unter Atemnot, Aschenbrenner und Schneider kommen dagegen mit der Höhe ausgezeichnet zurecht. Selbst über 7000 Meter frönen sie weiter ihrer Sucht und lassen sich ihre »stinkigen Giftnudeln«, so die Nichtraucher Merkl und Welzenbach, schmecken.

Am nächsten Morgen fallen zwei weitere Sherpas aus. Allein ist ihr Rückmarsch zu gefährlich. Bechtold bringt sie zurück. An diesem Tag zeigt sich überdeutlich die unterschiedliche körper-

Der endlose Aufstieg: Panorama des Nanga-Parbat-Massivs.
Der Pfeil rechts unten zeigt das Hauptlager.

liche Verfassung der Bergsteiger. Obwohl Schneider und Aschenbrenner den steilen Aufstieg zum Silbersattel für die verbliebenen elf Sherpas vorbereiten müssen, sind sie 2½ Stunden vor den anderen auf dem Sattel und haben genügend Zeit für die nächste »Zigarettenrast«. Sie sind begeistert, denn zumindest bis zum Vorgipfel (7910 m) ist der Weg über den spaltenfreien Hochfirn Gehgelände.

Um 12.30 Uhr erreicht sie endlich Welzenbach, wieder zwei Stunden später kommen Wieland und Merkl mit den Trägern. In der Zwischenzeit haben Schneider und Aschenbrenner weitergespurt und einen möglichen Lagerplatz auf etwa 7750 Meter Höhe

ins Auge gefaßt. Zwei Stunden wird gewartet und erbärmlich gefroren, dann gehen die beiden Tiroler zurück zum Haupttrupp. Merkl und Co. haben erschöpft schon auf 7450 Meter haltgemacht und Lager VIII errichtet. Die Stimmung ist blendend. Morgen wird der Gipfel fallen. Noch in der Nacht beginnt der Orkan.

Merkl ist ratlos. Weitergehen ist bei diesen Wetterverhältnissen unmöglich. Aber sollen sie jetzt, so kurz vor dem Ziel, aufgeben? 1932 hielt kein Sturm lange an. Nur vier bis fünf Stunden, schätzt Aschenbrenner, trennen sie vom Gipfel. Schneeböen jagen über den Kamm. Selbst noch am späten Vormittag ist es dunkel.

Wieland spurt von Lager VI zum Mohrenkopf, darüber der Silbersattel.

Die Zelte füllen sich mit Schnee, den der schneidende Wind durch die Leinwand preßt. Die Zeltstangen brechen wie Streichhölzer. Die Primuskocher versagen. Schneeschmelzen ist nicht mehr möglich. Es folgt eine Nacht, die Aschenbrenner »zu den fürchterlichsten meiner Bergsteigererlebnisse zählt«. Merkl gibt auf und erteilt den Befehl zur Umkehr.

Mühsam setzt sich am 8. Juli die Karawane der Bergsteiger in Marsch. Aschenbrenner und Schneider, immer noch gut in Form, sollen vorausgehen und den Weg bahnen. Drei Träger begleiten sie. Die Sichtweite beträgt kaum zehn Meter. Der Orkan nimmt weiter an Stärke zu. Um rascher abzusteigen, seilen sich die beiden von den Trägern los, die in der Spur nachkommen sollen, aber sofort den Kontakt verlieren und in Lager VII Schutz suchen. Aschenbrenner und Schneider schaffen es bis zum frühen Abend ins Lager IV, wo Müllritter, Bechtold und Bernard warten. Sie sind sicher, daß die anderen bald folgen werden.

Merkl, Welzenbach und Wieland befinden sich noch immer am »Silbersattel« in der »Todeszone«. Der Kräfteabbau, beim einen rascher, beim anderen langsamer, hat sie zermürbt. Die Dehydrierung macht ihre Erschöpfung vollkommen. Die »Unzerstörbaren« der Grands Charmoz haben im Nanga Parbat ihren Meister gefunden. Der »nackte Berg« zeigt sein wahres Gesicht. Der Schleier, den die Bergsteiger heben wollten, verbirgt das Antlitz des Todes. Die drei schaffen es nicht einmal bis Lager VII. In 7250 Meter Höhe biwakieren sie im offenen Gelände. Merkl und Wieland haben erfrorene Hände. Acht Träger und drei Bergsteiger teilen sich zwei Schlafsäcke. Welzenbach schläft im Schnee. Seine Kälteresistenz war schon in den Alpen legendär.

Die Nacht zum 9. Juli demoralisiert die Bergsteiger völlig. Welzenbach verbraucht seine letzten Kraftreserven, als er Merkl, Wieland und fünf Träger den Eishang zum Lager VII hinuntersichert. Dreißig Meter vor den Zelten stirbt Wieland an Erschöpfung. Den Trägern gibt Welzenbach den Befehl, sich nach unten

Lagerkette der Nanga-Parbat-Expeditionen von 1932 und 1934 vom Chongra Peak aus gesehen.

Fot. Wieland

Weg 1934
„ 1932

durchzuschlagen. Vier erreichen am 10. Juli mit schweren Erfrierungen Lager IV.

Bechtold und die anderen versuchen täglich aufs neue, nach oben durchzukommen. Ein einziges Mal schaffen sie es durch den brusttiefen Neuschnee bis ins Lager V. Sie finden einen erfrorenen Sherpa kurz vor dem schützenden Zelt. In den Fixseilen am Rakhiot-Peak hängen zwei weitere eisverkrustete Leichen. Als die Wolken aufreißen, sehen sie Bewegung am Grat und hören schwache Hilferufe.

Oben hat Merkl die Parole ausgegeben abzuwarten. Er beobachtet den Vorstoß von Bechtold nach Lager V und erwartet stündlich die Rettungsmannschaft. Er weiß nicht, daß der Sturm die Route unpassierbar gemacht hat. Merkl und Welzenbach haben keinen Brennstoff, nichts zu essen und zu trinken. Sie schlafen auf Gummimatratzen, das Zelt ist halb mit Schnee gefüllt. Welzenbach ist krank und krümmt sich vor Schmerzen. In der Nacht vom 12. auf den 13. Juli stirbt er. Bei Merkl halten noch zwei Sherpas aus, Angtsering und sein Orderly Gay-Lay. Auf seine Eispickel gestützt, humpelt Merkl mit erfrorenen Füßen den Grat entlang. Die nächste Nacht verbringt er in einer Eishöhle. Am 14. schlägt sich Angtsering, auch er mit schweren Erfrierungen, nach Lager IV durch. Merkl schafft es noch, sich zum Mohrenkopf hochzuschleppen. Dann, höchstwahrscheinlich am 16. Juli, ist der mehr als einwöchige Todeskampf zu Ende. Mit Merkl stirbt Gay-Lay, der sich nicht von ihm trennen will.

Vier Jahre später fand man in Merkls Jackentasche den letzten Brief Welzenbachs, datiert auf den 10. Juli 1934: »Lager 7. An die Sahibs zwischen Lager 6 und Lager 4, insbesondere an Dr. Sahib. Wir liegen seit gestern hier, nachdem wir Uli [Wieland, Anm. d. Verf.] im Abstieg verloren. Sind beide krank. Ein Versuch, nach 6 vorzudringen, mißlang wegen allgemeiner Schwäche. Ich, Willo, habe vermutlich Bronchitis, Angina und Influenza. Bara Sahib hat allgemeines Schwächegefühl und Erfrierungen an Füßen und

Händen. Wir haben beide seit sechs Tagen nichts Warmes gegessen und fast nichts getrunken. Bitte helft uns bald hier in Lager 7. Willo und Willy.«

Die Katastrophe, die drei Bergsteigern und sechs Sherpas das Leben kostete, war die bisher schlimmste in der Geschichte des Himalaja-Bergsteigens. Bechtold, der die Expeditionsleitung übernahm, konnte nichts mehr tun, als den geordneten Rückzug zu organisieren. Eine Bergung der Leichen war unmöglich. Am 23. Juli 1934 hielt Finsterwalder am Grab Drexels die Trauerrede, die den Nanga Parbat zum »deutschen Schicksalsberg« erhob. Den ersten Achttausender für Deutschland zu erobern, sei fehlgeschlagen. Doch nur ein einziger Tag habe gefehlt. Schuld sei »eine Naturkatastrophe, wie sie in dieser Gegend um diese Zeit unerhört ist«. Die Expedition sei in letzter Minute, knapp vor dem verdienten Bergsieg, an »einem harten, bösen Schicksal« gescheitert. Der Tod der Bergsteiger sei nicht sinnlos, »denn sie sind für Deutschland gestorben. Der Geist, der sie beseelte, schätzt die deutsche Aufgabe und die Erreichung des Zieles für Deutschland höher als das Leben.« Es sei ein »Opfertod«, der »ideelle Werte geschaffen hat und ein Vermächtnis ist«. Finsterwalder erklärte die Toten zu deutschen Helden, die »als leuchtende Vorbilder neues Heldentum zeugen« würden.

In jedem Fall war klar, daß die Deutschen wiederkommen mußten. Immerhin konnten sie erstmalig auf eine exakte Karte des Nanga Parbat zurückgreifen. Sie ist bis heute die beste geblieben.

Das nationalsozialistische Deutschland inszenierte einen großangelegten Kult um die toten Helden, die es für sich in Beschlag nahm. Kritische Fragen zu den Ursachen der Katastrophe wurden nicht gestellt. Der Berg war stärker als der Mensch gewesen. Das Geschehen hatte sich als altgermanische Schicksalstragödie abgespielt, und darüber zu klügeln bedeutete, den »Opfergang für Deutschland« kleinzureden. In einer Gedenkstunde des Deutschen Reichssenders stilisierte der Sprecher das Sterben der drei

Bergsteiger zu einem »schönen Tod, weil es ein heldischer war«. Der *Völkische Beobachter*, »Das Kampfblatt der national-sozialistischen Bewegung Großdeutschlands«, druckte unter der Überschrift »Letzter Hitlergruß nach Deutschland« einen Brief Merkls vom Nanga Parbat ab. Darin hieß es: »Für Deutschland werden wir kämpfen und alles daransetzen, den ersten Achttausender für Deutschland zu erobern. Mit den herzlichsten Grüßen auch von allen Kameraden der Nanga-Parbat-Front. Heil Hitler. Willy Merkl.« Das Blatt kommentierte: »Bis zum letzten Atemzug galten seine Gedanken, wie die seiner Kameraden, dem deutschen Vaterland und seinem Führer Adolf Hitler. Das neue Deutschland wird die Helden Merkl, Welzenbach und Wieland nicht vergessen und ihnen im Herzen ein ewiges Denkmal setzen.« Am 11. November 1934 lud der Reichssportführer zu einer Trauerfeier nach Berlin. Zu Beginn seiner Rede zitierte er den Weltkriegsdichter Walter Flex: »Was Frost und Leid! Mich brennt ein Eid. Der glüht wie Feuersbrände durch Schwert und Herz und Hände. Es ende drum, wie's ende – Deutschland, ich bin bereit.« Wozu bereit, formulierte Heinrich Baumeister in der *Reichsbahn-Turn- und Sportzeitung*: »Deutsch sein heißt: zum Sterben bereit sein!«

Bechtold wurde zum Chronisten der Expedition. Sein Buch *Deutsche am Nanga Parbat. Der Angriff 1934* avancierte vom Fleck weg zum Bestseller. Der Freund und Vertraute des Expeditionsleiters pries darin Merkls Führungsfähigkeiten und verklärte das Scheitern der Expedition zum ewigen Rätsel angesichts eines unerforschlichen Schicksals. Der Reichssportführer schrieb ein Vorwort, und noch im Kriegsjahr 1944, in einer Zeit der knappsten Papierressourcen, erschien die zwölfte Auflage in einer Höhe von 50 000 Exemplaren.

Noch konsequenter als Bauer benutzte Bechtold die Sprache des Krieges zur Beschreibung des bergsteigerischen Geschehens. Die Zeit am Nanga Parbat wird in »Kampftagen« gemessen.

Letzter Hitlergruß nach Deutschland

Willy Merkls Heldentod endgültig bestätigt – Gedenkstunde im Rundfunk

Berlin, 25. Juli.

Die in schwerer Bergnot kämpfende deutsche Himalaja-Expedition hat nunmehr die traurige Bestätigung gegeben, daß auch ihr Führer, Willy Merkl, nicht mehr am Leben ist.

Dem Drahtlosen Dienst gingen zwei durch Boten von dem Berg des Unglücks zur Kabelstation in Astor gebrachte Telegramme zu. Sie sind ein hohes Lied der Kameradschaft. Sie schildern die geradezu übermenschlichen Kraftanstrengungen, die zur Rettung der Spitzengruppe der deutschen Himalaja-Expedition, zur Rettung von Merkl, Wieland und Welzenbach unternommen wurden.

Heute mittag traf beim Nachrichtendienst des Deutschen Rundfunks dann ein neues ganz kurzes Kabel ein. Danach ist Willy Merkl am 16. Juli im Lager 6 gestorben. Alle übermenschlichen Versuche zur Rettung des Gefährten blieben vergeblich.

*

Unter diesen Umständen gewinnt ein Brief besondere Bedeutung, der am 24. Juli in die Hände des Empfängers gelangte. Willy Merkl hat ihn am 6. Juni unmittelbar vor seinem Aufbruch vom Hauptlager geschrieben, und es ist somit sicher einer der letzten Briefe, den er an seine Kameraden in Deutschland richtete. Das Schreiben ist adressiert an den Bezirksturn- und Sportleiter Wöll bei der Reichsbahndirektion Breslau und hat folgenden Wortlaut:

Hauptlager, den 6. Juni 1934.

Lieber Bezirkssportleiter!

Vor meinem Aufbruch in die Hochlager des Nanga Parbat ist es mir ein Bedürfnis, Ihnen für Ihre treue Mitarbeit an der Finanzierung der deutschen Himalaja-Expedition 1934 im Namen aller Teilnehmer herzlichst zu danken.

Ich bitte Sie vielmals, diesen Dank auch allen begeisterten Mitarbeitern zu übermitteln.

Es ist doch eine bis jetzt einzig dastehende Tat, daß Hunderttausende von deutschen Eisenbahnern es fertiggebracht haben, eine große Expedition für den Himalaja auszurüsten. So etwas ist nur in Deutschland möglich!

Für Deutschland werden wir kämpfen und werden alles daransetzen, den ersten Achttausender für Deutschland zu erobern.

Mit den herzlichsten Grüßen, auch von allen Kameraden der Nanga-Parbat-Front.

Heil Hitler!
Willy Merkl.

Die Nachrichten über den Tod Willy Merkls widersprachen sich in den letzten Tagen; am Ende voriger Woche war er als tot gemeldet, während anfangs dieser Woche die Reutermeldung als zum wenigsten übereilt hingestellt wurde.

Die furchtbare Ahnung, die nun seit Tagen über uns allen schwebte, ist also traurige Gewißheit geworden. Heute hat nach den Todesnachrichten über Welzenbach und Wieland der Funk auch das schaurige Forscherende Merkls in der Eisstarre des Bergriesen Nanga Parbat bestätigt.

Den Geist dieser echt deutschen Männer gibt sein letzter Brief an seine Sport- und Arbeitskameraden wieder. Bis zum letzten Atemzug galten seine Gedanken, wie die seiner Kameraden, dem deutschen Vaterland und seinem Führer Adolf Hitler.

Das neue Deutschland wird die Helden Merkl, Welzenbach und Wieland nicht vergessen und ihnen im Herzen ein ewiges Denkmal setzen.

*

Am Mittwochabend um 10 Uhr gedachte der bekannte Bergsteiger und Himalajaforscher Hermann Hoerlin in einer besonderen Feierstunde des Rundfunks der Toten des Nanga Parbat. …ch in ihr kam der Dank des deutschen Volkes für seine Heldensöhne zum Ausdruck.

Die deutschen Bergsteiger-Helden der Himalaja-Expedition

Von links: Merkl, Wieland und Welzenbach

Der Kult um die toten Berghelden beginnt (*Völkischer Beobachter* vom 26. Juli 1934).

Merkl erteilt »Tagesbefehle«. Die »Kolonnen der Träger marschieren militärisch geschlossen«, die Bergsteiger tragen »kraftvolle Angriffe« vor, sind entweder auf dem »Vormarsch« oder dem »Rückzug«. Mit dem »dumpfen Rollen schwerer Artillerie« charakterisiert Bechtold Lawinen. Der Berg wird zur »Festung« erklärt, in »dessen Abwehr Breschen geschlagen« werden. Bergsteiger am Nanga Parbat sind »Soldaten einer Idee« – sie sterben nicht, sondern »fallen« und erhalten ein »Soldatenbegräbnis«. Das Ausharren von Gay-Lay an der Seite Merkls wird zum »Kameradschaftsbekenntnis«. Dem Führer hält man die »Treue bis in den Tod«. – »Schön muß es sein, mit dem Siegespreis dieses gewaltigen Berges nach Hause zu kehren, größer noch ist es, sein Leben hinzugeben um solch ein Ziel, den jungen Herzen kommender Kämpfer Weg und Flamme zu werden«, lautet des Nationalsozialisten Fritz Bechtold programmatischer letzter Satz. Noch in den Nanga-Parbat-Büchern der fünfziger und sechziger Jahre wird er zustimmende Aufnahme finden.

Zaghafte Versuche der Eltern Welzenbach, die ja einen Stapel Merkl-kritischer Briefe ihres toten Sohnes besaßen, die wahren Ursachen des Desasters zu benennen, waren in diesem heroischen Klima unerwünscht. Im Herbst 1936 erschien das Buch *Willy Merkl. Ein Weg zum Nanga Parbat. Leben, Vorträge und nachgelassene Schriften*, das zwei Jahre später bereits acht Auflagen zählte. Es wurde von Merkls damals zwanzigjährigem Halbbruder Karl Maria Herrligkoffer als wahre Hagiographie zusammengestellt, in der Merkl all das wurde, was er im Leben nicht gewesen war: Frontsoldat, Akademiker und eigentlicher Erfinder der Nanga-Parbat-Idee. Fritz Schmitt, ein ehemaliger Funktionär des DÖAV, reicherte Merkls Texte, insbesondere seine Beschreibung der 32er-Expedition, mit einer kämpferischen Note im Sinne des nationalsozialistischen Zeitgeistes an. Als Herrligkoffer den Text 1967 wieder abdruckte, kürzte er ihn um genau diese Teile. Auch für dieses Buch stand der Reichssportführer mit einem Vorwort zur Verfügung: »Als leuchtende Vorbilder und heldische Opfer ihrer großen Aufgabe, fürs Vaterland also gefallen sind Merkl und seine Kameraden. Ein Buch, das vom Kampf und Tod und vom Sieg über den Tod, den solche Männer erringen, erzählt, kann im deutschen Volke Adolf Hitlers auf verständnisvolle Leser zählen ...«

Die in Deutschland nicht genehme Ursachenforschung betrieben statt dessen die Engländer. Der Tod von sechs Sherpas bot genügend Anlaß, darüber nachzudenken, ob die Deutschen ihrer Fürsorgepflicht für die Hochträger nachgekommen waren. Nach Auffassung des AC hatte man die ganze Expedition zu schwerfällig angelegt. Merkl habe in der Anfangsphase viel zuviel Zeit verschwendet und sei mit einer viel zu großen Mannschaft in die Gipfelregion vorgestoßen. Ohne sie zu kennen, teilte der AC also Welzenbachs Kritik. Der Fehler habe sich zur Katastrophe ausgewachsen, weil die Lager V bis VII nicht besetzt waren. Wäre dies der Fall gewesen, hätte das den Abstieg erleichtert. Andererseits zeigten die Erfahrungen am Kangchendzönga, daß bei Orkan selbst die bestorganisierte Lagerkette zerriß. Die Überlegung, daß eine Aufteilung in kleine Gruppen sinnvoller gewesen wäre, wurde dagegen durch die Berichte Aschenbrenners und Schneiders gestützt. Hätte Merkl ihnen den Weg zum Gipfel freigeben sollen? Schneider hat später bestritten, daß Merkl irgendwelchen Druck auf ihn ausgeübt habe, weil er wollte, daß die gesamte Mannschaft zum Gipfel käme. Die Vorstellung, daß »nur« zwei Österreicher, nicht aber der »Führer« der Expedition die mitgeführte Hakenkreuzfahne auf dem Nanga Parbat hißten, wäre für Merkl wie für Welzenbach schwer erträglich gewesen. Nach dem Urteil führender heutiger Himalaja-Bergsteiger waren alle Mitglieder der Expedition zu optimistisch. Aschenbrenner und Schneider, geschweige denn die anderen, waren keineswegs nur »einen Tag vom Gipfel entfernt«, wie sie irrtümlich annahmen. Wären die beiden Österreicher zur Spitze gegangen, hätte sie der Sturm in der 8000-Meter-Zone überrascht. Statt sich zu retten, wären sie wie Merkl und die anderen am Nanga Parbat umgekommen.

Lag der Fehler also darin, bei Ausbruch des Sturms nicht sofort abzusteigen? Kritische englische Stimmen hielten Merkl und Welzenbach vor, sie hätten den Nanga Parbat mit der Grands-Charmoz-Nordwand verwechselt und geglaubt, den Orkan hier wie dort »aussitzen« zu können. Psychologisch gesehen, ist die Entscheidung Merkls, einen Tag abzuwarten, nur allzu verständlich. In einem letzten Brief an seine Angehörigen vom 21. Juni hatte er geschrieben: »Wir m ü s s e n [gesperrt bei Merkl, Anm. d. Verf.] es mit eisernem Willen diesmal schaffen. Wenn das gute Wetter anhält, dann müßte es Wahrheit werden, was in der Heimat Hunderttausende wünschen und von uns erhoffen!« Der Sieg wäre nicht nur eine bergsteigerische Sensation, sondern auch ein politischer Triumph gewesen. Für ihn persönlich hatte man die Rolle des Helden reserviert. Siegfried am Nanga Parbat. Und gab es nicht doch die Chance, daß der Sturm nachließ? Merkl war 1932 von den Wetterverhältnissen verwöhnt worden. Auch 1934 hatte die Schönwetterperiode ungewöhnlich lange angehalten. Deutsche Bergsteiger zögerten nicht, hohe Risiken einzugehen. Wann, wenn nicht jetzt auf diesem Grat mit dem Gipfel in Sichtweite, lohnte es sich, den »inneren Schweinehund« zu überhören und die kreatürliche Angst zu verdrängen, die zurück in die Sicherheit wollte?

Außerdem rächte es sich, daß man die falschen Schlußfolgerungen aus den Erfahrungen mit der Höhe zog. Die Tatsache, daß Merkl, Welzenbach und Wieland so langsam im Abstieg waren, lag am Kräfteabbau in der »Todeszone«, was man jedoch aus ideologischen Gründen ignorierte. Sich an die Höhe anzupassen, war eben nicht nur eine Frage von Willenskraft und Rasse. Hätte man den verachteten Sauerstoff eingesetzt, wäre es wohl nicht zur Katastrophe gekommen. Dyhrenfurth sah in dem sich quälend hinschleppenden Rückzug den Beweis dafür, daß die drei bereits völlig erschöpft den Silbersattel betreten hatten.

Das eigentliche Problem, das wie schon am Everest und am Kangchendzönga nun auch am Nanga Parbat den Gipfelsieg verhinderte, wurde hier wie dort nicht erkannt. Die »sicheren« und einzig möglichen »leichten« Grataufstiege waren einfach zu lang für die gebräuchliche Taktik der Großexpeditionen mit ihren Lagerketten. Deren Einrichtung erforderte einen solchen Zeit- und Logistikaufwand, daß die Schönwetterperioden niemals ausreichten, um bis zum Gipfel vorzustoßen. Mit rein statistischer Wahrscheinlichkeit würde irgendwann eine extrem starke Mannschaft einen Achttausender bei ausnahmsweise hervorragenden Wetterverhältnissen angehen und zum Gipfel kommen. Die Lotterie lief seit vierzig Jahren, und noch immer hatte keiner den Jackpot geknackt. Hätte das Wetter am Nanga Parbat noch zwei bis drei Tage gehalten und Merkl den Gipfel erreicht, hätte man kein Wort über etwaige Unzulänglichkeiten verloren. Denn alles, was gutgeht, rechtfertigt sich schließlich selber.

Immerhin waren jetzt die Besitzverhältnisse klar. Merkl und seine Mannschaft hatten den Nanga Parbat mit ihrem »Blutopfer« für Deutschland reserviert. »Sein Name und die Namen seiner toten Kameraden werden für jeden deutschen Bergsteiger Begriff werden, wie es für jeden Engländer die Namen Mallory und Irvine sind«, schrieb Bechtold. Das Vermächtnis der Toten gebot eine Fortsetzung des Kampfes. Fortan durfte es nur ein einziges Ziel des deutschen Ehrgeizes geben: den Nanga Parbat. Bauer, das war Welzenbachs späte Rache, konnte seinen »Kantsch« vergessen.

Bauer hatte es kommen sehen: Merkls zusammengewürfelte Mannschaft aus »Sportskanonen« ohne inneren Zusammenhalt mußte scheitern – zumal mit einem zweifelhaften Expeditionsleiter. Es hatte an Durchsetzungsfähigkeit und Demut gefehlt. Merkl war zuviel Bergsteiger und zuwenig »Führer« gewesen.

Seine Autorität hatte nicht ausgereicht, die Spitzengruppe auf die wirklich Leistungsfähigen zu beschränken. Im Oktober 1934 ging Bauer zu von Tschammer und Osten und ließ sich offiziell bestätigen, daß künftig jede Auslandsexpedition von ihm »geprüft und befürwortet« werden müsse.

Der Machtzuwachs des Fachamtsleiters Bergsteigen brachte die Führung des DÖAV in Rage. Schneider hatte bereits mit ihr Kontakt aufgenommen, weil er für 1935 eine neue Expedition zum »deutschen Schicksalsberg« organisieren wollte. Bauer fand das Ansinnen bodenlos. Seiner Meinung nach mangelte es Schneider und Aschenbrenner am wichtigsten, wollte man an den Achttausendern Erfolg haben: am Kameradschaftsgeist. Sie hatten nicht auf die nachfolgenden Bergsteiger gewartet und die ihnen anvertrauten drei Träger sich selbst überlassen, indem sie sich von ihnen abseilten. Die diesbezüglichen Erklärungen der beiden tat Bauer als billige Ausflüchte ab. »Wer wie Schneider und Aschenbrenner ohne Rücksicht auf die Nachkommenden voraus- und davonläuft, der wird nicht als guter Bergkamerad angesehen werden können.« Bauers Auffassung deckte sich mit der englischen Kritik. Captain Frier, einer der Transportoffiziere am Berg, hatte die anzügliche Frage gestellt, ob es bei den Deutschen üblich sei, die Träger im Stich zu lassen.

Unter diesen Umständen Schneider die Führung einer Himalaja-Expedition anzuvertrauen, war für Bauer schlicht unvorstellbar. Ohnehin hielt er ihn in puncto nationale Gesinnung für einen unsicheren Kantonisten. Schneider war 1930 mit seinem Konkurrenten Dyhrenfurth, den Bauer in einem Brief an den Reichssportführer als »Judenstämmling« diffamierte, zum Kangchendzönga gegangen. Dort hatte er »nicht einmal den Mut, die deutsche Flagge zu hissen, sondern hißte die ›Tiroler‹ Flagge!«. 1932, in den Anden, war Schneider beim Abstieg vom Huascaran fehlgegangen und witzelte in seinem Fahrtenbericht: »Zur Einsicht gekommen und den Forderungen der heutigen Zeit folgend, versuchen wir nun rechts unser Heil. (Heil Adolf! Deutschland erwache).« Der völlig humorlose Bauer wertete die flapsige Bemerkung als persönliche Beleidigung und verlangte von Schneider, er möge sich beim Reichssportführer und der Kanzlei des Führers entschuldigen. Bis dahin verbot er ihm, Vorträge über die 34er-Expedition zu halten.

Ende 1934 regte Bauer bei von Tschammer und Osten eine Untersuchung an, in der die endgültige Schuldfrage Aschenbrenners und Schneiders geklärt werden sollte. Am 11. März 1935 trat dieses »Ehrengericht« unter dem Vorsitz des Reichssportführers zusammen. Die Untersuchungskommission, der Bauer natürlich angehörte, war von ihm selbst zusammengestellt worden. Am Ende sprach man die beiden von einem bewußten Verstoß frei, verurteilte sie aber desto energischer moralisch. Damit waren Schneider und Aschenbrenner als Bergsteiger disqualifiziert und wurden nie mehr zu Auslandsexpeditionen eingeladen. Selbstverständlich war damit auch die geplante Nanga-Parbat-Expedition des DÖAV unter Schneiders Führung erledigt. Der Reichssportführer legte größten Wert darauf, das Verfahren geheimzuhalten. Die Ideologie der unverbrüchlichen »Bergkameradschaft« durfte in der Öffentlichkeit keinen Schaden nehmen. Für den nationalsozialistischen Staat war der Kameradschaftsbegriff von zentraler Bedeutung und hatte laut Reichspropagandaminister Joseph Goebbels »einen neuen tiefen Sinn bekommen«. Kameradschaft wurde »die neue Form für die deutsche Volksgemeinschaft«.

Der DÖAV leitete eigene Nachforschungen ein und gelangte dabei zu gegenteiligen Schlüssen. So stellte man unter anderem die Frage, wie denn Schneider und Aschenbrenner im tobenden Sturm hätten »warten« sollen. Schon Dyhrenfurth in den dreißiger Jahren und später die Extrembergsteiger Bonington und Messner beurteilten das Verhalten beider als das im Orkan einzig richtige. Die Gruppe Merkl hatte sich längst in Einzelkämpfer aufgelöst, die mehr oder weniger erschöpft nach unten wankten und sich gegenseitig nicht mehr helfen konnten. Bauer wollte diese Sichtweise nicht akzeptieren. In seinen Augen waren Aschenbrenner und Schneider »Deserteure«, ihr Verhalten »ehrlos«, ihre Verbannung aus der heiligen Schar der Bergsteiger ein Gebot moralischer Hygiene. »Das schlechte Beispiel, das sie am Nanga Parbat gegeben haben, könnte die junge Bergsteigergeneration verderben«, schrieb Bauer an den Reichssportführer. Besser wäre es gewesen, sie wären mit den anderen gestorben, sich opfernd wie Gay-Lay für Merkl, festgeklammert im Eis ihres Berges, keinen Zentimeter preisgebend, kämpfend bis zuletzt. Ein heroischer Untergang. Ein Verdun am Nanga Parbat oder acht Jahre später – Stalingrad.

KEIN SIEG AM NANGA PARBAT

Das Jahr 1935 war über den heftigen Auseinandersetzungen verstrichen. Die Engländer hatten den Everest attackiert, den Gipfel aber wieder nicht erreicht. Zur endgültigen Absicherung seines »Alleinvertretungsanspruchs« (Peter Mierau) für den Himalaja gründete Bauer am 28. Mai 1936 die »Deutsche Himalaja-Stiftung« (DHS). Das Stiftungsvermögen von anfangs 15 000 Reichsmark stammte zu gleichen Teilen von ihm selbst, dem Reichssportführer und Bechtold. Letzterer wurde Stiftungsvorstand von Bauers Gnaden und brachte die Rechte an den Texten und Fotos der Nanga-Parbat-Expeditionen in die Stiftung ein. Herrligkoffer, Merkls Halbbruder, fühlte sich dadurch um sein »Erbe« betrogen und von Bechtold »verraten«. Ein Treffen mit von Tschammer und Osten endete mit einem Vergleich. Der Neunzehnjährige erhielt eine Entschädigungssumme und durfte Bilder und Aufzeichnungen für eine eigene Merkl-Publikation unentgeltlich nutzen. Bauer war empört über Herrligkoffers Vorstoß, den er auf rein finanzielle Interessen zurückführte.

Generalstabsmäßig, wie es seine Art war, plante Bauer nun die nächste Expedition. Für das Jahr 1936 bekamen die Deutschen zwar keine Erlaubnis für Kaschmir, da ihnen eine französische Expedition mit Ziel Karakorum zuvorgekommen war, aber für 1937 wurde eine Nanga-Parbat-Unternehmung fest verabredet.

Das staatliche Interesse an sportlichen Erfolgen war ungebrochen. Die Olympiade in Berlin unterstrich die Bedeutung des Sports im NS-Staat. Die »Biomasse Mensch« (Rüdiger Safranski) war bereit, sich im Sinne völkischer Ertüchtigung willig kneten zu lassen. Die Militarisierung der Gesellschaft wurde von den deutschen Bergsteigern und ihrem Führer Bauer anläßlich der Wiedereinführung der Wehrpflicht begeistert begrüßt: »Der Entschluß des Führers kündet uns nun die Morgenröte einer besseren Zukunft. Die deutschen Bergsteiger stehen als geschlossene Einheit zu dieser Maßnahme, da sie sie zutiefst erfassen. Körperliche Tüchtigkeit, Wagemut, Besonnenheit und Bergerfahrung sind seit jeher die Frucht unserer Fahrten gewesen; diese soldatischen Eigenschaften haben uns schon einmal befähigt, in schwerer Zeit [gemeint ist der Erste Weltkrieg, Anm. d. Verf.] als Bergsteiger wertvolle Hilfe zu leisten.« In den Kinos lief Bechtolds Film *Kampf um den Himalaya* an, der mit staatlichen Zuschüssen produziert worden war. In einem Rundschreiben der NS-Sportorganisation wurde das Beispielhafte des Films betont: »Er ist in ganz seltenem Maße geeignet, die besten deutschen Manneseigenschaften: Begeisterung für ein großes Ziel, Aufopferungsfähigkeit, Mut, Treue, Zähigkeit allen Deutschen, besonders aber der Jugend, eindringlich vor Augen zu führen.«

Ende 1936 stand Bauer auf dem Zenit seines Einflusses. Als Führer des Deutschen Bergsteigerverbandes und graue Eminenz der DHS durfte er hoffen, den DÖAV politisch zu überspielen, ihn mittelfristig vielleicht sogar zu beerben. In seinem Neujahrsgruß an die deutschen Bergsteiger bekräftigte er sein Ziel, »die deutschen Bergsteiger mit ihren Vereinen in den Aufbau des nationalsozialistischen deutschen Staates einzufügen«. Im Sinne der »nationalen Revolution«, als die sich die NS-Herrschaft begriff, vertrat Bauer die modernere Organisation, ideologischer, kämpferischer als der alte Alpenverein. Mit dem Reichssportführer verstand er sich persönlich gut. Auch von Tschammer und Osten feierte 1936 den Höhepunkt seiner Karriere. Deutschland gewann auf der Olympiade in Berlin und Garmisch die meisten Medaillen und wurde zur erfolgreichsten Sportnation der Welt. Der RSF sonnte sich im Wohlwollen des Führers, erhielt das Goldene Ehrenzeichen der NSDAP und wurde von Hermann Göring »in Anerkennung seiner hervorragenden Verdienste um den deutschen Sport« zum Preußischen Staatsrat ernannt. Jetzt, 1937, sollte es mit den Erfolgen weitergehen. Bauer erhielt freie Hand, sich eine Mannschaft nach seinen Vorstellungen zusammenzustellen und den Nanga Parbat mit der Taktik anzugehen, die er für die beste hielt. Nie zuvor hatte ein Expeditionsleiter soviel Zeit, so üppige finanzielle Mittel und soviel staatliche Unterstützung zur Verfügung. Nur eines erwartete der Reichssportführer von seinem »ersten Fachmann auf diesem Gebiet«: Er durfte ihn nicht enttäuschen.

Von den Graten des Kangchendzönga stach den Deutschen 1929 und 1931 ein Berg ins Auge, den sie für »den schönsten Eisberg der Erde« hielten. Wie ein glitzernder, geschliffener Kristall überragt seine spitze Gipfelnadel die nähere Umgebung. Ein weißer Monolith, dessen extrem steile Flanken 2000 Meter über seinem Talgletscher stehen. Diesen Berg, den 6889 Meter hohen Siniolchu, hatte sich Bauer zu Trainingszwecken für 1936 ausgesucht.

Er fuhr mit einer winzigen, handverlesenen Mannschaft nach Indien. Dr. Günther Hepp, Jahrgang 1909, war Assistenzarzt an der Chirurgischen Klinik München, drei Semester lang Vorsitzender des AAVM und ein versierter Routengänger in den Alpen. Adolf, genannt »Adi«, Göttner, mit 22 Jahren der Jüngste, war

Mitglied der Sektion München und ein hervorragender Kletterer, der sogar schon im Kaukasus gewesen war. Star der Mannschaft war unzweifelhaft Dr. Karl, genannt »Carlo«, Wien. Er war 1906 in Würzburg geboren, Sohn des Physik-Nobelpreisträgers Wilhelm Wien, Schüler Welzenbachs und sein Nachfolger in der Führung des AAVM. 1931 hatte er Bauer zum Kangchendzönga begleitet, wo er zusammen mit seinem Freund Hartmann am weitesten gekommen war. Wien hatte anfangs Physik studiert, war dann aber zur Geographie übergewechselt. 1933/34 durchquerte er auf einer einjährigen Forschungsreise Ostafrika. Zurück in Deutschland, schlug er die Hochschullaufbahn ein. Bauer konnte sich auch »gesinnungsmäßig« auf die drei verlassen. Wien kam aus einem stockkonservativen Elternhaus. In der Zeit der Münchner Räterepublik hatte sein Vater Studentenkompanien aufgestellt, das Freikorps Ritters von Epp unterstützt, in dem auch Bauer diente, und Würzburg eigenhändig von den »Spartakisten« befreit. Sein Sohn bekannte sich »zur hohen völkischen Verpflichtung des Hochschuldozenten« und war Mitglied im NS-Dozentenbund. Hepp, »durchglüht vom Ideal des Führers« (von Tschammer und Osten), gehörte der NSDAP an. Göttner war Mitglied der SA.

Bauer, von den anderen wie gewohnt als »Hauptmann« angesprochen, testete am Siniolchu Ausrüstung und Teilnehmer auf Herz und Nieren. Hepp und Göttner, die Himalaja-Neulinge, erhielten von ihm ein ausgefeiltes Schulungsprogramm am Berg. Im übrigen überzeugte er sich von Wiens Führungsqualitäten. Das Wetter war meist schlecht, also bestens geeignet, Ausdauer, Zähigkeit und frohen Sinn in Hitze und Kälte zu erproben. Mit dem Resultat war Bauer hochzufrieden. Die drei gaben den idealen Kern einer Nanga-Parbat-Mannschaft ab. Bei der Besteigung des Siniolchu führte Bauer programmatisch vor, wie es Merkl hätte machen sollen. Als ihm klar wurde, daß die Seilschaft Wien/Göttner die weitaus stärkere war und die Zeit für ein Hinaufkommen aller vier nicht mehr ausreichte, blieb er selbst mit Hepp 500 Meter unterhalb des Gipfels zurück. Wien und Göttner stiegen ohne Gepäck weiter und betraten am Nachmittag um zwei Uhr den Gipfel. Gegen sechs waren sie wieder am Ausgangspunkt. Hätten sie Schwierigkeiten gehabt, wären Bauer und Hepp ihnen mit der Biwakausrüstung zu Hilfe geeilt.

Die Besteigung verblüffte die Bergsteigerszene wegen ihrer ungewöhnlichen Taktik. Bauer bewies, daß die bisherigen Materialschlachten am Berg mit ihrer aufwendigen Logistik und den riesigen Trägerkolonnen keineswegs der Weisheit letzter Schluß waren. Am Siniolchu begnügte er sich mit vier Hochträgern. Den eigentlichen Aufstieg führten nur die Bergsteiger durch, die deshalb keine Rücksicht auf Träger nehmen mußten und so rasch nach oben kamen, daß ein Biwak ausreichte. Die Expedition trat, was Mannschaftsgröße und »Alpenstil« anging, in die Fußstapfen von Smythes Besteigung des Kamet (7756 m) im Jahr 1931. Trotz des Erfolgs glaubte Bauer dennoch nicht ernsthaft daran, auf die gleiche Weise einen Achttausender erobern zu können.

Bevor Bauer nach dieser Generalprobe nach Europa zurückkehrte, traf er bereits Vorkehrungen für die große Expedition im nächsten Jahr, musterte Sherpas und legte bei Astor ein Lebensmittel- und Ausrüstungsdepot an. Wien, der designierte Expeditionsleiter und ehrenvollerweise Mitglied des Alpine Club, fuhr nach London und konferierte dort mit Ruttledge, Bruce und Mason. Schon in den Jahren zuvor hatte er wissenschaftlich über die meteorologischen Bedingungen am Nanga Parbat im Zusammenhang mit der 34er-Katastrophe gearbeitet. Beim Vergleich der Aufzeichnungen der britischen und russischen Wetterstationen vermutete er, daß für den Ausbruch des Orkans nicht allein der Monsun verantwortlich gewesen war. Erst 35 Jahre später war der Verdacht Gewißheit. Nicht der Monsun, sondern die in großen Höhen ablaufende planetarische Westwinddrift prägt das Wetter im Westhimalaja und macht es so unberechenbar. Eben deswegen mußten alle Versuche, »gute« und »schlechte« Monate am Nanga Parbat zu bestimmen, scheitern.

Es heißt, Bauers exponierte Stellung im NS-Staat sei der Grund gewesen, weshalb er nicht persönlich die Leitung der 37er-Expedition übernahm. Ein rein sportlich orientiertes Unternehmen hätte sonst womöglich zu sehr politische Züge getragen. Ob sich die englische Seite daran gestört hätte, ist jedoch fraglich. Bauer hatte allezeit gute Verbindungen zu AC und HC und war mit vielen Himalaja-Veteranen befreundet. Noch 1957 beabsichtigte der AC anläßlich seines hundertjährigen Gründungsjubiläums, ihn als Vertreter der deutschen Bergsteigerschaft zum Vizepräsidenten zu ernennen. Wegen Bauers politischer Vergangenheit nahm man schließlich aber doch davon Abstand.

Jedenfalls nahm Bauer direkten Einfluß auf die Zusammensetzung der Mannschaft, die er nach seinen Prinzipien aufstellte. Zu Wien, Göttner und Hepp stieß der Berliner Dr. Hans, genannt »Hadschi«, Hartmann, ein mit Wien eng befreundeter Mediziner. Er brachte seinen Assistenten Dr. Ulrich Luft mit. Wie diese beiden war auch Martin Pfeffer Mitglied des AAVM. Seine Berühmtheit resultierte nicht nur aus seinen Kletterfahrten, sondern auch daher, daß er den sterbenden Leo Maduschka in der Civetta-Wand in den Armen gehalten hatte. Pert Fankhauser aus Telfs in Tirol gehörte zum engeren Freundeskreis des AAVM. Von seiten der offiziellen politischen Stellen wurde großer Wert darauf gelegt, den großdeutschen Anspruch des Dritten Reiches durch Mitnahme von Österreichern auf deutsche Expeditionen zu unterstreichen. Peter Müllritter war als Fotograf schon 1934 dabeigewesen. Professor Carl Troll, der den wissenschaftlichen Part übernahm, war Wiens Mentor in Afrika. So waren alle Teilnehmer miteinander befreundet oder zumindest gut bekannt.

Wer nicht zu diesem Kreis gehörte, wurde abserviert. Das betraf nicht nur Aschenbrenner und Schneider, die »Deserteure« von 1934, sondern auch berühmte Kameraleute wie Hans Ertl, der mit Leni Riefenstahl die beiden offiziellen, vielfach ausgezeichneten Olympia-Filme gedreht hatte. Ertl übte öffentlich Kritik an der bisherigen Praxis der Expeditionen, dem Bergsteiger mit den größten Fotoambitionen eine Schmalfilmkamera in die Hand zu drücken und auf ein gutes Ergebnis zu hoffen. Statt der Amateure schlug er »expeditionstechnisch und filmisch geschulte Berufskameraleute« vor, also sich selbst, denn Ertl war Kameramann und Bergsteiger in einer Person. Mit Bauers Konkurrenten Dyhrenfurth war er 1934 im Karakorum gewesen und hatte den 7422 Meter hohen Sia Kangri erstbestiegen. Das Propagandaministerium wollte ihn am Nanga Parbat für einen repräsentativen deutschen Himalaja-Film dabeihaben und stellte nicht weniger als 250 000 Reichsmark zur Verfügung. Bauer und Wien jedoch, »untadelig und vornehm mit ihren maßgeschneiderten Anzügen und ihren feingeränderten Brillen« (Ertl), ließen ihn eiskalt abblitzen. Wien schrieb an den zuständigen Staatssekretär, daß seine Mannschaft bereits feststehe. Ertl sei gegenüber dieser »verschworenen Gemeinschaft« ein Außenseiter und zudem bekannt dafür, daß er sich schlecht unterordne. Voraussetzung für ein erfolgreiches Unternehmen seien jedoch Gefolgschaft und Disziplin. In einem Nachsatz hieß es, Ertl sei »kein Parteigenosse und im übrigen judenfreundlich eingestellt«.

Ertls Kritik, daß Bauer und der AAVM den Himalaja-Gedanken für sich gepachtet hätten und daß dadurch leistungsstarke Bergsteiger ausgeschlossen würden, verfing bei Bauer nicht. Was von einer Mannschaft aus »Rekordlern« zu erwarten war, hatte Merkl 1934 vorgeführt. Der publicitysüchtige Ertl war vielleicht ein passabler Kletterer, ein Bergsteiger in Bauers Sinne war er nicht. In den reinen Wein der 37er-Expedition ließ dieser sich kein Wasser schütten.

Hans Hartmann war der Gegentyp zu Ertl. 1929 hatte er sich zusammen mit Wien am Biancograt der Piz Bernina so schwere Erfrierungen zugezogen, daß ihm beide Vorder- und Mittelfuß-

Ein Teil der Mannschaft von 1937. V. l. n. r.: Hepp, Troll, Müllritter, Hartmann, Göttner, Luft.

knochen abgenommen werden mußten. Jeder andere hätte seine bergsteigerische Laufbahn damit für erledigt angesehen. Hartmann aber trainierte so lange, bis er Bauer zum Kangchendzönga begleiten konnte. Mit Wien hatte er dort die Spitzengruppe gebildet, dann fror er sich auf 7600 Metern erneut die Füße an oder was davon noch übrig war. Sie schwollen an, die Operationsnarben drohten zu platzen, die Schuhe paßten nicht mehr. »Und während ich schlaflos die Nacht im Schlafsack verbringe und sich mir ab und zu ein leiser Schmerzenslaut durch die zusammengebissenen Zähne stahl, zermarterte ich mein Gehirn mit trüben Gedanken. Würde ich überhaupt von hier herunterkommen? Würde ich, wenn ich noch einmal etwas von den Füßen hergeben müßte, es wagen, vor euch zu treten, Eltern?«, schrieb er 1931 in sein Tagebuch. 1932, wieder halbwegs gesund, machte er den Biancograt im Alleingang. Das war seine Revanche. Jetzt, im Jahr

1937, stellte sich für den Regierungsrat, den verheirateten Vater zweier Kinder, auf den eine glänzende wissenschaftliche Karriere in der Luftfahrtmedizin wartete, die Frage, »warum muß der nochmals gehen, wo er das letzte Mal gerade noch durchgekommen ist«. Hartmann hatte an der schon erwähnten Trauerfeier für die Toten vom Nanga Parbat teilgenommen. Das vom Reichssportführer vorgetragene Gedicht von Walter Flex – »Was Frost und Leid, mich brennt ein Eid« – hatte auf ihn so stark gewirkt, daß er glaubte, sich dem Ruf nicht entziehen zu dürfen. Er sah sich in der Nachfolge der für ihre Nationen gestorbenen »Helden« Scott und Wegener. »Und nun gehen wir wieder – und ich mit«, eröffnete er sein neues Tagebuch.

Die Verabschiedung der Expedition im Frühjahr 1937 unterstrich ihren offiziellen Charakter. Max Planck, der Präsident der Kaiser-Wilhelm-Gesellschaft, lud Wien zum Himalaja-Vortrag nach Berlin, wo es zudem einen Abschiedsempfang bei von Tschammer und Osten gab. Hermann Göring, Reichsminister für Luftfahrt und selbst Bergsteiger, spendete 7500 Reichsmark. »Mit den Heilrufen vieler Freunde« bestieg die Mannschaft am 10. April den Nachtzug von München nach Genua. Der übliche Anmarschweg von Srinagar über Tragbal- und Burzil-Paß und die Rakhiot-Brücke verlief schon deswegen problemlos, weil das Gepäck unter Bauers und Wiens straffer Regie nie mehr als 250 Traglasten ausmachte, was im Vergleich zu den 600 Trägern Merkls ein viel rascheres Vorgehen ermöglichte. Aus Darjeeling stießen zwölf ausgesuchte Sherpas zur Expedition, darunter Da Tondup, der mit Merkl auf dem Silbersattel gestanden hatte.

Schon am 25. Mai wird Lager II oberhalb des Rakhiot-Gletscherbruchs in 5350 Meter Höhe bezogen. Das Wetter ist typisch Himalaja. Unerträglich heiß, wenn die Sonne scheint, eisig und unfreundlich, wenn Regen oder Schnee fällt. Der Nanga Parbat gibt eine Kostprobe seiner Möglichkeiten. Am Ostgrat bricht eine riesige Lawine ab und rast auf das Lager zu. 500 Meter davor kommt sie zum Stehen, aber der Luftdruck »fegt wie eine Urgewalt Menschen, Zelte, Lasten zu Boden – der Anorak wird mir über den Kopf gerissen, für eine halbe Minute kann ich nicht mehr atmen, wie mit einer eisigen Faust bin ich zu Boden gepreßt« (Ulrich Luft). Das Wetter wird schlecht. Neuschnee zwingt die Bergsteiger, sich wieder ins Hauptlager zurückzuziehen. Am 6. Juni wird schließlich in einem zweiten Vorstoß Lager IV auf 6180 Meter unterhalb des Rakhiot-Peak bezogen.

Wiens Angriffsplan ist in seiner Klarheit und Entschiedenheit beeindruckend. Lager V (6700 m) soll von sechs Bergsteigern und acht Sherpas besetzt werden. In Lager VI oder VII sollen zwei Bergsteiger und vier Sherpas zur Sicherung zurückbleiben. Auf den Silbersattel würden dann nur noch acht Mann vorstoßen und Lager VIII für den Gipfelsturm so hoch wie möglich errichten. Von diesem letzten Lager gehen »die beiden besten ›Schnaufer‹ zum Gipfel, während die anderen den Rückzug decken«.

Der schöne Plan bleibt Makulatur, denn das Wetter will nicht besser werden. Es schneit ununterbrochen, dazu sinkt die Temperatur in der Nacht auf minus 23 Grad. Unter dem Lager bewegt sich der Gletscher. Der Neuschnee erhöht die Lawinengefahr. Wien verlegt das Lager fünfzig Meter weiter höher auf den Platz des alten Lagers IV von 1934. Am 12. Juni versucht man Lager V einzurichten, bleibt aber im Triebschnee stecken. Trotz des 30-Meter-Systems – der Vormann spurt diese Strecke und reiht sich dann am Schluß ein – kommt man nicht voran. Endlich, am 14. Juni, scheint die Sonne. Der englische Transportoffizier, Captain Smart, steigt mit vier kranken Balti-Trägern und einem Sherpa – es ist ausgerechnet Da Tondup, der vor Heiserkeit nicht mehr sprechen kann – ins Hauptlager ab. Damit befinden sich jetzt noch sieben Bergsteiger und neun Sherpas im Lager. Wien traut dem Wetter noch nicht, ordnet aber an, daß die Lasten für Lager V auf eine Gletscherterrasse in 6350 Meter Höhe getragen werden. Falls das Wetter hält, soll am nächsten Tag das Lager endgültig bezogen werden. Hartmann notiert in seinem Tagebuch: »Es ist wunderbar schön und ich steige heute so leicht und ohne schnaufen zu müssen. Den ganzen Tag steht mir heute ein feines Lächeln im Gesicht. Nun ja, zum Geburtstag vom Bubi ... [Hartmanns Sohn, Anm. d. Verf.].«

Am 18. Juni steigt Ulrich Luft mit fünf Trägern und Proviant zum Lager IV auf. Seit dem 15. Juni ist das Wetter strahlend schön geworden. Luft nimmt an, daß der Gipfelsturm seit drei Tagen im Gange ist. In Lager III läßt er seine Träger zurück, die über Kopfweh klagen, und geht alleine weiter. Er hat Post aus Deutschland dabei und will die Kameraden nicht warten lassen. Beim Aufstieg suchen seine Augen den Rakhiot-Peak ab, um die Mannschaft im Aufstieg zu entdecken, aber er sieht niemanden. Gegen Mittag erreicht er den Lagerplatz. Aber die flache Mulde ist leer. »Bedrückende Stille herrschte ringsum. Eine verwehte Spur zog wie ins Endlose gegen den Grat im Osten. Mit unerbittlicher Wucht und Klarheit drängte sich mir die Wahrheit ins Bewußtsein: Unmittelbar vor mir hatte eine Lawine von gewaltigen Ausmaßen eine Fläche von 400 Meter Länge und 150 Meter Breite mit gigantischen Eisblöcken überschüttet. Weit und breit keine Spur vom Lager. Tausende von Kubikmetern Eis waren darüber hingegangen.«

Die Nachricht traf am 20. Juni in München ein. Bauer wollte es nicht glauben. Die zweite Katastrophe am Nanga Parbat war noch schlimmer als die erste. Sieben Bergsteiger und neun Sherpas waren tot. Die »beste Mannschaft aller Zeiten« existierte nicht mehr. Bauer beschloß sofort eine Bergungsaktion. Mit englischen und holländischen Zivilflugzeugen gelangten Bechtold, Karl von Kraus und er in tagelangem Flug nach Karatschi. Von dort flog sie ein englisches Militärflugzeug nach Gilgit. Am 7. Juli trafen sie Luft, am 15. Juli begannen sie mit der Bergung. Wie zum Hohn war das Wetter bis auf einen einzigen Regentag ausgezeichnet. Die Sonne schien so intensiv, daß die Männer sogar unter ihren

Der Ort der Lawinenkatastrophe von 1937, rechts unten die Zelte von Lager IV, darüber der Rakhiot-Peak.

Tropenhelmen Kopfschmerzen bekamen. Mit Lawinensonden stellte man die Lage der Zelte fest. Pfeffer, dessen Uhr zwanzig Minuten nach Mitternacht stehengeblieben war, fand man als ersten, dann Hartmann, Fankhauser, Hepp und Wien. Alle hatten entspannte Gesichtszüge und zeigten keine Spur von Schrecken. Sie waren offenbar im Schlaf von den gewaltigen Schnee- und Eismassen überrascht worden. Über dem verschütteten Zelt von Müllritter und Göttner lag ein riesiger Eisblock, den die Bergungsmannschaft, die jetzt selbst am Ende ihrer Kräfte war, nicht mehr beseitigen konnte. Aus den eisigen Gräbern der anderen barg man deren Tagebücher, Briefe, Fotoapparate und persönliche Habseligkeiten.

Wie hatte das Unglück geschehen können? Es hatte sich ausgerechnet an jenem Tag ereignet, als alle Bergsteiger und Sherpas sich hier versammelten. Einen Tag später wäre entweder die

Mannschaft ins Lager V auf- oder aber zu Teilen ins Hauptlager abgestiegen. Zudem stand das Lager an einer Stelle, die 1932 und 1934 als besonders sicher galt, auf einer ebenen Fläche, 300 Meter von der Wand des Rakhiot-Peak entfernt. Es war damals ständig besetzt, aber niemals von einer Lawine bedroht gewesen.

Bauer rekonstruierte den tödlichen Ablauf. Ein ganzer Eisbalkon mußte in voller Breite abgebrochen sein. Die Tatsache, daß dies mitten in der Nacht geschah, ließ auf ein Erdbeben schließen. Die Eismassen fielen in die lockeren, wegen der großen Kälte pulvrigen Neuschneemengen, die eine ideale Gleitfläche abgaben. Auf dieser Unterlage raste die Lawine auf das Lager zu und konnte so den Sicherheitsabstand der ebenen Fläche überwinden. Das Lager selbst war zum Schutz gegen die beißende Kälte des Windes in einer Mulde angelegt und tief verschneit. Die Lawine schob deshalb die Zelte nicht vor sich her, sondern begrub sie unter sich. Ironischerweise blieb ausgerechnet die Stelle verschont, die Wien kurz zuvor als zu lawinengefährdet eingeschätzt hatte. Sein Versuch, dem Schicksal zu entgehen, hatte ihn mitten ins Verderben geführt.

Nur wenige kritische Stimmen wurden laut. Dyhrenfurth und Schneider fanden den Platz für einen so erfahrenen Himalaja-Mann wie Wien unverständlich fahrlässig gewählt. Aber beider Meinungen zählten aus bekannten Gründen nicht. Im Ausland folgte man der Auffassung Masons, der den gesamten Aufstieg über die Rakhiot-Flanke als tendenziell lawinengefährdet eingestuft hatte. Die »Sicherheit« der Lagerplätze war, wie sich gezeigt hatte, relativ.

Der AAVM würdigte seine verunglückten Mitglieder als die »hervorragendsten Vertreter eines kämpferischen Einsatzes eines soldatischen deutschen Bergsteigertums«. Die Sektion Bayerland wertete »den Sinn ihres Opfertodes als einen Heldengang treuer Pflichterfüllung auf vorgeschobenem Posten zur Ehre der deutschen Bergsteiger«. Der Reichssportführer warf die Propagandamaschine an und lud zur schon gewohnten »Feierstunde für die Toten des Nanga Parbat«. Sie fand am 7. November 1937 in München statt und wurde am 12. Dezember im Berliner Ufa-Palast wiederholt. Von Tschammer und Osten pries »die Sendboten des neuen Deutschland«, die für das große Ziel gefallen seien. »Im Ringen mit stärkeren Kräften sind sie nicht gewichen, sondern kämpfend untergegangen.« Erneut verlas er das Gedicht des Weltkriegsdichters Walter Flex. In der gerade erbauten Langemarck-Halle auf dem Berliner Reichssportfeld verherrlichten dessen Zeilen einen der sinnlosesten Angriffe der Flandernfront, bei dem Tausende von jungen Kriegsfreiwilligen im feindlichen Feuer zerfetzt worden waren. Das war fast auf den Tag genau 23 Jahre zuvor, am 10. November 1914, gewesen. Ganz im Sinne dieses »heldischen Opfergangs« erklärte jetzt der Reichssportführer die Katastrophen am Nanga Parbat zum Sieg: »Deutschland bleibt führend im opferreichen Kampf um die höchsten Gipfel der Erde.« Gegen drei Engländer – Mummery, Mallory und Irvine – stand jetzt eine Phalanx von zwölf toten deutschen Bergsteigern. Zum Beweis dafür, daß es die Engländer genauso sahen, druckten die deutschen Zeitungen einen Artikel des britisch-indischen *Statesman* ab: »Für das Deutsche Reich wird der Ruf des Nanga Parbat jetzt noch lauter vernehmbar sein, denn die deutschen Bergsteiger haben auf ihn einen Anspruch, den alle mit Anteilnahme anerkennen. Weitere sieben Deutsche liegen dort oben in Eis und Schnee und machen diese Schlußfolgerung noch stärker. Ist dies ein Wegwerfen von wertvollen Menschenleben? Wenn Männer nicht mehr ihr Leben wagen beim Versuch, Dinge zu tun, die noch nie getan worden sind, so ist die Menschheit im Abstieg begriffen.« Die markigen Worte, allerdings ganz ohne nationalistischen Unterton, konnten nicht verdecken, wie froh die Engländer waren, die Deutschen an »ihrem Schicksalsberg« so gut beschäftigt zu wissen.

Bauer nahm die Herausforderung ohne Zögern an. Die Toten

des Nanga Parbat deutete er als Humus der Geschichte: »Hunderttausende der Edelsten aus unserem Volk sind seit den Tagen der Völkerwanderung gefallen. Ist es deswegen weniger reich? Ist nicht vielmehr der unerhörte Reichtum unseres deutschen Volkes an Kraft und Leben aus dem Tod dieser Männer erwachsen?« Bauers Kampf »für Deutschland« hatte ihn vom Soldaten des Weltkriegs zum Bergsteigen geführt, er hatte es militarisiert und den »deutschen Schicksalsberg« in ein zweites Verdun verwandelt. Auf die Zahl der Toten kam es nicht an, denn aus ihrem Opfer gewann das deutsche Volk die Stärke für die Zukunft. »Sie starben, damit Deutschland lebe.« Der Moloch streckte seine Pranken aus. Bald würden nicht nur Bergsteiger in seinem glühenden Schlund verbrennen.

Am 12. März 1938 marschierten deutsche Truppen in Österreich ein. Sie stießen auf keinerlei Widerstand, sondern auf eine jubelnde Bevölkerung, die glücklich war, endlich »heim ins Reich« geholt zu werden. Gegenüber dem Ausland konnte sich Hitler auf ein »Hilfeersuchen« des österreichischen Bundeskanzlers Arthur Seyß-Inquart berufen, das die Gefahr eines Bürgerkriegs beschwor. Weder gab es einen Bürgerkrieg, noch war Seyß-Inquart als Bundeskanzler legitimiert. Am 11. März hatte der Nationalsozialist durch einen kalten Putsch die Macht an sich gerissen, zwei Tage später verabschiedete sein Kabinett das Gesetz über die »Wiedervereinigung Österreichs mit dem Deutschen Reich«, und wiederum zwei Tage später, am 15. März, begrüßte er Hitler vor 250 000 begeisterten Anhängern auf dem Wiener Heldenplatz: »Mein Führer, als oberstes Organ des Bundesstaates Österreich melde ich dem Führer und Reichskanzler: Österreich ist ein Land des Deutschen Reiches. (Applaus) Wonach Jahrhunderte deutscher Geschichte gerungen haben, wofür ungezählte Millionen der besten Deutschen geblutet haben und gestorben sind, ist heute vollendet: Die Ostmark ist heimgekehrt. (Applaus. Masse: Wir danken unserem Führer.) Das Reich ist wiedererstanden. Das volksdeutsche Reich ist geschaffen. Heute grüßen alle Deutschen aus der Ewigkeit den Führer als den Vollendenden. Heute grüßt der Führer das neue ewige Deutschland. Mein Führer, wir kennen nur eines: Wir danken dem Führer, wir sagen Dank, wir sagen Dank, wir sagen Dank, den Dank, der restlose Liebe und bedingungslose Treue ist. Mein Führer, wie immer der Weg führt, wir folgen nach. Heil mein Führer!«

Es folgten 70 000 Festnahmen von Regimegegnern und Ausschreitungen gegen die Juden, dann, am 10. April, eine Volksabstimmung, deren Ergebnis mit 99,73 Prozent Ja-Stimmen den »Anschluß« vor der Welt sanktionierte. Am 12. April veranstalteten die Wiener Sektionen des DÖAV einen »Weiheabend« unter dem Motto »Daheim im Reich«, an dem der zum »Reichsstatthalter« ernannte Seyß-Inquart und die gesamte Führung des DÖAV teilnahmen. Hofrat Pichl, der unermüdliche Kämpfer für einen »judenfreien« Alpenverein, hielt die Festrede und schloß mit den Worten: »Wir deutschen Bergsteiger glauben an Adolf Hitlers lichte Heldengestalt, sein Wille wird immer unser Wille sein.« Bereits vorher hatten Bergsteiger aus Tirol und Österreich auf dem jetzt höchsten Berg »Großdeutschlands«, dem Großglockner, die Hakenkreuzfahne gehißt.

Am gleichen Tag betrat die nächste Nanga-Parbat-Mannschaft in Antwerpen den deutschen Dampfer »Reichenfels«, der sie nach Bombay bringen sollte. Ihr Anführer war Paul Bauer. Nach all den gescheiterten Versuchen kam nur noch er selbst in seiner Eigenschaft als erfahrener Expeditionsleiter, »Kantsch-Held« und Verfechter des Himalaja-Gedankens in Frage. Er fühlte sich schlecht. Bei der Bergungsaktion im Jahr zuvor hatte er an Malariaanfällen gelitten. Seit dem Herbst 1937 laborierte er an einem Zwölffingerdarmgeschwür. Der Arzt hatte ihm die Teilnahme an der Expedition verboten, doch Bauer wußte, daß er sie durchführen mußte, und packte für jeden Tag der Reise eine Ration Knäckebrot und konzentrierte Hühnerbrühe ein.

Durch die vorangegangenen Katastrophen waren die Reihen stark gelichtet. Die neue Mannschaft besaß nicht die Geschlossenheit der alten, aber von den zehn Bergsteigern waren immerhin noch fünf, einschließlich Bauer, aus dem AAVM. In Bechtold, der nun zum vierten Mal zum Nanga Parbat aufbrach, unterstützte ihn ein bewährter Funktionär und Veteran. Luft, der einzige überlebende Bergsteiger von 1937, war ebenfalls wieder dabei.

Geld war genug vorhanden, dazu noch ein Flugzeug, das Ernst Udet, Oberst der Luftwaffe, erfolgreichster überlebender Flieger des Ersten Weltkrieges und Träger des Ordens Pour le mérite, zur Verfügung stellte. Es handelte sich um eine Ju 52 neuester Bauart, jenes dreimotorige Transportflugzeug, dessen Robustheit und Einsatzfähigkeit im Zweiten Weltkrieg legendär werden sollten. Geflogen wurde es von Alexander, genannt Lex, Thoenes, einem Teilnehmer der ersten Kangchendzönga-Expedition von 1929. Bauer wollte die Maschine zur Versorgung der Hochlager aus der Luft einsetzen.

Die Engländer behandelten die Expedition so zuvorkommend und rücksichtsvoll, als gelte es, trauernden Hinterbliebenen neuen Lebensmut einzuflößen. Bauer wurde vom Vizekönig in Delhi zu einem ausführlichen Gespräch empfangen. Er gab ihnen die kürzeste Route durch das Kagantal frei, bei der nur ein Paß von 4200 Metern Höhe überschritten werden mußte. 200 Arbeiter besserten vor der Ankunft der Deutschen die Straße aus und räumten den Schnee. Da der Weg knapp an der Grenze zum ewig unruhigen Chilas-Gebiet entlangführte, erhielten die Bergsteiger sogar militärischen Begleitschutz. Die Engländer halfen auch bei der Anwerbung von Sherpas. Angesichts der hohen Todesrate bei den deutschen Expeditionen war die Bereitschaft unter den Sherpas, sich anheuern zu lassen, äußerst gedämpft. Nur wenige erinnerten sich daran, daß unter der Regie von »Bauer-Sahib« weniger gestorben wurde. Verbreiteter war der Glaube, die Götter des Nanga Parbat mochten die Deutschen einfach nicht, und

Lastentransport per Flugzeug. Eine Ju 52 wirft Versorgungsgüter der 38er-Expedition über dem Hauptlager ab.

diese täten besser daran, sich einen anderen Berg auszusuchen. Am Ende bekam Bauer seine Sherpas, aber es waren durchweg junge, unerfahrene Burschen.

Wie nicht anders zu erwarten, ging der Anmarsch mit der Präzision eines Uhrwerks vonstatten. Bauer erreichte wie geplant am 1. Juni das alte Hauptlager, so spät im Jahr, daß der Schnee bereits geschmolzen und keine anstrengenden Räumarbeiten nötig waren. Am 10. Juni flog Thoenes zum ersten Mal durch Böen und tiefhängende Wolken von Srinagar zum Nanga Parbat und probte den ersten Abwurf von Benzin, Lebensmitteln und Ausrüstung. Es klappte besser als erwartet. Zu Bruch ging ausgerechnet Bauers Knäckebrot, da sich der Fallschirm nicht öffnete.

Von Anfang an litt die Expedition unter schlechtem Wetter. Der Rakhiot-Gletscher war zerrissener und spaltendurchsetzter als in den Jahren zuvor. Große Mengen von Neuschnee unterbrachen immer wieder die Verbindungen zwischen den Lagern. 1937 hatte Wien Lager IV bereits am 6. Juni einrichten können, nun aber stieß man erst am 24. Juni zum Lager III vor. Oberhalb dieses Lagers ließ sich der Berg etwas Neues einfallen. Eine dreißig Meter hohe Eismauer sperrte auf einer Breite von 1500 Metern den Gletscher ab. Aus Srinagar kamen beunruhigende Nachrichten. Früher als im vergangenen Jahr setzte der Monsun ein. Mittags zerflossen die gebahnten Wege zwischen den Lagern im Schneebrei. Nachts sank die Temperatur unter minus 20 Grad. Die Sicht blieb dauerhaft schlecht. Genervt stapften die Bergsteiger durch die graue Suppe des stetig rieselnden Schnees.

Beim Vorstoß gegen den Rakhiot-Peak verhinderte nur ein gnädiger Zufall die ersten Toten. Die von zwei Trägern begleiteten Himalaja-Neulinge Hans-Herbert Ruths und Ludwig Schmaderer wurden von einer riesigen Lawine überrascht. Sie überlebten nur, weil sie zufällig unterhalb eines kleinen Eissporns standen, der die Eis- und Schneemassen genau über ihnen teilte. Der Luftdruck preßte sie zu Boden und füllte ihre Ohren, Augen und Nasen mit Schneestaub, so daß sie fast erstickten. Endlich war am 24. Juni Lager IV auf 6200 Meter Höhe eingerichtet. Doch es ging nicht weiter. Immer neue Schneemengen verhinderten den weiteren Aufstieg. Am 2. Juli kehrten alle Bergsteiger ins Hauptlager zurück. Es blieb nichts anderes übrig, als auf besseres Wetter zu hoffen.

Während Bauer am Nanga Parbat gegen das schlechte Wetter ankämpfte, wurden zu Hause die politischen Karten neu gemischt. Parallel zur »Wiedervereinigung« Österreichs und Deutschlands mutierte der Deutsche und Österreichische Alpenverein (DÖAV) zum Deutschen Alpenverein (DAV), der größten Bergsteigervereinigung der Welt. Auf der 64. ordentlichen Hauptversammlung vom 15. bis 17. Juli in Friedrichshafen trat die bisherige Führung des DÖAV geschlossen zurück und stellte ihre Ämter dem Reichssportführer zur Verfügung. Ebenso handelte in Abwesenheit Bauers dessen Stellvertreter Lutz Pistor für den Deutschen Bergsteigerverband, der seine Aufgabe für erledigt erklärte. Von Tschammer und Osten dankte allen Funktionären für die geleistete Arbeit, wobei die Anwesenden lebhaft bis stürmisch applaudierten. Als er seinen »treuen Gefolgsmann und Freund Paul Bauer« erwähnte, rührte sich keine Hand, denn Bauer, der ewige Konkurrent des DÖAV, hatte in diesem Kreis keine Lobby. Zum neuen Vorsitzenden des Verbandes bestellte der Reichssportführer Seyß-Inquart, »der sich in großer geschichtlicher Stunde als politischer Führer von Format erwiesen hat«. Seyß-Inquart war leidenschaftlicher Bergsteiger, langjähriges Mitglied im ÖAK und konnte auf einen veritablen Bergunfall aus dem Jahr 1928 verweisen. Wie der vier Jahre jüngere Bauer war er als Freiwilliger in den Krieg gezogen und verwundet worden. Er hatte in der Hochgebirgs-Kompanie des 3. Tiroler Kaiserregiments an der Dolomitenfront gedient. Die Funktion als Reichsstatthalter in Wien füllte den promovierten Juristen nicht aus. Es war mehr oder weniger eine Sinekure, denn die eigentlichen Geschäfte führte der von Hitler als Reichskommissar und Gauleiter von Wien eingesetzte Josef Bürckel. In Würdigung seiner Verdienste wurde Bauer zusammen mit dem Stuttgarter Dr. Friedrich Weiß vom RSF zum Stellvertreter Seyß-Inquarts ernannt. Ein Telegramm des neuen Alpenvereinsführers ging an die »kämpfenden Kameraden am Nanga Parbat« und beglückwünschte Bauer zum neuen Amt.

Von seinem Bruder über die Hintergründe informiert, machte sich Bauer über seine neue Position keine Illusionen. Von Tschammer und Osten bedurfte seiner Dienste nicht mehr. Bauers Deutscher Bergsteigerverband war überflüssig. Ein Brief an den Reichssportführer, den er noch aus Lahore absandte und in dem er argumentierte, daß es doch gerade der DÖAV gewesen sei, der mit seiner »unpolitischen« Haltung Bauers Arbeit für eine nationalsozialistische Organisation der Bergsteiger sabotiert habe, blieb wirkungslos. Die Politisierung des Bergsteigens führten jetzt andere fort. Seyß-Inquart verordnete dem DAV eine Einheitssatzung, in der die Berge und das Bergsteigen nur noch Mittel zum eigentlichen Zweck waren. Paragraph zwei lautete: »Zweck des Vereins ist die leibliche und seelische Erziehung der Mitglieder durch planvoll betriebene Leibesübungen und Pflege des Volksbewußtseins im Geiste des nationalsozialistischen Staates.«

Am 24. August erklärte der international angesehene Bergsteiger und Geologieprofessor Dyhrenfurth, seit 34 Jahren Mitglied des DÖAV, seinen Austritt. »Im DAV ist die weltanschauliche Bindung so stark geworden, daß man nach meiner Überzeugung dem DAV nur angehören sollte, wenn man Deutscher und Nationalsozialist ist. Als Schweizer und Demokrat stehe ich dem Deutschen Nationalsozialismus fern.« Dyhrenfurth schickte sein Schreiben an den Vorsitzenden der Sektion Schwaben, Hermann Cuhorst. Der sandte es an den Verwaltungsausschuß mit dem Kommentar: »Herr Professor Dyhrenfurth scheint sich dem internationalen Judentum verschrieben zu haben.« Handschriftlich fügte er hinzu: »So weit kann ein Deutscher mit einer Jüdin kommen.«

Am 12. Juli wurde das Wetter endlich besser, und am 14. Juli um 4.30 Uhr brachen die Bergsteiger in die Hochlager auf. Lager IV wurde bereits am 15. erreicht, am 17. richtete Bauer mit zwei Kameraden Lager V (6700 m) unterhalb des Rakhiot-Peak ein. Beim Aufstieg zum Grat entdeckten sie die zwei toten Sherpas von 1934, die noch immer in den alten Seilen hingen. Um die Träger nicht in Panik zu versetzen, beerdigten sie beide in aller Stille in einer Gletscherspalte.

Endlich, am 22. Juli, ersteigen Bauer, Bechtold, Luft und vier Träger den Grat. Sie sind 7000 Meter hoch, und zum ersten Mal sieht Bauer den Gipfelaufbau offen vor sich liegen. Seit 1934 ist niemand mehr hier heraufgekommen. Bauer, an der Spitze gehend, marschiert zügig zum Mohrenkopf. Bechtold fällt auf, daß er ungewöhnlich lange dort stehenbleibt. Als Bechtold mit Luft nachkommt, sieht er zwei Leichen im Eis. Sie haben Merkl und seinen Orderly Gay-Lay gefunden.

Gay-Lay liegt schützend über Merkl. Sein Gesicht und seine Hände sind mumifiziert. Merkl ist völlig vom Eis eingeschlossen. Vorsichtig befreien ihn die drei aus der Umklammerung. Sein Gesicht ist fast unverändert konserviert. In seinen Taschen findet sich Welzenbachs Brief und ein kleiner Wecker, der noch funktionstüchtig ist. Bechtold beschreibt den Moment des Wiedersehens mit seinem alten Freund: »Treuer Freund meiner Kindheit, meiner Jugend – ich durfte nicht hoffen, dich noch einmal wiederzusehen! Wie ich mich über das in vielen Jahren liebgewordene Gesicht beuge und über die schwarzgefrorenen Hände, krampft sich meine Brust wieder zusammen im alten Schmerz, im Gedenken an die furchtbaren Tage vor vier Jahren. Und Tränen pressen sich in meine Augen und tropfen nieder auf den Toten, ob ich nun will oder nicht. Und ich weiß, daß die beiden neben mir gleich denken und fühlen, der Uli [Luft, Anm. d. Verf.], der letzte einer unverzagten Schar, die ihr Leben an das Vermächtnis meines Freundes gaben, und der Bäuerle [Bauer, Anm. d. Verf.], der für die Toten des Nanga Parbat seinen Lebenstraum, den Kangchendzönga, aufgegeben hat.« Merkl und Gay-Lay werden auf einer Schneekanzel mit Gipfelblick bestattet. Herrligkoffer unterstellte später Bauer und Bechtold, sie hätten die beiden Leichen über die Südwestwand 3000 Meter tief »entsorgt«. Könnte Bauers Wut auf Merkl und Welzenbach und deren falsche Idee eines »leichten« Achttausenders wirklich so groß gewesen sein? 1975 fanden Hirten unterhalb des Mohrenkopfes auf dem Bazhin-Gletscher Merkls rechten Schuh.

Bauer hatte kein Glück. Die Expedition stieß bis knapp unterhalb des Silbersattels auf 7300 Meter vor, dann setzte schlechtes Wetter ein. Am 30. Juli unternahm man einen letzten Versuch, kam aber wieder nicht gegen die Neuschneemassen an. Am 6. August blies Bauer endgültig zum Rückzug. Daß es diesmal keine Opfer zu beklagen gab, erklärte er als den eigentlichen Erfolg der Expedition: »Der Bann des Berges ist gebrochen.« Das heldengierige, opferwillige offizielle Deutschland war dennoch enttäuscht. Der persönliche Referent und »Chefideologe« des neuen Alpenvereinsführers, Meinhard Sild, schrieb in einem programmatischen Aufsatz zum Thema »Bergsteigen als Rüstung«: »Opfer müssen fallen; ihre Zahl ist bedeutungslos. Opfer sind notwendig; diese Einsicht entspringt der Härte der kriegerischen Haltung und verleiht jene Überlegenheit, auf die es ankommt.«

1929 und 1931 waren Bauers »Kantsch-Bücher«, 1934 die Bücher Bechtolds und Merkls, 1937 die Tagebücher der Wien-Expedition große Publikumserfolge. Jetzt dauerte es fünf Jahre, bis die Deutsche Himalaja-Stiftung als Herausgeber einen schmalbrüstigen Bericht mit Tagebuchauszügen der Teilnehmer der 38er-Expedition zusammenstellte. Statt des Reichssportführers schrieb Bauer ein lustloses, mit Versatzstücken von 1937 angereichertes Vorwort. Angesichts der permanenten Fehlschläge war die deutsche Öffentlichkeit genauso Himalaja-müde wie die englische, die zunehmend gelangweilt das regelmäßige Scheitern der Expeditionen am Everest kaum mehr zur Kenntnis nahm. Der nach Deutschland zurückgekehrte Bauer fühlte sich ausmanövriert und unverstanden. Seyß-Inquart bot er den Rücktritt von allen seinen Ämtern an. Das hätte keinen guten Eindruck gemacht, weshalb der Alpenvereinsführer Bauer zu einer Beurlaubung überredete. Es blieb ihm zwar die Himalaja-Stiftung, doch auch dort konnte er nicht mehr schalten und walten, wie er wollte. Der »Kantsch-Held« war in die Jahre gekommen. Seine »verschworenen Gemeinschaften« und »verlorenen Haufen« hatten die in sie gesetzten Erwartungen nicht erfüllt. Just an dem Tag, als er Merkl ins eisige Antlitz blickte, bekam die NS-Propaganda endlich ihre »titanischen Übermenschen am Berg«, den Beweis für die Überlegenheit der deutschen Herrenrasse: die Vierer-Seilschaft Heckmair, Vörg, Kasparek und Harrer durchkletterte erstmals die gefährlichste Wand der Alpen, die Nordwand – »Mordwand« – des Eiger.

EXKURS DREI: EIGER ODER TOD

Im Berner Oberland, hart über dem Örtchen Grindelwald, erhebt sich der Eiger, ein knapper Viertausender (3974 m), dessen Erstbesteigung 1858 durch den Engländer Charles Barrington lediglich eine Tagestour bei schönem Wetter erforderte. Barrington stieg von Westen her auf, denn die Nordwand, schrieb ein Alpinschriftsteller sechs Jahre später, »stürzt so jäh in die Tiefe, als ob hier der ganze Berg abgeschnitten wäre. Glatt und absolut unersteigbar.«

Die 1800 Meter hohe Wand aus brüchigem schwarzem Kalkstein, in die nie ein direkter Lichtstrahl fällt, wirkt auf jeden Betrachter furchterregend. Ihre Form ist die eines nach innen gebogenen Schildes, dessen Ränder im Osten und Westen die ohnehin im Sonnenschatten liegende Wand noch zusätzlich abschirmen. Die Eigernordwand ist selbst noch im heißesten Sommer eisig. Fällt kein Schnee, triefen die Felsen im unteren Drittel vor kalter Nässe. Kaskaden von Wasserfällen schießen zu Tal und reißen alles mit sich, was keinen festen Stand hat. Nachts und an Schlechtwettertagen überziehen sie den Fels mit einem tückischen gläsernen Eispanzer. Gefürchtet sind die Lawinen. Stein-, Schnee-, Eis- und Hagellawinen durchrasen mit stupender Regelmäßigkeit die Rinnen, und ihr Verlauf und ihre Stärke sind kaum berechenbar. Drei Eisfelder durchziehen in extremer Steilheit die Wand. Sie sind nicht zu umgehen und nach oben hin immer gefährlicher zu passieren, wie überhaupt die gesamte Wand von unten nach oben an Schwierigkeit zunimmt. Sichere Biwakplätze sind rar, zumal an einem Berg, der für sein schlechtes Wetter berüchtigt ist. Scheint anderswo die Sonne, können im Halbrund der Eiger-Wand die wildesten Stürme toben, während die Temperatur bis auf minus 40 Grad fallen kann. Der bedrohlichste Abschnitt ist das oberste und steilste Eisfeld, »Spinne« genannt, dessen weiße Arme in ungefähr 3500 Meter Höhe krakenartig das letzte Wanddrittel durchziehen. Aber nicht nur deshalb trägt dieser Ort seinen Namen. Die Seilschaften sind Fliegen in dieser Wand, die sie mit einem tödlichen Netz aus Schnee und Eis zu fangen sucht. Seine dichtesten Maschen hat es in der »Spinne«. Denn hier sammeln sich alle Lawinen, hier ist das Risiko am größten, ein Opfer des Berges zu werden. Nach Meinung der Schweizer Bergführer hatte daher jeder Versuch, die Wand zu durchsteigen, mehr mit Selbstmord als mit Alpinismus zu tun.

Bei ihrer Jagd auf die undurchstiegenen Nordwände waren die deutschen Bergsteiger der »Münchner Schule« natürlich auch auf den Eiger verfallen. Er gehörte zu den »letzten Problemen« der Alpen, nachdem die Nordwände des Matterhorns (1931) und die der Grandes Jorasses (1935) durchstiegen waren. Welzenbach hatte ihn auf seine Liste gesetzt, war aber durch seinen Tod am Nanga Parbat aus dem Rennen ausgeschieden. Ein weiterer Aspirant, Toni Schmid, der für die Matterhorn-Nordwand die Goldmedaille für Alpinismus bei der Olympiade 1932 in Los Angeles bekommen hatte, stürzte noch im gleichen Jahr tödlich ab. Im Jahr 1935 stand wieder eine Olympiade vor der Tür, und Max Sedlmayr und Karl Mehringer aus München waren finster entschlossen, sich ebenfalls eine Medaille zu verdienen.

Der Eiger ist wie kein anderer Alpenberg eine Arena der Aufmerksamkeit. Von der Kleinen Scheidegg aus kann man jeden Meter der Wand bequem vom Lehnstuhl aus einsehen. Das dort gelegene Hotel wird in den dreißiger Jahren zum bevorzugten Aufenthaltsort von Journalisten aus aller Welt, die für ihre Leser »live« vom Geschehen am Berg berichten. Als die beiden Münchner am Mittwoch, dem 21. August, in die Wand steigen, sind die auf der Terrasse aufgestellten Fernrohre ausgebucht.

Sedlmayr und Mehringer haben den Eiger wochenlang beobachtet. Trotzdem wissen sie nicht wirklich, was auf sie zukommen wird. Sie sind erfahrene Bergsteiger und nehmen sich Proviant für sechs Tage mit. Am ersten Tag schaffen sie 800 Höhenmeter und biwakieren auf 2900 Meter. Alle Beobachter rechnen mit einem Erfolg. Doch dann wird ihr Aufstieg langsamer und langsamer. Am Freitag haben sie sich erst bis zum Zweiten Eisfeld vorgekämpft, ziehen immer wieder ihre Rucksäcke über den Kopf, offenbar um sich vor Steinschlag zu schützen, und stoßen in den Felsbändern auf erhebliche klettertechnische Schwierigkeiten. In der Nacht schlägt das Wetter um. Am Samstag und Sonntag brüllt der Sturm in der Wand. Auf der Scheidegg mißt man minus 8 Grad. Oben in der Wand wird es zwanzig Grad kälter sein. Das Geräusch der Lawinen dringt selbst durch Nebel und Wolken. Die Bergführer schreiben die beiden ab. Am Sonntagmittag leben sie unglaublicherweise noch immer. Sie steigen jetzt gegen das Dritte Eisfeld auf. Sie können nicht anders, denn die Verhältnisse

Die Eigernordwand mit der Route der Erstbegeher.

unter ihnen, ein grauenerregendes Chaos aus überfrorenen Platten und tiefverschneiten Felsen, über die in stündlichem Abstand die Lawinen donnern, versperren ihnen den Rückzug. Am Montag sind die beiden verschwunden. Schweizer Militärflieger suchen die Wand ab – nichts. Am 19. September – endlich ist das Wetter besser geworden – fliegt Oberst Ernst Udet, der sich in den zwanziger Jahren mit Kunstfliegen durchgebracht hat, im Abstand von zwanzig Meter an der Wand entlang und entdeckt einen der beiden, aufrecht stehend und festgefroren. Die Stelle heißt seitdem »Todesbiwak«.

Das Unglück wirkte keineswegs abschreckend, sondern machte erst recht auf die letzte Herausforderung der Alpen aufmerksam. Der Eiger blieb in Bergsteigerkreisen beständiger Gesprächsstoff. Die Presse nahm Witterung auf. Warnende Stimmen verhallten ungehört. Es war nur eine Frage der Zeit, bis jemand den nächsten Versuch wagen würde. Es waren Österreicher und Deutsche. Im Gegensatz zu den Engländern akzeptierten sie den Tod in den Bergen. Er war bedauerlich, aber nicht immer zu vermeiden. Er fand nicht nur am Nanga Parbat statt, sondern überall, wo im Zweifelsfall Mut höher zählte als betuliche Vorsicht. Dementsprechend fiel die Todesbilanz aus. Toni Schmid, Leo Maduschka, Gustav Kröner, Walter Stösser, Hans Brehm, Leo Rittler, Ludwig Hall, Rudolf Haringer, Walter Raechl und Hans Teufel sind nur die bekanntesten Beispiele von in den Alpen abgestürzten deutschen Bergsteigern in der ersten Hälfte der dreißiger Jahre. Der idealtypische zugespitzte Ablauf einer zünftigen Bergwoche – sonntags klettern, Sonntagabend Nachricht vom Absturz eines Kameraden, montags Bergung der Leiche, mittwochs Beerdigung –, wie ihn Andreas Heckmair schmunzelnd zum besten gibt, hatte durchaus einen realen Kern.

Im Sommer 1936, im Jahr der Berliner Olympiade, ging es in Grindelwald wieder hoch her. Seilschaften trafen ein, die verkündeten, sie wollten die Wand machen, und sich statt dessen von den Journalisten zum Essen einladen ließen. Bald aber war klar, daß es vier ernsthafte Anwärter gab. Die Österreicher Edi Rainer und Willi Angerer sowie die Bayern Andreas Hinterstoisser und Toni Kurz. Letztere dienten in einem Gebirgsjägerregiment und hatten sich für die Besteigung Urlaub genommen. Als ihr Kommandeur von dem Plan erfuhr, erteilte er ihnen den dienstlichen Befehl zur Rückkehr. Aber da waren die beiden schon in der Wand. Am liebsten hätte es die Presse gesehen, wenn sich die beiden Seilschaften ein hartes Rennen geliefert hätten. Doch die vier waren vernünftig genug, sich zusammenzuschließen. Angerer war mit 27 Jahren der Älteste, Kurz und Hinterstoisser waren erst 23 Jahre alt. Vor dem Einstieg in die Wand sparten sie nicht mit starken Sprüchen, die alsbald als Überschriften in den Zeitungen prangten. »Entweder packen wir die Wand oder sie packt uns«, tönten die Österreicher. Kurz, der eine Kamera mitnahm, wies mit großer Geste auf ihre Rucksäcke: »Falls wir sterben, findet ihr dort die Fotos.« Am Samstag, dem 18. Juli, stiegen sie auf. Hunderte von Schaulustigen drängten sich an den Fernrohren.

Statt wie ihre Vorgänger in der Wandmitte gehen die vier weiter rechts. Das Gelände ist zuerst besser kletterbar. Weiter oben, in der Höhe des Ersten Eisfeldes, sind sie jedoch zu einem komplizierten Manöver, einem Quergang von vierzig Metern, gezwungen. Hinterstoisser, der beste Felskletterer der Seilschaft, meistert die Schwierigkeit mit Bravour und lotst alle hinüber. Dann entfernt er das Seil, was sich als tödlicher Fehler erweisen wird. Bald darauf wird Angerer von einem Stein getroffen. Den Verletzten auf ein rettendes Felsband zu ziehen, dauert so lange, daß man biwakieren muß. Am Sonntag stoßen die beiden Seilschaften bis zum »Bügeleisen« vor, einer Felskanzel über dem Zweiten Eisfeld. Die Zuschauer bemerken, daß die Österreicher kaum in der Lage sind, den schnelleren Deutschen zu folgen. Am Montag erreichen Kurz und Hinterstoisser das »Todesbiwak« ihrer Vorgänger, aber die Österreicher kommen nicht nach. Angerer ist offenbar zu schwer verletzt. Nach einer längeren Diskussion steigen alle ab und suchen sich einen Biwakplatz am Ersten Eisfeld. Der Berichterstatter der *Neuen Zürcher Zeitung (NZZ)* erspäht sie am nächsten Morgen gegen elf Uhr durch den Nebel: »Zu ihrer Rechten und Linken brausten Sturzbäche, rutschte der Schnee. Unter ihnen lauerte das letzte schreckhafte Hindernis, eine 200 Meter hohe Fluh [Felswand, Anm. d. Verf.], mit dem 40 Meter langen Quergang, den sie beim Aufstieg in zwei Stunden bewältigt hatten. Da waren aber die Leute noch frisch und stark genug, die Wandstelle zu überwinden. Jetzt aber hatte sich die Lage geändert. Sie haben bereits drei Biwaks überdauert, sind bis auf die Knochen naß, das Seilzeug ist gefroren, der Proviant verzehrt und der Abstieg durch die Steilwand durch Wasser und Neuschnee gefährdet.« Es kommt zur Katastrophe. Am Quergang bleiben sie stecken. Er ist abwärts nur mit einem Fixseil kletterbar, eben das aber hat Hinterstoisser im Vertrauen auf ihren Erfolg entfernt. Das Wetter schlägt um, und wieder erweist sich der Berg als tödliche Falle. Lawine auf Lawine rast zu Tal. In seiner Verzweiflung wagt Hinterstoisser das Äußerste und versucht sich direkt durch die Lawinenbahn abzuseilen. Er stürzt und reißt den sichernden Rainer mit aus der Wand. Angerer wird durch das Seil erdrosselt. Der überlebende Kurz hängt in einer Seilschlinge und kann weder vor noch zurück. Aus dem Stollenloch der Jungfraubahn, die hier direkt durch den Eiger geht, eilen Schweizer Bergführer zu Hilfe, obwohl sie dazu nicht verpflichtet sind. Von unten kommen sie jedoch nicht an den Verunglückten heran. Von oben ist es wegen der vereisten Felsen unmöglich. Außerdem klettern die Bergführer nicht gut genug. Die Nacht bricht an. Kurz durchsteht sie wie durch ein Wunder allein und im tobenden Sturm. Er erfriert sich »nur« die Finger, die Hand und den ganzen rechten Arm. Am nächsten Morgen kommen die Retter wieder. Kurz hängt hundert Meter über dem Hilfstrupp, hat aber kein Seil. Was nun folgt, sind fünf quälende Stunden, in denen

»Ich schaffe es nicht!« Toni Kurz hängt tot in der Eigerwand – nur fünf Meter über der Rettungsmannschaft.

Kurz den toten Angerer abschneidet, ein Seil zusammenspleißt, Mauerhaken, Karabiner, einen Hammer und zwei Seile zu sich hinaufzieht, um am Ende an einem Knoten zu scheitern, der sich nicht durch den Karabiner ziehen läßt. Fast in Griffweite der Retter arbeitet er sich hinunter. Es reicht immer noch nicht. Die Schweizer schwingen Kurz hin und her, berühren sogar einmal die Spitzen seiner Bergstiefel. Sein Gesicht ist rot angelaufen, starr pendelt der erfrorene Arm. »Ich kann nicht mehr« sind seine letzten Worte. Dann hängt ein Toter im Seil.

Das Foto ging um die Welt. Die Dramatik dieses Endes machte den Eiger auf einen Schlag berühmt-berüchtigt. »Mordwand« und »Menschenfresser« titelte die Boulevardpresse. Die Schweizer Zeitungen machten Front gegen das deutsche Bergsteigen. »Die Wanderkletterung fällt nicht mehr ins Gebiet der Bergsteigerei. Sie ist vielmehr eine degenerierte Form der mittelalterlichen Kreuzzüge«, schrieb die *NZZ.* Der Schweizer Alpenclub wertete die Katastrophe als »Krankheit des Rekordalpinismus«. Die Berner Regierung verbot polizeilich jede weitere Durchsteigung der Wand. Aus London donnerte der Präsident des Alpine Club, Colonel Strutt: »Die Eigerwand bleibt eine Besessenheit für Geistesgestörte. Wer als erster erfolgreich ist, kann sicher sein, die dümmste Variante seit Beginn des Alpinismus vollbracht zu haben.«

Die Kritik an den toten Bergsteigern hatte auch einen politischen Unterton. In Deutschland wurden die vier als Helden gefeiert, die »fürs Vaterland gefallen« waren. Rainer und Angerer waren Mitglieder der SA, ersterer diente in der »Österreichischen Legion«, einer Truppe, die sich aus verfolgten österreichischen Nationalsozialisten rekrutierte. Wenn es nur noch um Ruhm und Ehre, Leistung und Rekorde ging, wo blieben dann die eigentlichen Werte des Bergsteigens, das innere Erleben, die Schönheit, die Lebensfreude und die als positiv verstandene und empfundene Flucht aus den Niederungen des Alltags? Entsprach die Todesverachtung der Deutschen nicht der Verachtung des Lebens, die der faschistischen Falange des spanischen »Caudillo« Franco das Motto lieferte: »Viva la muerte! – Es lebe der Tod!«? Stellten nicht die Deutschen aus der gleichen Gesinnung militärische Verbände auf, die als Abzeichen den Totenkopf auf ihren Uniformen trugen, und lobten sie nicht die am Berg »gefallenen« Bergsteiger als Vorkämpfer einer neuen Zeit, die dem einzelnen »das letzte Opfer« für die gemeinsame Sache abverlangte? Im faschistischen Italien hielt man es genauso. Roberto Cassin, der italienische Spitzenkletterer, hatte mit seinen todesmutigen Erstbegehungen »die vom Gelände gezogenen Grenzen des Möglichen überschritten und die Schranken der Natur durchbrochen«. Das war dem Duce drei Goldmedaillen wert gewesen.

1937, im Jahr der zweiten Nanga-Parbat-Katastrophe, gab es nur einen Toten am Eiger. Aber Bertl Gollackners Erschöpfungstod zählte eigentlich nicht, denn er fiel nicht der Nord-, sondern der Nordostwand zum Opfer. Statt dessen demonstrierte eine deutsche Seilschaft, daß man selbst bei Sturm lebend aus der »Mordwand« herauskam, solange man überlegt und vorsichtig zu Werke ging. Ludwig Vörg, ein Biwakspezialist, der am Uschba im Kaukasus seine überragenden Durchhaltefähigkeiten unter Beweis gestellt hatte, und Matthias Rebitsch ließen sich von der Presse nicht aus der Ruhe bringen. In fast schon langweiliger Gründlichkeit legten sie ein Depot im ersten Wanddrittel, unterhalb der Felsabbrüche der »Roten Fluh«, an. Danach überspannten sie den Hinterstoisser-Quergang mit einem Seil, um sich den Rückzug offenzuhalten, und bargen nebenbei die zerschmetterte Leiche des Namensgebers. Schließlich stiegen sie auf, aber nur, um sich in der Höhe des Ersten Eisfelds einen halbwegs sicheren und bequemen Biwakplatz zu suchen. Sie nannten ihn »Schwalbennest« und versorgten ihn mit Ausrüstung. Dann warteten sie auf schönes Wetter. Am 11. August war es soweit und die Terrasse des Hotels überfüllt. Ruhig und stetig arbeiteten sich Rebitsch und Vörg nach oben. Nachmittags um fünf Uhr waren sie am

»Schwalbennest«. Am nächsten Tag kletterten sie über das »Todesbiwak« bis zum Dritten Eisfeld. Noch am Abend erwischte sie ein Hagelsturm. Das Biwak war ungemütlich, die Wetteraussichten waren nicht besser. Am nächsten Morgen stiegen die beiden ab, biwakierten erneut in ihrem luftigen Zufluchtsort und kamen am 14. August wieder wohlbehalten ins Hotel. Die Traverse, die Hinterstoisser zum Verhängnis geworden war, bereitete mit dem eingehängten Fixseil keine Probleme.

Schon im nächsten Jahr lieferte der Eiger wieder die bekannten Schlagzeilen. Zwei Italiener, Bartolo Sandri und Mario Menti, wollten der Konkurrenz durch einen möglichst frühen Start zuvorkommen und stiegen bereits im Juni in die Wand. Sie stürzten im unteren Wanddrittel tödlich ab. Aber es mangelte nicht an Nachahmern.

Verglichen mit den Bergsteigern des gehobenen Bürgertums, den Mitgliedern der Akademischen Sektionen des Alpenvereins, des ÖAK oder des AAVM, war Andreas »Anderl« Heckmair eine gescheiterte Existenz. Am 12. Oktober 1906 in München geboren, hatte er als Halbwaise vier Jahre im Waisenhaus verbracht, eine Lehre als Gärtner absolviert und später die höhere Gartenbauschule in Weihenstephan besucht. Anfangs arbeitete er in der Münchner Stadtgärtnerei, geriet aber wegen seiner Bergleidenschaft, für die er sich kräftemäßig »schonen« mußte, mit seinem Arbeitgeber über Kreuz und war Ende der zwanziger Jahre arbeitslos. Fortan ging er klettern oder skifahren und schlug sich mit Gelegenheitsjobs durch. Zeitweilig lebte er in einer Skihütte am Spitzingsee von Lebensmittelspenden seiner Freunde. Dann zog er quer durch die Alpen, verdingte sich auf Alpenvereinshütten und ernährte sich in Obdachlosenasylen von Brotsuppe. Dazwischen stieg er auf alle Berge, in deren Nähe er kam. Heckmairs Lebensstil war in der Weltwirtschaftskrise, die längst auch Deutschland erfaßt hatte, nicht allzu ungewöhnlich. Es gab viele junge Bergsteiger, die keine Arbeit fanden. Die kärgliche »Stütze«, die Perspektivlosigkeit in den Städten trieb sie ihren geliebten Bergen zu, wo man im Zelt oder auf der Alm komfortabler und jedenfalls spannender »überleben« konnte als in einem stickigen Zimmer zur Untermiete. Heckmair war einer dieser »Bergvagabunden« und entwickelte beeindruckende Fähigkeiten in der Kunst, ohne Geld dorthin zu kommen, wohin er wollte. Anfang der dreißiger Jahre fuhr er mit dem Fahrrad bis nach Marrakesch – für die Strecke München–Barcelona brauchte er bloß acht Tage –, fand aber den Hohen Atlas wenig lohnend. Immerhin entdeckte er eine neue Geldquelle. Er hielt Vorträge über seine Reisen und kam mit seiner unverstellten, naiven Art und seinem breiten Bayrisch gerade in Großstädten sehr gut an. Als Bergsteiger hatte er sich mit spektakulären Touren profiliert. Ein paar Tage nach Welzenbach durchkletterte er die Nordwand der Grands Charmoz, und eben Welzenbach war es, der ihm im Juni 1933 zu einer Ausbildung als Bergführer verhalf. Heckmair bestand die Prüfung mit der Note eins. Viel warf der neue Beruf nicht ab. Eher unlustig führte er Touristen einzeln und in Gruppen durch die Berge und unternahm nebenher Touren, die seinen Ruf als Waghals festigten. In Flanellhose und Halbschuhen – »Das heißt Gott versuchen«, rief ihm ein Schweizer Bergführer nach, den er überholte – stieg er aufs Matterhorn.

Der Eiger reizte ihn. 1937 beobachtete er wochenlang die Wand und kam zu dem Schluß, daß sich der Juli als beste Besteigungszeit anbot. Freunde vermittelten ihn als Bergführer an Leni Riefenstahl, und mit ihr kletterte er in den Dolomiten. Obwohl sie empört war, daß er keinen ihrer berühmten Filme kannte, lud sie ihn zum Reichsparteitag der NSDAP im September 1937 nach Nürnberg ein. Dort stellte sie ihn Hitler vor, der sich mit ihm übers Bergsteigen unterhielt. Unversehens geriet er an Hitlers Seite auf den Balkon, von dem aus der »Führer« den Vorbeimarsch der jubelnden Parteigenossen abnahm. Den nächsten Tag verbrachte Heckmair mit Leni Riefenstahl auf der Ehrentribüne.

Für 1938 plante Heckmair den Eiger. Matthias Rebitsch, den er als Seilpartner vorgesehen hatte, ging mit Bauer zum Nanga Parbat. Statt seiner empfahl Rebitsch den fünf Jahre jüngeren Vörg, seinen Begleiter am Eiger im Jahr zuvor. In ihren Fähigkeiten ergänzten sich die beiden geradezu ideal. Heckmair war ein Dynamiker, Vörg die Ruhe selbst. Nur in einem Punkt glichen sie einander: Beide waren vollständig pleite.

An jedem anderen Berg der Alpen hätte Heckmair damit leben können. Am Eiger nicht. Seine wochenlange Beobachtung überzeugte ihn, die Nordwand als reine Eiswand aufzufassen. Die gesamte Ausrüstung mußte darauf abgestellt werden – und das war teuer. Man benötigte Eishaken, erstklassige Pickel, eine eistaugliche Biwakausrüstung, die besten Seile und Karabiner, die winddichtesten Jacken und Hosen, vor allem aber die neueste Erfindung: zwölfzackige Steigeisen aus bestem Stahl. Ihre Frontalzacken, die noch in den steilsten Wänden ein sicheres Hinaufklettern ermöglichten, machten das kräftezehrende Stufenschlagen ein für allemal überflüssig. Die dadurch gewonnene Schnelligkeit konnte in der Wand des Eiger das Überleben bedeuten.

Heckmair und Vörg bewarben sich als Sportführer an der Ordensburg Sonthofen. Dabei vergaßen sie nicht, ihre Eiger-Pläne zu erwähnen. Die Antwort kam postwendend: »Bewerbung angenommen, viel Glück zu Eurer Sache! Wenn etwas an der Ausrüstung fehlt, ergänzen auf Rechnung der Ordensburg!« Heckmair und Vörg hatten ihren Sponsor gefunden.

Die drei Ordensburgen der NSDAP, Vogelsang in der Eifel, Crössinsee in Pommern und Sonthofen im Allgäu, wurden im April 1936 wenige Tage nach Hitlers Geburtstag eingeweiht. Sie unterstanden dem Reichsorganisationsleiter Robert Ley und dienten der Schulung des politischen Führernachwuchses. Von burgartiger, festungsähnlicher Architektur, in der bereits die Idee des Nationalsozialismus zum Ausdruck kommen sollte, bot jede von ihnen 1000 Schülern und 500 Mann Stammpersonal Raum. Hitler sah in den Ordensburgen die Keimzelle einer neuen, zum Herrschen berufenen Elite: »In meinen Ordensburgen wird eine Jugend heranwachsen, vor der sich die Welt erschrecken wird. Eine gewalttätige, herrische, unerschrockene, grausame Jugend will ich. Schmerzen muß sie ertragen. Es darf nichts Schwaches und Zärtliches an ihr sein. Das freie herrliche Raubtier muß aus ihren Augen blitzen. Sie sollen mir in den schwierigsten Proben die Todesfurcht besiegen lernen. Das ist die Stufe der heroischen Jugend.« In der Praxis wurde ein militärisch-sportliches Trainingsprogramm absolviert, in dem Disziplin und Gehorsam an erster Stelle standen. Mutproben, nächtliche Gewaltmärsche, Absprünge mit dem Fallschirm und andere »soldatische Übungen« brachten die Schüler bis an den Rand ihrer körperlichen und nervlichen Kräfte. Die theoretische Ausbildung in den »Schulen der Weltanschauung« (Ley) umfaßte in der Hauptsache Geschichte, Rassenkunde, Wehrwissenschaft und Geopolitik. Kameradschafts- und Sportführer verantworteten die geistige und körperliche Erziehung. Wenn Heckmair und Vörg den Eiger schafften, würden sie es als Mitglieder der Stamm-Mannschaft der Ordensburg tun.

Am 10. Juli brachen Heckmair und Vörg zum Eiger auf. Um nicht gleich als Bergsteiger erkannt zu werden, reisten sie mit vier zentnerschweren Koffern, in denen sie ihre Ausrüstung verstauten. Während sie auf gutes Wetter warteten, veranstalteten sie ein Probepacken für den Ernstfall: »20 Eishaken, 30 Mauerhaken, 15 Karabiner, 2 Eispickel, 1 Eisbeil, 1 Kletterhammer, Steigeisen, zwei 30-Meter-Seile, zwei 30-Meter-Reepschnüre, Benzinkocher, 1 Liter Benzin, 1 Paket Meta zum Anheizen, Verbandszeug, Kletterschuhe, je 2 Paar Strümpfe, doppelte Unterwäsche, 2 Pullover, 1 Reservehemd, 2 Anoraks, Überzughose, Sturmhauben, Sturmbänder, Gesichtsmaske, 2 Paar Fäustlinge.« An Proviant kamen hinzu: »Schokolade, Ovomaltine, Tee, Kaffee, Kondensmilch, 3 Kilo Würfelzucker, Traubenzucker, Keks, Brot, Speck, Ölsardinen und eine Schweinshaxe.« Nachdem alles verstaut war, warf sie das Gewicht ihrer Rucksäcke fast um: Sie wogen zwanzig Kilo.

Heinrich Harrer und Fritz Kasparek, Österreicher aus Kärnten und Wien, mußten mit weniger auskommen. Harrer hatte gerade sein Lehramtsstudium in den Fächern Geographie und Sport beendet, Kasparek war arbeitslos. Während Harrer früh die Zeichen der Zeit erkannte, im Oktober 1933 in die SA, im April 1938 in die SS und im Mai desselben Jahres in die NSDAP eintrat, war der ehemalige Sozialdemokrat Kasparek auf die Verliererseite geraten. Politisch gab jedenfalls Harrer den Ton an, was durch einen lustig flatternden Hakenkreuzwimpel an ihrem Zelt augenscheinlich wurde. Kasparek verfügte immerhin über ein paar alte zehnzackige Steigeisen, Harrer hatte bloß Nagelschuhe, dafür aber einen unbändigen Ehrgeiz. Er wollte, daß man auf ihn aufmerksam würde. Und er ahnte: »Wenn wir das schaffen, dann können die für die Nanga-Parbat-Expedition nicht an mir vorbei.«

Am 21. Juli, als das Wetter endlich einigermaßen aufklarte, trafen diese beiden Seilschaften – dazu noch eine weitere österreichische – am Wandeinstieg zusammen. Heckmair hielt einen Aufstieg zu sechst für ein zu großes Risiko, außerdem gefielen ihm einige dunkle Wolken nicht. Er stieg mit dem nörgelnden Vörg wieder ab, der keine Lust hatte aufzugeben. Im Verlauf des Vormittags wurde das Wetter immer besser, Vörg immer mürrischer und nervöser. Da kehrten zwei Bergsteiger plötzlich um. Der Weg war wieder frei. Anstatt nachzusteigen, ging der gewitzte Heckmair mit Vörg Mittagessen. Seelenruhig trank er eine Maß Bier und beobachtete den einsamen Kampf der übriggebliebenen Seilschaft Harrer/Kasparek. Stufe für Stufe schlugen sie in die Eisfelder der Wand – eine bequeme und zeitsparende Aufstiegshilfe für die Nachkommenden. Heckmair kalkulierte richtig, daß es völlig reichen würde, nachts um halb drei aufzubrechen. Gegen Mittag des nächsten Tages, nach einem Frühstück mit Kakao und sechs rohen Eiern, hatten sie die beiden Österreicher eingeholt.

Bei schlechtem Wetter wird die Eigerwand zum eisigen Wasserfall.

Heckmair will gleich vorbei und gibt den beiden den Rat, abzusteigen. Mit ihrem langsamen Tempo würden sie die Wand doch nicht schaffen. Kasparek bleibt stur. Der gutmütige Vörg schlägt vor, sich zu einer Viererseilschaft zusammenzutun. Heckmair stimmt widerwillig zu. Im offiziellen Eiger-Buch, das im Eher-Verlag, dem Zentralverlag der NSDAP, herauskam, gestaltete Heckmair die Szene staatstragender: »Wir drückten uns herzlich die Hände, und von diesem Moment waren wir nur noch eine Seilschaft. ›Wir werden jetzt zusammen gehen und passieren darf nichts!‹ Ist es nicht wie eine Fügung? Zwei Münchener gingen einst mit zwei Österreichern in den Tod. Zwei Österreicher gehen jetzt mit zwei Münchenern in den Sieg.«

Gegen 19 Uhr sind sie schon oberhalb des Dritten Eisfeldes und arbeiten sich eine »Rampe« genannte Schlucht empor. Sie sind auf 3385 Meter Höhe und biwakieren auf winzigem Stand auf einer vereisten Felsplatte. Heckmair hat die Führung übernommen. Harrer macht den Schlußmann. Längst sind sie in unbekanntes Gelände vorgestoßen. So hoch ist noch keiner gekommen. Die neuen Steigeisen sind eine »Attraktion«. »So hatte von uns noch keiner geklettert«, begeistert sich Heckmair. Stündlich jagen die Journalisten auf der Kleinen Scheidegg Berichte in ihre Redaktionen. Mit einem extra gecharterten Flugzeug fliegen sie an der Wand entlang und drücken auf die Auslöser ihrer Kameras. Hitler läßt sich laufend über die Besteigung unterrichten. Ganz Europa nimmt Anteil, fiebert dem Erfolg oder einer Tragödie entgegen. Am frühen Nachmittag des 23. Juli stoßen Heckmair und Vörg in den gefährlichsten Abschnitt vor, in die »Spinne«. Der Eiger holt zum Gegenschlag aus: Das Wetter wird schlecht.

Durch die »Spinne« rast die erste Lawine auf die deutsche Seilschaft zu. Ein Strom von Hagelkörnern schiebt sich zwischen ihre Körper und die Wand und drückt sie um ein Haar in die Leere des Abgrunds. Die Österreicher weiter unten sind der vollen Kraft der eisigen Masse ausgesetzt. Sie können es nicht überlebt haben, müssen zerschmettert am Wandfuß liegen. Doch unbegreiflicherweise ist bloß Kasparek an der Hand verletzt. Die Hagelkörner haben ihm die Haut abgerissen. Es blutet fürchterlich, aber Heckmair drückt sie kräftig, um zu sehen, ob nichts gebrochen ist. Dann verbindet er ihn. Es ist sechs Uhr abends. Seit elf Stunden sind die vier im Aufstieg. Doch jetzt zu biwakieren wäre tödlich. Erst jenseits der »Spinne« gibt es Sicherheit und zwei Biwakplätze, so winzig, daß sie nicht einmal zusammensitzen können. Gott sei Dank hat der Sturm nachgelassen. Dafür schneit es jetzt beständig. Immer wenn die Schneeauflage zu schwer wird, ergießt sich ein Lawinenstrom über das Eisfeld, das jetzt hinter ihnen liegt. Sie sind 3750 Meter hoch, 200 fehlen noch zum Gipfel. Aus Gewichtsgründen opfert Heckmair seine Schweinshaxe. Vörg versorgt alle akrobatisch mit heißem Kaffee und sorgt dafür, daß Heckmair einige Stunden schläft. Er, der mit traumwandlerischer Sicherheit den Weg findet, ist jetzt ihr wichtigster Mann, ihr Garant fürs Überleben.

Am nächsten Morgen wird der Sturm stärker. Aussitzen oder trotzdem weitergehen? Heckmair will nicht warten. Die Temperatur sinkt immer tiefer, die Felsen überfrieren mit glasigem Wassereis. Sogar noch in dieser angespannten Situation fotografiert Vörg unverdrossen. Später wird man ihm seine Bilder aus den Händen reißen. Unten im Tal befürchtet man das Schlimmste. Kein lebendes Wesen könne sich bei diesem Wetter in der Wand halten, meinen die Bergführer. Heckmair aber kämpft sich bereits durch die Eisrinnen der Ausstiegsrisse. An einem Überhang ist das Eis so hart, daß Eishaken und Pickel nicht genügend eindringen. Heckmair stürzt und bohrt seine Steigeisen im Fallen durch Vörgs Handballen. Der hält ihn trotzdem, aber das Blut spritzt nach allen Seiten. Eine gute Seele hat ihnen für die höchste Not spezielle Herztropfen aufgedrängt. Jetzt ist es soweit. Sie leeren die Flasche zur Hälfte. Zehn Tropfen hätten genügt, aber zum Abzählen ist keine Zeit.

Der Rest ist Glück und Können. Lawinen treffen sie nur fast. Der Sturm ist schlimm, doch gerade erträglich. Beinahe wären sie noch am Gipfel abgestürzt, dem sie gegen halb vier am Nachmittag des 24. Juli entgegentaumeln. Dann folgen ein stolpernder Abstieg, ein begeisterter Empfang, ein Blitzlichtgewitter und die Bitte eines amerikanischen Journalisten, doch noch einmal für die Kamera ein Biwak zu simulieren. Ein heißes Bad möbelt die Erschöpften wieder auf. Nur ihre angefrorenen Füße müssen sie außerhalb der Wanne lassen. Kognak fließt in Strömen, Schnitzel auf Schnitzel wird vertilgt. Der deutsche Botschafter in der Schweiz hält in Uniform eine von nationalistischen Phrasen nur so strotzende Rede. In Harrers Rucksack steckt der unbenutzte Hakenkreuzwimpel. Am Gipfel hatte es zu sehr gestürmt.

Das nationalsozialistische Deutschland tobte vor Begeisterung. Telegramme aus der Reichskanzlei, vom Reichssportführer von Tschammer und Osten, von Ley und Seyß-Inquart beglückwünschten die vier Bergsteiger. Nach dem Debakel im Himalaja war »die Eroberung des letzten und größten Bollwerks der Alpen« das langerwartete Erfolgserlebnis, der Beweis der Überlegenheit der arischen Rasse. »Ein Volk, das solche Söhne hat, kann nicht untergehen!« jubelte die *Österreichische Alpenzeitung*, und der ÖAK forderte angesichts dieser Leistung, das deutsche Volk möge ein Volk von Bergsteigern werden. Der neue Alpenvereinsführer sah in dem Bergsieg »der beiden deutschen Seilschaften aus der Ostmark [nationalsozialistische Bezeichnung für Österreich, Anm. d. Verf.] und dem Altreich das Symbol« für den »Anschluß«. Gerechtfertigt waren die Toten, denn »die Geschichte unseres Volkes hat gezeigt, daß Opfer immer gebracht werden müssen, bevor der Erfolg erreicht wird«. Außerdem wurden die Bergsteiger umgehend vereinnahmt: »Wir wissen, sie kämpften nicht nur für persönlichen Ruhm, sondern auch für Ruhm und Geltung ihrer deutschen Heimat.« Die *Münchner Neuesten Nachrichten* brachten es auf den Punkt: »Großdeutschland hat den Eiger bezwungen.«

Im Triumphzug holten Wagen der NS-Ordensburg ihre »Helden« nach Sonthofen. Heckmair und Vörg hatten nun eine feste Anstellung als »Gemeinschaftsführer«, genossen freie Kost und Logis und bekamen 300 Reichsmark monatlich. Harrer war von der Anlage überwältigt: »Zum erstenmal sehen wir ein Bauwerk, das für uns ein Ausdruck des neuen Deutschland ist. Zum erstenmal haben wir den Schaffenswillen verspürt, wie er sich in neuer, unvergleichlich schöner Form, in der klaren Gliederung der Architektur, in der strengen Ordnung der Verwaltung, der Organisation ausspricht. Zum erstenmal treten wir armen, ausgezehrten Ostmärker in ein gepflegtes, geschmücktes, neuerbautes Haus.«

Der Reichssportführer lädt sie zum Deutschen Turn- und Sportfest Ende Juli nach Breslau ein. Vor 30 000 enthusiastischen Zuschauern defilieren die Bergsteiger durchs Stadion. Hitler empfängt sie anschließend im Hotel »Metropol«. In Filzpantoffeln – ihre erfrorenen Zehen passen nicht in normale Schuhe – treten sie dem »Führer« gegenüber. Beim Empfang gibt er jedem die Hand und hört sich den Bericht der Besteigung an. »Wir haben den Eindruck, daß der Führer uns kennt und alles von uns weiß. Schließlich schüttelt der Führer den Kopf und sagt: ›Kinder, Kinder, was habt ihr geleistet!‹ Das vergesse ich nicht, wir alle nicht«, rekapituliert Harrer die historische Stunde. Als Erinnerung erhält jeder Hitlers Bild mit Unterschrift im silbernen Rahmen. Heinrich Himmler, der Reichsführer-SS, verspricht Harrer die Teilnahme an der nächsten Nanga-Parbat-Expedition. Kasparek bietet er ehrenvollerweise den Eintritt in die SS an.

Dermaßen geehrt fügten sich die vier Nordwand-Bezwinger nahtlos in die NS-Propagandamaschinerie ein. »In dieser Wand ging es um viel Höheres als um die Befriedigung persönlichen Ehrgeizes«, resümierte Heckmair mit Blick auf das symbolhafte Zusammengehen der Seilschaften in seinen Tourberichten im *Bergsteiger* und im *Völkischen Beobachter*. Und seinen Artikel im offiziellen Eiger-Buch schloß er mit dem Satz: »Der Führer hat

»Kinder, was habt ihr geleistet!« Die Eiger-Bezwinger beim »Führer«. V. l. n. r.: Heckmair, Harrer, Hitler, Kasparek, Vörg, Reichssportführer von Tschammer und Osten, Reichsinnenminister Frick.

recht, wenn er sagt, das Wort ›unmöglich‹ gilt nur für Feiglinge.« Sechzig Jahre später darüber befragt, teilte er mit, die betreffenden Kommentare nicht selbst verfaßt zu haben. Sie seien von den verantwortlichen Redakteuren und Herausgebern hinzugefügt worden. Harrer schrieb 1958 sein eigenes Eiger-Buch: *Die Weiße Spinne*. 2001 brachte er es in einer überarbeiteten und ergänzten Ausgabe noch einmal heraus. In einem neu eingefügten Abschnitt namens »Nachgedanken« erinnerte er sich »klar und durch keine schönfärbende Brille getrübt« an die Durchsteigung der Nordwand: »Wir haben die Eigerwand durchstiegen, weil wir bei ihrem Anblick die unwiderstehliche Herausforderung unseres Könnens und unserer Abenteuerlust verspürten.« Damit benennt er die Hauptmotivation jedes Bergsteigens. Im Eiger-Buch von 1938 nannte Harrer einen anderen Grund: »Wir haben die Eiger-Nordwand durchklettert über den Gipfel hinaus bis zu unserem Führer!«

Kasparek veröffentlichte 1939 seine Bergsteiger-Memoiren. In ihnen sang er nicht nur das hohe Lied der Bergkameradschaft, sondern er ließ auch wissen, wem die Seilschaft den Sieg über den Eiger verdankte: »Mußte nicht vor unseren Augen immer wieder der Führer erstehen? Und sein übermenschlicher Kampf mit den Schwierigkeiten des dornenvollen Weges zum Gipfelpunkt seines Volkes? Wir hätten uns keinen besseren Lehrmeister wünschen können.« Immerhin war der praktische Österreicher der einzige, der dem »Titanenkampf am Eiger«, dem »Sieg der deutschen Willenskraft« (Seyß-Inquart), eine menschliche Komponente abgewann. In Anzeigen in Schweizer Zeitungen machte er für das Kraftgetränk Ovomaltine Reklame, »ohne das alpinistische Hochleistungen kaum durchführbar wären«.

ABGESTÜRZT

Bauer, Ende August 1938 aus Indien zurückgekehrt, geriet unter schweren Rechtfertigungsdruck. Trotz Luftunterstützung und einem immensen Kostenaufwand war seine Expedition zum Nanga Parbat wie alle vorhergehenden gescheitert. Daß ihm und Heckmair in einer Feierstunde Ehrenbriefe der Stadt München überreicht wurden, die ihre Leistungen im Himalaja und am Eiger lobend anerkannten, bewies nur, wie sich die Gewichte des Ansehens verschoben hatten. Der »Vater des Himalaja-Gedankens« und der »Bergvagabund« begegneten sich von gleich zu gleich. Am Eiger hatte eine zufällig entstandene, rein auf die Leistung bezogene Seilschaft gesiegt. Waren Bauers Prinzipien überholt, wie kritische Stimmen aus Bergsteigerkreisen zunehmend meinten? Mußten nicht aus den Besten aller Bergsteiger, ob sie sich nun kannten oder nicht, die Kandidaten für die nächste Himalaja-Mannschaft ausgewählt werden?

Robert Ley, motiviert durch den Erfolg »seiner« Bergsteiger, versuchte über Bauers Kopf hinweg eine eigene Himalaja-Expedition mit Heckmair als Führer zu organisieren. Harrer hatte die Zusage Himmlers. Bauer konnte das eine verhindern, das andere nicht. Überhaupt waren ihm schwere Zweifel gekommen. Hatte Mummery doch recht? Waren nicht die vierzehn Kilometer vom Hauptlager auf den Gipfel des Nanga Parbat über lawinengefährdete Gletscher, schwierige Gegenaufstiege und tückische Grate einfach zu lang? Bewies nicht der Eiger den immensen Fortschritt der Klettertechnik? Bevor sich die nächste größere Expedition auf den Weg machte, bot sich eine Erkundung der bislang vernachlässigten Diamir-Seite an. Beim Abmarsch 1938 hatte Bauer bereits Ulrich Luft und Stefan Zuck ins Diamir-Tal geschickt. Jetzt stellte er eine kleine Gruppe von vier Bergsteigern zusammen. Sie stand unter der Führung seines Vertrauten Peter Aufschnaiter, Bauers Begleiter am Kangchendzönga 1929 und 1931 und seit langen Jahren Sekretär der DHS.

Die kleine Gruppe brach am 6. April 1939 auf. Sie bestand aus Lutz Chicken als Expeditionsarzt, Hans Lobenhoffer und Harrer, der im Dezember zuvor noch schnell und mit der Erlaubnis des Reichsführers-SS die Tochter des Grönlandforschers Alfred Wegener geheiratet hatte. Die kleine Expedition kam mit vierzig Trägern und drei Sherpas aus Darjeeling aus. Zunächst erkundete man einen Weg durch die ungangbare Diamir-Schlucht, dann legte man Anfang Juni auf der Nordseite des Diamir-Gletschers auf 4000 Meter Höhe das Hauptlager an. Ein Aufstieg zum Ganalo-Kamm erlaubte einen Blick auf den zerrissenen Diama-Gletscher, in dem seinerzeit Mummery verschwunden war. Den hinteren Teil unterhalb der Diama-Scharten hielt Aufschnaiter für nicht machbar. Es blieben ein Aufstieg unterhalb des Nordgipfels, die heutige Normalroute, und der über die Mummery-Rippen übrig.

Man bildete zwei Seilschaften und erkundete den Weg. Lobenhoffer und Chicken kletterten die Mummery-Rippen hinauf und fanden sogar noch ein Stück Holz, eindeutig ein Überbleibsel des ersten Versuchs von 1895. Die Rippen waren aber keinesfalls lawinensicher und schieden damit als Weg zum Gipfel aus. Erfolgversprechender schien der Weg Richtung Nordgipfel. Aufschnaiter und Harrer kamen bis 5900 Meter, später im Juli sogar bis 6100 Meter. Ihre Ergebnisse erschienen allerdings erst 1947 im *Himalayan Journal* und wurden wenig beachtet. Am 25. August waren die Männer wieder in Karatschi, aber das von ihnen gebuchte Schiff lief den Hafen gar nicht mehr an. Da auch das letzte deutsche Flugzeug mit Maschinenschaden liegenblieb, landete die Mannschaft bei Ausbruch des Zweiten Weltkrieges am 1. September im englischen Internierungslager Dehra Dun. Aufschnaiter und Harrer gelang im April 1944 die Flucht nach Tibet. Im Januar 1946 erreichten sie Lhasa und traten in die Dienste des Dalai-Lama. Im November 1950 flohen sie mit ihm vor den Chinesen nach Indien. Zurückgekehrt nach Europa, schrieb Harrer sein Buch *Sieben Jahre in Tibet*, das in 48 Sprachen übersetzt wurde und ihn weltberühmt machte.

Auf der zweiten ordentlichen Hauptversammlung des DAV am 29./30. Juli 1939 schwor Seyß-Inquart die deutschen Bergsteiger auf den Krieg ein. Früher sei das Bergsteigen Protest gegen die bürgerliche Lebensform gewesen oder romantische Flucht vor dem Alltag. Jetzt begrüßte Seyß-Inquart als Gast und Bergkameraden den General der Gebirgsjäger Eduard Dietl und sicherte ihm zu: »Der Alpenverein betrachtet es als eine seiner überragendsten Zielsetzungen, den Gebirgstruppen des Heeres einen körperlich geeigneten und bergsteigerisch vorgebildeten Nachwuchs zuzuführen.« Ganz besonders bedankte sich Seyß-Inquart bei seinem Stellvertreter Paul Bauer, dessen Deutscher Bergsteigerverband »damals schon die politischen Grundsätze klar herausstellte, nach denen wir heute handeln«.

So wurde das bergsteigerische Credo des grollenden, beurlaubten Bauer, der dieser Hauptversammlung ostentativ fernblieb, dennoch erfüllt. Sein Bedürfnis, das Bergsteigen geistig auf-

Alpenvereinsführer Arthur Seyß-Inquart eröffnet in SS-Uniform – er hatte den Rang eines Obergruppenführers – die Hauptversammlung des DAV am 29. Juli 1939 in Graz

zuwerten, indem er ihm einen politischen Auftrag »für Deutschland« unterlegte, hatte es geradewegs in den nationalsozialistischen Staat geführt. Gern ließ sich das Bergsteigen vom NS-Staat für dessen eigene Zwecke instrumentalisieren und wurde zum Wehrsport, der seinen Sinn aus der militärischen Zurichtung der Volksgenossen im Gebirge ableitete. Je enger es sich mit dem Nationalsozialismus verband, desto mehr mußte es der Untergang des Naziregimes beschädigen. Bauer war der Totengräber all jener Werte, die er bewahren wollte. Nach dem Zusammenbruch wurde der DAV als nationalsozialistische Organisation verboten, Alpenvereinsführer Seyß-Inquart als Hauptkriegsverbrecher in Nürnberg hingerichtet. Die Unfähigkeit gerade der akademischen Elitebergsteiger, zwischen Deutschland und dem NS-Staat zu unterscheiden, hatte sie zu Bütteln und Stützen des Dritten Reiches gemacht.

Doch unter dem pädagogisch-politischen Anspruch, Bergsteigen sei »die stärkste Erziehungsschule des deutschen Volkes«, brodelte seit jeher die Anarchie der reinen Kletterlust. Jene bayerischen Gebirgsjäger, die am 21. August 1942 spontan den höchsten Berg des Kaukasus, den Elbrus, bestiegen, anstatt auf das strategisch wichtige Suchumi vorzustoßen, waren die wirklichen Bergsteiger. Hitler bekam einen Wutanfall und erregte sich tagelang über die »Verrückten«. Elf Jahre später sollte ein »Verrückter« und kein »Ideologe« den Gipfel des Nanga Parbat betreten.

Nun gibt es jedoch Männer, auf die das Unerreichbare
eine unwiderstehliche Anziehungskraft ausübt.
Drei Dinge sind ihnen allen gemein: Selbstvertrauen,
große Entschlossenheit und Ausdauer.
Walt Unsworth

DER EINZELGÄNGER

BUHLS EINSAMER GANG

Das kleine Sturmzelt klebt auf der tiefsten Einsattelung des Grates, der vom Mohrenkopf zum Silbersattel zieht. Es ist die Nacht vom 2. auf den 3. Juli 1953. Hermann Buhl kann nicht schlafen. Es liegt nicht an der Höhe von fast 7000 Metern. Nicht am scharfen Wind, der gegen zehn Uhr plötzlich anhebt und so gefährlich am Zelt rüttelt, daß Buhl notgedrungen den warmen Schlafsack verläßt und es mit Skistöcken und Pickeln fixiert. Es liegt nicht an Otto Kempter, dem 27jährigen Münchner Bergsteiger, den weder der Sturm noch das Rumoren seines Gefährten aus seinen Träumen aufschrecken. Buhl denkt, und er denkt immer an das gleiche: den Weg zum Gipfel des Nanga Parbat.

Oben am Mohrenkopf ist Willy Merkl, der Leiter der Expedition von 1934, gestorben. Ihr Lager VIII, in 7480 Meter Höhe auf dem Silbersattel, lag 500 Meter höher als Buhls Ausgangspunkt. Das sind 3½ bis 4 Stunden mehr zu gehen. Also muß man früh in der Nacht aufbrechen, und der unruhige Buhl beginnt deshalb schon um ein Uhr Tee zu kochen und zu packen.

Buhl vor dem Gipfelgang.

Aschenbrenner und Schneider, die beiden Tiroler, kamen damals bis dicht unter den Vorgipfel. Bei 7860 Metern kehrten sie um – ihr Höhenrekord am Berg hat auch noch 1953 Bestand. Buhl hat mit beiden gesprochen, die überzeugt sind, sie hätten eine reelle Gipfelchance gehabt, wären sie weitergegangen. Der Weg bis dahin ist bekannt, der Vorgipfel kann nach Einschätzung beider über technisch leichte Schneehänge umgangen werden. Danach folgt ein Abstieg von hundert Metern in die Bazhin-Scharte. Von dort führt ein Felsgrat ohne besondere Schwierigkeiten auf die Schulter. Die letzte Strecke bis zum Hauptgipfel charakterisiert Schneider als »eine gemähte Wiese, befahrbar vom Handwagen bis zum Kleinautomobil«. Buhl kennt auch den skeptischeren Bericht Finsterwalders, der den Gipfelbereich aus den Bergen östlich von Astor eingesehen und vermessen hatte. Der Grat erfordere das Äußerste an Energie, weshalb er ein letztes Lager unterhalb des Vorgipfels und ein Sauerstoffdepot in der Bazhin-Scharte empfehle, schrieb der Geograph der 34er-Expedition.

Mit beiden Ratschlägen kann Buhl nichts anfangen. Eine Sauerstoffausrüstung für den Aufstieg zum Gipfel ist nicht vorgesehen. Die Träger, keine Sherpa wie bei Merkl, sondern einheimische Hunza aus dem Karakorum, weigern sich, über 7000 Meter aufzusteigen. Die mangelhafte Logistik der Expedition erlaubt nur einen einzigen Gipfelvorstoß von zwei Bergsteigern. Der soll heute, am 3. Juli 1953, stattfinden. Buhl weiß, worauf er sich einläßt. 1200 Höhenmeter – rechnet man den Abstieg in die Bazhin-Scharte und den Gegenanstieg hinzu, sind es sogar 1300 – trennen ihn vom höchsten Punkt. Die zurückzulegende Strecke beträgt grausame sechs Kilometer Luftlinie. Noch nie in der Geschichte des Bergsteigens ist ein Achttausender-Gipfel aus einer so weiten Distanz versucht worden.

Buhl zieht sich im Schlafsack an. Drei Garnituren Unterwäsche, Hose und Überhose, einen dünnen Pullover, Wickelgamaschen.

Hermann Buhl auf dem Ostgrat des Nanga Parbat.
Links der Hauptgipfel, rechts der Vorgipfel.

Der Sturm hat sich gelegt, aber draußen ist es eisig kalt. Mehr als 20 Grad unter Null. Er weckt Kempter, doch der will nicht aufstehen. Der Abmarsch sei auf drei Uhr angesetzt, mault der Jüngere. Buhl redet ihm gut zu. Um überhaupt eine Gipfelchance zu haben, müssen sie mit leichtem Gepäck marschieren. Buhl nimmt weder Biwaksack noch Zelt mit, darf also nicht riskieren, ohne Ausrüstung am Berg zu übernachten. Mittags will er oben sein, am späten Abend wieder im Lager. Daß ihm die Zeit unter den Nägeln brennt, ist verständlich, aber Kempter bleibt stur im Schlafsack. Buhl wird sauer. Dann geht er eben allein, daß er mehr tragen muß, nimmt er in Kauf. Erst als er um halb drei das Zelt verläßt, wird Kempter munter und möchte mit. Buhl erleichtert seinen Rucksack um etwas Marschverpflegung, Tiroler Speck, und bricht auf. Da er spuren und den Weg finden muß, wird ihn Kempter schon einholen.

Gegen fünf Uhr morgens geht die Sonne auf. Buhl ist gut über den Grat vorangekommen und steht unterhalb des Steilanstiegs zum Silbersattel. Kempter folgt im Abstand einer Gehstunde. Zwei Stunden später – und nicht eine halbe, wie er ursprünglich schätzte – ist Buhl auf dem Plateau. Die Höhe von 7450 Metern macht ihm jetzt doch zu schaffen. Obwohl hervorragend akklimatisiert, atmet er immer schneller, um genügend Sauerstoff in die Lungen zu pumpen. Statt zwei wie beim Start braucht er jetzt fünf Atemzüge pro Schritt. Nur gut, daß die Wetterverhältnisse – es ist windstill und warm – nicht besser sein könnten.

Doch vielleicht sind sie zu gut. Der Firnschnee des Silbersattels, zerborsten, zerfurcht, durch Wind und Sturm in die bizarrsten Formen gepreßt, ist ein äußerst anstrengendes Gehgelände. Zumal die erbarmungslos herunterbrennenden Sonnenstrahlen in diesem Schneelabyrinth vielfach reflektiert werden. Die nun folgenden 400 Höhenmeter bis zum Vorgipfel ziehen sich 2½ Kilometer hin. Buhl überfällt die »Gletschermüdigkeit«. Er macht immer öfters Pause, weicht an den Rand des Plateaus

aus, weil er auf ein belebendes Lüftchen hofft. Aber er spürt keinen Hauch. Ungern erinnert er sich an Aschenbrenners und Schneiders Beschreibung vom Zigarettenrauch, der auf 7800 Meter senkrecht in die Luft stieg. Denn gerade diese völlige Windstille war damals der Vorbote des Orkans, der die deutsche Expedition überraschte.

Hinten am Silbersattel wird der Strich, Kempter, immer langsamer und schrumpft schließlich zum Punkt. Er hat aufgegeben. Sehnsüchtig denkt Buhl an den Speck in Kempters Rucksack, der ihm jetzt besser schmecken würde als das Dörrobst und die staubigen Neapolitanerschnitten in seinem eigenen. Durst quält ihn. Aber er muß mit dem halben Liter Coca-Tee sparsam umgehen. Längst hat er begriffen, daß sein Ziel, den Gipfel mittags zu erreichen, illusorisch ist. Doch er kehrt nicht um. Am Vorgipfel läßt er seinen Rucksack mit Proviant und dem dicken Reservepullover zurück. Abends will er wieder zurück sein. Hunger hat er nicht, und warme Kleidung braucht er erst in der Nacht.

Ab jetzt betritt Buhl vollständiges Neuland. Um 14 Uhr hat er den Abstieg in die Bazhin-Scharte geschafft. Vom Gipfel trennen ihn noch 313 Höhenmeter und ein Kilometer Luftlinie. Was er sieht, ist alles andere als leicht. Das schwerste Stück der Route steht ihm noch bevor: »Ein steiler turmbesetzter Felsgrat, senkrechte, scharfkantige Granitaufschwünge mit scharfen Wächten und Schneeauflagen, äußerst ausgesetzt.« Buhl ist am Ende seiner Normalkraft. Vernunft und Überlebenswille fordern den Rückzug, der ohnehin nur mit äußerster Anstrengung ins rettende Lager zurückführt. Aber er geht unbeirrt weiter.

Zwei Pervitin mobilisieren seine Reserven. »Stuka-Tabletten« nannte man die Droge im Zweiten Weltkrieg, als sie Bomber- und Jagdpiloten bei ihren Einsätzen wachhielt. Sechs bis sieben Stunden dauert die belebende Wirkung an, dann folgt die Erschöpfung. Der Stoff gibt Buhl Energie bis zur Gratschulter. Die Kletterei, die jetzt folgt, vergleicht Buhl mit dem Salzburger Weg

Buhls einsamer Gang von der Gratsenke bis zum Hauptgipfel. Die Original-Bildunterschrift bei Herrligkoffer lautet: »Die einzelnen Stationen in der Willy-Merkl-Route am Nanga Parbat.« Damit stempelte er Buhl bewußt zum Epigonen Merkls,

der Watzmann-Ostwand, damals die schwierigste Tour der Ostalpen. Jetzt ist er 8060 Meter hoch, es ist sechs Uhr abends. Buhl packt die Verzweiflung. Will der Gipfel denn nie kommen? Auch die »gemähte Wiese«, die Schneider hier vermutete, bleibt leider aus. Doch er quält sich unerbittlich voran. Der letzte Schluck Coca-Tee gibt ihm noch einmal Auftrieb, und um sieben Uhr abends kriecht Buhl auf allen vieren, »ein Wrack von einem Menschen«, die letzten fünfzig Meter zum Gipfel. Er ist seit siebzehn Stunden unterwegs.

»Hier stehe ich nun, seit Erdenbestehen der erste Mensch, auf

obwohl letzterer nicht den Gipfel erreichte. Der Begriff der »Stationen« paßt zur Idee Herrligkoffers von der bergsteigerischen »Pilgerfahrt«. Den Aufstieg erlebt er als Kreuzweg, der Gipfel ist Golgatha, Merkl der Messias, der sein Leben opfert.

diesem Fleck, am Ziel meiner Wünsche! Ich bin mir der Bedeutung des Augenblicks nicht bewußt, fühle auch nichts von Siegesfreude, komme mir gar nicht als Sieger vor, ich bin nur froh, daß ich heroben bin und all diese Strapazen vorläufig ein Ende haben. Ich bin vollkommen fertig!«

Er rammt seinen Eispickel in den Firn, befestigt an ihm den Wimpel seines Alpenklubs, der »Karwendler«, und macht mit seiner kleinen Kodak-Kamera eine Aufnahme. Die Leicas der Expedition sind unten im Basislager. Buhls Bitte, ihm eine zu überlassen, wurde von der Expeditionsleitung abgeschlagen. Er sei

Buhls Gipfelfoto. An seinem Eispickel hängt der Wimpel mit den Farben Tirols, rot und weiß, den er seinem Innsbrucker Kletterklub mitzubringen versprochen hat. Links ist das Silberplateau zu sehen, im Hintergrund die Berge des Karakorum.

Bergsteiger und kein Fotograf. Dann bindet er die pakistanische Flagge an den Schaft und läßt beides dort. Erst im Jahr 1999 wird Buhls Pickel von dem japanischen Bergsteiger Takehido Ikeda gefunden.

Später, wieder zu Hause, formuliert er in einem Tonbandinterview spontan die plausibelste, weil einfachste Erklärung für seine einzigartige Leistung: »Ich habe beim Aufstieg nicht an den Nanga Parbat gedacht, sondern nur an den Gipfel, wie an irgendeinen anderen Gipfel auch, und als Bergsteiger bin ich eben gewöhnt, nicht vorher umzukehren.« Seine Freunde drückten es drastischer aus. Kam es hart auf hart am Berg, ging Buhl sogar über die eigene Leiche.

58 Jahre nach Mummerys Versuch hatten sich die mächtigen Götter des Nanga Parbat endlich eines Sterblichen erbarmt und ihren Eispalast geöffnet. Der Erfolg war ihm zugefallen, weil er den Berg nicht groß gemacht hatte und sich vom Nimbus des »Schicksalsberges« nicht erdrücken ließ, obwohl kein Achttausen-

der vor seiner Erstbesteigung mit insgesamt 31 Toten so viele Menschenleben gefordert hatte. Indem Buhl sich auf die rein klettertechnische Seite der Besteigung konzentrierte, brachte er den Nanga Parbat auf Normalmaß und löste das Problem damit erst einmal psychisch. Diese Lösung setzte allerdings auch soviel Können und Ausdauer voraus, daß nur ein Buhl ihr gewachsen war.

Hätte man an jenem Abend des 3. Juli 1953 Gelegenheit gehabt, Wetten auf das Überleben Buhls abzuschließen, so hätte ihm kaum jemand eine größere Chance als 1:100 eingeräumt. Ohne Biwakausrüstung, Nahrung, Getränke und Brennstoff konnte nach landläufiger Meinung niemand in der »Todeszone« überleben, zumal an einem Berg, der an 355 von 365 Tagen mit scharfen Frösten und schneidendem Wind nachts die Begeisterung des Bergsteigers empfindlich abkühlt.

Buhl hält sich nur eine halbe Stunde am Gipfel auf. Er weiß, daß er so schnell wie möglich absteigen muß, denn schon geht die Sonne unter. Wenigstens will er bis zum Einbruch der Dunkelheit in die Bazhin-Scharte hinunter. Von dort, so glaubt er, wird es leichter gehen, und er kann im Mondschein zum Lager zurückmarschieren. Über den Grat hinabzuklettern, dauert ihm zu lange. Er wählt eine steile Eisrinne, die direkt nach unten zu führen scheint. Der Pickel würde ihm jetzt gute Dienste leisten, aber der steckt mit der pakistanischen Fahne im Gipfelfirn. Doch was ein Buhl ist, behilft sich mit Steigeisen und Skistöcken.

Gut kommt er voran. Da löst sich sein rechtes Steigeisen. Er kann es gerade noch festhalten, weiter absteigen kann er nicht. Nur sein legendäres Gleichgewichtsgefühl führt ihn, »den Storch auf einem Bein«, über die eisige steile Glätte hinüber in den Fels. Dort, in 8000 Meter Höhe, ist sein Weg für heute zu Ende. Es ist neun Uhr abends und stockdunkel. Nicht einmal einen Platz zum Sitzen hat er gefunden. Es wird ein Stehbiwak in einer 50 bis 60 Grad geneigten Felswand. Buhl zieht sich die Wollmütze über die Ohren, sein zweites Paar Handschuhe an. Mehr kann er nicht tun. Der Tee ist ausgetrunken, Pullover und Nahrungsmittel sind im zurückgelassenen Rucksack. Ein Seil zum Festbinden hat er nicht. Einschlafen darf er nicht, bewegen kann er sich nicht. Er würgt fünf Tabletten Padutin, ein Mittel gegen Erfrierungen, hinunter und vertraut auf die isolierende Wirkung der neuen Bergstiefel mit Filzinnenschuhen. Rasch sinkt die Temperatur auf minus 20 Grad, seine Zehen werden gefühllos, die Hände werden starr, die Schuhe gefrieren. Würde jetzt Wind aufkommen, wäre es zu Ende. Aber es bleibt mild und still. Acht Stunden harrt Buhl in dieser Stellung aus, immer in der Gefahr, aus der Wand zu fallen, bis ihn die ersten wärmenden Sonnenstrahlen erlösen. Er hat die Nacht überlebt – eine physische und psychische Meisterleistung.

Der anbrechende Tag wird nicht minder hart. Mit dem defekten Steigeisen, das ihm immer wieder vom Fuß abgleitet, schleppt sich Buhl in die Bazhin-Scharte hinunter. Anschließend wählt er eine Abkürzung hinauf zur Diamir-Scharte, die er um die Mittagszeit erreicht, und döst vor Erschöpfung ein. Wieder ist es glutheiß, sein Durst wird schier unerträglich. Er ist vollkommen ausgetrocknet, hat nicht einmal 10 Prozent von dem in dieser Höhe nötigen Wasserbedarf zu sich genommen. Buhl halluziniert, hört Stimmen von Kameraden, sieht von Menschenhand errichtete Steinmänner und hat plötzlich einen Begleiter. »Hast du meine Handschuhe gesehen?« fragt er ihn. »Die hast du doch verloren«, antwortet prompt der Unbekannte. Endlos erscheint ihm die Zeit, bis er wieder das Plateau erreicht. Lange sucht er den dort zurückgelassenen Rucksack. Als er ihn findet, bekommt er weder das Dörrobst noch die Neapolitaner hinunter. Sein Hals ist offen wie ein Reibeisen. Er kann kaum mehr schlucken. Aus Dextroenergen und Schnee mischt er sich einen Brei, der ihm wieder etwas Kraft gibt. Längst braucht er zehn Atemzüge pro Schritt. Sehnsüchtig hält er nach Kempter Ausschau, der ihm doch eigent-

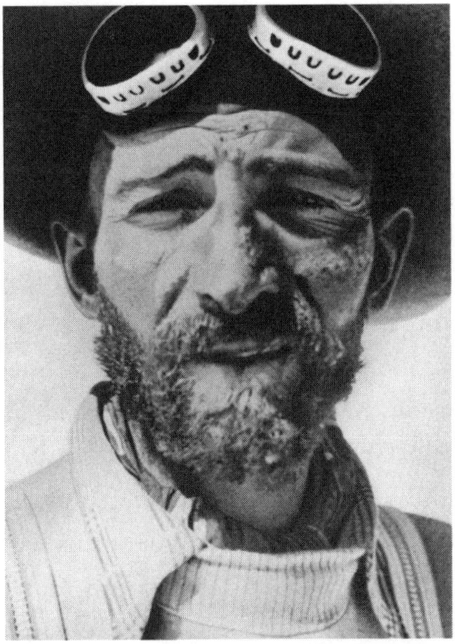

Buhl als Greis, völlig dehydriert, nach seinem Gipfelgang.

lich mit heißem Tee und Nahrung entgegengehen müßte. Oder hat man ihn schon aufgegeben? Beim Anstieg zum Silbersattel nimmt er die letzten drei Pervitin-Tabletten. Jetzt ist sowieso alles egal, und wirklich schafft er es hinunter zum rettenden Zelt, wo Walter Frauenberger und Hans Ertl ihn erwarten. Es ist sieben Uhr abends. 41 Stunden war Buhl unterwegs. Das Gesicht des 29jährigen gleicht dem eines alten Mannes.

Literweise gießt er Tee und Kaffee in sich hinein, ist so aufgedreht, daß er die halbe Nacht von seinen Abenteuern erzählt. Ertl massiert ihm die Zehen. Zwei sind offenbar erfroren. Es grenzt an ein Wunder, daß es so glimpflich abging. Später werden die Ärzte Buhl als »physiologisch begnadetes Phänomen« einordnen, als »Typus einer ganz außergewöhnlichen Anlage, die durch körperliches und psychisches Training auf einen Höhepunkt gesteigert wurde«. Jetzt ist Buhl einfach nur glücklich, es geschafft zu haben. Allein und ohne Sauerstoff: der beste Bergsteiger der Welt.

Hermann Buhl wird am 21. September 1924 in Innsbruck geboren. Als er vier Jahre alt ist, stirbt die Mutter. Sein Vater, ein Schlossermeister im Staatsdienst, der sich mühsam durchschlägt, bringt seine beiden Töchter bei Verwandten und die beiden Jungen im Waisenhaus unter. Nach zwei Jahren wird auch Hermann von Verwandten aufgenommen. Nach dem Abschluß der Hauptschule beginnt er eine Lehre als Speditionskaufmann. Er ist mit wenig Begeisterung bei der Sache, aber mit irgend etwas muß er sein Geld verdienen. Längst hat er die Berge für sich entdeckt und klettert mit dreizehn Jahren in der Nordkette über Innsbruck. Bergstiefel kann er sich sowenig leisten wie die Seilbahn. Er geht vom Tal aus zu Fuß und klettert in Skischuhen oder Socken. Um sich für seine Touren am Wochenende fit zu machen, steht er um fünf Uhr morgens auf und trainiert vor den Bürostunden im Innsbrucker Klettergarten. 1939 wird er Mitglied in der Sektion Innsbruck des DAV. Er ist ein schmächtiger Typ, leicht und grazil, ganz ähnlich wie Mummery, Heckmair oder der zwanzig Jahre später geborene Reinhold Messner – und wird permanent unterschätzt. Mit dem zeittypischen »Landsknechtston« und der »Erziehung zur Härte« in der DAV-Jungmannschaft kommt er nicht zurecht. Einerseits wird er öfters das Ziel übler Scherze, andererseits beeindruckt er die Kameraden mit seinem durch nichts aufzuhaltenden Drang, bei jedem Wetter in die Berge zu gehen. 1942 klettert er bereits im VI. Grad, hat viele der klassischen Routen im Karwendel, Wetterstein und am Wilden Kaiser begangen und mit der ersten Alleinbegehung der Schlüsselkarspitze-Südwand auf sich aufmerksam gemacht. Wenn er nicht klettert, liest er alpine Literatur, lernt Dutzende von Routen auswendig und absolviert systematisch die spektakulären Touren seiner großen Vorbilder Dülfer, Auckenthaler oder Welzenbach.

Den Wehrdienst, den er ab Pfingsten 1943 als Sanitätssoldat in St. Johann in Tirol ableistet, empfindet er als »verlorene Jahre«, da er ihn von seiner Lieblingsbeschäftigung, dem Klettern, abhält. Ganz im Gegensatz zu Paul Bauer begreift er Bergsteigen und Soldatsein als »seltsamen Widerspruch«. Der Zwang zum Ein- und Unterordnen, zur starren Disziplin paßt nicht zu seinem Bild des Bergsteigers als »selbständiger, eigenwilliger Dickkopf«, der in Fels und Eis eigenverantwortlich seine Entschlüsse faßt. Mit den staatstragenden Ideen von Bergkameradschaft und Volksgemeinschaft kann er nichts anfangen. Als er wieder einmal die Kaserne ohne Urlaubsschein verläßt, um zu klettern, wird er vors Militärgericht gestellt und zur Front abkommandiert. Daß ihm die Erstbegehung der Maukspitze-Westwand gelungen ist, »die bis dahin als die schwierigste Wand des Wilden Kaisers galt«, will niemand wissen. In Italien überlebt er knapp die Hölle von Monte Cassino. Einen vierwöchigen Fronturlaub nutzt er zu anspruchsvollen Touren in den heimatlichen Bergen. Im Frühjahr 1945 gerät er in amerikanische Gefangenschaft, wird aber schon Mitte August entlassen. Das erlernte Englisch kann er gut brauchen. Da er als Speditionskaufmann ohne Berufspraxis keine Anstellung findet, verdient er sich ein Zubrot als Skilehrer bei den amerikanischen Besatzungstruppen in Innsbruck.

Beruflich und finanziell sind die nächsten sieben Jahre alles andere als erfolgreich. Buhl bringt sich als Magazinarbeiter, als Reparateur von Skibindungen, sogar als Kirchturmmaler durch. Zwei Jahre verdingt er sich als Träger auf der Glungezerhütte und schleppt Tag für Tag Lasten von zwanzig bis dreißig Kilo nach oben. Die schlechtbezahlte Arbeit ist ein gutes körperliches Training. Buhl hat die Stelle angenommen, weil sie Voraussetzung für die Bergführerprüfung ist, die er Ende der vierziger Jahre ablegt. Nie wieder will er sich als Angestellter in ein Büro zwängen müssen. An seiner finanziellen Misere ändert der neue Beruf nichts, denn noch strömen keine Touristenmassen auf Führersuche in die Berge. 1952 finden wir Buhl zusammen mit Frau und gerade geborener Tochter als Untermieter und Bewohner eines einzigen Zimmers. Als ihm gekündigt wird, entgeht er knapp der Zwangsräumung und der Einweisung ins Obdachlosenheim. Beziehungen verschaffen ihm eine Stelle als Verkäufer bei der Firma Sport Schuster in München, aber keine Wohnung. Er kommt notdürftig bei Verwandten unter, seine Frau, die aus Ramsau bei Berchtesgaden stammt, kehrt mit der Tochter einstweilen zu ihren Eltern zurück. Buhl zählt 28 Jahre, als die entscheidende Wende seines Lebens eintritt: Der ihm völlig unbekannte Dr. Karl Maria Herrligkoffer lädt ihn für das Jahr 1953 zur »Deutsch-Österreichischen-Willy-Merkl-Gedächtnisexpedition« zum Nanga Parbat ein.

Im Rückblick erscheint nichts logischer als Buhls Teilnahme an der Nanga-Parbat-Expedition. Das Fiasko seiner bürgerlichen Existenz ließ ihn den Alltag als »grau und hart«, als »Zwangsjacke der Zivilisation« empfinden. Der Ausweg war die »Flucht in die Natur, in die Ruhe und Abgeschiedenheit der Berge«. Das erste stimmte, das zweite war angelesen, denn um Ruhe und Frieden ist es Buhl in den Bergen nie gegangen. Es ging ihm auch nicht um die heldische Attitüde, die Herausforderung, »daß man den großen Gegner Tod stets zum Begleiter hat«. Das waren abgegriffene lebensphilosophische Platitüden aus der ideologischen Mottenkiste der dreißiger Jahre, die ihm sein Ghostwriter Kurt Maix in seine 1954 erschienene Autobiographie »8000 drüber und drunter« hineinredigierte. Buhl läßt sich genausowenig auf einen psychischen Sozialfall, kombiniert aus Muttertod und Waisenhaus, reduzieren, das Opfer eines frühkindlichen Traumas, der ihn bis auf den Gipfel des Nanga Parbat trieb.

Buhl war in den Bergen, weil er sich dort als Leistungsträger erlebte, der immer neue Herausforderungen bestand und dem bald niemand das Wasser reichen konnte. Hätte er die Chance gehabt, die gleichen positiven Erfahrungen als Manager zu machen, wäre die Unternehmensspitze das Ziel seines Ehrgeizes gewesen. In den Bergen heißt die Spitze Gipfel – der Ehrgeiz, nach oben zu kommen, ist der gleiche. So gesehen hat kein Bergsteiger sowenig kompensiert wie Buhl. »Hauptmann« Bauer mußte die Berge zum Kriegsschauplatz erklären, um sich in ihnen wohlzufühlen, »das Gewehr mit dem Pickel vertauschen«, seine Expeditionen militärisch führen und ihnen einen nationalen Sinn unterlegen. Bauer war im tiefsten Herzen Soldat und nicht Bergsteiger. Buhl hingegen war beim Klettern immer »bei sich«, in seinem ureigensten Element, und litt nur deswegen unter seiner bürgerlichen Erfolglosigkeit, weil sie mit permanentem Geldmangel einherging.

Doch wie bei allen Sterblichen, die von den Göttern geliebt werden, sind ihm alle Schwierigkeiten letztlich Trittstufen zu seinem Triumph. Nie hat er Geld für die Eisenbahn oder ein Hotel. Zigaretten kann er sich nicht leisten, statt teurem Alkohol trinkt er Tee und Limonade, was Gesundheit und Kondition eindeutig förderlicher ist. Er kann auf Vorrat essen und spart dadurch viel Gewicht. Stundenlang, berichtet sein Seilpartner Marcus Schmuck, klettert er, ohne an Nahrung zu denken. »War man mit Hermann im Fels, mußte man vorsorgen, um nicht in der Wand zu verhungern.« Seine Fahrradfahrten zu den Bergen, beispielsweise über den Brenner in die Dolomiten, verwandeln seine Beine in stahlharte Muskelstränge. Am Ende schafft er die 1100 Höhenmeter zum Majola-Paß, eine Strecke von zwanzig Kilometern, in zwei Stunden! Biwaks – und sei es im Stadtpark von Bozen – sind sein tägliches Brot. Wenn er sie vermeidet, dann dadurch, daß er eine neue Disziplin erfindet: das Bergsteigen bei Nacht. Eine andere Spezialität Buhls wird das Winterbergsteigen. Er übt es so exzessiv, oft mit nackten Fingern oder einem Schneeball in der Faust zur Abhärtung, daß Rebitsch und Schneider, mit denen Buhl im Sommer 1948 erstmals in die Westalpen geht, seine Ausdauer im Eis neidlos bewundern. Schlechtes Wetter ist für ihn kein Argument, eine Tour abzubrechen. Müdigkeit kennt er nicht. Tatsächlich stößt er nur einmal vor dem Nanga Parbat, in der Eigernordwand, an seine Leistungsgrenzen.

Bis 1953 absolviert er hundert Anstiege im höchsten Schwierigkeitsgrad, unternimmt verrückte Touren wie eine Gratwanderung über alle 25 Gipfel der Gleirschkette im Karwendel. Er braucht dafür zwei Nächte und insgesamt 33 Stunden. Die Grands-Charmoz-Nordwand, in der Welzenbach und Merkl vier Nächte lang festsaßen, durchsteigt er bei ebenfalls schlechtem Wetter an einem Tag. In der Marmolata-Südwestwand, die als die schwerste Wand der Dolomiten gilt, gelingt ihm nach drei Anläufen die erste Winterdurchsteigung. Den Biancograt im An- und Abstieg schafft er in sechs Stunden, was ihm 200 Schweizer Franken einbringt und die Hochachtung der örtlichen Bergführer, die gegen ihn gewettet haben. Noch im gleichen Jahr ist der Walker-Pfeiler, von Roberto Cassin 1938 erstbestiegen, dran sowie die erstmalige Überschreitung aller fünfzehn Aiguilles von Chamonix. 1952 durchsteigt er im Alleingang die Piz-Badile-Nordostwand in sagenhaften 4½ Stunden. Cassin hatte dafür, allerdings im Schneesturm, drei Tage gebraucht. Als er, wie üblich, noch in der Nacht nach Innsbruck zurückradelt, schläft er auf dem Fahrrad ein und landet unsanft im kalten Inn. Buhl hat sich einen Namen gemacht und veröffentlicht regelmäßig seine Tourenberichte in den Alpinzeitschriften. Im Sommer 1952 kennt ihn ganz Europa. Buhl wagt sich in die Eigerwand.

Daß Buhl am 26. Juli 1952 zusammen mit Sepp Jöchler die berühmte Nordwand angeht, ist Teil seines auf beständige Steigerung angelegten Bergsteigerprogramms. »Ein unwiderstehlicher Drang beflügelt mich, der mir befiehlt, immer Höheres und Schwereres zu wagen, das Letzte aus mir herauszuholen«, schreibt er rückblickend. Die von ihm geplante Durchsteigung ist erst die achte nach Heckmair. Die Wand hat nichts von ihrem gefährlichen Charakter eingebüßt. Am Tag des Aufstiegs ist Buhl fast etwas enttäuscht. Es ist gutes Wetter, die Wand wirkt eisfrei und friedlich. Die beiden sind nicht allein. Zwei Allgäuer sind ebenfalls unterwegs, dazu noch zwei französische Seilschaften, bestehend aus fünf Bergsteigern unter der Führung des Spitzenkletterers Gaston Rebuffat. Buhl kennt ihn aus Chamonix. Gegen Mittag hat man die Hälfte des Anstiegs, den leichteren Teil, geschafft.

Oberhalb des Dritten Eisfeldes gerät Buhl in Not. Glasiges Eis überzieht tückisch den Fels. Für dreißig Meter braucht er zwei Stunden. Im Quergang zur »Spinne« verliert er weitere Zeit. Durch den Rückgang des Eises ist der Fels so porös, daß Buhl auf die Nachsteigenden warten muß, will er sie nicht starkem Steinschlag aussetzen. Um 17 Uhr wird biwakiert, zwei Drittel der Wand liegen hinter ihnen. Der heiße Tee wird gestrichen, denn Streichhölzer und Esbit sind naß. Das Essen entfällt. Durch den ausgetrockneten Schlund läßt sich nichts hinunterwürgen. Fatalistisch wartet Buhl auf den Morgen, der das bringt, was er schon in der Nacht befürchtet: den Wetterumschlag.

Alle neun bilden jetzt eine Seilschaft. Schnee und Hagelschauer setzen ein. Der Eiger zeigt sich von seiner altbekannten Seite. Lawine auf Lawine rast in die Tiefe. Am Ende des Tages sind alle noch am Leben, aber nur 250 Meter höher gekommen. Eine weitere Biwaknacht beginnt, die Temperatur fällt auf minus 15 Grad. Am nächsten Tag versperrt ein Überhang den Weg. Vier Stunden braucht Buhl, um die zwanzig Meter für die Nachfolgenden gangbar zu machen. Es ist die Schlüsselstelle, um alle sicher aus der Wand zu führen. Zum ersten Mal stößt Buhl an seine Grenze, kippt ins Seil und hängt mit dem Kopf nach unten. Jöchler, ebenfalls nicht in der besten Verfassung, übernimmt die Spitze, bis Buhl sich wieder erholt hat. Um 17 Uhr ist endlich der Gipfel erreicht. Alle wissen, daß sie nur Buhl die Rettung verdanken.

Aber konnte man mit Buhl wirklich warm werden? Jeder anerkannte seine überragenden Leistungen, doch gleichzeitig entfremdeten sie ihn von seinen »Bergkameraden«. Buhl kletterte auf Zeit und immer mit Blick auf den Gipfel. Wer als Seilpartner sein Tempo nicht mithielt, hatte einen schweren Stand und wurde unnachsichtig ausgewechselt. So gab es nach etlichen Jahren viele ehemalige Freunde, die auf Buhl nicht gut zu sprechen waren, die seinen Überehrgeiz und seine Unfähigkeit, sich am Berg auf andere einzustellen, beklagten. Besonders berüchtigt waren seine Wetterunempfindlichkeit und seine Ausdauer. Nach schweren Touren gönnte er sich und seinen Seilgefährten keine Pause, sondern begann ohne viel Aufhebens gleich die nächste Tour, was kaum einer auf die Dauer durchhielt. Buhl war längst kein Amateur mehr, sondern ein Bergsteigerprofi, nicht sehr originell in der Routenfindung, aber so zäh und hartnäckig, daß er allen davonstieg. Luis Vigl, sein Jugendfreund aus Innsbruck, hat einmal beschrieben, wie Buhl bei einem Kletterwettkampf alle Teilnehmer mit Leichtigkeit in den Schatten stellte und sich anschließend darüber wunderte, wie wenig Begeisterung sein Sieg auslöste. Nur ihm ebenbürtige Bergsteiger – die meisten gehörten der älteren Generation an – besaßen die Größe, seine Leistungen zu würdigen.

Die Tatsache, daß Buhl, gerade in den Aufbaujahren nach dem Krieg, sowenig Wert auf eine bürgerliche Existenz legte, obwohl er bei seinem kleinbürgerlich-proletarischen Hintergrund und seinen ewigen Geldnöten nach landläufiger Meinung dazu verpflichtet gewesen wäre, eine solche aufzubauen, stempelte ihn in den Augen vieler zum »Versager«. Dabei hatte Buhl sehr wohl einen Begriff von seinen Leistungen und ihrem Wert und bestand mit gesundem Selbstbewußtsein auf ihrer Anerkennung. Es war der kompromißlose Einsatz für die Sache, der weder auf Personen noch Institutionen Rücksicht nahm, der Buhl den Ruf eintrug, »menschlich schwierig« zu sein. Unbestritten gehörte er zur Weltspitze der Alpinisten, aber niemand hatte ihn je zu einer Expedition außerhalb Europas eingeladen. Das Angebot Herrligkoffers war das erste. Buhl wußte nicht, daß er als letzter, und nur aufgrund mehrmaligen Insistierens des Österreichischen Alpenvereins (ÖAV), auf die Teilnehmerliste kam. Er wußte nur, daß er sich sein ganzes Leben auf diese größte Herausforderung als Bergsteiger vorbereitet hatte.

EXKURS VIER: DER GEBROCHENE BANN

Im Frühjahr 1944 flog ein amerikanisches Flugzeug von Burma nach dem chinesischen Tschungking. Ein Orkan trieb die Maschine ins tibetische Hochland ab. Um dem schlechten Wetter auszuweichen, zog der Pilot die DC-3 über die Wolkendecke. Der Höhenmesser zeigte 9300 Meter an. Plötzlich sah der Flieger einen Berg neben sich. Sein Gipfel ragte noch einige hundert Meter höher auf. Mit zitternder Hand überprüfte er seine Instrumente. Sie waren intakt. Der Berg, in der Amnyi-Machin-Kette südlich des größten tibetischen Sees, des Kukonor, gelegen, war unzweifelhaft höher als der Everest.

Schon 1926 war der amerikanische Botaniker Joseph Rock in dieses Gebiet vorgestoßen und hatte einen Berg gesichtet, den er auf über 9000 Meter schätzte. Man glaubte ihm nicht. Wilhelm Filchner, der deutsche Asienforscher, war auf seiner Expedition durch Tibet in den Jahren 1903–1905 ebenfalls vorbeigekommen, hatte viele schneebedeckte Gipfel gesehen, aber keinen riesenhaft herausragenden Gletscherberg. Jetzt ging die Sensationsmeldung um die Welt. Die Vorstellung, daß hinter dem Himalaja, im unzugänglichsten Teil Hochasiens, der größte aller Berge verborgen lag, berührte die ältesten magischen Bewußtseinsschichten der Menschen. So mußte es sein: Die Krone der Welt präsentierte sich unzugänglich, hinter schützenden Gebirgsketten und Wüsten, erhaben und einsam, unberührt vom Gewusel der Expeditionen, die sich am falschen Berg versucht hatten.

Die Strahlkraft dieser Idee war so groß, daß sie nicht einmal durch Flugberichte korrigiert werden konnte, die im März 1948 die Höhe des betreffenden Gipfels mit weniger als 6500 Metern feststellten. Das amerikanische Magazin *Life* schickte im darauffolgenden Frühjahr mit großem Aufwand eine Expedition zum Berg, die mit dem »Messergebnis« von exakt 29 661 Fuß, das entspricht 9040 Meter, auch die Auflagenzahl des Magazins gewaltig in die Höhe trieb. Allerdings hatte man bloß von der Basis bis zum Gipfel gemessen, die Höhe der Basis aber nach alten chinesischen Karten »geschätzt«. Die Bilder des Berges wirkten harmlos. Dem Geographen und Bergsteiger Dyhrenfurth erschienen sie »wie eine Mittelgebirgskuppe mit etwas Frühlingsschnee«.

Einige Jahre später löste sich der ominöse Neuntausender in schallendes Gelächter auf. Die Piloten von 1944 gaben zu, sich einen Scherz erlaubt zu haben. Daß man ihn nicht bemerkte, habe sie selbst überrascht, denn kein Flugzeug erreichte damals auch nur annähernd die behauptete Flughöhe. Die erfundene Geschichte verbreitete sich auch deshalb so ungehindert, weil während des Zweiten Weltkrieges und noch Jahre danach von den Achttausendern nichts zu berichten war. Schlimmer noch, sie gerieten in den Strudel der Politik.

Mit der englischen Herrschaft in Indien, dem »British Raj«, war es 1947 zu Ende. Das Land zerfiel in einem blutigen Bürgerkrieg und spaltete sich in zwei Teilstaaten, den hinduistisch dominierten indischen Bundesstaat und das moslemische Pakistan. Kaschmir wurde geteilt. Der Nanga Parbat gehörte fortan zu Pakistan. Srinagar, die Hauptstadt des Landes, Ausgangspunkt so vieler Expeditionen, fiel an Indien. Die provisorische Grenze, hart umkämpft und nicht genau festgelegt, wurde gesperrt und damit auch die klassische Anmarschroute.

1950, während in London das Himalaja-Komitee über die nächste Everest-Expedition beriet, besetzten chinesische Truppen das bis dahin unabhängige Tibet. Das Staatsoberhaupt, der Dalai-

Lama, flüchtete nach Indien. Damit war der seit 1921 gefundene Weg von Norden über den Rongbuk-Gletscher blockiert. Als Alternative bot sich die in Nepal liegende Südseite an, auf die Mallory 1924 einen Blick geworfen, die er aber gräßlich gefunden hatte. Immerhin gaben die Nepalesen, aufgestört durch die chinesische Invasion, ihre außenpolitische Zurückhaltung auf und erlaubten erstmals Besuche des Landes. Überraschenderweise waren es die Franzosen, die sich noch vor den Engländern um eine Einreisegenehmigung bemühten und diese dank ihrer guten Beziehungen problemlos erhielten. Sie hatten sich den sechsthöchsten Berg der Erde, den 8167 Meter hohen Dhaulagiri, für eine Besteigung ausgesucht. Sie mußten nur noch den Zugang finden.

Bis auf die Lage und die Höhe des Berges wußten die Franzosen nichts. Es gab keine Karten, nur ein paar Fotos, die ein indisches Flugzeug beim Vorbeiflug aus 4600 Meter Höhe gemacht hatte. Der Berg befand sich westlich des Kali-Gandaki-Tals, der am tiefsten eingeschnittenen Schlucht der Erde, nur 33 Kilometer von einem anderen Achttausender, der 8091 Meter hohen Annapurna, entfernt. Lucien Devies, der Präsident des französischen Alpenvereins, der in Frankreich die Rolle im Himalaja-Bergsteigen spielte, die Younghusband in England innegehabt hatte, legte Wert auf einen Berg, der höher aufragte als der »Schicksalsberg der Deutschen«.

Unter Experten räumte man den Franzosen keine Chancen ein. Smythe, der erfahrene Himalaja-Bergsteiger, hatte das Prinzip der Annäherung an die Achttausender bündig formuliert: im ersten Jahr erkunden, im zweiten Jahr die Anstiege testen, im dritten Jahr der ernsthafte Gipfelversuch. Die französischen Himalaja-Erfahrungen beschränkten sich auf eine Riesenexpedition 1936 in den Karakorum. Man hatte sie wie »einen zweiten Angriff Napoleons auf Rußland« inszeniert, wie die Presse witzelte: mit 35 Sherpas, vierzehn Tonnen Gepäck und 800 Trägern. Als der

Monsun einsetzte, waren ihre Lager gerade einmal auf 6800 Meter vorgeschoben.

Devies bewunderte die Deutschen der »Münchner Schule«. Ihren Kampfgeist, ihre Unerschrockenheit, ihre Todesverachtung, die militärische Organisation ihrer Expeditionen, ihren kompromißlosen Einsatz für ein großes Ziel. Die Bücher von Welzenbach und Bauer, das »Kantsch-Tagebuch« Hartmanns, des Bergsteigers, der trotz erfrorener Füße »für Deutschland« weiterkletterte, waren sämtlich ins Französische übersetzt. Jetzt hatten die Deutschen wieder einmal verloren und schieden somit als Konkurrenten aus. Vom »Gentlemenbergsteigen« der Engländer hielt Devies nichts. Fiel der erste Achttausender an die »Grand Nation«, konnte niemand mehr Frankreichs führende Rolle im Alpinismus bestreiten. »Durch den Berg für das Vaterland« lautete das Motto des französischen Alpenvereins.

Die französischen Bergsteiger hatten die vierziger Jahre gut genutzt. Das Nordwändeklettern war jetzt auch bei ihnen Programm. Die Bergführer Lionel Terray und Louis Lachenal durchstiegen 1947 als zweite die Eigernordwand und absolvierten wie ihre Kameraden Gaston Rebuffat und Maurice Herzog die schwierigsten Alpenanstiege. Alle vier, dazu noch zwei der besten Amateurkletterer, Marcel Schatz und Jean Couzy, berief Devies in die Dhaulagiri-Mannschaft. Hinzu kamen Marcel Ichac, der schon 1936 im Karakorum als Kameramann dabeigewesen war, und Dr. Jacques Oudot als Arzt. Beide waren erfahrene Bergsteiger. Es war eine erstklassige Besetzung – die beste, die Frankreich aufbieten konnte.

Die Expeditionsleitung gab Devies in die Hände von Herzog. Von den vier Männern der Spitzengruppe war er der schwächste Bergsteiger, aber der geschickteste Organisator; außerdem besaß er einen fast krankhaften Ehrgeiz. »Für Frankreich« den ersten Achttausender zu erobern, sah er als seine ganz persönliche Mission an, und wie Bauer dachte er am Berg in militärischen Begriffen, er schlug »die Schlacht um den Gipfel«, führte »Angriffe«, stärkte die »Moral der Truppe«, hielt »Kriegsrat«, »mobilisierte« und schickte »Spähtrupps« vor. Herzog war das um zehn Jahre jüngere Alter ego von Devies, der krankheitshalber die Expedition nicht führen konnte.

Die vorbereitende Arbeit war mustergültig. Devies machte die Expedition zur Angelegenheit der ganzen Nation. Geld- und Ausrüstungsprobleme gab es nicht. Die Air France stellte ein Sonderflugzeug zur Verfügung. Die vom Himalayan Club angeworbenen Sherpas waren handverlesen und brannten darauf, bei der ersten Achttausender-Expedition nach dem Krieg dabeisein zu dürfen. Die Franzosen zahlten fürstlich und rüsteten sie ebenso gut aus wie die eigenen Leute. Devies setzte auf Qualität statt Quantität. Die eigentliche Mannschaft war mit sechs Bergsteigern klein gehalten, das Gepäck mit 3,5 Tonnen für den Himalaja bewußt karg bemessen.

Vor dem Abflug in Paris am 30. März 1950 unterschrieb jeder Teilnehmer einen Expeditionsvertrag. Er sah vor, daß nach der Rückkehr alle privaten Tagebücher und Filme abzuliefern seien. Der Expeditionsbericht werde von Herzog verfaßt, alle anderen verpflichteten sich, nichts zu veröffentlichen, denn es dürfe nur ein Buch und eine Meinung geben. Dann bat Devies zum Schwur als Voraussetzung für die Teilnahme: »Meine Herren! Ich bitte Sie, wie Ihre Vorgänger im Jahr 1936, nun den Eid zu leisten: Ich verpflichte mich ehrenwörtlich, dem Expeditionsleiter in allem, was er im Verlauf der Expedition von mir fordern wird, zu gehorchen.« Mit dieser Formel militärischer Unterordnung machte Devies die Bergsteiger zu Soldaten einer Idee. Bauer hatte es genauso getan – nur hatte er keine Schwüre nötig gehabt. Herzog wiederum sorgte dafür, daß diese Idee rein blieb, unbefleckt von materiellen Vorteilen und persönlicher Eitelkeit: »Jeder weiß, daß ihm nichts gehört und daß er nach der Rückkehr nichts zu erwarten hat.« Gerade deswegen würden sie im Fall ihres Sieges

Anspruch auf den höchsten Preis haben: die ungeteilte Dankbarkeit und Anerkennung der ganzen Nation.

Die Expedition passierte schon am 7. April die nepalesische Grenze, benötigte aber mehr als einen Monat, die Flanken und Zugänge des Dhaulagiri zu erkunden. Am 14. Mai faßte man den gemeinsamen Beschluß, den Berg aufzugeben. Nord- und Ostseite erschienen ungangbar. Die 4500 Meter hohe Südwand, »eine der furchtbarsten Himalaya-Wände« (Dyhrenfurth), schreckte selbst den Eiger-Bezwinger Lachenal. Die Westwand lag außerhalb ihrer Reichweite. In der Zwischenzeit hatte Oudot zusammen mit einigen Sherpas einen Weg zur Nordseite der Annapurna ausgekundschaftet. Aus Radiomeldungen erfuhr Herzog, daß um den 8. Juni der Monsun einsetzen würde. Es blieben also nur noch drei Wochen Zeit. Herzog setzte alles auf eine Karte.

Mit unglaublichem Schwung fräst sich die Mannschaft durch die vergletscherte Annapurna-Nordwand. Der Aufstiegsweg ist extrem gefährlich, da beständig von Lawinen bedroht. Herzog fährt volles Risiko. Am 23. Mai steht Lager II in 5900 Meter Höhe. Am 2. Juni, nachdem man sich durch tiefen Schnee gewühlt und 70 Grad steile Eishänge hinaufgehackt hat, beziehen Herzog und Lachenal Lager V in 7400 Meter Höhe. Sie sind von der Mannschaft in der besten Verfassung, aber die Nacht wird hart. Beide können nicht schlafen. Bergseitig drückt herunterrieselnder Schnee das Zelt auf Herzogs Seite immer mehr ein. Talwärts spürt Lachenal ein Abgleiten, obwohl ein Felshaken ihre Behausung sichert.

Mit dem Frühstück halten sie sich nicht auf. Statt dessen schlucken sie jeder eine Handvoll Maxiton-Tabletten, die den gleichen Wirkstoff wie Pervitin enthalten, Erschöpfung und Müdigkeit für Stunden verschwinden lassen und euphorische Gefühle auslösen. Gegen sechs Uhr brechen sie auf. Der »Sichelgletscher«, der sie zum Gipfel führt, ist steil, aber spaltenlos. Sie gehen unangeseilt, auch deswegen, weil ihnen das Seil viel zu schwer ist. Das Wetter ist klar und eisig kalt.

Sie arbeiten sich ohne künstlichen Sauerstoff hinauf. Keuchen. Machen zwei Schritte. Stehen still. Pumpen die dünne Luft in die Lungen. Jetzt einen Schluck Tee wäre schön. Oder Wasser. Doch es gibt nur trockenen, pulvrigen Schnee. Lachenal hat Angst, sich die Füße zu erfrieren. Aus Gewichtsgründen hat man auf die Filzinnenschuhe verzichtet, was kein guter Einfall war. Lachenal zieht sich den Schuh aus und massiert seine gefühllosen Zehen. Herzog marschiert wie ein Roboter. Unbeirrt zieht er seine Spur durch den Firn. Ist er so stark oder wirken jetzt die Tabletten? Es wird Mittag. Lachenal wird unruhig. Ist es das wert, daß er sich seine Füße erfriert? »Für Frankreich«? Als Vorbild der französischen Jugend? Lachenal liebt seinen Beruf. Als Invalide kann er ihn nicht ausüben. Er liebt die Berge. Ohne Füße kann er sie nicht erklettern.

»Wenn ich umkehre«, fragt er Herzog, »was machst du dann?« – »Ich gehe allein weiter«, antwortet Herzog ohne zu zögern. Damit ist die Entscheidung gefallen. Stirbt der Expeditionsleiter beim Aufstieg, und Lachenal hat ihn im Stich gelassen, wird ihn Frankreich zutiefst verachten. Kommt Herzog mit dem Gipfelsieg zurück, ist Lachenal ein Feigling. Also geht er weiter mit einem Irren, dem nicht nur das eigene, sondern auch das Leben des »Bergkameraden« egal ist. Denn »heute geht es um ein Ideal. Dafür ist kein Opfer zu groß«, wird Herzog später in seinem Annapurna-Buch schreiben. Das ist die neue Qualität des Achttausender-Bergsteigens – nicht die bessere Ausrüstung, die Perlonseile und Nylonzelte, die Daunenjacken und Vibramsohlen, nicht der Fortschritt der Höhenmedizin, sondern dieses knallharte »Entweder-oder«-Prinzip, das bewußte Eingehen des Risikos: »Dance or Die«. Maurice Herzog hat den Schlüssel zum Erfolg an den höchsten Bergen gefunden, Edmund Hillary am Everest und Hermann Buhl am Nanga Parbat werden seine gelehrigen Schüler.

Nordflanke der Annapurna.

Um zwei Uhr nachmittags am 3. Juni 1950 betreten Herzog und Lachenal als erste Menschen den Gipfel eines Achttausenders. »Die Mission ist erfüllt. Doch noch Größeres hat sich vollendet. Wie schön wird das Leben nun sein! Nie habe ich eine so große und reine Freude empfunden«, heißt es bei Herzog, der die Erfüllung seines Ehrgeizes im Rückblick als Wiedergeburt erlebt. »Bis da an existierte ich nicht, von da an war ich unsterblich.« Lachenal dagegen bleibt der nüchterne Bergführer. Den völlig euphorisierten Expeditionsleiter drängt er zum Abstieg, aber der will sich vom Gipfel nicht trennen, versteht den Gefährten nicht, der seine großen Gefühle offenbar nicht teilen kann. Gipfelfotos werden gemacht, die Trikolore gehißt. Lachenal reicht's. Er steigt ab. Herzog stolpert hinterher. Ist so berauscht von Triumph, Maxiton und der Größe Frankreichs, daß er die Handschuhe verliert und nicht mehr weiß, daß er noch Ersatz im Rucksack hat. So wankt er weiter ohne Schutz, das Wetter wird schlechter, ein scharfer Wind pfeift. Im Lager V sind Rebuffat und Terray wie verabredet als Sicherung der Gipfelgruppe eingetroffen. »Wir haben's geschafft! Wir kommen von der Annapurna!« sprudelt es aus Herzog heraus. Daß er sich beide Hände erfroren hat – die Finger sind weiß und hart wie Holz –, ist ihm gleichgültig.

Es ist erst der Beginn der Höllenfahrt. Lachenal hat das Zelt verfehlt und ist einen Schneehang hinuntergestürzt. Er liegt hundert Meter tiefer, ohne Mütze und Handschuhe, ohne Pickel und Steigeisen. Als ihm Terray zu Hilfe eilt, reißt er ihm den Pickel aus der Hand und will sofort nach unten, obwohl es gleich dunkel wird. Er fühlt, daß seine Füße erfroren sind. Mühsam schleppt man ihn ins Zelt zurück.

Am nächsten Morgen ist das Wetter schlecht, die Sicht fast null. Es stellt sich heraus, daß auch Herzogs Füße erfroren sind. Gestützt von Terray und Rebuffat, tappen die maroden Gipfelsieger durch den Nebel und verlieren den Weg. Sturm kommt

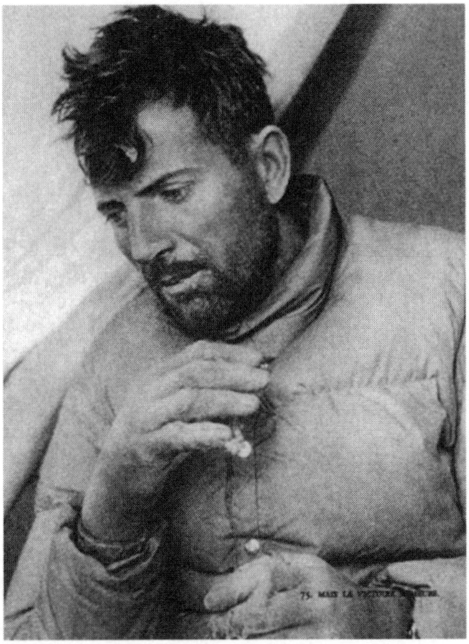

Maurice Herzog, der Expeditionsleiter der Franzosen 1950, mit erfrorenen Händen.

auf. Wie soll man sich schützen? Das erste Wunder kommt wie bestellt. Lachenal fällt unangeseilt in eine Gletscherspalte. Es ist für alle die Rettung, denn die Spalte ist nicht tief und wird zum Notbiwak für eine gräßliche Nacht. Herzog will sterben, und Terray massiert zwei Stunden lang dessen Füße. Morgens schüttet eine Lawine die Spalte zu. Fast eine Stunde wühlen sie nach ihren Schuhen.

Das Wetter ist immer noch schlecht, denken Terray und Rebuffat, denn sie sehen nur weiße Nebel. Aber der Himmel ist blau, wie ihnen Lachenal versichert. Die beiden sind schneeblind und werden nun von den Lahmen Lachenal und Herzog, der kaum noch ansprechbar ist, geführt. Ersterer ist so verwirrt, daß er barfuß absteigen will. In dieser Situation findet sie die zweite Reservemannschaft, vier Sherpas unter der Führung von Schatz und Couzy. Es ist ein Segen, daß die unteren Lager wie nach dem Lehrbuch besetzt sind, um Hilfe leisten zu können.

Der Abstieg nach Lager II, gesichert am Seil, beginnt. Da erwischt sie, mitten im Gletscherbruch, eine Neuschneelawine. Wie üblich im Himalaja, ist sie mit Eisbrocken durchsetzt. 150 Meter rast sie mit den Bergsteigern und Sherpas zu Tal, ehe sie die Betäubten und Zerschlagenen freigibt. Nun ist es Zeit für Wunder Nummer zwei: Niemand ist verletzt, niemand ums Leben gekommen. Im Lager verkündet Herzog Ichac und Oudot die Siegesbotschaft.

Der Rückmarsch ist ein einziger Schmerzensgang. Herzog hat sich Füße und Hände erfroren, Lachenals Zehen sind alle schwarz. In Tragsäcken schleppt man die beiden Männer durch das vom Monsunregen triefende feuchtwarme Kali-Gandaki-Tal. Der Weg ist stellenweise so ausgesetzt und schlüpfrig, daß ein Ausgleiten der Träger das Ende bedeutete. Die Extremitäten platzen auf, beginnen zu eitern. Die Wunden können nicht keimfrei gehalten werden. Wundbrand setzt ein. Jeden Abend operiert Oudot mal ein Stück Zeh, mal einen Finger. Das Fieber steigt bis 41 Grad, nur das reichlich verabreichte Penicillin rettet die beiden. Jeden Morgen spritzt ihnen Oudot Morphium. Anders sind die Schmerzen beim Transport nicht auszuhalten. Als sie das Flugzeug erreichen, sind alle Finger und Zehen von Herzog, von Lachenal nur die Zehen amputiert. Ungeachtet seiner verbundenen Gliedmaßen, wählt Herzog nicht den direkten Rückweg, sondern läßt sich nach Katmandu transportieren, um sich vom Maharadscha persönlich zum »Ehrengurkha« der fürstlichen Leibwache ernennen zu lassen. An der Seite des Monarchen nimmt Herzog die jährliche Militärparade ab, derweil Lachenal und die anderen geduldig in Delhi warten.

Frankreich feiert seinen Helden. Herzog wird »Monsieur Annapurna« und Ritter der Ehrenlegion. Präsident de Gaulle ernennt den Mann, der »der französischen Jugend wieder ein Ideal vermittelte«, später zum Sportminister. Bergsteigen kann Herzog nicht mehr, aber die Freude am Klettern war bei ihm sowieso weniger ausgeprägt als der Ehrgeiz. Sein Buch *Annapurna – Erster*

Achttausender wird in fünfzig Sprachen übersetzt und 15 millionenmal verkauft. Es finanziert mit Leichtigkeit die nächsten Auslandsexpeditionen des französischen Alpenvereins. Ichacs Film *Sieg über die Annapurna* besuchen in den ersten 33 Vorführungen mehr als 100 000 Zuschauer.

Das im Zweiten Weltkrieg gedemütigte Frankreich hatte im Himalaja die Niederlage gegen die Deutschen wettgemacht und erhob sich über den banalen Alltag von Depression, Inflation und der ersten schweren Kolonialkrisen in Algerien und Indochina. Das Selbstbewußtsein der »Grande Nation« war wiederhergestellt. Doch wie alle Siege barg auch dieser den Keim der Niederlage in sich. Frankreichs arrogante Haltung, daß man mit den aufständischen Vietnamesen und Moslems nur aus der Position des Siegers verhandeln dürfe, führte vom Gipfel der Annapurna geradewegs in den Dschungel von Dien Bien Phu.

Herzog spürte, was er der Nation schuldig war. Sein Bericht schildert einen harmonischen Expeditionsablauf und preist den »Sieg der Mannschaft«: »Dieser Sieg ist nicht der Sieg eines einzelnen, ein Triumph des Stolzes. Er ist der Sieg aller, ein Sieg menschlicher Brüderlichkeit.« Indem Herzog scheinbar bescheiden hinter die Mannschaft zurücktrat, erstrahlte sein persönlicher Erfolg in um so hellerem Licht. Jeder wußte, daß nur er, Herzog, den Gipfelsieg errungen hatte, denn nur er war bereit, sein Leben und das der anderen aufs Spiel zu setzen. Die Rolle, die er Lachenal zuschrieb – die des besorgten, aber beschränkten, die Erhabenheit des Augenblicks nicht begreifenden Bergführers –, hat diesen mächtig geärgert. Lachenals Meinung nach wäre Herzog in seinem verwirrten Zustand ohne ihn am Gipfel umgekommen; und ob die euphorischen Momente dort oben wirklich existierten, hat Reinhold Messner, der es wissen muß, in Zweifel gezogen. Dem breiten Publikum gefiel Herzogs Darstellung. So wollte es seinen Helden sehen, und die Erinnerung an Lachenal und die anderen Expeditionsmitglieder verblaßte rasch.

Erst nach sechzehn Operationen und mehreren Jahren harten Trainings gelang es Lachenal, wieder in seinem alten Beruf als Bergführer Fuß zu fassen. Aber er war nicht mehr so leistungsfähig wie früher. Die alte tänzerische Leichtigkeit im Fels war dahin und damit gerade das, was er wirklich am besten konnte. Für ihn, der nicht die politische Begabung eines Herzog besaß, eröffnete die Annapurna kein neues Leben. Daß er auf dem Gipfel bloß »eine schmerzliche Leere« gespürt hatte, wollte ohnehin niemand wissen. 1955 fiel er am Montblanc zum zweiten Mal in eine Gletscherspalte. Diesmal war der Sturz tödlich.

Herzog wußte, daß nur seine Leistung überdauern würde. Bei der Rückkehr schenkte er dem Alpenclub gleichsam als Reliquie seine persönliche Ausrüstung, »das Handwerk des Sieges«. Schlauer als Buhl hatte er seinen Pickel, »das Symbol des Kampfes«, nicht im Gipfelfirn stecken lassen, sondern wieder mitgenommen und nur eine leere Büchse Kondensmilch hinterlassen.

ENGLISCHES ZWISCHENSPIEL

Die Nachricht vom Erfolg der Außenseiter, die gleichsam im Vorbeigehen, ohne Himalaja-Erfahrung und -Tradition, den ersten Achttausender bestiegen hatten, schlug in London wie eine Bombe ein. Seit dreißig Jahren versuchten sich die Briten am Everest, hatten acht Expeditionen ausgerüstet und den Gipfel nicht erreicht. Es war nachgerade peinlich. Gegenüber den Franzosen sahen die »Väter des Bergsteigens«, die doch angeblich einer Nation von Eroberern und Abenteurern zugehörten, wie Großväter aus. Ihr Anspruch, den höchsten Berg der Erde exklusiv für sich zu reservieren, der ohnehin durch die politischen Veränderungen gefährdet war, wankte bedenklich. Selbst mit ganz neuen Konkurrenten war zu rechnen. Die Annäherung des kommunistischen

China an die Sowjetunion würde vielleicht schon bald einen Ersteigungsversuch russischer Bergsteiger zulassen.

In dieser Situation entschloß sich das aus Alpine Club und Royal Geographical Society zusammengesetzte Himalaja-Komitee zum sofortigen Handeln und schickte im Jahr 1951 eine Erkundungsexpedition zur Südseite des Everest. Zum Leiter bestimmte sie einen der erfahrensten britischen »Himalaja-Männer«, Eric Shipton, der bei allen vier englischen Expeditionen der dreißiger Jahre dabeigewesen war und sich bei der Erforschung des Karakorum große Verdienste erworben hatte. Zwei junge neuseeländische Alpinisten, die gerade im indischen Himalaja kletterten, baten, sich ihm anschließen zu dürfen. Shipton hatte nichts dagegen. Einer von ihnen hieß Edmund Hillary.

Shipton brach im August mit nur drei Begleitern auf. Er sah den neuen Anlauf als Chance, die Fixierung auf die Nordseite zu beenden. Die alte Route setzte einfach zuviel gutes Wetter über längere Zeit voraus. Der neue Anmarschweg, heute längst die klassische, mit Restaurants und kleinen Hotels touristisch ausgebaute Route, führte durch die malerische Landschaft des Solo-Khumbu-Gebiets. Die üppige Vegetation und die freundlichen Menschen gefielen Shipton sehr viel besser als die öden, wüstenhaften Strecken im tibetischen Norden. Von Namche Bazar, dem Hauptort aus, marschierte er zum Kloster Tengboche in knapp 4000 Meter Höhe. Von dort aus stieß er Ende September zum Khumbu-Gletscher, dem Zugang zur Everest-Südseite, vor.

Shipton hatte 1935 einen Blick hinunter auf die Südseite werfen können. Er wußte, daß sich der Gletscher aus einem riesigen, von Everest, Lhotse und Nuptse gebildeten Becken, dem Western Cwm, durch ein enges Tal nach Westen herauspreßt. Auf einer Länge von anderthalb Kilometern fällt dieser Eisbruch 600 Meter tief hinab und bewegt sich pro Tag ein bis zwei Meter vorwärts. Gigantische Eistürme drohen jeden Moment einzustürzen, weitklaffende Spalten müssen überbrückt werden, grundloser Schnee hindert das Vorwärtskommen. Nichts dort scheint berechenbar, dennoch wollte Shipton in Erfahrung bringen, wie hoch das Becken lag. Ende Oktober wußte er es: Dieser ruhige flache Teil des Gletschers, später wird man ihn das »Tal des Schweigens« nennen, liegt 7000 Meter hoch. Eine mögliche Route hinauf zum 7879 Meter hohen Südsattel hatte somit nur knapp 900 Meter zu überwinden, der Gratweg zum Gipfel schloß sich steil, aber gangbar an.

Wie gefährlich der Eisbruch war, zeigte sich, als auf einer Länge von 300 Metern die Eistürme über Nacht zusammenstürzten und den mühsam präparierten Anstiegsweg unter sich begruben. W. H. Murray, einer der Teilnehmer der Expedition, gewann den Eindruck, »daß der Gletscher an unberechenbaren Zuckungen litt«. Ins Western Cwm vorzudringen, sich den Weg hinauf zum Südsattel und weiter genauer anzusehen, war unmöglich. Eine riesige Spalte sperrte im oberen Bereich das ganze Tal. Hillary wollte es trotzdem riskieren, aber Shipton lehnte ab, weil er das Leben der Sherpas nicht aufs Spiel setzen wollte. Dennoch sah es jenseits der Gefahrenzone sehr vielversprechend aus. Das Himalaja-Komitee ließ sich Zeit, die Ergebnisse sorgfältig zu prüfen. Dann beantragte es bei der Regierung von Nepal eine Besteigungserlaubnis für 1952. Sie wurde abgelehnt. Die Schweizer waren schneller gewesen.

Wie die Franzosen waren die Schweizer Außenseiter. Sie verfügten über hervorragende Bergsteiger, aber über keinerlei Erfahrung im Himalaja. Dennoch wollte das Himalaja-Komitee kein Risiko eingehen und bot ihnen eine gemeinsame britisch-schweizerische Unternehmung unter der Leitung von Shipton an. Die Konkurrenz begriff sofort, daß der Erfolg dann ein englischer gewesen wäre – und lehnte ab. Jetzt konnte man in London nur noch beten. Immerhin sicherte man sich die Besteigungsgenehmigung für das darauffolgende Jahr: 1953.

In Deutschland, zerstört durch den Krieg, aufgeteilt in Besatzungszonen, überfüllt mit Flüchtlingen, damit beschäftigt, sich zu »entnazifizieren« und aufzuarbeiten, was geschehen war, hatte man zunächst anderes zu tun, als über Expeditionen nachzudenken. Schon bald aber eröffnete die Währungsreform neue Perspektiven, die Nürnberger Prozesse gingen zu Ende, und mit dem Begriff der »Stunde Null« fand man die Formel, die es erlaubte, alles neu beginnen zu lassen und nur noch nach vorne, nicht mehr zurück zu schauen.

Die Aktivitäten der Franzosen und Engländer riefen Bauer und seine Deutsche Himalaja-Stiftung (DHS) wieder auf den Plan. Im Oktober 1951 veranstaltete Bauer im Münchner Ärztehaus eine Gedenkstunde zum 20. Todestag Hermann Schallers, des 1931 am Kangchendzönga abgestürzten Bergsteigers. Mit Bechtold, Rebitsch und Ruths, den Himalaja-Veteranen aus den dreißiger Jahren, sprach er über Möglichkeiten eines neuen »Angriffs«. Bauer hatte jedoch ein Problem. Er selbst war bei der Entnazifizierung zwar nur als »Mitläufer« eingestuft worden, durfte also seinen Beruf als Notar weiter ausüben, gegen die DHS aber lief ein Prüfungsverfahren wegen des Verdachts einer nationalsozialistischen Organisation. Keine sonderlich guten Voraussetzungen, um in das Wettrennen um die Achttausender einzugreifen. Außerdem war nicht genügend Geld in der Kasse.

An jenem Oktoberabend wurde Bauer von einem Mittdreißiger angesprochen, einem praktischen Arzt namens Dr. Herrligkoffer, der sich als Halbbruder Willy Merkls vorstellte und ihn fragte, ob er nicht bei einer der nächsten Nanga-Parbat-Expeditionen als Arzt mitreisen dürfte. Bauer kannte den Mann, und er mochte ihn nicht.

Karl Maria Herrligkoffer kam am 13. Juni 1916 in Schweinfurt zur Welt. Willy Merkl und er hatten die gleiche Mutter. Der sechzehn Jahre ältere Halbbruder war in Kindheit und Jugend sein bewundertes Vorbild. Als Merkl am Nanga Parbat starb, wurde er sein Idol. Bauer teilte Herrligkoffers Heldenverehrung ganz und gar nicht, zumal er ihm alles andere als ideelle Gründe unterstellte. Zähneknirschend hatte Bauer damals der Herausgabe eines Willy-Merkl-Gedächtnisbuches zugestimmt, obwohl er es für völlig überflüssig hielt. Er mußte auf die guten Beziehungen Herrligkoffers zum Reichssportführer von Tschammer und Osten Rücksicht nehmen. Jetzt, 1951, lehnte Bauer brüsk ab.

Herrligkoffers Anspruch, das »Erbe« Merkls anzutreten, richtete sich nicht auf die »schweren Fels- und Eisfahrten«, die sein Halbbruder so geliebt hatte. Er trat zwar der Sektion München des DAV bei, aber seine Versuche, sich als Bergsteiger zu profilieren, gingen über Anstiege in der Kampenwand kaum hinaus. Es mochte mit dem Herzfehler zusammenhängen, der sechs Wochen vor dem Abitur bei ihm festgestellt wurde. Er bewahrte Herrligkoffer vor Reichsarbeits- und Wehrdienst, hinderte ihn aber nicht beim Aufbau seiner Arztpraxis und bei der Durchführung von insgesamt zwanzig Himalaja-Expeditionen.

Das Verhalten Bauers kränkte ihn tief. Er konnte es nicht anders als Verachtung interpretieren. Der Feind Willy Merkls war auch sein Feind. Der Verdacht, Bauer habe den toten Bruder 1938 nicht bestattet, sondern über die Südostwand des Nanga Parbat »entsorgt«, hat genau hier seinen Ursprung. Herrligkoffer entschloß sich zu einer »Pilgerfahrt«. Er würde eine eigene Expedition auf die Beine stellen, um das »Vermächtnis« seines toten Bruders zu erfüllen. Den letzten Brief, den Merkl am 21. Juni 1934 an die Familie geschickt hatte, trug er wie einen Talisman ständig bei sich.

Am 10. Oktober 1951 wandte er sich an den Spendensammler der 34er-Expedition, Heinz Baumeister, und bat ihn um Rat. Der »Willy-Merkl-Weg«, wie er den Aufstieg über die Rakhiot-Flanke nannte, müsse noch einmal versucht werden. Bewußt wählte er dieses Datum – »Willy's 51. Geburtstag!« –, um die Bedeutung seiner Bitte zu unterstreichen. Merkl ist freilich am 6., nicht am 10. Oktober geboren. Anschließend konzentrierte sich Herrligkoffer mit unglaublicher Zähigkeit und Ausdauer darauf, Persönlichkeiten des öffentlichen Lebens zur Unterstützung seiner Nanga-Parbat-Idee zu gewinnen. Was er zu bieten hatte, war herzlich wenig: eine Habilitation in Medizin und eine Arztpraxis. Was ihm fehlte, lag auf der Hand: Er besaß weder Himalaja-Erfahrung noch einen Ruf als Bergsteiger. Im DAV war er unbekannt. Abgesehen von seiner Zeit als Ortsjugendführer im Münchner Stadtteil Sendling hatte er nie eine leitende Funktion ausgeübt. Er war kein Wissenschaftler, kein Spezialist für Höhenmedizin, er sprach kaum Englisch. Sein einziges Buch, von dessen 235 Seiten er gerade einmal 19 selbst geschrieben hatte, war längst vergriffen. Er hatte keine Beziehungen zur Presse, kein Geld, einen Herzfehler und sich durch nichts hervorgetan. Er war der Halbbruder Willy Merkls und hieß nicht einmal wie er. Was für eine magische Anziehung muß ein Berg haben, daß man darüber all das vergessen konnte?

Während Herrligkoffer antichambrierte, war auch Bauer in der gleichen Sache unterwegs, allerdings ohne von Herrligkoffers Plänen zu wissen. Erst am 19. Juli 1952 platzte die Bombe. Unter der Überschrift »Neuer Sturm auf den ›deutschen Berg‹ im Himalaja« veröffentlichte Herrligkoffer in der *Süddeutschen Zeitung* seinen Plan einer »Willy-Merkl-Gedächtnis-Expedition«. Er präsentierte ein hochkarätiges Kuratorium und rief in dessen Vertretung zu Spenden für einen »Merkl-Fonds« auf. Hinter Herrligkoffer standen unter anderen: die Präsidenten der Münchner Börse, der Industrie- und Handelskammer, des Bayerischen Bauernverbands, der Handwerkskammer und der Oberpostdirektion, die Direktoren der Münchner Universitätsklinik, der Bayerischen Hypotheken- und Wechselbank und der Bayernwerke, der Vorsitzende des Journalistenverbands, der Rektor der Universität

München, die bayerischen Minister für Inneres und Wirtschaft und sogar der Bundesfinanzminister. Einsamer Höhepunkt seines Sympathiefeldzugs für den »Nackten Berg« aber war der über allen thronende Ehrenprotektor. Es war der Münchner Oberbürgermeister Thomas Wimmer, ein Urbild von Popularität und Integrität.

Bauer konnte seine Pläne begraben. In einem Brief an seinen Freund Ernst von Siemens erklärte er seinen Verzicht, »da soviel bedeutende Namen dabei sind«. Herrligkoffer war der neue Mann und das nicht nur, weil er zwanzig Jahre jünger als der nunmehr 55 Jahre alte Bauer war, sondern weil er den Nanga-Parbat-Gedanken verkörperte, ohne politisch vorbelastet zu sein. Bauer war als NSDAP-Mitglied und Sportfunktionär des Dritten Reiches genauso desavouiert wie seine Himalaja-Stiftung. Wagte er sich öffentlich vor, mußte er jederzeit mit Enthüllungen von seiten seiner nicht wenigen Gegner rechnen. Dagegen bot Herrligkoffer mit seiner Merkl-Verehrung einen rührend-familiären Zugang zum »deutschen Schicksalsberg«, der noch im nachhinein die nationalsozialistische Überhöhung der Expeditionen zugunsten der rein menschlichen Tragödie vergessen ließ. Unter dem Schleier der Bruderliebe und mit neuem Personal durfte alles so sein, wie es früher war, einschließlich »Vermächtnis«, »Eid«, »Bergkameradschaft« und »Gipfelfahne«. Devies und Herzog hatten an der Annapurna meisterhaft auf dieser Klaviatur gespielt. Daß dann am Nanga Parbat am Ende eine andere, schrillere Melodie erklang, lag einzig am Selbstbewußtsein eines Mannes: Hermann Buhl.

Mittlerweile kamen vom Everest gute Nachrichten für die Engländer. Nur 250 Meter unter dem Gipfel waren die Schweizer umgekehrt. Ihre Höhe von 8600 Metern war die höchste je von Menschen erreichte. Von den beiden Männern der Spitzenseilschaft war einer der Sherpa Tensing Norgay. Er hatte schon an elf Himalaja-Expeditionen teilgenommen. Im Register der fähigsten Hochträger, das der Himalayan Club führte, stand über ihn zu lesen: »technisch der beste aller Sherpa, geeignet, in schwierigem Gelände zu führen«. Er war auch schon am Nanga Parbat gewesen, 1950, als drei englische Alpinisten eine selbstmörderische Winterbesteigung des Berges versuchten. Als Anführer der Sherpa hatte er sich geweigert, über 4500 Meter aufzusteigen. Er wußte, warum. Tausend Meter höher verschwanden zwei der Bergsteiger spurlos in einem Schneesturm.

Inzwischen hatte der Nanga Parbat für die Deutschen noch an Attraktion gewonnen. Fiel der Gipfel, hatte man die Franzosen um 36 Meter geschlagen und ihnen damit die Krone des höchsten erstiegenen Berges entrissen. Nur der erste Achttausender konnte es nicht mehr sein.

Noch vor seinem Spendenaufruf informierte Herrligkoffer den DAV und bat um Unterstützung. Dort wußte man den plötzlich aufgetauchten Nanga-Parbat-Mann genausowenig einzuschätzen wie anderswo und setzte sich erst einmal mit der DHS in Verbindung. Die Monate Juli und August vergingen mit intensiven Telefonaten und Korrespondenzen all derjenigen, die sich zuständig fühlten, bis schließlich Oberbürgermeister Wimmer am 29. August eine Sitzung aller Beteiligten anberaumte, um die Expedition auf eine möglichst breite gemeinsame Basis zu stellen. Geladen waren Vertreter des DAV, der Sektion München, der DHS (Bauer und Bechtold), des Kuratoriums und natürlich Herrligkoffer.

Mittlerweile war bekannt, wen Herrligkoffer in den Himalaja mitnehmen wollte. Er war realistisch genug, die eigentliche Expedition am Berg nicht selbst zu führen. Seine Rolle sollte die des Organisators bis zum Basislager sein. Dazu kam die medizinische Betreuung. Für die Besteigung selbst waren zwei »bergsteigerische Leiter« zuständig: Peter Aschenbrenner, der mit Merkl 1932 und 1934 am Berg gewesen war, und Andreas Heckmair, der Eiger-Bezwinger. Aus München und Bayern kamen die Bergsteiger Köllensperger, Bitterling, Kempter und Eschner, dazu noch die

Österreicher Dr. Walter Frauenberger – der als stellvertretender Expeditionsleiter fungierte – und Mathias Rebitsch, Mitglied der 38er-Expedition am Nanga Parbat. Seine Zusage stand allerdings noch nicht endgültig fest. Buhls Teilnahme war nicht vorgesehen.

Die Sitzung verlief in gereizter Stimmung. Die von Herrligkoffer vorgetragenen Pläne fanden alle Anwesenden unzureichend. Bauer, in diesem Bereich wirklich kompetent, ließ kein gutes Haar an ihnen und verwies darauf, daß Heckmair eine Fehlbesetzung sei, Aschenbrenner im Ausland wegen seines Verhaltens 1934 einen schlechten Ruf habe und Rebitsch angesichts dieses offensichtlichen Dilettantismus sowieso nicht mitkäme. Im Gegenzug rieb ihm Herrligkoffer seine nationalsozialistische Vergangenheit und seine Rolle im Dritten Reich unter die Nase. Wimmer wies einen konstruktiven Ausweg. Man bildete einen neunköpfigen Arbeitsausschuß zur Vorbereitung der Expedition, dem Herrligkoffer seinen endgültigen Expeditionsplan präsentieren sollte.

Ende Oktober legte Herrligkoffer einen »vorläufigen« Plan vor. Mitte November beriet ihn der Arbeitsausschuß. Seitens der DHS formulierte Bauer eine vernichtende Stellungnahme: »Große Positionen waren einfach über den Daumen gepeilt. Andere gedankenlos von einer alten Liste der Expedition 1934 abgeschrieben. Wo es Details gab, zeigten sich sofort schwerwiegende Fehler, die vollkommene Unkenntnis verrieten. Es ist mit Händen greifbar, ohne daß man die Einzelheiten zu prüfen braucht, daß die Rechnung nicht stimmen kann.« Ferner kritisierte Bauer die unklaren Zuständigkeiten in der Expeditionsleitung und stellte schließlich Herrligkoffer selbst in Frage. Er sei kein Bergsteiger, habe keinerlei Auslandserfahrung, seine theoretischen Kenntnisse seien mangelhaft, seine organisatorischen Vorbereitungen ein einziges Chaos. »Wir würden uns lächerlich machen, wenn Deutschland als Leiter der ersten großen Expedition nach dem Zusammenbruch einen solchen Mann aussenden würde.« Auch der DAV kam zu einem negativen Urteil: »Der Plan weist in sich so viele Schwächen auf, daß der DAV glaubt, die Mitverantwortung dafür nicht übernehmen zu können.« Mit 20 zu 3 Stimmen lehnte der Hauptausschuß jede Unterstützung Herrligkoffers ab.

Die Auseinandersetzungen wirkten sich auf die Zusammensetzung der Mannschaft aus. Heckmair, der in dem über 50jährigen Aschenbrenner einen lästigen Konkurrenten um die bergsteigerische Leitung sah, versuchte die erfahrenen Himalaja-Bergsteiger Rebitsch und Ruths zu gewinnen. Sie waren mit Bauer am Nanga Parbat gewesen und hätten zwischen den streitenden Parteien eine Brücke schlagen können. Herrligkoffer witterte Verrat und warf Heckmair und Rebitsch aus der Mannschaft. Statt ihrer berief er Kuno Rainer und Buhl. Der ÖAV war so begeistert über die Teilnahme von nunmehr vier Österreichern, daß er seine volle Unterstützung zusagte. So gesehen verdankt Herrligkoffer eigentlich Bauer und Heckmair den Bergsieg über den Nanga Parbat. Ohne deren Widerstand wäre Buhl gar nicht in die Mannschaft gekommen.

Hatte Bauer gehofft, Herrligkoffer stoppen zu können, so sah er sich getäuscht. Der »Vater des Himalayagedankens« hatte gesprochen, der Blitz war herniedergezuckt, aber Herrligkoffer machte einfach weiter. Er kümmerte sich nicht um die Voten von DHS und DAV und fand es nicht einmal nötig, gegenüber dem Kuratorium einschließlich Wimmer das vernichtende Prüfungsergebnis des Ausschusses zu kommentieren. Er veranstaltete statt dessen eine Pressekonferenz, in der er zusammen mit dem Oberbürgermeister über die enormen Fortschritte in der Expeditionsvorbereitung berichtete. Vor allem war sein Talent als »Fund-Raiser« zu bewundern, der mit dem Zauberwort Nanga Parbat die Firmen, die in den dreißiger Jahren Merkls und Bauers Expeditionen ausgerüstet hatten, zu großzügigen Spenden überredete.

Von der Firma Deuter kamen fünfzig Zelte, März lieferte hundert Pullover, Bogner 85 Spezialanoraks. Agfa, Draeger, Leitz, die

AEG und Telefunken, Leder- und Pharmafirmen sowie Dutzende mittelständischer Betriebe statteten die Expedition kostenlos mit ihren Produkten aus. Neuentwickelte Luftmatratzen und Daunenschlafsäcke, Schuhe mit Profilgummisohlen und Filzinnenschuhen, Perlonseile und Kameras, Lebensmittel und Arzneien, Funkgeräte und eine Sauerstoffausrüstung für den Notfall, sogar ein DKW-Motor, der als Lichtmaschine dienen sollte, stapelten sich im Lager. Am Ende waren es neun Tonnen Material.

Auch in späteren Jahren konnte Herrligkoffer immer mit Unterstützung aus der Wirtschaft rechnen. Rückblickend nannte einer der Sponsoren den Grund: »Als wir Deutsche nach dem Krieg in der Welt noch der letzte Dreck waren, ist einer aufgestanden und hat die Nanga-Parbat-Expedition auf die Beine gestellt, die durch Hermann Buhl so erfolgreich war. Da war dann in der Weltpresse etwas ganz anderes zu lesen als über die gefürchteten Deutschen in den dreißiger und vierziger Jahren. Das hat uns damals unendlich viel geholfen, und das vergessen wir dem Herrligkoffer nicht.«

Am 21. Januar 1953 läutete ein Artikel in der Zeitschrift *Revue* die nächste Runde der Schlammschlacht ein. Der Alpinjournalist Walter Pause, ein Freund Herrligkoffers, rekapitulierte die »braune Vergangenheit« der DHS und beleuchtete ausführlich die Rolle, die Bauer 1934 beim »Ehrengericht« gegen Aschenbrenner und Schneider gespielt hatte. Herrligkoffer beförderte ihn prompt zum Pressesprecher der Expedition. Der Vorstoß war insofern gewagt, als auch Herrligkoffer NSDAP-Mitglied gewesen war. Er selbst übergeht diese Tatsache in seiner Autobiographie und rühmt statt dessen seinen Vater, einen Bahnhofsvorstand und überzeugten Sozialdemokraten, der sich weigerte, anläßlich der »Machtergreifung« 1933 die Hakenkreuzfahne zu hissen, und deswegen strafversetzt wurde.

Bauer wiederum versorgte das Bundeskanzler- und das Auswärtige Amt, zahlreiche Bundestagsabgeordnete – darunter Franz

Josef Strauß –, den DAV und Wimmer mit seiner negativen Beurteilung des Unternehmens. »Alle Nationen«, schrieb Bauer anklagend, »schicken ihre besten Männer, wir schicken einen Außenseiter.« In einem Brief an das Innenministerium kritisierte er Herrligkoffers Auswahlkriterien bei der Mannschaft, ganz so, wie er es zwanzig Jahre vorher im Fall Merkl getan hatte: »Herrligkoffer hat nicht erkannt, daß man für einen Angriff auf einen Achttausender eine fest geschlossene Mannschaft braucht. Er hat seine Leute angeworben, wo er sie fand. Mit einigen Ausnahmen sind die Leute Spitzenklasse. Doch es gibt noch lange keine Mannschaft, wenn man ›die Besten‹ aus allen Clubs zusammenruft.« Das war schon damals nicht richtig gewesen, jetzt war es falsch.

Ende Januar lieferte ihm Herrligkoffer unfreiwillig neue Munition. Wegen der Besteigungsgenehmigung wandte er sich an die Regierung von Kaschmir, die aber aufgrund der Teilung des Landes gar nicht zuständig war. Um die Scharte auszuwetzen, flog er nach Karatschi, nur um festzustellen, daß der Instanzenweg über das Auswärtige Amt in Bonn führte. Angesichts dieser Unfähigkeit konstatierte Bauer ein »fünfstelliges Lehrgeld« zuungunsten der Expeditionskasse.

Doch alles Intrigieren war umsonst. Mochte Bauer noch so sehr auf seine Erfahrungen verweisen: Die deutsche und österreichische Öffentlichkeit wollte wieder Bergsteiger am Nanga Parbat sehen. Wer es schaffte, sie dort hinzubringen, war ihr Mann. Nicht minder geschickt als bei den Sachspenden der Industrie organisierte Herrligkoffer den Geldfluß für seine Expedition. ÖAV und die Sektion München stifteten größere Beträge, die öffentliche Sammelaktion zündete, erstmalig bei einer deutschen Expedition verkaufte man Buch- und Zeitschriftenrechte im voraus. Das von Herrligkoffer zu schreibende Werk brachte einen respektablen Vorschuß von 24 000 DM ein (was dem Preis von vier Mittelklassewagen entsprach), mit 20 000 DM war die exklusive Berichterstattung honoriert, die, verfaßt von Freund und Pressesprecher

Pause, in der *Revue* erscheinen sollte. Was an den benötigten 250 000 DM noch fehlte, brachte der Filmregisseur, Kameramann und Bergsteiger Hans Ertl mit. 80 000 DM zahlte die Deutsche London-Film, wofür Ertl sein bolivianisches Exil um so lieber verließ, als es sein alter Traum war, einen Nanga-Parbat-Film zu drehen.

Bauer war entsetzt. Ertl sei »ein Bankrotteur und eine rücksichtslose Raubtiernatur«, schrieb er an seinen Vertrauten Peter Aufschnaiter. Doch anders als 1936 hatte er keine Möglichkeit, Ertls Filmambitionen zu verhindern. Daß neben Aschenbrenner, den er für »nicht befähigt« hielt, »die Leitung eines so großen Unternehmens zu meistern«, nun auch noch Ertl zu Herrligkoffer stieß, muß ihm wie eine Verschwörung seiner alten Gegner erschienen sein. Zur Sitzung im Bonner Bundesinnenministerium am 2. März 1953, in der über die Ausreisegenehmigung entschieden wurde, lud man die DHS und Bauer gar nicht mehr ein. Herrligkoffer erhielt die Reisepässe, und der DAV begann eine vorsichtige Annäherung schon deshalb, weil alle Teilnehmer der Expedition auch Mitglieder des Alpenvereins waren.

Es konnte losgehen. Zum Dank für die Unterstützung des ÖAV betitelte Herrligkoffer das Unternehmen »Deutsch-Österreichische-Willy-Merkl-Gedächtnis-Expedition«. Neunzehn Jahre nach dem Tod seines Halbbruders würde er alles genauso wie dieser machen. Er hatte die besten Bergsteiger aus Deutschland und Österreich nach ihrer Leistung ausgewählt. Er nahm mit Aumann und Bitterling zwei Freunde mit, denen er vertrauen konnte, so wie Bechtold Merkls Vertrauter gewesen war. Er hatte die alten Materiallisten Merkls kopiert und sie mit neuer Ausrüstung ergänzt: winddichten Anoraks – »Als Muster hatte der uralte Himalaya-Anorak meines Bruders gedient« – und leichteren Seilen, mit leistungsfähigeren Funkgeräten, stählernen, zwölfzackigen Steigeisen, wärmeren Schlafsäcken und filzgefütterten Schuhen. Wie Merkl verzichtete er auf künstlichen Sauerstoff. Aufstiegsweg und Taktik waren die gleichen wie 1934. Die Mannschaft bildete eine

Gemeinschaft, der sich der einzelne unterordnete. Dafür stand Aschenbrenner, der bergsteigerische Leiter, der damals an vorderster Stelle dabeigewesen war. Sogar das Schiff, das sie nach Pakistan brachte, trug den gleichen Namen: »Victoria«. Für Herrligkoffer war es eine »Pilgerfahrt«, eine »Wallfahrt des Herzens«. Er packte die alten Marius-Erikson-Skier seines Bruders und eine bronzene Gedenktafel ein, um sie am Mohrenkopf, dem Sterbeort Merkls, zu befestigen.

Vor der Abreise unterschrieben alle Teilnehmer einen Expeditionsvertrag. Es waren zwei engbedruckte Seiten mit neun Paragraphen, die Herrligkoffer fast wörtlich aus Bauers Verträgen der dreißiger Jahre übernahm. Paragraph drei lautete: »Ich werde den Anordnungen des Expeditionsleiters Folge leisten und mich seinen Entscheidungen fügen.« Paragraph vier verbot, »eigenmächtig Nachrichten über das Unternehmen in die Öffentlichkeit gelangen zu lassen«, kam also einem Maulkorb gleich. Die Paragraphen fünf und sechs erlaubten, ohne zeitliche Befristung, Veröffentlichungen und Vorträge über die Expedition nur mit Genehmigung des Expeditionsleiters. Paragraph sieben übertrug das Urheberrecht und damit die Auswertung »aller während der Expedition aufgenommenen Lichtbilder und Filme« sowie die Rechte an »Aufsätzen, Vorträgen und sonstigen Formen der Mitteilung«, also auch die an Tagebüchern, »zeitlich und örtlich unbeschränkt« auf die von Herrligkoffer gegründete und von ihm geleitete »Gesellschaft zur Förderung deutscher Forschung im Ausland e.V.«. Eventuelle Rechtsstreitigkeiten sollte ein Schiedsgericht unter Ausschluß des Rechtsweges regeln. Das Schiedsgericht war Dr. Karl Maria Herrligkoffer. Aber das war so gut formuliert, daß es keiner merkte.

1953 würde ein großes Himalaja-Jahr werden. Nicht nur die Deutschen brachen auf. Eine amerikanische Expedition bereitete sich auf die Besteigung des K2 vor, Schweizer gingen zum Dhaulagiri, und die Engländer zogen finster entschlossen zum Everest.

Am 17. April 1953 bestiegen alle Teilnehmer bis auf Peter Aschenbrenner den Zug nach Genua. Der bergsteigerische Leiter hatte sich ausgebeten, per Flugzeug nachkommen zu dürfen und spätestens am 1. Juli die Expedition wieder zu verlassen. Er baute in seinem Heimatort Kufstein ein Haus. Er und Dr. Walter Frauenberger waren mit 51 und 45 Jahren die ältesten und erfahrensten Teilnehmer. Frauenberger, Landgerichtsrat im Pongau, galt als Ideal eines Bergsteigers, besonnen, zäh, umgänglich. 1938 war er mit einer österreichischen Expedition im indischen Teil des Himalaja gewesen. Aufgabe beider sollte sein, die Spitzengruppe der jungen Kletterer in die beste Ausgangsposition zu bringen und ihnen den Rücken freizuhalten.

Gleichfalls Mitte Vierzig war der als »Kameramann« vorgesehene Hans Ertl. Daß er bergsteigerisch mitreden würde, hätte jedem klar sein müssen, der seinen Lebenslauf kannte. Der Erstdurchsteiger von Königsspitze- und Ortler-Nordwand hatte Dyhrenfurth 1934 in den Karakorum begleitet und kam gerade von einer Südamerika-Expedition. In den Anden hatte er im Alleingang den 6462 Meter hohen Illimani bestiegen. Mit dem Filmprojekt wollte er an Erfolge der dreißiger Jahre anknüpfen, in denen er als bester Kameramann Leni Riefenstahls ihren Olympiade-Film entscheidend mitgestaltete. 1935 drehte er mit ihr den Propagandastreifen *Tag der Freiheit – Unsere Wehrmacht* anläßlich des Parteitags der NSDAP in Nürnberg, der im Zeichen der Wiedereinführung der allgemeinen Wehrpflicht und der hier verkündeten Rassegesetze stand. 1938 erhielt er den Auftrag, den Staatsbesuch Hitlers in Italien zu filmen. Im Zweiten Weltkrieg machte er als Kriegsberichterstatter Karriere. Generalfeldmarschall Rommel, dessen Afrikafeldzug er begleitete, war von Ertls Dokumentarfilm so begeistert, daß er ihm das Eiserne Kreuz verlieh. In den Kaukasus versetzt, drehte er die Besteigung des Elbrus durch deutsche Gebirgsjäger nach. Die Aufnahmen erhielten einen bevorzugten Platz in der in allen Kinos gezeigten »Deutschen Wochenschau«. Aufkommender Kritik an seiner Rolle im Dritten Reich wich er dadurch aus, daß er nach Bolivien übersiedelte und sich dort als Farmer, Expeditionsleiter und Filmer niederließ. Er war hervorragend durchtrainiert, ein athletischer Typ, gewohnt, seine Kameras in größten Höhen einzusetzen und, wenn es sein mußte, selbst zu tragen. Schon 1936 hatte er auf die Möglichkeit hingewiesen, Expeditionen durch gutgemachte Dokumentarfilme zu finanzieren. Bauer hatte es ihm als Kommerzdenken ausgelegt und jede Zusammenarbeit verweigert. Nun aber war Ertl am Ziel. Sein Film deckte mehr als ein Drittel der Expeditionskosten, wogegen der DAV schwere Bedenken erhob. Dort befürchtete man, der so entstehende materielle Druck würde dazu führen, daß die Bergsteiger zu bloßen Statisten Ertls verkamen.

Der Österreicher Kuno Rainer zählte zu den »Jungen«, war aber auch schon 38 Jahre alt. Er hatte eine beeindruckende Tourenliste aufzuweisen und war früher einer der bevorzugten Seilpartner von Hermann Buhl. Irgendwann hatte ihn Buhl gemäß seiner gnadenlosen Prinzipien »verschlissen«. Seitdem war ihr Verhältnis ziemlich abgekühlt. Otto Kempter und Hermann Köllensperger, beide 27 Jahre alt, waren die Spitzenkletterer der Sektion München. Mit dem fast gleichaltrigen Fritz Aumann, einem Ingenieur, war Herrligkoffer befreundet, ebenso mit dem 41jährigen Albert Bitterling, einem Bergführer und Hüttenwirt aus Berchtesgaden. Beide waren mit logistischen Aufgaben betraut. Aumann kümmerte sich um das Hauptlager und die Technik, Bitterling fungierte als Meteorologe und Transportchef. Sie alle wußten, daß in bergsteigerischer Hinsicht keiner von ihnen dem 29jährigen Buhl das Wasser reichen konnte. Der »Wunderkletterer« demonstrierte es ihnen, als er in einer eiskalten Februarnacht die knapp 2000 Meter hohe Watzmann-Ostwand, die höchste Wand der Ostalpen, auf der schwierigsten Route, dem Salzburger

Weg, durchstieg. »Eine fast beispiellose Bergsteigertat«, kommentierte *Der Bergsteiger* und druckte Buhls Bericht unter der Überschrift »Nächtlicher Gang« kurz vor der Abreise ab. So hatten alle Teilnehmer noch etwas zu lesen und konnten sich mit Buhl freuen, den die italienischen Bergsteiger in Genua begeistert feierten.

See- und Bahnreise verliefen glatt. Neu war, daß zwei Dakota-Maschinen in vier Flügen die neun Tonnen Gepäck nach Gilgit nördlich des Nanga Parbat beförderten. Das sparte eine Menge Zeit, und schon am 14. Mai lagerte das Gros der Expedition auf der »Märchenwiese«. Drei Tage später wurde das Hauptlager eingerichtet. Von München bis zum Berg hatte Herrligkoffer 37 Tage gebraucht. Verglichen mit seinem Vorbild Merkl, der 1932 noch 57 und 1934 sogar 65 Tage benötigt hatte, war das eine akzeptable Leistung. Mummery allerdings, der in nur 27 Tagen von London zum Nanga Parbat gereist war – und das ohne Flug! –, blieb unerreicht.

Dem Kuratorium hatte es Herrligkoffer schriftlich gegeben: 26 vom Himalayan Club ausgesuchte Sherpas warteten nur darauf, sich der Expedition anzuschließen. Herbert Eschner, ein Münchner Bergsteiger, der ursprünglich eingeplant war und dann doch nicht mitkommen konnte, war extra deswegen nach Darjeeling gereist. Der HC informierte Herrligkoffer, daß es Schwierigkeiten gebe. Der Nanga Parbat habe bei den Sherpas seit den Katastrophen der dreißiger Jahre als »Mörderberg« einen üblen Ruf. Doch zehn bis fünfzehn gute Leute würde man schon auftreiben. Zur Einreise nach Pakistan seien für sie allerdings Pässe erforderlich.

Aus welchen Gründen auch immer: Die Sherpas kamen nicht. Buhl, immer bereit, Herrligkoffer der Unfähigkeit zu bezichtigen, berichtet später, daß der Expeditionsleiter einfach vergessen habe, sie abzuholen. Bauer weiß von fünf Sherpas mit Einreiseerlaubnis, die eine Woche in der pakistanischen Hauptstadt herumsaßen und dann wieder zurückreisten. Man habe später eine

Die Mannschaft der 53er-Expedition im Hauptlager.
V. l. n. r.: Frauenberger, Ertl, Rainer, Köllensperger, Aschenbrenner, Kempter, Herrligkoffer, Aumann, Bitterling und ganz außen Buhl.

Entschädigung von 10 000 DM gezahlt. Herrligkoffer überging das Thema in seinem Expeditionsbuch mit Schweigen. Im »Jahrbuch des DAV 1953« schreibt er nebulös, daß »die fünf verpflichteten Sherpas mit ihrem Trägerobmann Pasang Dawa Lama trotz größter beiderseitiger Bemühungen den Anschluß an die Expedition nicht finden konnten«.

Herrligkoffers Unkenntnis und Ignoranz werden hier offensichtlich. Pasang Dawa war nicht irgendein Sirdar der Sherpa, sondern von der Klasse eines Tensing Norgay: Teilnehmer an acht Himalaja-Expeditionen, Träger der Tiger-Medaille und nach dem Urteil des unbestechlichen HC-Registers »ein fähiger Organisator und sehr guter Bergsteiger«. 1939 war er mit Fritz Wiessner am K2 bis auf 8360 Meter geklettert. 1954 wird er mit Herbert Tichy den 8201 Meter hohen Cho Oyu erstbesteigen. Mit ihm und der Unterstützung seiner Männer hätte Buhl nicht allein zum Gipfel gehen müssen. Es wäre die größte Leistung Herrligkoffers gewesen, die Expedition finanziert und diesen Mann an den Berg geholt zu haben, doch statt dessen feilschte er mit den Bergbauern um den Trägerlohn – »Die Unkosten für den Transport sind ungeheuer!« – und ließ sich in Gilgit feiern.

Manchmal haben die Götter freilich ein Einsehen und gewähren eine zweite Chance. Nur fünfzehn Hunza sind als Träger für die Hochlager angeworben. Bei weitem zuwenig. Merkl, dessen Bergsteigermannschaft von 1934 nicht größer war als Herrligkoffers, verpflichtete damals 35 (sic!) Sherpa. Sie fehlen diesmal. In dem Moment kommen zwanzig weitere Hunza nach Gilgit. Sie haben von der Expedition gehört und bieten ihre Dienste an. Es sind die besten, die man kriegen kann, und Herrligkoffer muß nur ja sagen. Doch diese überforderte Krämerseele – Aschenbrenner ist noch nicht eingetroffen, Frauenberger und Ertl sind bereits vorausgeeilt – »scheute die Kosten und schickte sie mit einer kleinen Entschädigung wieder nach Hause« (Dyhrenfurth). Dort blieben sie nicht lange, denn die Amerikaner waren heilfroh, sie alle für den K2 anwerben zu können.

Fortan wurde die Expedition durch ein Wort bestimmt, das Merkl im Jahr 1932 geprägt hatte: »Trägerelend«. Von den fünfzehn Hunza kommandierte Herrligkoffer drei als »Orderlys« ins Basislager ab. Von den restlichen zwölf vertrugen sechs die Höhe nicht – der neue »Bara-Sahib« hätte es bei Merkl nachlesen können. Die Hunza waren weder alpinistisch ausgebildet, noch hatten sie den Schneid und die Einsatzbereitschaft der seit dreißig Jahren von den Engländern geschulten Sherpa. Als Herrligkoffer seinen Fehler einsah und zusätzliche Hochträger anheuerte, war es zu spät. Wirklich gute Männer waren nicht darunter.

Am 8. Mai wurden dem Expeditionsleiter vom Political Agent

von Gilgit eine pakistanische Fahne und ein Wimpel überreicht, die im Basislager bzw. auf dem Gipfel flattern sollten. Herrligkoffer selbst hatte darum gebeten und war mit dem Wunsch bei seinen Gastgebern auf offene Ohren gestoßen. Wohltuend hob er sich damit von den Franzosen ab, deren nationale Begeisterung nichts anderes als die Trikolore auf dem Gipfel duldete.

Herrligkoffer dagegen betonte den familiären Aspekt. Sein erster Gang galt dem Grab Alfred Drexels, an dem er zwei Knospen brach, um sie den Angehörigen mitzubringen (was am Beginn der Expedition keinen Sinn machte, aber sich später rührend las), dann grüßte er den toten Bruder. Seiner Mutter schrieb er, daß sein Zelt an der höchsten Stelle des Lagers stünde und er sich an einer »für mich seit langem heiligen Stätte« befände. »Möge uns jetzt das Schicksal gnädig sein und sich das Vermächtnis Willys erfüllen lassen – dies ist mein sehnlichster Wunsch. Bleib gesund und herzlichste Grüße.« Das elfzeilige maschinengeschriebene Dokument gedanklicher Schlichtheit und sprachlichen Bombasts ließ für das geplante Expeditionsbuch Schlimmes befürchten. Offensichtlich war der Brief zur Veröffentlichung bestimmt – und so war es.

Am 17. Mai traf Aschenbrenner ein. Er hatte mit dem Flugzeug bloß sechs Tage gebraucht. Das Hauptlager stand auf etwa 4000 Meter an der alten Stelle, was man an rostigen Konservendosen erkannte. Es konnte losgehen, aber zuerst mußten sich alle Teilnehmer am bekannten Ort, Drexels Grab, versammeln. Herrligkoffer vereidigte alle Mitglieder der Expedition, Ertl filmte, und von den Bergen hallte es wider: »Wir geloben – im Kampf um einen der höchsten Achttausender der Erde – ehrenhafte Kämpfer zu sein – zum Ruhme der Bergsteiger in aller Welt – und zur Ehre unserer Heimat.«

Der Berg war immer noch der gleiche. Aufstiegsweg und Ort der Lager waren grob festgelegt. Lager I errichtete man wieder auf der großen Moräne in 4500 Meter Höhe, Lager II auf

Aufstiegsroute der 53er-Expedition.

5300 Meter mitten im Eisbruch des Rakhiot-Gletschers, Lager III auf der riesigen Gletscherterrasse in 6200 Meter Höhe. Wieder mußte ein Weg durch das Labyrinth der Eismassen gefunden und gangbar gemacht werden. Wieder waren Zelte, Proviant und Brennstoff zu transportieren. Wieder rasten Lawinen die Nordostwand des Nanga Parbat hinunter und erschreckten die Träger. Das Wetter war nicht besonders. Aprilwetter im Mai. Regen, Schnee und, wenn die Wolken aufrissen, gleißende Sonne, die Träger und Bergsteiger tödlich ermüdete. Die Transportkapazität reichte nicht. Die Lasten stapelten sich in Lager I. Die Bergsteiger trugen hin und wieder selbst, aber sie brauchten ja ihre Kraft zum Spuren und für den Gipfelsturm. Dann streikten zur Abwechslung die Träger. Dafür erwiesen sich die Funkgeräte als sehr praktisch und ersparten viel Lauferei.

Herrligkoffer wird unruhig, erhält aber die Antwort, daß es ohne genügend Träger eben nicht schneller gehe. Immerhin akklimatisiert man sich durch das beständige Rauf und Runter gut. Buhl ärgert sich über Aschenbrenner, weil der nicht genügend Druck mache. Aschenbrenner wiederum nutzt jede Gelegenheit, um dem »Wunderkletterer« zu zeigen, »daß man auf mich nicht angewiesen ist« (Buhl). Herrligkoffer verbringt seine Zeit an der Schreibmaschine und hält sich heraus. Am 12. Juni erreichen Buhl und Frauenberger die Eiswand des Rakhiot-Peak und suchen sich einen Platz für Lager IV auf 6700 Meter. Aschenbrenner plant einen »Blitzangriff« und schickt Kempter und Rainer zur Verstärkung nach oben. Der Nanga Parbat wehrt sich mit einem viertägigen Schneesturm. Buhl und Frauenberger sind froh, daß sie heil ins Lager III hinunterkommen. Dort sitzen sie fest. Alle zwei Stunden, Tag und Nacht, müssen sie das Zelt von den Schneemassen freischaufeln. Die einknickenden Zeltstangen stützen sie mit ihren Skistöcken. Genau um diese Zeit und in dieser Höhe, am 14. Juni 1937, hat sich das große Lawinenunglück der Wien-Expedition ereignet.

Am 17. Juni – es ist der Tag des Arbeiteraufstands in der DDR – treffen Aschenbrenner, Kempter, Rainer und Ertl endlich in Lager III ein. Lager IV wird in einer Schneehöhle angelegt. Sogar Herrligkoffer steigt bis Lager III. Buhl trifft er nicht. Er verbringt eine so schlechte Nacht, daß er gleich wieder zurückgeht. Die Gedenktafel für Merkl muß ein anderer am Mohrenkopf anbringen. Oben quält sich die Spitzengruppe in der Rakhiot-Eiswand. Die Hunza weigern sich, sie zu begleiten. Für Merkls und Bauers Sherpa war die Wand nie ein Problem. Buhl und Kempter schleppen die Seile selber. Das Benzin geht aus. Der Nachschub kommt nur schleppend herauf. Buhl reicht es. Die Expedition steht kurz vor dem Scheitern. Aschenbrenner bringt eine sensationelle Nachricht und für Buhl die pakistanische Flagge mit: »Der Everest ist bezwungen.«

EXKURS FÜNF: THE LAST BLUE MOUNTAIN

Jeder im Himalaja-Komitee wußte, daß Großbritannien nur noch ein einziger Versuch blieb, einen Engländer auf die Spitze des Everest zu bringen. Für 1954 hatten die Franzosen die Besteigungsgenehmigung erhalten, 1955 folgten die Schweizer. Sparsamkeit war also fehl am Platz, um so weniger, als für Juni 1953 die Feierlichkeiten anläßlich der Krönung Königin Elisabeth' II. anberaumt waren. Gab es einen schöneren Auftakt ihrer Regierungszeit als die endlich gelungene Besteigung des Berges durch einen ihrer Untertanen?

Der Himalayan Club musterte zwanzig handverlesene Sherpas an, geführt von eben jenem Tensing Norgay, der schon 1952 mit den Schweizern fast am Gipfel gestanden hatte. Die Ausrüstung ließ keine Wünsche offen. Daunenjacken und -schlafsäcke wurden speziell angefertigt. Die Schuhe bestanden aus einem Leder, das auch bei großer Kälte nicht gefror, und waren mit Opossumfell gefüttert. Sprengstoff zum Auslösen von Lawinen wurde ebenso eingepackt wie eine stählerne Scherenbrücke zum Überqueren von Gletscherspalten. Selbstverständlich vorgesehen war der Einsatz von Amphetaminen und künstlichem Sauerstoff. Die entwickelten Sauerstoffsysteme, ein offenes und ein geschlossenes, wogen um vieles weniger als die schweren Vorkriegsapparate. 700 Träger in vier Abteilungen schafften das Material von Katmandu ins Basislager.

Der Kern der zehnköpfigen Bergsteigermannschaft bestand aus den Teilnehmern von Shiptons Expeditionen der Jahre 1951 und 1952. Tom Bourdillon, 28 Jahre alt, und der 32jährige Charles Evans galten als die stärkste Seilschaft. Es waren bis auf Hillary, den Neuseeländer, durchweg »Oxbridge Boys«, Absolventen der beiden Eliteuniversitäten, Mitglieder des Alpine Club und Angehörige der oberen Gesellschaftsschicht, wie sie nun schon seit über hundert Jahren in die Berge zogen. Es waren jedoch nicht die besten Kletterer Englands – die hießen Joe Brown und Don Whillans und wurden nicht eingeladen, denn sie waren bloß zwei Klempner aus Manchester und nicht gesellschaftsfähig. Hillary, wenngleich ein »Kiwi«, schon. Zwar kokettierte er gern mit seinem Beruf als Imker, das Unternehmen, das er mit seinem Vater leitete, war aber eher eine Honigfabrik. Jedenfalls warf sie so viel ab, daß er sich Touren in die Alpen und in den Himalaja leisten konnte. Er hatte ein paar Semester Mathematik studiert, im Zweiten Weltkrieg in der Royal Air Force gedient und war in den Traditionen des britischen Commonwealth aufgewachsen wie Shipton, der Kaffeepflanzer aus Ostafrika.

Während die Schweizer den Everest versucht hatten, war Shipton zum Cho Oyu gegangen, hatte dort aber an diesem Achttausender keinen Erfolg gehabt. Dafür brachte er genaue Karten des Gebiets und neue Aufschlüsse über den Verlauf der Gebirgsketten mit, wie er überhaupt mehr Forscher als Bergsteiger war, der auf einen Gipfel nicht unbedingt Wert legte. Angesichts der

Lage fragte sich das Komitee, ob Shipton wirklich der richtige Mann für die bevorstehende Aufgabe sei, berief ihn aber trotzdem zum Expeditionsleiter. In der Öffentlichkeit und in den Kreisen des AC und der RGS genoß der allseits beliebte Himalaja-Kenner hohes Ansehen.

Der bis dato unbekannte John Hunt, den ihm das Komitee als »Stellvertreter« beigab, war ein härteres Kaliber. Hunt, ein Berufssoldat im Rang eines Obersten, der lange in Indien gedient und dort bergsteigerische Erfahrungen gesammelt hatte, war erst 42 Jahre alt und galt als äußerst durchsetzungsfähig. Wer ihn erlebte, rühmte seine Autorität und sein Pflichtgefühl. Laut dem Generalsekretär des Himalaja-Komitees sollte er Shipton bei schwierigen Entscheidungen das Rückgrat stärken. Dieser erklärte, dafür keinen Bedarf zu haben, und trat zurück.

Der Vorgang war unschön, erwies sich im nachhinein aber als Glücksfall. Hunt führte die Expedition wie eine Infanteriebrigade – Bauer hätte seine helle Freude daran gehabt – und überzeugte die anfangs skeptischen »Gentlemen« durch pure Effizienz. Ob Lageraufbau, Transport der Vorräte oder Einteilung der Gruppen: Hunt war immer auf dem Posten, ob hinten beim »Nachschub« oder vorne an der »Front«. Bedenken, wie sie Shipton angesichts des Khumbu-Eisfalls geäußert hatte, wischte er beiseite. Man mußte hindurch, also ging man. Tensing Norgay, dessen Qualitäten Hunt hoch einschätzte, nahm er offiziell ins Team der Bergsteiger auf. Hillary und der Sherpasirdar freundeten sich an. Nach einem gemeinsam durchstandenen Schneesturm wußten sie, daß sie fähig waren, den Gipfel anzugehen. Hunt glaubte es auch.

Trotz der straffen Führung wurde allmählich die Zeit knapp. Erst am 21. Mai stieß man, immer der Vorjahresroute der Schweizer folgend, zu deren Lagerplatz am Südsattel (7925 m) vor. Hunt ging, unter staunender Bewunderung der Bergsteiger, die ihm das nicht zugetraut hatten, selbst hinauf. Er wollte die letzte Phase

Der Everest von Südwesten. In der Bildmitte der Khumbu-Gletscher. Wo er rechts abknickt, beginnt der Eisbruch, oberhalb davon das »Tal des Schweigens« oder Western Cwm. An seinem Ende die Lhotseflanke, links der Everest. Der Einschnitt zwischen beiden Bergen ist der Südsattel.

des Gipfelsturms in unmittelbarem Kontakt zu den zwei vorgesehenen Seilschaften leiten. Oben schleppte er sogar Lasten für Hillary und Tensing. Wie alle anderen benutzte er künstlichen Sauerstoff.

Das Privileg, es als erste versuchen zu dürfen, fiel an die »Oxbridge-Boys« Bourdillon und Evans. Sie brachen am Morgen des 26. Mai vom Südsattel auf und kamen gut voran. Evans hatte aber vom Start weg Probleme mit seinem Sauerstoffgerät. Mittags um ein Uhr erreichten sie den 8650 Meter hohen Südgipfel – so hoch war noch kein Mensch gekommen. Die Aussicht auf den Gipfelgrat war furchterregend. Er wirkte messerscharf, sehr steil und durch überhängende Wächten äußerst instabil. Der Wind heulte und blies ihnen Schneefahnen ins Gesicht. Evans' Sauerstoffgerät war wieder defekt. Sie zögerten.

Evans rechnet. Die Strecke bis zum Gipfel und zurück schätzt er auf fünf Stunden. Von hier bis zum Südsattel sind es 2½. Insgesamt also 7½ Stunden – aber ihr Sauerstoff reicht nur für ein Drittel der Zeit, knapp bis zum Gipfel. Sie überlegen eine halbe Stunde. Trotz des Sauerstoffs schleichen ihre Gedanken in der großen Höhe nur langsam und träge dahin. Was ist, wenn Evans' Gerät schon auf dem Weg zum Gipfel versagt? Bourdillon denkt an einen Alleingang. Alles auf eine Karte setzen. Das volle Risiko gehen. Drei Stunden und 200 Höhenmeter trennen ihn vom Traum seines Lebens, vom höchsten Ruhm, den ein Bergsteiger erringen kann. Andererseits ist das Wetter nicht besonders, die Zeit zu knapp. Je länger er überlegt, desto schlechter fühlt er sich. Auch Evans rät zum Abstieg als dem Gebot der Vernunft.

Was letztlich den Ausschlag zur Umkehr gibt und ob sie es, allein oder zu zweit, zum Gipfel geschafft hätten, wird für immer ungeklärt bleiben. Bourdillon ist kein Herzog und kein Buhl. Die Tür zur Unsterblichkeit öffnet sich nur einmal. Drei Jahre muß er damit leben, daß ein anderer hindurchgegangen ist. 1956 stürzt er in den Alpen tödlich ab. Der Rückweg der beiden wird zum

Alptraum. Der Entschluß zur Umkehr nimmt ihnen schlagartig jegliche Motivation. Evans' Apparat fällt endgültig aus. Auf Hillary, der den beiden wankenden Gestalten entgegengeht, wirken sie in ihrer eisstarrenden Daunenkleidung und ihren Sauerstoffmasken wie Wesen aus einer anderen Welt.

Am 28. Mai starten Hillary und Tensing. Sie gehen auf ein Zwischenlager in 8504 Meter Höhe, das ihnen die Bergsteiger und Sherpas der Unterstützungsgruppe vom Südsattel aus vorbereitet haben. Dank des reichlichen Sauerstoffs, den sie auch in der Nacht beim Schlafen atmen, schwächt sie die Höhe nicht. Sie trinken ständig Tee, Tensing kocht Nudeln, Hillary hat sich für diesen Tag mit Aprikosenkompott eingedeckt. Das Thermometer sinkt in der Nacht auf minus 27 Grad, was Hillary als nicht besonders kalt empfindet. Um halb sieben Uhr marschieren sie Richtung Gipfel.

Unterhalb des Südgipfels geraten sie in haltlosen Pulverschnee, den nur eine dünne Oberflächenkruste am Abrutschen in den gähnenden Abgrund der Ostwand hindert. Tensing hat später bekannt, noch nie an einem so gefährlichen Platz gestanden zu haben. Auch Hillary läuft es eiskalt den Rücken hinunter. »Junge«, sagt er sich, »das ist der Everest. Da mußt du eben durch!« Hunt und er hatten das gleiche Lebensprinzip.

Mit dieser Einstellung bewältigen sie den Grat, quetschen sich an einer schwierigen zwölf Meter hohen Felsstufe, heute als Hillary-Step bekannt, vorbei und »genießen« die Tiefblicke zum Kangchung-Gletscher – 3000 Meter – und ins Western Cwm – 2500 Meter. Der verwächtete Grat zieht sich in schlangenartigen Windungen nach oben. Zwei Stunden hackt Hillary Trittstufen ins Eis, da die Steigeisen nicht greifen. Endlich, um halb zwölf Uhr mittags des 29. Mai 1953, stehen sie auf dem Gipfel.

Hillary geht es wie Buhl – Herzogs euphorische Gefühle wollen sich nicht einstellen. »Kaum vermochte ich zu fassen, daß es uns wirklich geglückt sei. Erschöpfung und der Gedanke an den

Abstieg ließen es indes zu keiner überschwenglichen Gehobenheit kommen. Doch erfüllte mich eine Befriedigung, wie ich sie bisher nie so groß auf einem Berg empfunden hatte«, schreibt er in seinem Expeditionsbericht. Hillary fotografiert Tensing auf dem Gipfel. An dessen Pickel flattern die Flaggen Englands, Indiens, Nepals und der Vereinten Nationen. Für zehn Minuten stellt er den Sauerstoff ab und atmet die dünne Gipfelluft. Der um 66 Prozent geringere Partialdruck macht sich sofort bemerkbar. Schlagartig verlangsamen sich seine Bewegungen, die Finger werden gefühllos. Dann schaut er die Nordseite nach Tibet hinunter, über die so viele Engländer zum Gipfel drängten. Von Mallory und Irvine findet sich keine Spur. Eine Viertelstunde später sind Hillary und Tensing wieder im Abstieg.

Grat und Lawinenhang werden glücklich passiert. Im Zelt machen sie Pause und kochen Tee. 200 Meter über dem Südsattel kommt man ihnen mit Suppe entgegen, umarmt, beglückwünscht sie. »In rauhem Neuseeländisch verkündete ich die frohe Botschaft«, schreibt Hillary vornehm. In Wirklichkeit hat es kraftvoller geklungen: »Well, we knocked the bastard off.«

Unten im Basislager weiß man noch nichts von dem Erfolg. Am nächsten Tag gehen sie hinunter. Noch auf fünfzig Schritt Entfernung lassen sie die Freunde im Ungewissen. Dann heben sie die Pickel zum Siegeszeichen. Hunt rennt auf Hillary zu. »Sein Antlitz strahlte unfaßbare Freude aus. Unvergeßlich bewahre ich diesen Empfang im Schatz meiner Erinnerung.« So begrüßt man Gipfelsieger.

Eine Frage blieb offen, gerade weil Hillarys und Tensings Vorstoß so glatt verlaufen war. Warum mußten Evans und Bourdillon vom Südsattel aus starten und bekamen nicht die Chance eines Zwischenlagers? Hunt selbst begründete es mit der Leistungsfähigkeit des geschlossenen Sauerstoffsystems, das beide benutzten. Theoretisch hätte es ihnen den Gipfelgang erlaubt. Andererseits hob er immer wieder die Vorteile des offenen, von Hillary und Tensing eingesetzten Systems hervor. Walt Unsworth, der englische Alpinhistoriker und Everest-Biograph, hat die These gewagt, Hunt habe bewußt oder unbewußt nie daran geglaubt, daß Evans und Bourdillon den Gipfel erreichen könnten. Wie ein guter Befehlshaber hielt er seine Elitetruppen in Reserve und testete erst einmal die Abwehr des Feindes. Die auf den ersten Blick einleuchtende Erklärung hat freilich ihre Schwachstellen. Viel Nützliches für Hillary brachte der »Spähtrupp« nicht zurück. Bis 8500 Meter war auch schon Tensing gekommen, und weder über das gefährliche Schneefeld noch den Gipfelgrat wußten die beiden etwas, bevor sie ihrer ansichtig wurden.

Die neue Königin war über den Sieg »highly amused«. In einer journalistischen und physischen Glanzleistung schlug sich der anwesende Korrespondent der *Times*, James Morris, durch den Khumbu-Eisbruch, sobald er den Bericht Hillarys gehört hatte. Über mehrere Relaisstationen erreichte die kodierte Nachricht Europa und lag pünktlich am Krönungstag, dem 2. Juni 1953, als Schlagzeile auf dem Frühstückstisch Elisabeth' II. Sie revanchierte sich, indem sie Hillary und Hunt in den Adelsstand erhob. Tensing wurde ein Opfer der noch vorhandenen Standesschranken und mit der Georgs-Medaille abgefunden.

Die Begeisterung in England war grenzenlos. In einem langen, erschöpfenden Kampf hatte Großbritannien siegreich die letzte Schlacht geschlagen und den Krieg um den »Dritten Pol« gewonnen. Das war wahrhaft britisch und ließ die wirtschaftlichen Schwierigkeiten, das zerbröckelnde Commonwealth und den Niedergang der alten Weltgeltung für einen Moment vergessen. Es war das beste Omen, das man sich für das anbrechende »Elisabethanische Zeitalter« wünschen konnte, und in all dem Trubel ging vollständig unter, daß kein Engländer, sondern ein Neuseeländer und ein Sherpa auf dem Gipfel gestanden hatten. Aber was machte das schon! Die Briten dachten imperial, und Neuseelands Oberhaupt war immer noch die Queen.

Die Everest-Expedition war erfolgreich, weil sie in geradezu idealtypischer Weise vier Faktoren kombinierte: einen fähigen Expeditionsleiter, eine hochmotivierte Mannschaft, genügend Geld und gutes Wetter. Zu keinem Zeitpunkt war die Lagerkette unterbrochen. Versorgungsschwierigkeiten traten nicht auf, erschöpfte Bergsteiger und Sherpa wurden umgehend ausgewechselt. Zeitpunkt und Taktik des Gipfelangriffs waren mustergültig gewählt. Und es fehlte auch nicht an der Fortune, die jedes großangelegte Unternehmen trotz aller Planung braucht.

Dennoch hatte die *Times* recht, die von der Expedition wehmütig als »The last innocent adventure« sprach. Die Ära der »Gentlemen-Bergsteiger«, der Amateure mit Zeit und Geld, neigte sich unwiderruflich dem Ende zu. Und welche Chance hatten die Herren aus den Londoner Clubs, die Meister des Understatement und der schonungslosen Selbstironie, für die jede Expedition ein gesellschaftliches Ereignis und ein Klassenausflug alter Bekannter zugleich war, gegen den »Auftrieb«, den Ehrgeiz und den gnadenlosen Masochismus eines Herzog oder Buhl, die angesichts des Ziels das eigene Leben für nichts erachteten? Hier trat, auch in puncto sozialer Herkunft, eine neue Klasse von Bergsteigern an und eroberte sich ihren Platz an der Spitze. Mit dem Everest, ihrem letzten Triumph, verlor die englische »upper middle class« auch das Monopol aufs Abenteuer.

SIEG OHNE SIEGER

Für Buhl war die Besteigung des Everest ein »gewaltiger Ansporn«. Konnte der Nanga Parbat nicht mehr der höchste bestiegene Achttausender sein, so war er doch schwieriger als der Everest – und anders als die Briten verzichteten die Deutschen auf »englische Luft«. Buhl will den Gipfel, mehr denn je. An seine Frau schreibt er: »Wenn ich hinaufschaue, ist das alles so selbstverständlich, ich meine, es muß doch gehen!« Es ist der 26. Juni. Der pakistanische Wetterdienst meldet das Eintreffen des Monsuns für den 28. Juni in Rawalpindi. Alle befürchten, daß ihnen nur noch sieben bis zehn Tage Zeit bleiben, ehe seine Wirkung die Besteigung unmöglich macht und der Berg im Neuschnee versinkt.

Buhl macht einen tollkühnen Vorschlag. Statt der sich weigernden Träger sollen ihm Frauenberger, Köllensperger und Kempter die Lasten mit Ausrüstung und Proviant über die Rakhiot-Wand bis zum Mohrenkopf schleppen. Dort wird er in einer Schneehöhle übernachten und am nächsten Tag zum Gipfel gehen. Die drei sind einverstanden.

Erwin Schneider, der Förderer Buhls und im Jahr 1934 Begleiter Aschenbrenners, hatte empfohlen, an der tiefsten Einsattelung des Grates zu übernachten und von dort aus, allerdings mit einem Zwischenlager am Vorgipfel, zur Spitze zu gehen. Mittlerweile hatte sich die Erkenntnis durchgesetzt, daß ein zu langer Aufenthalt in den Hochlagern zur Akklimatisierung nichts mehr beitrug, sondern die Bergsteiger erschöpfte. Es kam darauf an, sich in der »Todeszone« so kurz wie möglich aufzuhalten.

Am 28. Juni gehen sie los. Buhl und seine »Träger« passieren die Rakhiot-Wand an den Sicherungsseilen. Am Grat wird das Wetter neblig, und es beginnt zu schneien. Köllensperger stürzt. Buhl kann ihn gerade noch abfangen. Kempter wird nervös und will zurück. Buhl verspürt einen »unbändigen Auftrieb«, will seinen Kopf aber nicht gegen die anderen durchsetzen. Sie kehren zum Lager IV zurück. Am nächsten Tag, es schneit weiter, zum Lager III. Dort hält nur noch Ertl mit vier Hunza aus. Buhl ist tief deprimiert. Rainer, der an einer Venenentzündung laboriert, ist mit Bitterling und Aschenbrenner abgestiegen, letzterer, um die Heimreise anzutreten.

Am 30. Juni klart überraschend das Wetter auf. Das Hauptlager meldet sich per Funk und ordnet die Rückkehr aller Bergsteiger und Träger zwecks einer »Generalüberholung« an. Außerdem sei angesichts des einbrechenden Monsuns ein neuer »Angriffsplan« ausgearbeitet worden. Ertl, der Genaueres erfahren möchte, wird von Herrligkoffer und Aschenbrenner abgebürstet. Nur Köllensperger steigt ab, weil er starke Zahnschmerzen hat. Die anderen fühlen sich ausgezeichnet akklimatisiert und frisch und wollen in jedem Fall einen Tag abwarten.

Am nächsten Tag herrscht strahlender Sonnenschein. Der Himmel ist wolkenlos, das Hygrometer sinkt auf 50, dann sogar auf 25 Prozent Luftfeuchtigkeit, alle Monsunwolken sind wie weggeblasen. Die vier Bergsteiger sind wie elektrisiert und glänzender Stimmung. Es ist die lang erwartete Chance für den Gipfelsturm. Schon Mittags sind sie in Lager IV und graben die Zelte aus dem Schnee. Über Funk meldet sich wieder das Hauptlager. Der Abstiegsbefehl wird wiederholt. Ertl und Frauenberger versuchen der Expeditionsleitung – erst im guten, dann aggressiver – klarzumachen, daß der gegebene Befehl »ein Schmarrn« sei. Die Bergsteiger brauchten weder »Erholung«, noch sei mit Monsun zu rechnen. Aber Herrligkoffer und Aschenbrenner bleiben stur und wiederholen ihre Anordnungen. Ertl hat die Nase voll. Mit dem klassischen Götz-Zitat beendet er das unerfreuliche Gespräch. Ertl stellt allen frei zurückzugehen. Keiner will absteigen. Frauenberger kümmert sich väterlich um die Hunza. Kocht ihnen Tee, paßt ihnen Steigeisen an. Seinem diplomatischen Geschick gelingt das kaum für möglich Gehaltene: Sie erklären sich bereit, morgen mit aufzusteigen, also über die versicherte Rakhiot-Wand zu gehen. Damit ist die Transportfrage gelöst.

Am nächsten Morgen, das Wetter hat sich gehalten, ist wieder das Hauptlager dran. Man will nur noch mit Frauenberger sprechen. Absurderweise bestehen Aschenbrenner und Herrligkoffer wieder auf ihrem »Rückzugsbefehl«. Frauenbergers geduldiges Argumentieren und die langsam dämmernde Erkenntnis, daß die vier auch ohne Erlaubnis den Gipfel versuchen werden, führt

Die »Meuterer« der 53er-Expedition. V. l. n. r.: Frauenberger, Ertl, Buhl.

schließlich zu dem erlösenden Satz Aschenbrenners: »Also geht's zu, unsern Segen habt's.«

Der Vorgang, daß eine Bergsteigergruppe die eigene Expeditionsleitung zu ihrem Glück zwingen muß, ist in der Geschichte des Alpinismus einmalig. 3000 Meter tiefer das Geschehen am Berg lenken zu wollen, ist Hybris. Kritisiert wurde später auch das Verhalten des »bergsteigerischen Leiters«, der in der entscheidenden Phase der Expedition ungerührt zum Hausbau nach Kufstein zurückwollte. Ein Vergleich mit Hunt oder Herzog verbietet sich geradezu. Auch die Leiter der deutschen Vorkriegsexpeditionen wußten, was in solchen Situationen zu tun war: machen lassen.

Herrligkoffer und Aschenbrenner haben später ihr Verantwortungsgefühl angesichts des drohenden Monsuns ins Feld geführt. Letzterer »wollte nie wieder einer Mutter den Tod ihres Sohnes am Nanga Parbat melden müssen«. Bergsteigen ohne Risiko gibt es aber nicht. Falls das Trauma von 1934 noch so stark in ihm nachwirkte, hätte er die bergsteigerische Leitung erst gar nicht annehmen dürfen, geschweige denn zu den Bedingungen, die er stellte. Herrligkoffer und alle anderen, die das Hauptlager bevölkerten, hatten den Monsun noch nie erlebt. Ertl und Frauenberger waren die erfahrenen Himalaja-Männer, die besser als der weit vom Schuß sitzende »Expeditionsleiter« – der sich doch ursprünglich in die bergsteigerischen Belange gar nicht einmischen wollte – die Situation beurteilen konnten. Bauer und Dyhrenfurth waren sich ausnahmsweise einmal einig: »Ein Nichtbergsteiger eignet sich nicht für die Leitung einer Himalaja-Expedition.«

Die Hunza schlugen sich großartig in der Eiswand. Nur einer mußte zurück, weil es für seine großen Füße keine Steigeisen gab. Ertl zeigte sich in hervorragender Form. Er wäre gern mit zum Gipfel gegangen, aber sie hatten nur ein Zweimannzelt, und so ließ er Kempter den Vortritt. Frauenberger und er kehrten mit den Trägern zurück ins Lager IV. Der Abend des 2. Juli endete mit »einem wunderbaren Sonnenuntergang«. Buhl legte sich um acht Uhr zur Ruhe. Der Krach mit der Expeditionsleitung machte ihm zu schaffen. Er wußte: »Wenn wir den Gipfel erreichen, dann ist es nur unser eigenes ›Verschulden‹.«

GOTT MERKL

Während Buhl seinen einsamen Gang zum Gipfel geht, drückt Herrligkoffer ihm nach eigener Aussage die Daumen. Obwohl sich der Expeditionsleiter vorgeblich um das Wetter sorgt, tut er für den Fall eines plötzlichen Monsuneinbruchs oder eines Bergunfalls der Spitzengruppe buchstäblich nichts. Sämtliche Bergsteiger und Träger bleiben im Hauptlager. Die Lager I bis III sind unbesetzt, die Verbindungswege in schlechtem Zustand.

Die Sicherung übernehmen Ertl und Frauenberger. Letzterer steigt am 3. Juli ins Lager V und nimmt gegen Abend den erschöpften Kempter in Empfang. Der berichtet, daß er nur bis zum Silbersattel aufgestiegen sei und dort vergeblich auf Buhl gewartet habe. Frauenberger ist besorgt. Am 4. Juli ruft er zu Ertl hinunter, er möge mit dem Sauerstoffgerät nachkommen, um für den Notfall eine Rettungsaktion zu organisieren. Kempter steigt gegen Mittag ins Lager IV ab. Seinen Platz übernimmt Ertl. Das tatenlose Warten macht beide immer nervöser. Frauenberger, der von Herrligkoffer beauftragt wurde, die bronzene Gedenktafel für Merkl am Mohrenkopf anzubringen, macht sich an die Arbeit. Er befestigt sie mit dem Eishammer Merkls von 1934, den ihm Herrligkoffer für diesen »heiligen Akt« anvertraut hat. Prompt vergißt er die »Reliquie«, als er plötzlich, gegen 18 Uhr, Buhl am Silbersattel entdeckt.

Ertl, der »seine Rührung hinter der Kamera verbirgt«, filmt den Herabkommenden. Frauenberger ist nur glücklich, daß »der Hermann kommt«, egal ob Gipfel oder nicht. Der ausgetrocknete Buhl ist schwer mitgenommen. Das Hauptlager wird über den Gipfelsieg und die erfrorenen Zehen informiert. Herrligkoffer will Buhl angeboten haben, ihm bis Lager IV entgegenzugehen, um seine Erfrierungen zu behandeln. Es ist wenig wahrscheinlich. Denn Herrligkoffer war schon in Lager III nicht mehr arbeitsfähig. Er hätte den weiteren Aufstieg gar nicht geschafft. Er war eben kein Bergsteigerarzt wie Dr. Oudot an der Annapurna, der sich nicht im Basislager, sondern im Lager II auf 5900 Metern Höhe für Notfälle bereithielt. Nichts hätte Herrligkoffer freilich daran gehindert, Buhl wenigstens entgegenzugehen.

Am 5. Juli steigt die Spitzengruppe bis ins Lager III ab. Buhl ist noch gehfähig. Am gleichen Tag, ohne Buhls Rückkehr abzuwarten, verläßt Aschenbrenner die Expedition Richtung Heimat. Am 6. Juli begegnen sie zwischen Lager II und III Aumann und Köllensperger mit fünfzehn Trägern. Es ist das »Räumkommando«, das die Lager abbauen soll. Herrligkoffer hat Aumann drei bettlakengroße Fahnen – die deutsche, die österreichische und die pakistanische – mitgegeben. Buhl wird beglückwünscht und es werden patriotische Aufnahmen gemacht. Sein erfrorener

Fuß macht ihm mittlerweile zu schaffen. Mangels Träger schleppt er sein Gepäck selber. Die Anstrengungen des Gipfelgangs sind ihm noch immer ins Gesicht geschrieben. Aumann macht das berühmte Foto von Buhl als Greis. Auf die Idee, ihm einen oder gar zwei Hunza zu überlassen, die Buhl beim Abstieg helfen, kommt er nicht.

In Lager II legen sie eine Zwangspause ein. Der Weg ist nicht mehr gangbar und muß neu gefunden werden. Das Lager selbst ist verwahrlost. Buhls Füße schwellen an. Am nächsten Morgen muß er auf die Innenschuhe und die dicken Socken verzichten, immer schwerer fällt ihm das Gehen. Im Lager I stoßen sie auf das erste Grün. Buhl liegt im Gras und freut sich auf den Empfang im Hauptlager.

Herrligkoffer empfängt ihn kühl und knapp. Buhl vermutet später, er habe ihm trotz des Gipfelsiegs seine »Befehlsverweigerung« übelgenommen. Zunächst will Herrligkoffer Buhls Geschichte hören, dann erst wirft er einen Blick auf dessen bereits schwarze Zehen, die eitrig aufplatzen. Viel machen könne man jetzt nicht mehr. Sie müßten wohl abgenommen werden. Das Lager befindet sich in Auflösung. Überall wird gepackt, denn man will am nächsten Tag aufbrechen. Die Medizinkiste ist schon vorausgeschickt. Tabletten, um die Durchblutung der Wunde zu fördern, sind aber noch vorhanden. Die Feier für Buhl fällt bescheiden aus. Es gibt Reste: aufgewärmte Nudeln. Die bessere Verpflegung ist verstaut. Die Festrede hält Herrligkoffers Freund Bitterling. In bewegenden Worten dankt er dem Expeditionsleiter für den großen Sieg. Buhl kann es nicht fassen.

Mit dieser Enttäuschung ist Buhl nie fertig geworden. Der Erstbesteiger des Nanga Parbat, dessen Alleingang ohne Beispiel in der alpinen Geschichte ist, wurde nicht auf den Schild gehoben, nicht begeistert bejubelt, sondern wie nebensächlich behandelt. Jahrelang hatte er sich vorbereitet, hatte Körper, Geist und Seele für diese, die ultimative Anstrengung geschult. Jetzt war sie vollbracht – und es reichte nicht einmal für frische Spaghetti. Buhl begann die Arroganz dieses Mannes zu hassen, der sich Expeditionsleiter nannte, obwohl er keiner war, und ihm, statt Dankbarkeit zu zeigen, insgeheim den Vorwurf der »Meuterei« machte. Nur weil Ertl, Frauenberger und Buhl sich den Aufstieg ertrotzt hatten, durfte sich Herrligkoffer mit dem Erfolg schmücken, den »deutschen Schicksalsberg« nach so vielen Opfern erobert zu haben. Hätte man sich an seine Anweisungen gehalten, wäre die Expedition sang- und klanglos gescheitert. In der Unfähigkeit Herrligkoffers, Buhl und seine Leistung »anzunehmen«, liegt der Keim der weiteren Auseinandersetzungen, die wie bei keiner vorangegangenen Expedition das Bild der Bergsteiger und des Alpinismus in der Öffentlichkeit prägten.

Herrligkoffer war nicht als Bergsteiger, sondern als »Wallfahrer« am Nanga Parbat unterwegs. Sein Heiligtum hieß Mohrenkopf, den er in »Merkl-Stein« umbenannte, und barg die Leiche des »geliebten Bruders«. Ihm hatte er die Expedition nicht nur gewidmet, sondern sie nach seinem Vorbild organisiert. Auf seinem, dem »Willy-Merkl-Weg«, war Buhl zum Gipfel, Merkls »Gralsburg«, nicht geklettert, sondern »gepilgert«. Merkl war der Gott des Nanga Parbat, und sein Credo lautete Mannschaftsgeist. Weil er alle gemeinsam auf dem Gipfel haben wollte, war er gestorben. In seinem Buch *Ein Weg zum Nanga Parbat*, der Bibel, die sein Priester Herrligkoffer 1936 zusammengestellt hatte, stand es geschrieben: »Im Himalaja handelt es sich nicht um die augenblickliche Stoßkraft einer ungeheuren Willensanstrengung. Was im Himalaja entscheidet, ist das Zusammenwirken gleichgesinnter Charaktere, ist die Gemeinschaftsarbeit, die nicht dem persönlichen Ehrgeiz, sondern einzig dem großen Ziele dient.« Buhl hatte, einem gefallenen Engel gleich, mit seinem Alleingang Gott Merkl gelästert, er hatte ihn der Lüge geziehen, schlimmer, ihn vom Thron gestoßen. Denn der Erfolg der Expedition von 1953 war die »ungeheure Willensanstrengung eines einzelnen« und hatte mit Mannschaft im Sinne Merkls nichts zu tun. Sie diente auch nicht »dem großen Ziele«, sondern war Buhls Triumph allein, erwachsen aus einem schrankenlosen Ehrgeiz, der sich durch keine Befehle und Anordnungen bremsen ließ.

Gott Merkl wieder die alte Größe zurückzugeben, gab es nur einen Weg für Herrligkoffer: Buhl mußte »klein werden«, seine Leistung relativiert und in das hierarchische Muster eingepaßt werden, das der Bruder vorgegeben hatte: an der Spitze der große Führer, der Befehle erteilte und Gehorsam forderte, unter ihm die Mannschaft, die »in entsagungsvoller Gemeinschaftsarbeit ohne persönlichen Ehrgeiz« die Leiter zum Gipfel baute, auf deren letzter Stufe, als notwendiges, aber ersetzbares Glied dieser Kette, der Gipfelsieger stand. Das war die Rolle, die er Hermann Buhl zuwies.

Herrligkoffer hatte die Expedition durch seinen Einsatz erst ermöglicht und sich damit nach eigener Auffassung als Erbe seines Bruders legitimiert. In völliger Überschätzung seiner Person sah er sich als einen neuen Sven Hedin. Was ihm an Charisma fehlte, ersetzte er durch den Expeditionsvertrag. Herrligkoffer empfand sich als die wichtigste Person, doch seine und Aschenbrenners Führung war so schlecht, daß sie die Mannschaft spaltete. Am Ende gab es drei Sieger – Buhl, Ertl und Frauenberger – und sechs Verlierer, die irgendwie begründen mußten, daß sie auch ihren Beitrag geleistet hatten. Ihnen bot Herrligkoffer mit seinem Mannschaftsbegriff eine hochwillkommene Plattform der Rechtfertigung:

»Unser Peter« hatte Buhl »gezügelt« und ihm wertvolle Ratschläge erteilt. Aschenbrenner war Vorbild, weil er 1934 seinem Drang zum Gipfel (den er natürlich erreicht hätte!) zugunsten der Mannschaft nicht nachgab. Rainer und Köllensperger hatten sich ihrerseits aufgeopfert, indem sie spurten, Lager bauten und Lasten trugen. Die daraus resultierende Erschöpfung brachte sie um ihre Gipfelchance. Kempter war von Buhl zurückgelassen worden, weil dieser den persönlichen Erfolg höher schätzte als die Bergkameradschaft. Aumann und Bitterling hatten bis zuletzt (Räumkommando und Festrede) ihre Pflicht getan.

Aus alldem folgte für Herrligkoffer, daß nicht er und die Mannschaft sich bei Buhl, sondern umgekehrt Buhl sich bei ihm, dem Expeditionsleiter, und der Mannschaft bedanken mußte. Wenn Buhl das nicht begriff, so lag es an den »Meuterern« Ertl und Frauenberger, die im eigenen Interesse den naiven Gipfelsieger gegen seinen väterlichen Mentor aufstachelten. Wie es hätte sein müssen, erfand sich Herrligkoffer in der Erinnerung. Danach meldete ihm Buhl am 4. Juli 1953 per Funkgerät seine Gipfelbesteigung mit den Worten: »Ich danke dir, daß ich an der Expedition habe teilnehmen können, es sind die glücklichsten Stunden meines Lebens!« Und Herrligkoffer antwortete: »Wir alle danken dir und dem Schicksal für deinen großartigen Sieg, den du für uns alle erkämpft hast!« Buhl hat zeit seines Lebens vehement bestritten, diesen Satz zu Herrligkoffer gesagt zu haben. Auch Ertl und Frauenberger können sich nicht erinnern. Es gab ihn auch nicht. Hätte ihn Buhl gesprochen und damit den Kotau vor dem Expeditionsleiter vollzogen, wäre er nicht mit aufgewärmten Nudeln abgespeist worden.

BERG DER ZWIETRACHT I

In den nächsten Tagen hatte der Expeditionsleiter unendlich viel zu tun. Buhl mußte selbst sehen, wie er zurechtkam. Herrligkoffer, so seine eigene Darstellung, gab ihm den Rat, »sofort mit mir nach Gilgit vorauszueilen, damit ich die Behandlung in die Hände des dortigen Krankenhausarztes legen könne«. Wozu war der »Arzt der Expedition« eigentlich mitgekommen? Und wieso sollte Buhl in einem pakistanischen Provinzkrankenhaus im hintersten Kaschmir auf angemessene Versorgung seiner erfrorenen Zehen hoffen? Herrligkoffer hat diese Fragen nie befriedigend beantworten können. Ein deutscher Arzt, der an der Ostfront Erfrierungen behandelt hatte und den Buhl in Lahore aufsuchte, konstatierte, daß »seine bisherige Behandlung eine sträfliche Vernachlässigung zeigt, ohne die geringste Rücksichtnahme auf die bekannten Erfahrungen in der Früh- und Spätbehandlung von Frostschäden«.

Buhl konnte auch nicht mit Herrligkoffer »vorauseilen«, da er getragen werden mußte. Das ging Herrligkoffer zu langsam. Er überließ Buhls Pflege Ertl und Frauenberger und stieg mit »seiner« Mannschaft – Aumann, Bitterling, Kempter, Köllensperger und Rainer – ins Industal ab. Die später nachkommende »Gruppe Buhl« (Herrligkoffer) saß an der Rakhiot-Brücke fest, bis sie ein Reporter in seinem Jeep nach Gilgit fuhr. Dort wurde die Mannschaft von den Pakistani begeistert gefeiert. Buhl las die ersten Zeitungsmeldungen und traute seinen Augen nicht. Aschenbrenner hatte bei seiner Rückreise britische Journalisten informiert, daß er vom Lager IV aus den »Befehl zum Gipfelsturm« gegeben habe. Buhl bat Herrligkoffer, die Meldung richtigzustellen. Es geschah nichts dergleichen.

Bei der ersten Pressekonferenz in Lahore machte Herrligkoffer von seinem Recht Gebrauch, exklusiv die Expedition und ihren Verlauf zu kommentieren. Buhl saß stumm als Statist dabei. Bei der Beschreibung seines Gipfelgangs griff er nur einmal ein, als Herrligkoffer behauptete, er habe künstlichen Sauerstoff benutzt. Der Expeditionsleiter ließ ihn nicht einmal ausreden. »Halt's Maul, das geht dich einen Dreck an«, wies er den Gipfelsieger rüde zurecht. Dem Vertreter des deutschen Botschafters war der Vorgang so peinlich, daß er den Saal verließ. Wenig später ging Buhl mit der Bemerkung, er sei hier wohl überflüssig. Was er nach Meinung Herrligkoffers ja auch war.

Derweil trafen Glückwunschtelegramme aus der ganzen Welt ein. Bundespräsident Heuss und Bundeskanzler Adenauer gratulierten persönlich, nicht jedoch der österreichische Bundeskanzler, weil die Zeitungen fälschlich verbreiteten, Buhl habe auf dem Gipfel die deutsche Fahne gehißt. In Wien interpretierte man das als »verkappte großdeutsche Kundgebung«. Als die Wahrheit bekannt wurde, kritisierte man, daß er neben der pakistanischen nicht auch die österreichische Fahne am Pickelstiel befestigt hatte: »Wenn er oben in 8125 Meter Höhe die Heimat vergißt, wird ihn die Heimat auch vergessen.«

Der DAV beeilte sich, die Expedition noch nachträglich finanziell zu unterstützen. Die Summe gestattete allen Teilnehmern die Rückreise per Flugzeug. Allerdings nicht gemeinsam. Die von Indien kommenden Maschinen waren meistens ausgebucht. Die ersten freien Plätze sicherten sich Herrligkoffer und Bitterling. Erst nach heftigen Protesten und einer Intervention des deutschen Botschafters lenkte Herrligkoffer ein und nahm statt seines treuen Knappen den kranken Buhl mit.

Am Münchner Flughafen erwarteten sie Oberbürgermeister Wimmer, eine enthusiastische Menschenmenge und die Presse. »Über allen Gipfeln ist Buhl« wurde zum geflügelten Wort eines Erfolgs, der endlich einmal wieder positive Schlagzeilen für Deutschland machte. Buhl verschwand im Krankenhaus und wurde nach kurzer Behandlung nach Ramsau zu seiner Frau gebracht. Herrligkoffer hatte die Bühne für sich allein.

Schon bei der Rückkehr – am 23. Juli – durfte sich Buhl über die Nanga-Parbat-Nummer der wöchentlich erscheinenden *Revue* ärgern. Unter der Ankündigung, daß die Illustrierte »den autorisierten Exklusivbericht über den heldenhaften Kampf um den dritten Achttausender« bringe, war eine ganzseitige Zeichnung zu sehen, die Buhl als Tiefseetaucher auf einem spitzen Gipfel zeigte: mit Sauerstoffmaske, heraushängenden Schläuchen, stolz die deutsche und die österreichische Fahne schwenkend. Ferner war ein Brief Buhls an seine Frau abgedruckt, in dem er in den höchsten Tönen die Leistungsfähigkeit der Hunza-Träger lobte: Er hatte ihn gar nicht geschrieben. Zwei Tage später, in der *Revue*

Buhl auf dem Gipfel, wie ihn sich die *Revue* als Seismograph der öffentlichen Meinung vorstellte und zeichnete: mit Sauerstoffmaske, die er nicht trug, auf einem spitzen Gipfel, was der Nanga Parbat nicht ist, und mit der deutschen und der österreichischen Fahne in der Hand, die Buhl nicht hißte.

vom 25. Juli, las Buhl fassungslos, was Reporter Walter Pause unter der Überschrift »Unser Berg. Wie der Nanga Parbat bezwungen wurde« einen »Tatsachenbericht vom Kampf der Deutsch-Österreichischen Willy-Merkl-Gedächtnisexpedition zum Nanga Parbat nach authentischen Berichten, Tagebüchern und Briefen der Expeditionsteilnehmer« nannte.

Demnach waren am 3. Juli, Buhls Gipfeltag, zwei Seilschaften vom Lager V aufgebrochen und hatten am Vormittag den Silbersattel erreicht: Buhl und Kempter, Köllensperger und Rainer. Im losbrechenden Monsunsturm fallen die beiden letzteren immer mehr zurück und schlagen schließlich ein Zelt auf. Buhl und Kempter kämpfen sich bis zum Vorgipfel auf eine Höhe von 7850 Meter. Kempter kann nicht mehr, denn um Buhl zu entlasten, hat er die ganze Zeit im tiefen Schnee gespurt. Beide »führen ein Gespräch. Ein Gespräch, von dem alles abhängt.« Buhl geht allein weiter, steigt hinunter zur Bazhin-Scharte und biwakiert wie aus dem Lehrbuch, nämlich im mitgebrachten Zeltsack! Am nächsten Morgen steht er auf dem Gipfel. Es ist 10.20 Uhr, er hißt die Flaggen Deutschlands, Österreichs und Pakistans und ist »für einen kurzen Augenblick stolz und glücklich«. Dann kämpft er sich zurück. Am Silbersattel erwarten ihn die Kameraden. Sie haben, um seinen »Rückzug« zu decken, eine furchtbare Sturmnacht verbracht. Sie geben ihm zu trinken. Er trinkt mit zitternden Fingern. »Dann erst drückt er ihnen die Hand. Keiner spricht. Aber alle fühlen in ihren von Kälte und Sturm geschundenen Körpern den Triumph dieses Tages.« Soweit Walter Pause.

Den folgenden, aus den »Tagebüchern und Briefen« zusammengestellten Abschnitten konnte Buhl entnehmen, wie ihn Aschenbrenner in der Nacht vom 1. Juli im Lager IV zum Gipfelgang anspornte. Er habe den widerstrebenden Buhl beschworen – »Aber ich mag keinem davonlaufen« –, nicht seinen eigenen Fehler von 1934 zu machen – »270 Meter unter dem Gipfel! 270 Meter nur, Herrgott! Und dann haben wir ihn hergeschenkt.

Unseren Berg!« Er müsse den Mut haben, ohne Rücksicht auf die Kameraden zum Gipfel zu gehen. Ein Foto zeigte Herrligkoffer an der Schreibmaschine im Hauptlager. Die Bildunterschrift lautete, daß er und Aschenbrenner sich beim Gipfelsturm in den Hochlagern aufhielten. Wie hoch, las man im Fließtext, in dem der rührig-besorgte Herrligkoffer zwei kranke Hunza-Träger vom Lager IV ins Lager I »durch Eisbrüche, über Türme und Spalten herunterbringen mußte«.

Als Fazit der Reportage verkündete *Revue* die Behauptung Herrligkoffers vom »Mannschaftssieg«: »Den Lorbeer trägt, wer den Gipfel erstürmte; der Sieg aber ist die Leistung aller. Zehn Männer haben diesen Sieg erkämpft. Er ist zugleich der Sieg aller Toten dieses Himalaya-Riesen – sie alle sind die Wegbereiter Hermann Buhls, seine Kameraden.«

Es war ein starkes Stück, das jetzt millionenfach in die deutschen Wohnzimmer flatterte, in Friseurgeschäften und Arztpraxen auslag und das Bild der Expedition in der Öffentlichkeit bestimmte. Es war gelogen, aber so geschickt, daß man es gerne glauben mochte. Der Artikel bot das Ideal eines Bergabenteuers, wie man es sich vorstellte. Männer gingen vereint zum Gipfel und standen in größter Not zusammen. Gleich hinter dem Gipfelsieger wartete die Reserve, und wieder gleich dahinter befanden sich die Feldherren Herrligkoffer und Aschenbrenner, immer in unmittelbarer Fühlung zu ihren Truppen. Drei Kameraden hatten Buhl bis auf 7850 Meter begleitet und ihn geschont. Ein gemütliches Biwak und 275 Meter Aufstieg, dann zurück zu Tee und Händedruck ins warme, auf ihn wartende Zelt. Eine gute Leistung, gewiß, aber keine, die eine Ausnahmestellung rechtfertigte. Auf Buhls und Ertls Forderung, für eine wahrheitsgemäße Berichterstattung in der Presse zu sorgen, reagierte Herrligkoffer wieder nicht.

Als hätte er die Wirkung geahnt, die der »Tatsachenbericht« auf Buhl haben mußte, schickte Herrligkoffer am gleichen Tag an alle Redaktionen einen Brief, um sich auch künftig das Informationsmonopol über die Expedition zu sichern. In seiner Eigenschaft als Expeditionsleiter wies er daraufhin, »daß alle Beiträge, die Ihnen von Expeditionsteilnehmern zugehen, meiner Gegenzeichnung bedürfen. Diese Abmachung ist zwischen mir und den Teilnehmern der Expedition vereinbart worden und basiert auf der Erkenntnis, daß unter allen Umständen eine allzu starke subjektive Darstellung der Probleme, die bei einem solch großen Unternehmen immer aufzutreten pflegen und zu Komplikationen führen könnten, vermieden werden muß.« Herrligkoffer unterzeichnete »mit Bergsteigergruß«.

Buhl sah sich um die Anerkennung seiner einzigartigen Leistung betrogen. Die Expeditionsleitung hatte in der entscheidenden Phase versagt und war gar nicht in Erscheinung getreten. Jetzt versuchten Herrligkoffer und Aschenbrenner am Erfolg zu partizipieren und von ihrer Entscheidung mit Tricks und falschen Tatsachen abzulenken. Als Kempter in einer Zeitung, offenbar mit Genehmigung Herrligkoffers, sein Zurückbleiben am Silbersattel damit erklärte, daß Buhl ihm »einfach davongelaufen« sei, brachte er das Faß zum Überlaufen. Buhl fühlte sich persönlich angegriffen und wehrte sich. Am 1. August erschien in der Münchner *Abendzeitung (AZ)* unter der Überschrift »Endlich die Wahrheit« ein ausführlicher Artikel von Joe J. Heydecker, dem Buhl seine Sicht der Ereignisse erzählte. Kempter mußte sich die Frage gefallen lassen, wieso er am 4. Juli Buhl nicht entgegengegangen war, um dem Erschöpften den Rückweg zu erleichtern. Präzise wurde die »Befehlslage« wiedergegeben, wurden Aschenbrenners frühe Abreise und die Nichtbesetzung der unteren Lager erwähnt. »Der Gipfelsieg«, so der Vorwurf Buhls, »ist ohne die Hilfe der Expeditionsleitung und gerade gegen sie errungen worden.« Buhls Abrechnung schlug wie eine Bombe ein. Weitere Fortsetzungen folgten.

Noch bevor der Artikel in Druck ging, erfuhr Herrligkoffer davon und intervenierte mit Hinweis auf den Expeditionsvertrag bei der Redaktion. Er forderte, »daß der Bericht ihm vorher zur Zensur vorgelegt werden soll«. Die Redaktion lehnte ab. Herrligkoffer hatte ein Problem und eine lange Nacht. Doch mit der ihm eigenen Energie schaffte er in letzter Minute die Kehrtwendung: Ebenfalls am 1. August erschien im *Münchner Merkur* sein »authentischer Bericht« unter der Überschrift »So fiel der Gipfel des Nanga Parbat«. Darin leitete er den gedeckten Rückzug ein. Nun war keine Rede mehr von Hochlagern, aus denen die Expeditionsleitung den Gipfelsturm organisierte. Herrligkoffer ließ seine Darstellung erst am 2. Juli beginnen und sparte so die peinliche »Befehlslage« aus. Den Alleingang zum Gipfel schilderte er nach den Aufzeichnungen Buhls. Seine und Aschenbrenners Rolle bestand jetzt nur noch in teilnehmender Sorge im Hauptlager, die er in pathetischer Breite ausmalte und mit dem heiser geflüsterten Dank Buhls für seine Teilnahme an der Expedition schloß.

Die Öffentlichkeit war entsetzt. Aus dem »Schicksalsberg« war der »Berg der Zwietracht« geworden. Die Kämpfer um das hehre Ziel, die Erstürmer des dritten Achttausenders, die »treuen Bergkameraden«, die das »tragische Ringen um den Nanga Parbat« (Bauer) endlich für sich entschieden hatten, entpuppten sich als überaus fehlbare Menschen, deren vorgebliche bergsteigerische Ideale keinen Pfifferling wert waren, wenn es um Eitelkeit, Ruhm und Anerkennung ging.

Oberbürgermeister Wimmers Bitte, sich zu einigen, brachte die verfeindeten Lager ebensowenig zusammen wie die Verleihung einer Ehrenplakette für besondere alpinistische Leistungen an alle Teilnehmer. Mit einer einstweiligen Verfügung stoppte Herrligkoffer Buhls Nanga-Parbat-Berichte in der *AZ*, Buhl konterte mit einem »Offenen Brief«, in dem er seine gesamte Leidensgeschichte nach der Rückkehr vom Gipfel enthüllte. Die Stimmung kippte zuungunsten Herrligkoffers. Um so mehr, als die abgeschlossenen Expeditionsverträge bekannt wurden, die jedem der Teilnehmer einen »Maulkorb« *(SZ)* umhängten und weder Interviews, Vorträge noch publizistische Äußerungen erlaubten.

Ein Hintergrundartikel von Jürgen Thorwald in der Illustrierten *Quick* analysierte den Kernpunkt der Auseinandersetzung. Der Rückzugsbefehl der Expeditionsleitung sei falsch, unter dem Aspekt der Risikominimierung und vor dem Hintergrund der tödlichen Vorgeschichte des Berges aber verständlich gewesen. Immerhin hätten die Katastrophe von 1934 und Buhls Gipfelgang fast zum gleichen Zeitpunkt im Jahr stattgefunden. Hätten Aschenbrenner und Herrligkoffer die innere Größe gehabt, ihren Irrtum einzugestehen, und Buhl die Anerkennung gezollt, die er verdiente, wäre es zu keinem Zerwürfnis gekommen. Jeder hätte die Gründe des Expeditionsleiters respektiert und sein Verdienst, die Expedition organisiert und in den Himalaja geführt zu haben, wäre ungeschmälert geblieben. Vom Lorbeer Buhls wäre mehr als genug abgefallen. Herrligkoffer habe statt dessen mit allen Mitteln versucht, seinen Anteil am Erfolg auf Kosten Buhls zu vergrößern. Mit Buhls Worten: »Er wollte halt alles für sich: den Sieg, den Ruhm, alles.«

Thorwalds souveräner, völlig unpolemischer Beitrag reduzierte Herrligkoffer auf einen schwachen Charakter, der sich mit seinem Verhalten um jeden Anspruch gebracht hatte, Führungspositionen einzunehmen. Nichts hat ihn so getroffen wie diese elegante Feder. Denn unstreitig hatte Thorwald recht. Wieder erfährt der Angegriffene vor Drucklegung von dem Artikel. Und er weiß auch, wer diesmal dahinterstecken muß: Ertl, der in der Presse erklärt hat, Herrligkoffer habe als Finanzier seine Meriten, sei jedoch ab Basislager »keinen Schuß Pulver wert«.

Noch bevor die *Quick* an den Kiosken ausliegt, schickt Herrligkoffer ein Rundschreiben »an alle Kuratoriums-Mitglieder, Freunde und Förderer der Expedition«. Es geht auch an den DAV, nicht aber an die Betroffenen. Vier engbeschriebene Seiten verwendet er darauf, Buhls »Offenen Brief« und dessen *AZ*-Serie zu widerlegen. Unter Punkt drei »Zur Frage des Rückzugsbefehls« behauptet er, man habe ihn am 29. Juni wegen des schlechten Wetters erteilt, ihn jedoch nach Wetterbesserung am 1. Juli aufgehoben, indem »nach oben durchgegeben wurde, daß man die Daumen drücke«. Überhaupt habe sich sein zweiter Angriffsplan – zu dessen Entgegennahme die Spitzengruppe absteigen sollte! – mit den Überlegungen Buhls und der anderen gedeckt.

Es sind durchweg windige Argumente, mit denen sich Herrligkoffer verteidigt, und er weiß, weshalb er damit nicht vor die Presse geht. Weitere drei Seiten widmet er Ertl, er unterstellt ihm Unterschlagung von Expeditionsgut aus einer Andenexpedition und berichtet von einer »Hitler im Urwald«-Story, die der käufliche Ertl aus Geldnot habe fotografieren wollen. Als Buhl und Ertl der Rundbrief zugespielt wird, beauftragen sie einen Rechtsanwalt mit der Wahrung ihrer Interessen. Es ist ausgerechnet Franz Pfister, der mit Merkl und Welzenbach befreundet war und mit Bechtold immer noch ist. Bechtold aber verkörpert die DHS, und damit ergibt sich für den Expeditionsleiter das vertraute Feindbild: Herrligkoffer gegen Bauer.

Der Öffentlichkeit ist es mittlerweile egal. Sie ist den Streit der »Himalaja-Männer« müde und an den nachfolgenden Schlammschlachten, den Prozessen, die Herrligkoffer auf der einen, Buhl und Ertl auf der anderen Seite gegeneinander führen, nicht mehr interessiert. Irgendwann im folgenden Jahr findet das Ganze ein Ende. Vergleiche werden geschlossen und der »Maulkorb« gelockert. Buhl darf ein eigenes Buch schreiben, aber es darf nur 25 Prozent Nanga Parbat darin vorkommen. Am 19. Februar 1954 zieht Rechtsanwalt Pfister ein drastisches Fazit: »Alles, was nach Nanga Parbat riecht, ist zum Kotzen. Schade um den schönen Berg.«

Herrligkoffer zog sich einigermaßen geschickt aus der Affäre. Die falsche Berichterstattung schob er Aschenbrenner in die Schuhe. Mit Buhl wurde prozessiert, nicht argumentiert. In seinen Vorträgen und in seinen Veröffentlichungen nahm er die Begriffe »Bergkameradschaft« und »Mannschaftsgeist« für sich in Anspruch. Mit dem Satz, »daß nur durch das Zusammenwirken aller [im Buch gesperrt gedruckt, Anm. d. Verf.] Teilnehmer Hermann Buhl in kühnem Alleingang den Gipfel bezwingen konnte«, schloß er seinen Expeditionsbericht.

Buhl fand sich über Nacht in der Rolle des »Sonderlings« mit »schwierigem Charakter« wieder, des »Einzelgängers«, der den Berg nur »für sich« bestiegen hatte. Herrligkoffer hatte da mehr zu bieten. Sein Wortschatz wimmelte von Vermächtnis und Verpflichtung, von Opfer und Treue, vom Gedenken an die Toten und von Schicksalsbergen. Das klang in den Ohren der konservativen Presse und weiter Kreise des Alpenvereins vertrauter als Buhls schneidende Kritik, man möge die Toten des Nanga Parbat in Ruhe lassen und endlich mit diesen Phrasen aufhören.

Daß Frauenberger und viele andere ihm öffentlich die Fähigkeit zur Expeditionsleitung absprachen, erschütterte Herrligkoffer ebensowenig wie der Rückzug von Oberbürgermeister Wimmer, der nicht mehr Ehrenprotektor sein wollte. Diese Rolle übernahm jetzt, was die nächste Expedition unter Herrligkoffers Führung verbürgte, ein Bundesminister: Franz Josef Strauß. Für das Kuratorium und die Industriesponsoren war nur wichtig, daß Herrligkoffer seine Ankündigung wahr gemacht hatte, den »Kampf um den deutschen Schicksalsberg« siegreich zu beenden.

Mit diesem Erfolg etablierte sich Herrligkoffer ein für allemal als Expeditionsleiter. Es spielte keine Rolle, daß seine nächste Expedition am Broad Peak, einem Achttausender des Karakorum, scheiterte. 24 weitere Expeditionen sollten folgen, davon allein zehn zum Nanga Parbat, den er zu seinem persönlichen Schicksalsberg erklärte. Nur einmal noch wird es ihm gelingen, ähnlich viel Aufmerksamkeit, Anerkennung und Haß zu ernten wie bei seiner ersten Expedition.

Wenn es eine Tragik in Herrligkoffers Leben gibt, dann die, daß er vergeblich siegte. Die Zähigkeit, mit der er die erforderlichen Mittel auftrieb und sich gegen alle Widerstände durchsetzte, haben selbst seine Gegner bewundert. Die Rolle, die er am Berg spielte – überfordert, weil er keine Erfahrung hatte, befehlend, weil er nicht überzeugen konnte –, war alles andere als glänzend. Aber auch hier kam er stets als Sieger zurück. Der dritte Sieg, errungen mit der Waffe des Expeditionsvertrags gegen die »Meuterer«, war ihm besonders wichtig. Denn durch ihn sicherte er sich das Recht, die einzige Stimme der Expedition zu sein, ihre, und das heißt letztlich seine eigene Geschichte zu schreiben – wie Sven Hedin, der berühmte Asienforscher, sein großes Vorbild. Und so setzte er sich hin und schrieb »meinem Bruder zum Gedenken« und »unserer lieben Mutter in Verehrung gewidmet« das Buch über das größte Abenteuer seines Lebens, eine unglaubliche Tat, einen Stoff nur vergleichbar der Besteigung der Annapurna und des Everest.

Buhl stört, daß es in dem Buch sprachlich wie auf einem Schlachtfeld, wie im Kriege zugeht – er kann das beurteilen, er war in einem. Darüber hinaus empört er sich über die vielen Unrichtigkeiten, und er findet Herrligkoffers Sprachkitsch um den »lieben Bruder« unerträglich. Seine Kritik trifft in allen Punkten zu. Man könnte damit leben. Sogar damit, daß Herrligkoffer Buhls Gipfelgang als »Triumph des Willens und des Mutes« bezeichnet – da klang wohl im Unterbewußtsein noch Leni Riefenstahls NS-Parteitagsfilm von 1934 nach. Aber das Buch ist unendlich langweilig: eine zusammengestoppelte Mischung aus markiger Merkl-Prosa, gekünstelten Dialogen und aufgesetzter Fröhlichkeit, so brav, daß nur einmal – im Gipfelbericht von Buhl – ein Anflug von Dramatik zu spüren ist. Die französischen Bergsteiger waren erschüttert: »Dreihundert mäßige Seiten für die Nachwelt. Ein Buch ohne Seele. Eine Ausgabe für einen Bahnhofskiosk. Der Nanga Parbat hat anderes verdient.«

Herrligkoffer sicherte sich mit seinen Expeditionsverträgen bis zuletzt das Recht der alleinigen Berichterstattung. Er schrieb noch viele Bücher. Alle waren genauso schlecht. Er konnte es nicht besser.

KEINE »STUNDE NULL«

Hermann Buhl wurde für ein Jahr zum Star. Seine Heimat Österreich nahm ihn trotz seines »Fahnenstreiks« wieder in Gnaden auf und machte ihn zum »Sportler des Jahres«. In München bekam er problemlos eine Wohnung, Bundeskanzler Adenauer empfing ihn, und der VW-Konzern stellte ihm für eine Vortragsreise leihweise einen »Käfer« zur Verfügung. Buhl reiste durch Europa und erlebte sich als guten Redner, der ganze Säle füllen konnte. Mit Nachdruck arbeitete er an seinem Buch, das unter dem Titel *Achttausend drüber und drunter* im Herbst 1954 erschien. Es war als Autobiographie angelegt und umfaßt 351 Seiten, wovon auf die Nanga-Parbat-Expedition etwas mehr als vierzig entfallen. Vier Fotos, darunter sein Gipfelfoto, illustrieren das Kapitel. Die Abdruckrechte mußte er sich von Herrligkoffer erbitten.

Buhl wußte, worauf es ankam. Sein Buch mußte besser als Herrligkoffers sein. Der Hauptschüler Buhl schrieb es allein, traute sich aber die Endfassung nicht zu. Als Redakteur, der letzte Hand anlegen sollte, wählte er ausgerechnet den Alpinschriftsteller und Bergsteiger Kurt Maix.

Maix bewunderte Buhl als Vollender des Nanga-Parbat-Gedankens. Er war fast zwanzig Jahre älter und brachte die Autorität des erfahrenen Schriftstellers in die gemeinsame Arbeit am Buch ein. Buhl, der Feind der großen Worte und des militärischen Sprachbombasts, machte mit dieser Entscheidung den Bock zum Gärtner. Maix war in den dreißiger Jahren ein entschiedener Anhänger des Nationalsozialismus in Österreich gewesen. 1934 rühmte er die »todesmutigen Männer«, die beim NS-Putschversuch in Wien den österreichischen Bundeskanzler Dollfuß ermordeten. 1935 publizierte er im Münchner Bruckmann Verlag sein programmatisches Werk *Der Mensch am Berg*, in dem er den Alpinismus als »heldischen Sport« feierte. Die Toten am Nanga Parbat verglich er mit den gefallenen Freiwilligen von Langemarck. Sie waren natürlich nicht umsonst gestorben, sondern Vorbild »für ein neues sieghaftes Geschlecht, das sein Volk in die Freiheit führen wird«. Als es in Gestalt der deutschen Wehrmacht 1938 in Österreich einmarschierte, blies Maix erst recht die heroische Fanfare, rühmte die Bergkameradschaft als Keimzelle der »Volksgemeinschaft« und rüstete die Bergsteiger für den Zweiten Weltkrieg sprachlich auf: »Der innere Schweinehund stirbt auf schweren Bergfahrten.«

Maix »verbesserte«, selbstredend in bester Absicht, Buhls Buch: »Ich entfernte alles, was ihm schaden könnte, ich dichtete manche Stellen ins Gegenteil um. Ich schrieb ganze Kapitel völlig neu, aus eigenem.« Und was konnte Buhl am meisten »schaden«? Er war »nur« Bergsteiger. Er hatte keine Botschaft. Er sprach und schrieb in seinen Tagebüchern klar und knapp und wollte auch kein Held sein. Damit war er seiner Zeit weit voraus.

Die überwiegende Zahl der Bergsteiger, darin ein Abbild der Gesellschaft, verharrte weiterhin in den alten Denk- und Sprachschablonen und war kaum angekränkelt vom neuen demokratischen Geist. Nirgendwo, schon gar nicht in den Bergen, gab es eine »Stunde Null«. Man sang die alten Lieder, legte die alten Bücher wieder auf und erbaute sich an den alten Geschichten. Maix' Bearbeitung von Buhls Buch ist das beste Beispiel. Da in dessen Text keine Ideologie vorhanden war, füllte Maix die »Leerstelle« nach bestem Gewissen und seinen innersten Überzeugungen. In seinem Vorwort erklärte er Buhl zum »Wanderer zwischen Erde und Wolken«, eine feinsinnige Anspielung auf den in der Nazizeit so geschätzten Dichter Walter Flex und sein Weltkriegsepos »Der Wanderer zwischen beiden Welten«. Im Buch fühlt sich Buhl den Toten des Nanga Parbat durch den gleichen Eid verpflichtet, den schon der Reichssportführer zustimmend zitierte: »Was Frost und Leid … Deutschland, ich bin bereit.« Welzenbachs »Opfer« läßt ihn verstummen, und der ganz und gar unmilitärische Buhl »meldet« den Toten den Vollzug ihres Vermächtnisses. »Alle haben sie an der Pyramide gebaut, zu der ich den Schlußstein setzen durfte.« Damit war Buhls Alleingang zum Gipfel legitimiert, der widerstrebende Held historisch eingeordnet.

Maix' Zusätze haben Buhls Buch ruiniert. Dank seiner aus den dreißiger Jahren geschöpften stilistischen und ideologischen Beigaben ist es heute in weiten Teilen genauso unlesbar wie Herrligkoffers Elaborat.

1957 fährt Buhl mit drei Begleitern ebenfalls zum Broad Peak. Als ob er Herrligkoffer zeigen wollte, wie es geht, erstbesteigt er den Achttausender in der Rekordzeit von drei Tagen und ohne Hochträger. Er ist damit der erste Mensch, der auf zwei Achttausender-Gipfeln gestanden hat. Knapp drei Wochen später ist Hermann Buhl tot, abgestürzt in 7200 Meter Höhe an der benachbarten Chogolisa. Auf der Rückreise hatte er sich mit seiner Frau in Kairo treffen wollen, um sich endlich die Pyramiden anzuschauen. Er wurde nur 32 Jahre alt.

Die Nanga-Parbat-Expedition von 1953 war die letzte der dreißiger Jahre und speiste sich aus dem gleichen ideellen Fundus. Dieser hatte den Krieg überlebt wie die meisten Akteure, Funktionäre und Ideologieproduzenten des von Bauer eingeleiteten »Kampfes um den Himalaya«. Herrligkoffer konnte an sie anknüpfen und – als Verwandtenbesuch am Grab kaschiert – das alte Programm nationaler Größe in Szene setzen. Fast alles war so wie früher: die Taktik am Berg, der Mannschaftsgeist, Eid, Führerprinzip, kein Sauerstoff und eine Sprache, die blechern in den Ohren klapperte. Nichts zeigt das so deutlich wie die Empörung über die nichtgehißten nationalen Gipfelfahnen. Immerhin für einen Tag, als die österreichischen Zeitungen irrtümlich mit der Schlagzeile aufwarteten »Österreichs Fahne auf dem Gipfel des Nanga Parbat«, war Buhl ein Held. Herrligkoffer wußte, warum er vorsorglich seine Fahnenkollektion mitgebracht hatte und Buhl davor posieren ließ. Nichts verdeutlicht die Kontinuität mehr als die Bild- und Tonsprache von Ertls Nanga-Parbat-Film, der am 13. November 1953 in Gegenwart des bayerischen Ministerpräsidenten in den Münchner Rathaus-Lichtspielen uraufgeführt wurde. Für den Film hatte Ertl eigens »Das Lied vom Nanga Parbat« komponieren lassen, das eine Hundertschaft Bereitschaftspolizisten intonierte: »Wir werden den Gipfel ersteigen. Eh der Monsun einbricht, muß König Diamir sich neigen, es ist uns heilige Pflicht. Es ward uns die biblische Sendung ›Die Erde macht Euch untertan!‹ Das gab dem Endkampf die Wendung. Hilf, Herrgott, hilf uns himmelan!« Es gab auch einen Refrain: »Einunddreißig sind im Eis begraben, Kameraden, die den Weg bereitet haben. Diesen unsern Toten gilt die Tat. Nanga Parbat, heuer fällt Dein Grat!«

Neu war die Finanzierung der Expedition gewesen. In der Folgezeit setzte sich das Prinzip des Sponsoring und der Vermarktung von Expeditionen anstelle staatlicher Förderung weltweit durch. Teilweise neu war die Ausrüstung, insbesondere Funkgeräte, Perlonseile und Daunenschlafsäcke, neu auch der Einsatz von Drogen, den man vor dem Krieg als unsportlich abgelehnt hatte. Wirklich neu aber war der Typ Bergsteiger, den der Gipfelsieger verkörperte. Buhl hatte mit seinem einzigartigen Alleingang nicht nur das Mannschaftsprinzip ausgehebelt, sondern sich auch jeglicher Sinnstiftung verweigert. Er stand für die Rolle des Nationalhelden, des »Vollenders des Nanga-Parbat-Gedankens« nicht zur Verfügung. Buhl, der Einzelgänger, wollte »seinen« Berg »für sich«. Wie Mummery, der sich gut mit ihm verstanden hätte, mußte er für seine Provokationen büßen, aber wie sein

Vorgänger im Klettern und im Geiste leitete er eine neue Ära des Bergsteigens ein.

Nach der Besteigung von Annapurna, Everest und Nanga Parbat folgten die übrigen elf Achttausender-Gipfel Schlag auf Schlag. Die Öffnung Nepals machte neben dem Everest sieben weitere Großberge zugänglich, und die Bergsteiger der Welt wetteiferten darum, sich möglichst viele davon zu sichern. Sie taten es durchweg mit nationalen Expeditionen. Italiener bestiegen 1954 den K2, Österreicher im gleichen Jahr den Cho Oyu. 1955 war eine englische Expedition an Bauers Himalaja-Berg, dem Kangchendzönga, erfolgreich, Franzosen, darunter alte Bekannte wie Terray und Couzy, standen erstmals auf dem Gipfel des Makalu. Im Jahr darauf steigerten sich die Erfolge auf gleich drei Achttausender. Wiederum Österreicher nahmen sich den Gasherbrum II im Karakorum vor, Schweizer den Lhotse und Japaner den Manaslu. Als Hermann Buhl, wieder ohne Fahne, 1957 den Broad Peak als erledigt abhakte, kannte die Begeisterung in Österreich keine Grenzen. Mit insgesamt vier Achttausendern fühlte sich das kleine Land als führende Bergsteigernation im Himalaja. Die restlichen drei Achttausender fielen an die Amerikaner (Hidden Peak 1958), Schweizer (Dhaulagiri 1960) und Chinesen. Letztere hatten in kluger Vorratshaltung keine Besteigungsgenehmigung für den in Tibet gelegenen Shisha Pangma erteilt. Erst 1964 waren die Vorbereitungen abgeschlossen, und eine Großexpedition brachte zehn ihrer Bergsteiger auf den Gipfel.

Abgesehen von der psychologischen Schwelle, die mit der Besteigung der Annapurna wegfiel, war es ein Bündel von Faktoren, das den Durchbruch in die Höhen über 8000 Meter ermöglichte. Ein Faktor war der beginnende Siegeszug der Kunststoffe. Die neuen, häufig im Krieg entwickelten Materialien waren leichter, widerstandsfähiger und schützten besser gegen Hitze und Kälte. Sauerstoff- und Funkgeräte wurden handlicher und leistungsfähiger. Die ersten Karabiner aus Aluminium wurden getestet. Der

Nagelschuh wich der Vibramsohle, und neue Steigeisen aus gehärtetem Stahl machten das Stufenschlagen überflüssig. Trockennahrung, Konzentrate und Vitaminpräparate machten die Bergsteiger von der Versorgung unabhängiger. Das Wissen über die Anmarschwege und die Routen war vielfach gesichert, die Wettervorhersagen wurden zuverlässiger und die Informationen über die »Todeszone« medizinisch ausgewertet. Die Erkenntnis, daß sich der menschliche Körper ohne Sauerstoffzufuhr über 5500 Meter nicht mehr akklimatisiert, sondern daß ein allmählicher Leistungsabbau einsetzt, führte zu einer Modifizierung der Hochlagertechnik, erste Kleinexpeditionen mit »mobilen« Lagern wurden erprobt. Schließlich verbreiterte sich die Massenbasis des Bergsteigens. Hatte bis zur Jahrhundertwende die Oberschicht und bis zum Zweiten Weltkrieg das Bürgertum in den Bergen den Ton angegeben, so wurde das Bergsteigen jetzt in breiten Bevölkerungsschichten populär und brachte herausragende Kletterer hervor.

Als der Everest und später alle Achttausender bestiegen waren, diskutierte man wieder die Frage, wie einst beim Montblanc oder Matterhorn, welche Perspektive es noch fürs Bergsteigen im Himalaja gäbe. Die Antwort war die gleiche wie damals in den Alpen. Nach den »einfachen« Wegen auf die Gipfel waren nun die schwierigeren Grate an der Reihe und nach den Graten die Wände. Deren gab es viele an den Achttausendern, steil, lawinengefährdet, eisgepanzert. Keine aber war größer und gefährlicher als die, vor der Mummery zurückzuckte und die Buhl als »grausigen Absturz, den obersten Teil eine Eigernordwand« beschrieb. Sie maß 4500 Meter und war die höchste der Welt – die Rupal-Wand des Nanga Parbat.

Ein unwiderstehlicher Drang beflügelt mich,
der mir befiehlt, immer Höheres und Schwereres
zu wagen, das Letzte aus mir herauszuholen.
Hermann Buhl

DER LETZTE BERGSTEIGER

HEIMAT UND HERKOMMEN

Das Tal ist eng. Eine zwischen Berge gezwängte Welt aus Bauern, Häuslern, Lehrer und Pfarrer. Die Hackordnung ist klar: Wer die größten Höfe besitzt, hat das Sagen. Das Leben ist hart. Vom italienischen Wirtschaftsaufschwung nach dem Krieg ist in Südtirol nichts zu spüren. Die Familie Messner – Vater, Mutter, acht Söhne und eine Tochter – wohnt in einer hundert Quadratmeter großen Wohnung im Hauptort St. Peter. Der Vater ist Dorfschullehrer. Sein mageres Gehalt bessert er mit Kleintierzucht, später mit einer Geflügelfarm auf. Die Kinder helfen mit. Sonntags ist der Besuch der Messe Pflicht. Reinhold Messner, 1944 als zweitältestes Kind geboren, steigt schon als Fünfjähriger mit seinem Vater auf den über 3000 Meter hohen Sass Rigais, den höchsten Gipfel der das Tal überragenden Geislergruppe. Es ist kein schlechter Anfang für einen Extrembergsteiger.

Den Unterricht in der Volksschule erteilt der Vater. Es sind die fünfziger Jahre, der Erziehungsstil ist autoritär, und ohnehin herrscht in den Südtiroler Tälern, wie in allen bäuerlich geprägten

Gesellschaften, ein rauher Ton. Das Land ist unruhig. Die Italiener halten ihre Zusagen zur Autonomie der mehrheitlich deutschsprachigen Region nicht ein. Wie die gestürzte faschistische verfolgt die neue demokratische Regierung eine rigorose Italianisierungspolitik. Die »Bumser« treten auf – Terroristen, die mit Bombenattentaten auf Regierungsgebäude und Strommasten auf die bedrängte Lage der Südtiroler aufmerksam machen. Immer schlechter wird das Verhältnis zu den »Walschen«, den aus dem Süden eingewanderten Italienern, die hier nicht hingehören, wie die Mehrheit der Alteingesessenen meint.

Über die »bedrohte Heimat« wird auch bei Messners gesprochen. Nicht aber darüber, daß 1939 mehr als vier Fünftel der Südtiroler für die Auswanderung ins Deutsche Reich optierten. Es ist das Tabu dieser in »Optanten« und »Dableiber« gespaltenen Gesellschaft, die nicht mehr daran erinnert werden will, daß sie nur allzu bereit war, dem »Ruf des Führers« zu folgen und ihr »geliebtes Südtirol«, ihre tausend Jahre alte Kultur für den nationalsozialistischen Rattenfänger einfach aufzugeben. Schon früh merkt Reinhold Messner, daß mit diesem Land etwas nicht stimmt und daß nur eine gewaltige Verdrängungsleistung die Identität dieser Gesellschaft garantiert.

Reinhold Messner ist zwölf Jahre alt, als er zum ersten Mal in einer Seilschaft die Führung übernimmt. Seine Lieblingslektüre werden die Bücher von Hermann Buhl und Heinrich Harrer. In seinem ein Jahr jüngeren Bruder Günther findet er den idealen Partner für die Bergtouren in den Dolomiten. Achtzehn Jahre ist Messner alt, als er im sechsten, damals höchsten Schwierigkeitsgrad klettert. Er hat viele der »klassischen Routen« in den Alpen wiederholt, nun probiert er Erstbegehungen. Die Schule stört ihn dabei wenig. Er besucht sie in Bozen, der Provinzhauptstadt. Daß er selbst in seinen Lieblingsfächern Deutsch und Geschichte schlecht benotet wird, weil die Lehrer den allzu selbstbewußten Schüler zu deckeln suchen, erträgt er mit Gleichmut. Doch die

Quittung folgt: Messner fällt durchs Abitur. Bei der Nachprüfung im Herbst geht es ihm nicht anders. Dafür hat er den Walker-Pfeiler in den Grandes Jorasses in der Tasche.

Daß er den schulischen Mißerfolg vergleichsweise leicht verkraftet, den tobenden Vater, der ihm die finanzielle Unterstützung streicht, schließlich den Job als Hilfslehrer, den er für ein Jahr ausüben muß, um Geld zu verdienen, erklärt sich aus dem »positiven Selbstbildnis«, das ihm das Bergsteigen verschafft. Schritt für Schritt akkumuliert er in den Bergen die Erfolgserlebnisse, die ihm wirklich etwas bedeuten, wird mit jedem Jahr, mit jeder Tour, ob im Sommer oder Winter, zu einem besseren Spezialisten in Eis und Fels. Dagegen erscheint ihm das »normale Leben« der Jugendlichen einschließlich Disco und Kneipe fad. 1967, immerhin schon 22 Jahre alt, besteht er schließlich die Abschlußprüfung und schreibt sich in Padua als Student der Fachrichtung Hoch- und Tiefbau ein. So hat er statt der Wochenenden auch noch die Semesterferien zum Klettern, dazu einen Fiat 500, der ihn schneller als der klapprige Motorroller seines Vaters in die Nähe der Wandeinstiege bringt.

Als neuen Reiz entdeckt er den Alleingang. Er ist davon fasziniert, weil dabei Verantwortung und Gestaltung ausschließlich bei ihm selbst liegen. So kann er seine Geschicklichkeit und Schnelligkeit ausspielen und muß auf niemanden Rücksicht nehmen. Er erlebt das Klettern wie eine Befreiung, nicht als Kompensation: »Wer einmal eine Zeit erlebt hat, in der keine Stunde der anderen gleicht, in der sie alle verfliegen, die Stunden, und im Rückblick doch unendlich lang sind, weil einzigartig, der sucht, der braucht diese Zeit immer wieder.« Wie Buhl hat er das Gefühl, in den Bergen seine eigentliche Begabung auszuleben. Gerade die Gefahr spornt ihn aufs äußerste an: »Ich wußte, daß ich keinen Fehler machen durfte. Ich wäre dann abgestürzt. Aber diese Bedingungslosigkeit war es auch, die mich immer kühnere Alleingänge wagen ließ.«

Mit 25 Jahren hat er fünfzig Erstbegehungen absolviert, darunter die Civetta-Nordwestwand, die Agner-Nordkante im Winter und den Eiger-Nordpfeiler. Seine zwanzig Alleingänge gelten als extrem schwierig, die Geschwindigkeit seiner Aufstiege ist phänomenal. Zehn Jahre intensives Klettern – »bis zur Krankheit fortentwickelt«, wie sein Vater kritisiert – haben ihn zu einem der besten, wenn nicht dem besten Bergsteiger der Alpen gemacht.

Auf seinen an die tausend Klettertouren stürzt er nie. Daraus speist sich das »Jung-Siegfried-Gefühl« der Sicherheit, das ihn durch die Kamine und Risse, über die Grate und Eiswände trägt: »Ich wußte alles über gefährliche Situationen. Ich brauchte dabei nicht zu überlegen. Ich tat einfach das Richtige. Meine Augen sahen etwas, die Hände griffen nach etwas. Mein Körper führte, auch ohne daß ich nachdachte, die richtigen Bewegungen aus.« Dazu kommt ein untrüglicher Instinkt fürs Risiko, ein Wissen darum, wann man umzukehren, den Berg als Stärkeren zu akzeptieren hat.

Dabei war Messner als Freikletterer unterwegs. Sein Credo war der weitestgehende Verzicht auf technische Hilfsmittel. Sein Ideal war, ohne Haken, nur an den vorhandenen Griffen und Tritten eine Route zu durchsteigen. Den Gegensatz dazu bildete das technische Klettern, das mit Hilfe einer neuen Erfindung, des Bohrhakens, die schwierigsten Wände möglich machte. Der alte Felshaken konnte nur in natürlichen Spalten und Vertiefungen des Gesteins angebracht werden, ob er wirklich das Gewicht des Bergsteigers trug, war nie ganz gewiß. Der Bohrhaken hingegen, eine Art in den Fels getriebener Dübel, ließ sich überall hineinschrauben und hielt bombenfest. Er ruinierte die Wände. Einmal hineingebohrt, war er nicht mehr zu entfernen. 1963 hatten drei Sachsen in der Nordwand der Großen Zinne die »Super-Direttissima«, die direkte Linie vom Wandfuß zum Gipfel, geklettert. In einer gigantischen Materialschlacht drehten sie in siebzehntägiger Schufterei 450 Fels- und 25 Bohrhaken ein, ließen sich vom Boden mit Nahrung und heißen Getränken versorgen und »arbeiteten« sich so im wahrsten Sinne des Wortes nach oben. Cesare Maestri, genannt die »Spinne der Dolomiten« und ein begeisterter Propagandist des neuen Stils, tat es ihnen nach und bohrte sich in acht Tagen die Rotwand in der Rosengartengruppe hinauf. Dabei benutzte er einen Lastenaufzug – in Patagonien, bei seiner Cerro-Torre-Besteigung, sogar eine Kompressorbohrmaschine.

Messner kritisierte diese Entwicklung scharf. In einem 1968 veröffentlichten Aufsatz »Direttissima – oder Mord am Unmöglichen« warf er den Anhängern dieser Richtung vor, sie »nageln zuviel und klettern viel zuwenig«. Der Bohrhaken helfe über jedes Hindernis hinweg. Der Erfolg beruhe nicht mehr auf Können, sondern auf dem Material. Mit ihren Hakenrouten demütigten die Kletterer die Berge, verbannten aus ihnen genau das Moment des Unbekannten, des spielerischen Risikos, das für Messner den Reiz des Bergsteigens ausmachte. Scharfsichtig erkannte er, daß die Techniker, »die Sklaven der Gipfelfallinie«, das Bergsteigen in »methodisch manuelle Arbeit« überführten. Die Direttissima vermittels Bohrhaken war in seinen Augen der Versuch, dem Berg die Route des Kletterers aufzuzwingen. Plötzlich brauchte man nicht mehr Mut, sondern nur noch Ausdauer. Je mehr Biwaks und Haken in der Wand nötig waren, desto größer schätzte man die vorgebliche Leistung.

Das war ein neuer Ton. Messner hatte nicht nur Schreibtalent, sondern präsentierte auch ein Programm. Er griff Gedanken auf, die Paul Preuß, der »Vater des Freikletterns«, bereits vor dem Ersten Weltkrieg im »Mauerhakenstreit« vertreten hatte. 1970, in seinem ersten Buch *Zurück in die Berge*, formulierte Messner die Grundpositionen seines Umgangs mit der Bergnatur.

Klipp und klar plädierte er dafür, sich Risiken, Entbehrungen und Gefahren zu stellen. Erst aus der Überwindung dieser Schwierigkeiten ergebe sich das Erfolgserlebnis Berg, nicht da-

Günther und Reinhold Messner.

durch, daß man sich den Aufstieg durch Technik leicht mache. Mit Begriffen wie »Genuß« und »Spaß« tat sich Messner schon damals schwer. Es war möglich, daß beides hinzukam, aber eigentlich eher unwahrscheinlich. Sicherer war es, darauf zu vertrauen, daß jede harte Tour einmal endete. Das erleichternde Gefühl, wenn Schmerz und Anspannung nachließen, das Austesten der eigenen Leidensfähigkeit, bescherten ein Glück, das man intensiver als alles andere spürte.

Mit diesen persönlichen Erfahrungen und Überzeugungen mischten sich bei Messner die verschiedensten Einflüsse. Sein Plädoyer für den Schutz des Alpenraums, den Verzicht auf den Bau weiterer Seilbahnen, Hütten und Straßen war schon in den zwanziger Jahren vergeblich vorgetragen worden. Seine Gegenüberstellung von »manipulativer Konsumpropaganda« und der Einfachheit der Bergwelt war eine Melange aus konservativer Dekadenzdiskussion und linker Kapitalismuskritik. Seine Fähigkeit, Ideen unbeschadet ihrer Herkunft aufzunehmen, originell weiterzuentwickeln und zu bündigen Aussagen zu verdichten, war schon damals ausgeprägt.

1969 verließ er erstmals Europa und folgte einer Einladung des Österreichischen Alpenvereins in die peruanischen Anden. 1970 bekam er das nächste Angebot. Dr. Karl Maria Herrligkoffer, mittlerweile 54 Jahre alt, stellte eine »Siegi-Löw-Gedächtnisexpedition« zur Rupal-Wand des Nanga Parbat zusammen. Messner kannte den Expeditionsleiter und dessen bisherige Geschichte aus seiner Beschäftigung mit Buhl. Eigentlich reizte ihn der Himalaja nicht. Statt in steilem Fels zu klettern, mußte man sich durch Massen von Schnee auf die Gipfel wühlen. Diese Wand aber – zweieinhalbmal so hoch wie die Eigernordwand – war eine besondere Herausforderung. Herrligkoffer wollte ihn unbedingt in der Mannschaft haben. Messner sagte zu. Sein Bruder Günther wäre liebend gern mitgekommen, wurde aber erst gar nicht gefragt. Sein Beruf als Bankkaufmann ödete ihn an. Als ein Teilnehmer ausfiel, schlug Messner den Bruder als Ersatzmann vor. Die Bank verweigerte den erbetenen Urlaub. Günther kündigte. Das hatte er sich immer schon gewünscht. Jetzt hatte er einen Grund.

DIAMIR- UND RUPAL-WAND

Die gerichtlichen und in der Presse ausgetragenen Auseinandersetzungen nach der »Willy-Merkl-Gedächtnisexpedition 1953« hatten Herrligkoffer nicht lange geschadet. Unbeirrt rüstete er weitere Expeditionen in den Himalaja aus, sorgte für Sponsoren und lud die besten deutschen und österreichischen Bergsteiger dazu ein. Das war um so leichter, als er konkurrenzlos agierte. Weder die Deutsche Himalaja-Stiftung (DHS) noch der Deutsche Alpenverein (DAV) zeigten sich interessiert oder waren finanziell in der Lage, Auslandsexpeditionen zu organisieren. Herrligkoffer beherrschte in den sechziger Jahren allein das Feld.

Von einer Expedition nach Grönland abgesehen, konzentrierte sich Herrligkoffer aus den bekannten Gründen auf seine »Gralsburg«, den Nanga Parbat. Zwischen 1961 und 1968 führte er fünf Expeditionen zu seinem »Schicksalsberg«. 1962 gelang die Durchsteigung der Diamir-Flanke, die Mummery so gereizt hatte. Allerdings führte die neue Route nicht über die lawinengefährdeten Rippen im Mittelteil, sondern weiter nördlich oberhalb des Eisbruchs des Diama-Gletschers hinauf.

Die Gipfelmannschaft – Toni Kinshofer, Siegfried »Siegi« Löw, Anderl Mannhardt und Manfred Sturm – startete von Lager IV auf 7200 Metern bei nicht besonders guten Wetterverhältnissen zum Gipfel. Wind und niedrige Temperaturen machten den Aufstieg zur Qual. Sturm kehrte um. Löw, der sich schon vorher die Zehen angefroren hatte – eine war sogar aufgeplatzt –, war finster entschlossen, »koste es, was es wolle«, zum Gipfel zu kommen. Wie Buhl schluckte er ein Aufputschmittel, wenn es nicht mehr weiterging. Trotz der besseren Ausgangshöhe standen die drei erst gegen fünf Uhr nachmittags auf der Spitze des Berges. Für den Gratweg hatten sie nicht drei Stunden wie Buhl, sondern sieben gebraucht. Oben sahen sie nicht viel, da das Wetter zu schlecht war, entdeckten aber Buhls Steinmann von 1953, der überraschenderweise Sturm und Eis getrotzt hatte. Sie waren jetzt seit sechzehn Stunden unterwegs. Der Bayer Kinshofer, der im Jahr zuvor mit der ersten Winterdurchsteigung der Eigernordwand für Aufsehen gesorgt hatte, sprach kurz und knapp: »Den Zapf'n ham ma jetzt a.«

Wie Buhl müssen sie ohne Ausrüstung knapp unterhalb der 8000-Meter-Grenze biwakieren. Die eisige Nacht schwächt vor allem Löw. Beim Abstieg am nächsten Morgen verliert er das Gleichgewicht und stürzt so unglücklich in ein Eiscouloir, daß er sich tödliche Kopfverletzungen zuzieht. Kinshofer bleibt bei dem Sterbenden. Mannhardt steigt ab, um Hilfe zu holen. Der Rückzug vom Berg wird bei immer stärker werdendem Sturm zum Alptraum. Eine Rettungsaktion ist illusorisch. Löw stirbt gegen Abend. Kinshofer tastet sich in der Dunkelheit den Berg hinunter.

Er hat Halluzinationen, glaubt durch Tabakplantagen zu gehen und bemerkt die Abgründe nicht, an denen er entlangtaumelt. Erst am frühen Vormittag, nach insgesamt 56 Stunden ohne Essen und Trinken, stößt er auf die Kameraden.

Kinshofer und Mannhardt erleiden schwere Erfrierungen. Ohne genügend Flüssigkeit verändern sich die Fließeigenschaften des Blutes in der großen Höhe. Es wird dickflüssiger. Die Durchblutung der Extremitäten vermindert sich. Hinzu kommt, daß beide viel zu enge Schuhe benutzt haben. Für den erst 22jährigen Mannhardt, der die halben Vorderfüße und dazu noch die Fersen verliert, ist es das Ende einer hoffnungsvollen Bergsteigerkarriere. Als ein schwacher Trost bleibt, daß er der jüngste Achttausender-Besteiger ist.

Das Echo in der Presse war matt. Alpinhistorisch ist die Besteigung dennoch bedeutsam. Zum ersten Mal wurde an einem Achttausender eine Zweitroute geklettert. Wie in den Alpen trat jetzt neben den »Normalweg« die Besteigung auf schwierigeren Anstiegen. Beim Nanga Parbat stellte sich allerdings heraus, daß dieser Zugang weitaus leichter als der von Merkl gefundene war. Heute ist er zur Normalroute geworden.

Endlich konnte Herrligkoffer mit seinem Brudervorbild gleichziehen. Neben dem »Willy-Merkl-Weg« von Norden führte jetzt von Westen die »Herrligkoffer-Route« zum Gipfel des Nanga Parbat. Löw und der zwei Jahre später ebenfalls abgestürzte Kinshofer wurden jeweils mit einer nach ihnen benannten Eisrinne und einem Eisfeld abgefunden. Doch Herrligkoffer verlor den Kampf gegen die Geschichte. Statt den Namen des Expeditionsleiters trägt die Route längst den des Erstbegehers Kinshofer.

Es war nur konsequent, daß sich Herrligkoffer in den darauffolgenden Jahren der nächsten noch unbewältigten Wand des Nanga Parbat, der 4500 Meter hohen Rupal-Flanke, zuwandte. Von ihrer Größe und Steilheit, an der weder Schnee noch Eis haften bleiben, soll der Berg seinen Namen, der »Nackte Berg«, be-

Die Rupal-Flanke des Nanga Parbat, die höchste Wand der Erde.

kommen haben. Aber das war eine Schreibtisch-Legende. Bei näherer Betrachtung zeigt sich die Wand schnee- und eisgepanzert mit Hängegletschern und tiefeingeschnittenen Eisrinnen. Bei Neuschnee ist sie extrem lawinengefährlich. Die Schwierigkeiten nehmen nach oben hin zu. Ausgerechnet da, wo der geringe Sauerstoffgehalt der Luft den Bergsteigern am meisten zusetzt, sind ihre Fähigkeiten in Eis und Fels am stärksten gefordert. Dazu hat sie das schlechteste Wetter von allen Nanga-Parbat-Flanken. Die von Süden herantreibenden Wolken werden von der Wand wie von einer großen Barriere abgefangen. Ihre für den Betrachter so beeindruckende Größe ergibt sich aus dem Abstand zwischen Basislager und Gipfel. Für Himalaja-Verhältnisse niedrig, liegt es auf einer Alm, der Tap-Alpe, auf nur 3650 Meter. Herrligkoffer plante fünf Hochlager. Ihm war klar, daß die Bergsteiger spätestens ab der Wandmitte die nötige Ausrüstung selbst nach oben tragen mußten.

Gleich auf der ersten Erkundungsfahrt nahm Herrligkoffer für sich in Anspruch, den direkten Durchstieg entdeckt zu haben. Wie nicht anders zu erwarten, nannte er ihn »Herrligkoffer-Route«. Sie verlief durch vertrautes Gelände, jedenfalls sorgte Herrligkoffer per Namensgebung dafür. Über den »Wieland-Gletscher« vorbei am »Wieland-Felsen«, stieg man zum »Welzenbach-Eisfeld«, passierte das »Welzenbach-Couloir« und erreichte das »Merkl-Eisfeld«. Von dort aus führte die »Merkl-Rinne« zum Gipfel. Der Aufstieg über diese »Direttissima« ist so anspruchsvoll, daß sie seit 1970 nie wieder erfolgreich geklettert wurde. Damals gingen Reinhold und Günther Messner als erste zum Gipfel. Und auch hier sprach das Urteil der Nachwelt gegen den Nichtbergsteiger Herrligkoffer: Heute heißt die Route nach den beiden Brüdern Messner.

1963, 1964 und 1968 arbeiteten sich Herrligkoffer-Expeditionen Schritt für Schritt an der Rupal-Wand empor. Die letzte scheiterte in 7100 Meter Höhe im Merkl-Eisfeld. Herrligkoffers

Nanga-Parbat-Besessenheit hatte auch ihr Gutes. Gleichsam automatisch wurde er Teil jener Bewegung, die Bergsteiger aus allen Ländern zu den großen Wänden des Himalaja trieb. 1970, als Herrligkoffer seine vierte Expedition zur Rupal-Wand führte, durchstieg eine britische Mannschaft unter Chris Bonington die Annapurna-Südwand, und eine japanische versuchte sich an der Südwestwand des Everest.

DIE ROTE RAKETE

Beim Auftreiben von Sponsoren bewies Herrligkoffer abermals seine Fähigkeiten. Neun Tonnen Ausrüstung und Lebensmittel wurden auf drei Lastwagen gepackt, zehn Jahre alte generalüberholte Ungetüme, eine großzügige Spende der Firma MAN. Als Beitrag zu den Unkosten zahlte jeder Teilnehmer 3000 DM und trat, wie auf Herrligkoffer-Expeditionen üblich, sämtliche Bild- und Veröffentlichungsrechte an dessen »Deutsches Institut für Auslandsforschung« ab. Da der Sueskanal als Folge des Sechs-Tage-Kriegs von 1967 noch immer geschlossen war und die Seereise um das Kap der Guten Hoffnung Monate gedauert hätte, teilte Herrligkoffer die Mannschaft. Zwei Drittel fuhren per Lkw durch die Türkei, Persien und Afghanistan nach Pakistan, ein Drittel benutzte das Flugzeug. Die Vorabdruckrechte verkaufte er an die *Bunte Illustrierte.* Ihr Besitzer, Senator Dr. Franz Burda, hielt sich zufällig in Rawalpindi auf, als sich Land- und Flugmannschaft dort am 26. April trafen. Ein glücklicher Zufall, denn die Straße nach Norden zum Berg war durch Erdrutsche unpassierbar, was für Mannschaft und Gepäck einen teuren Flug nach Gilgit bedeutete. Der aber war im Expeditionsbudget nicht einkalkuliert. Ein Blankoscheck des Verlegers half Herrligkoffer aus der Verlegenheit.

Es ist eine große Mannschaft – achtzehn Mann, einschließlich der Kuriosität eines »Expeditionsgastes«. Er heißt Max von Kienlin, ist kein Bergsteiger, will aber mit zum Nanga Parbat, weil er im Jahr der Merkl-Katastrophe geboren ist und schon immer den »Schicksalsberg« aus der Nähe sehen wollte. Seine Argumente sowie »ein Scheck von beeindruckender Höhe« – es sind 14 000 DM – überzeugen Herrligkoffer.

Reinhold Messner ist nicht der einzige Star der Mannschaft. Peter Scholz aus München war schon 1968 mit dabeigewesen und hatte damals die höchste Höhe erreicht. Acht Jahre älter als Messner ist Felix Kuen. Der Nordtiroler hat eine beeindruckende Liste klassischer Touren aufzuweisen: Eiger- und Matterhornnordwand, Bonatti- und Walker-Pfeiler. Wie Messner ist er in den peruanischen Anden geklettert. Kuen, ein Heeresbergführer der österreichischen Armee im Rang eines Unteroffiziers, ist ehrgeizig bis zur Verbissenheit. Die Erstdurchsteigung einer Achttausenderwand ist sein Traumziel. Er macht daraus kein Geheimnis, daß er sich an der Rupal-Wand die besten Chancen ausrechnet. Von ihr erhofft er sich internationalen Ruhm, die Anerkennung, wie sie Heckmair am Eiger und Buhl für seinen Alleingang erhalten hat. Kuen ist ein geschickter Techniker, der den hakentechnischen Kletterstil virtuos beherrscht und anwendet, den Bohrhaken und die Jümars, die neuen Aufstiegshilfen, die den Bergsteiger gleichsam von selbst am gespannten Fixseil den Berg hinaufziehen. Schon äußerlich sind Kuen und Messner krasse Gegensätze. Hier der sauber gescheitelte Kuen, dort der Pilzkopf Messner. Dem Berufssoldaten Kuen, der in Peru selbst in den Hochlagern die österreichische Flagge hißt, ist der »ungediente« Messner, dem das Militärische zutiefst zuwider ist, suspekt. Als Herrligkoffer Messner und Kienlin rügt, weil sie die Marschordnung der Expedition auf eigene Faust verlassen haben, finden wir Kuen sofort auf Herrligkoffers Seite. Nichts haßt er so sehr wie Extratouren. Abgesehen davon hat der gelernte Zimmermann gegenüber dem »studierten« Messner einen Minderwertigkeitskomplex.

Aber zunächst läuft alles wie gewohnt. Der Anmarsch der Bergsteiger und ihrer 200 Träger von Gilgit auf der alten Karawanenstraße nach Astor, dem hochgelegenen Gebirgsstädtchen mit seiner tibetischen Festung, verläuft im altüberkommenen Expeditionsstil wie zu Merkls Zeiten. Von Astor aus geht man auf Mummerys Spuren vorbei an reißenden Gebirgsflüssen und durch lichte Bergwälder ins Basislager. Lager I wird auf 4700 Meter Höhe errichtet, Lager II (Eisdom) auf 5500 Meter. Bis hierher gehen auch die fünfzehn Hunza-Hochträger mit ihren achtzehn Kilo Lasten. Die sich dann auftürmende, Hunderte von Metern hohe Eiswand ist für sie unpassierbar. Doch Herrligkoffer hat vorgesorgt. Noch von der letzten Expedition steht auf 5800 Meter eine Winde. Sie hat die Stürme in den vergangenen zwei Jahren gut überstanden. Man muß sie nur ausgraben und kann nun die Lasten nach oben hieven. Hundert Meter höher errichtet man Lager III. Lager IV auf 6600 Meter unterhalb des Merkl-Eisfelds wird Anfang Juni eingerichtet.

Es herrscht das übliche Himalaja-Wetter. Ist es schön, steigt tagsüber die Temperatur auf über 40 Grad. Die Wand wird lebendig. Lawinen und Steinschlag rasen bergab. Geklettert wird deshalb nachts von Mitternacht bis in die frühen Morgenstunden. Reinhold Messner hat das Hausen in der Höhe sehr unromantisch beschrieben: »Höhenbergsteigen ist kein Genuß, es ist eine einzige Plage. Je höher oben am Berg, um so spartanischer und beengter wird das Leben. Die Zelte sind aus Gewichtsgründen klein und flach, die Benzinkocher sind umständlich zu handhaben, die Vorräte müssen in Schneelöchern und Felsspalten gestapelt werden. Es gibt kaum Raum, um die wenigen persönlichen Dinge trocken unterzubringen.«

Am 8. Juni schlägt das Wetter um. Alle Hochlager bis auf Lager I müssen geräumt werden. Nur im Lager III auf 5900 Meter Höhe harren die Brüder Messner tagelang im Schneesturm aus, weil sie sich akklimatisieren wollen. Die Zeit vergeht mit Kochen,

Schlafen, Lesen und Schreiben. Alle zwei Stunden muß das Zelt von den Schneemassen freigeschaufelt werden. Währenddessen plant Herrligkoffer im Basislager den Gipfelsturm und legt die Seilschaften fest. Als erste bestimmt er Reinhold Messner und Peter Scholz, als zweite Felix Kuen und den Münchner Gerhard Mändl. Die Messners erfahren davon nichts, obwohl sie per Funk mit dem Basislager verbunden sind. Später hat Herrligkoffer als Begründung angeführt, seiner Meinung nach sei Günther Messner zu schwach für den Gipfelgang gewesen. Wahrscheinlicher ist, daß er die alte Merkl-Mischung, ein Bergsteiger aus Deutschland, einer aus Österreich – und Südtirol war für Herrligkoffer das gleiche – zusammenstellen wollte. Dabei gab es zwei hervorragend aufeinander eingespielte Teams: die beiden Messners sowie Kuen und sein langjähriger Seilpartner Werner Haim. Alle vier waren jedoch Tiroler, zwei davon sogar unter italienischem »Joch«, mithin ungeeignet, »Deutschlands geknebeltem Nationalgefühl« (Herrligkoffer) per Gipfelsieg aufzuhelfen.

Am 13. Juni ist das Wetter so trostlos, daß selbst die Messners absteigen. Alle Hochlager müssen geräumt werden. Ist dies schon der Beginn des Monsuns? Am 74. Tag nach der Abreise von München, laut Plan sollte zu diesem Zeitpunkt der Gipfel erreicht werden, ist die Expedition praktisch wieder am Nullpunkt angelangt. Die Stimmung ist gedämpft. Soll man die Expedition abbrechen? Reinhold Messner ist in blendender Form. Im Falle, daß Herrligkoffer aufgibt, will er trotzdem bleiben. Er ist sicher, daß sich ihm mehrere aus der Mannschaft anschließen werden.

Plötzlich wird das Wetter wieder schön. Noch einmal rollt die Expeditionswalze die Wand hinauf, gräbt die Zelte aus dem Schnee, setzt die Winde instand und befestigt neue Fixseile. In zweiwöchiger Arbeit wird Lager auf Lager neu errichtet. Endlich, am 26. Juni, steht auch Lager V, ein kleines rotes Klepperzelt, auf 7350 Metern direkt unterhalb der Merkl-Rinne. Das Aufblasen der Luftmatratzen in dieser Höhe beschreibt Kuen als »mörderische

Tätigkeit«. Mit Scholz steigt er nach Lager IV ab, wo sich die Messner-Brüder und Gerd Baur aufhalten. Unten im Basislager laboriert Herrligkoffer an einer Lungenentzündung, ist aber mit der Gipfelmannschaft per Funk verbunden.

Wer mit wem zum Gipfel gehen sollte, wird ewig ein Geheimnis bleiben. Herrligkoffer selbst lieferte drei unterschiedliche Versionen, favorisierte aber augenscheinlich Kuen. Ihm und nicht Messner, der doch angeblich mit Scholz die erste Seilschaft bilden sollte, gab er die pakistanische Flagge für den Gipfel mit. Doch oberhalb von 7000 Metern gelten eigene Gesetze.

Reinhold Messner beobachtet am Nachmittag vom Lager IV aus eine Wolkenwand, die gegen die Rupal-Flanke heranzieht, und setzt sich mit Herrligkoffer in Verbindung. Auch der Expeditionsleiter traut dem Wetter nicht. Wie Messner weiß er, daß die Entscheidung jetzt fallen muß. Messner will noch an diesem Tag mit seinem Bruder und Baur nach Lager V aufsteigen. Dort oben gibt es keine Funkverbindung mehr. Mit Herrligkoffer verabredet er einen Gipfelfahrplan per Leuchtraketen.

Gegen 18 Uhr erwartet Herrligkoffer den Wetterbericht aus Peshawar. Fällt er gut aus, wird Herrligkoffer eine blaue Rakete abfeuern. Alle drei werden sich dann daranmachen, die Merkl-Rinne mit Fixseilen zu sichern. Einen Tag später ist dann, zusammen mit Kuen und Scholz, der Gipfelgang geplant. Schießt Herrligkoffer eine blaue und eine rote Rakete, ist das Wetter zweifelhaft, die Bergsteiger haben dann freie Hand. Eine rote Rakete wiederum bedeutet schlechtes Wetter. In diesem Fall will Messner aufgrund seiner Kondition und Schnelligkeit allein einen Gipfelvorstoß versuchen, bevor der Monsuneinbruch den Rückzug vom Berg erzwingt. »Du sprichst mir aus der Seele«, antwortet Herrligkoffer auf diesen Vorschlag.

Später wird der Expeditionsleiter diese Darstellung Messners bestreiten. Die rote Rakete, so Herrligkoffer, habe Abbruch des Unternehmens bedeutet, keinesfalls Alleingang zum Gipfel. Allenfalls bei zweifelhaftem Wetter sei über einen Vorstoß in die Merkl-Rinne gesprochen worden. Kuen wird vor Gericht die Angaben des Expeditionsleiters bezeugen, obwohl er es in seinem Erlebnisbericht besser weiß. Kienlin und der Heidelberger Dr. Hermann Kühn, die in den Lagern II und III das Gespräch zwischen den beiden verfolgen, bestätigen hingegen Messners Version. Auch Baur und drei andere Teilnehmer erinnern sich, daß Reinhold Messner bei schlechter Wettervorhersage im Alleingang zum Gipfel wollte.

Die Messner-Brüder und Baur gehen los. Noch bevor sie Lager V erreichen, signalisiert die rote Rakete aus dem Basislager schlechtes Wetter. Für Messner ist damit alles klar. Er bereitet sich innerlich auf den Alleingang vor. Was er nicht weiß: Herrligkoffer hat die falsche Rakete abgeschossen. Der Wetterbericht ist gut, aber die blaue Raketenhülse enthielt jedoch eine rote. Die Nachricht korrigieren kann er nicht, denn durch einen Verpackungsfehler sind nur noch rote Raketen vorhanden. Warum er freilich Kuen und Scholz, zu denen ja Funkverbindung besteht, nicht über den Fehler informiert, bleibt wiederum das Geheimnis Herrligkoffers.

Reinhold Messner bricht um zwei Uhr nachts auf. Der Weg von Lager V zum Gipfel ist völliges Neuland. Die Höhendifferenz beträgt knapp 800 Meter. Die Merkl-Rinne, steil, mit schwierigen Felsstufen gespickt und total vereist, würde bei einem Schlechtwettereinbruch zur tödlichen Falle. Also muß Messner schnell sein, er nimmt weder Rucksack noch Biwakausrüstung noch Seil mit, stopft sich nur Dörrobst, ein paar Brausetabletten und seine Minox-Kamera in die Anoraktaschen und geht los. Zurück im Zelt bleiben sein Bruder und Baur. Sie sollen die Merkl-Rinne mit Fixseilen sichern. Es ist Samstag, der 27. Juni 1970.

Messner steigt mit der gewohnten Präzision und Schnelligkeit. Er ist gut akklimatisiert. Die Höhe spürt er kaum. An schwierigen Kletterstellen zieht er seine dicken Norweger-Handschuhe aus

Die Aufstiegsroute durch die Rupal-Wand 1970.

und benutzt dünne aus Seide. Eine auch für ihn unpassierbare Stelle umgeht er über eine Felsrampe. Als er sich schon dem Gipfelgrat nähert, sieht er unter sich eine Gestalt. Es ist sein Bruder Günther. In nur vier Stunden hat er die Merkl-Rinne durchstiegen und seinen Bruder eingeholt. 600 Höhenmeter sind in dieser Höhe eine Rekordleistung. Messner fragt nicht, warum ihm Günther gegen die ursprüngliche Abmachung gefolgt ist. Er ist froh, in der Todeszone nicht allein zu sein, den vertrauten Partner bei sich zu haben. Gut möglich, daß Günther – in Erwartung des signalisierten schlechten Wetters – die Sorge um den Bruder nach oben trieb. Wie Reinhold ist er ohne Rucksack aufgebrochen, hat nicht einmal ein Seil dabei. Am Gipfelgrat lösen sich beide beim Spuren ab. Das Wetter ist strahlend schön. Gnadenlos brennt die Sonne herab. Mit seiner großen Kamera macht Günther Aufnahmen. Gegen 17 Uhr sind beide am Gipfel. Da die pakistanische Flagge in Kuens Rucksack steckt, behilft sich Reinhold Messner mit dem Wimpel der Hochgebirgsgruppe Bozen und bindet ihn an seinen Eispickel. Nach Buhl, Kinshofer, Löw und Mannhardt sind die beiden die fünften und sechsten Besteiger des Berges, gleichzeitig die ersten, die seine höchste Wand durchstiegen haben. Eine Stunde bleiben sie bei prächtiger Fernsicht bis hinüber in den Karakorum auf dem Gipfel. Sie fotografieren sich gegenseitig. Als Reinhold sich seine Handschuhe überstreifen will, sind sie steifgefroren. Er legt sie auf eine Felskuppe und schichtet über ihnen einen Steinmann auf. Noch ahnt er nicht, daß diese beiden Filzklumpen der einzige Beweis ihres Gipfelsiegs sein werden.

Um die gleiche Zeit gehen Kuen und Scholz von Lager IV zu Lager V. Baur kommt ihnen entgegen. Er leidet an Halsschmerzen und berichtet, daß Günther Messner seinem Bruder in die Merkl-Rinne gefolgt ist. Im Zelt finden sie die Rucksäcke der beiden. Kuen ist alles andere als begeistert über den in seinen Augen eigenmächtigen Vorstoß der beiden. Gegen Mitternacht brechen

Kuen und Scholz zum Gipfel auf. Sie rechnen damit, den Messner-Brüdern beim Aufstieg zu begegnen.

Im verblassenden Licht der untergehenden Sonne arbeiten sich Reinhold und Günther den Berg hinunter. Der jüngere Bruder geht unsicher, schwankt, wird langsamer, setzt sich oft zum Ausruhen in den Schnee. Reinhold Messner begreift, daß sich Günther überfordert hat. Wie soll er in diesem Zustand die Merkl-Rinne ohne Seil überwinden? Risikofaktor zwei ist das Wetter. Messner erwartet stündlich den Wetterumschwung, wie ihn Herrligkoffers rote Rakete signalisiert hat. Er entschließt sich, mit Günther zu einer Scharte abzuklettern, die sich leichter begehen läßt. Von hier aus hofft er, in die Merkl-Rinne hineinzuqueren oder am nächsten Morgen um Hilfe zu rufen.

Erst einmal muß ein Biwakplatz gefunden werden. Die Nacht, die sie auf 8000 Meter Höhe verbringen, ohne Zelt, ohne Essen, ohne Kocher, wird Messner später als die härteste Nacht seines Lebens beschreiben. Gegen die Erfrierungsgefahr wickeln sie ihre Füße in Aluminiumfolie. Die Temperatur sinkt auf minus 30 Grad. Günther bittet immer wieder um die auf den Boden gefallene Decke. Aber es gibt keine. Er ist höhenkrank und halluziniert. Bei Tagesanbruch inspiziert Reinhold den weiteren Abstiegsweg, die Querung in die Merkl-Rinne. Ohne Seil wird es nicht gehen. Er ruft um Hilfe. Stundenlang. Gegen zehn Uhr sieht er endlich zwei Bergsteiger im Aufstieg. Es sind Kuen und Scholz. Messner ist erleichtert. »Sie kommen«, ruft er seinem Bruder zu. Die Gefahr scheint vorüber. Doch die wirkliche Bedrohung fängt jetzt erst an.

Kuen als Seilerster hetzt nicht die Rinne ungesichert hinauf wie die Messner-Brüder. Er geht als Bergführer, hat Scholz am Seil und steigt »langsam, aber sicher«. Statt vier Stunden wie Günther Messner brauchen die beiden zehn, auch deswegen, weil jeder von ihnen einen Rucksack »mit wohlüberlegten Dingen« trägt: »Biwaksack, Luftkissen, Wollhandschuhe, Eisschrauben,

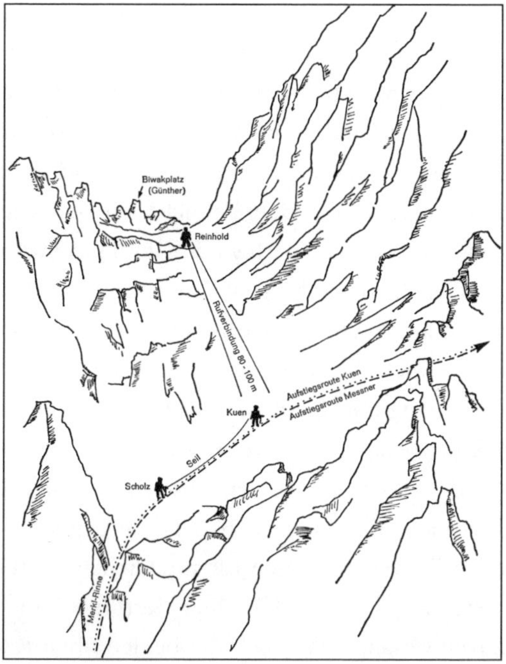

Skizze der Situation am 28. Juni 1970, Begegnung der Seilschaften Reinhold und Günther Messner und Kuen/Scholz.

Stahlhaken, Knotenbänder, Eisbeil, Karabiner, Klettergürtel, Reepschnur, Leichtsteigeisen, PRC-Rettungsdecke, Perlonschnur, Essen für drei Tage, Sonnenschutzcreme, Verbandszeug.« Es ist all das, was den Brüdern bei ihrem Biwak gefehlt hat, die Ausrüstung, die sie gebraucht hätten, um wieder zurückzukommen. Das wäre Kuen nicht passiert. Dafür ist er langsamer.

Kuen und Scholz nähern sich Reinhold Messner auf achtzig bis hundert Meter. Günther sehen sie nicht. Felsen verdecken den Biwakplatz. Der Wind pfeift scharf über den Grat, die Verständigung ist mühsam. Hinüber zur Scharte queren, wo Messner steht, ist unmöglich. Der Grat ist überwächtet. »In 7900 Meter Höhe eine solche Stelle zu überwinden, bedeutet Selbstmord«, schreibt Kuen zwei Jahre später. Die für ihn wichtigste Frage wird zuerst geklärt: »Wart ihr am Gipfel?« Dann erkundigt er sich nach dem Grund der Hilferufe, erfährt durch Messner, daß dessen Bruder höhenkrank ist und sich den Abstieg ohne Seil nicht mehr zutraut. Kuen hat kein Seil übrig. Er schlägt vor, daß die Messners warten, bis er und Scholz vom Gipfel zurückkommen.

Messner und Kuen wissen genau, worum es geht. Zu den Messners zu gelangen und ihnen Hilfe zu bringen, würde für Kuen und Scholz den Verzicht auf den Gipfel bedeuten. Der Auf- und Abstieg zu Messners Biwakplatz würde Stunden kosten. Anschließend wären sie alle drei damit beschäftigt, Günther nach unten zu bringen. Kuen ist mehr als sauer. Die Messners haben nach seinem Verständnis alle Abmachungen ignoriert. Reinholds Alleingang und Günthers Nachsteigen sind in seinen Augen unverantwortlich, disziplinlos, unkameradschaftlich. Sie haben sich damit »außerhalb der Gemeinschaft gestellt«. Jetzt soll er, den die Messners um seinen eigenen Triumph gebracht haben, ihnen aus der selbstverschuldeten Klemme helfen. Statt der erhofften Erstbegehung würde er mit einer Rettungsaktion abgespeist. Das ist zuviel verlangt. Was sich die beiden ohne Rücksicht auf ihn genommen haben, will er auch: den Gipfel. Erst danach sind die Messners an der Reihe. »Ist sonst alles in Ordnung?« ruft er zur Scharte hinauf. Reinhold antwortet mit ja. Er weiß längst, daß er Kuen nicht aufhalten kann. Später wird Kuen aussagen, Messner habe ihm aufgetragen, »den anderen auszurichten, er werde über eine andere Route absteigen und werde dann schon wieder ins Basislager gelangen«. Von diesem Vorhaben habe er ihm dringend abgeraten.

Was gewesen wäre, wenn sich Messner in dieser Arena des Ehrgeizes und der Eitelkeit dazu entschlossen hätte, Kuen mit allem Nachdruck um sofortige Hilfe zu bitten, läßt sich heute, über dreißig Jahre später, nicht mehr klären. Für Messner hätte es das Eingeständnis des eigenen Scheiterns bedeutet, die Erniedrigung, auf den ihm unsympathischen Kuen angewiesen zu sein. Mag sein, daß der verärgerte Kuen genau auf diese Unterwerfungsgeste gewartet hat. Wieder zu Hause, betonte er, daß er selbstverständlich geholfen hätte, wäre ihm der Ernst der Lage bewußt gewesen. Doch das war im fernen Europa unter dem Rechtfertigungsdruck der Öffentlichkeit gesprochen. Ob es am Berg funktioniert hätte, war nicht sicher. Messner jedenfalls glaubte es nicht.

Mittlerweile ist es elf Uhr. Auf Kuen und Scholz zu warten, würde ein zweites Biwak bedeuten. Günther würde es nicht überstehen. Also müssen sie absteigen. Wohin? Messner sieht nur eine Möglichkeit: die nicht so steile Diamir-Flanke hinunter, entlang der Mummery-Rippen. Jetzt zahlt es sich aus, daß sie sich mit der Besteigungsgeschichte des Berges intensiv befaßt, Mummerys und Kinshofers Berichte genau gelesen haben. Zwei Wochen lang war der Engländer unbeschadet in den Eisbrüchen der Diamir-Flanke herumgestiegen. Das ist eine Chance, jedenfalls besser, als auf eine Hilfe zu warten, die vielleicht niemals kommt. Reinhold beginnt sich den Berg hinabzutasten. Günther folgt. Es wird die erste ungeplante Überschreitung eines Achttausenders.

Kuen ist um 16 Uhr am Gipfel. »Da ging es also diesen lächerlichen letzten Hang hinauf. Sechs Schritte, sechs mühselige, langsame Schritte. Aus! Die Füße tun nicht mehr mit, die Lungen rasseln, das Herz pumpert fast durch den Anorak. Das Ende. Hinbeugen auf dem Eispickel. Stehen, schnaufen. Dann wird der Kopf wieder klar, und plötzlich lacht man. Einfach zu blöd, dieses Theater! Noch fünf Minuten, dann stehst du auf dem Gipfel. Los! Sechs Schritte. Aus! Du schaffst es nicht, nie! Wieder schnaufen. Der Schmerz im letzten Muskel läßt nach, der Körper entspannt sich, es geht wieder. Aber wieder nur sechs Schritte … Wenn es Sünden gibt, wenn es Buße gibt, ich habe sie hier verbüßt.«

Buhl hatte seinen Atemrhythmus beim Alleingang mit fünf Schritten angegeben, Scholz schafft nur drei bis vier. Kuen, der mit Pervitin nachhilft, ist eindeutig besser. Anderthalb Stunden vor Scholz, gegen 16 Uhr, »rammte ich meinen Eispickel in sein Haupt« [des Nanga Parbat, Anm. d. Verf.]. Wenigstens an diesem

Tag ist er eindeutig Erster. »Mein schönster Sonntag«, nennt er diesen Tag, und für »einen Augenblick« – als er die pakistanische Flagge und den Tiroler Wimpel an seinem Eispickel befestigt – »war mir sehr feierlich zumute«. Um 18 Uhr steigen sie ab. Ihr Biwak auf 8000 Meter Höhe überstehen sie dank ihrer gutsortierten Ausrüstung gut. Beim weiteren Abstieg gerät Kuen in einen Trancezustand: »Plötzlich sah ich Hunderte von kleinen Männchen zum Lager V aufsteigen. Es waren Japaner. Sie wollten den Gipfel stürmen. Unseren Gipfel! Ich rief Peter Scholz zu: ›Da kommen die Japaner! Siehst du sie?‹ – ›Du spinnst!‹ sagte Peter, ›du bist verrückt!‹ Und dann sah ich wieder klar.«

Der Weg den Berg hinunter gerät für Kuen zum Triumphzug. In allen Lagern wird er gefeiert, mit den besten Bissen und der langersehnten Anerkennung geehrt. So hätte es sich Buhl gewünscht. Tief im Herzen sitzt dennoch der Stachel, nur Zweiter gewesen zu sein. Wieder in Europa, läßt er bei seinen Vorträgen durchblicken, es sei durchaus fraglich, ob die Messners überhaupt am Gipfel gewesen seien. Die *Tiroler Tageszeitung* erscheint mit der Schlagzeile »Felix Kuen bezwang den Nanga Parbat« und teilt mit, daß Kuen der zweite Tiroler sei, der nach Hermann Buhl auf dem Gipfel gestanden habe. Es paßt ins Bild, daß Kuen eine alpine Autorität, den Bergjournalisten Toni Hiebeler befragt, ob er sich als Erstbegeher der Rupal-Flanke bezeichnen dürfe. Als Hiebeler verneint und sagt, denn die Messner-Brüder seien einen Tag früher am Gipfel gewesen, bekommt Kuens Gesicht »einen Ausdruck, als wäre eine Welt in ihm eingestürzt«. Die »Japaner« hatten gesiegt. Kuens Trauma war wahr geworden.

Zwei Jahre später scheiterte er am Everest, während sein Rivale die nächste Achttausender-Wand, die des Manaslu, durchstieg. Im Winter 1974 brach Messner zur Südwand des Aconcagua, des höchsten Berges Amerikas, auf. Am gleichen Tag, als er den Gipfel erreichte, am 23. Januar 1974, erhängte sich Felix Kuen mit einem Elektrokabel.

Auf der Westseite arbeiten sich Reinhold und Günther Messner nach unten. Was sie tun, grenzt an Wahnsinn. Jeder, der einmal in den Bergen pfadlos abgestiegen ist, kennt die Schwierigkeiten, sich zu orientieren. Von oben läßt sich kein Überhang, keine Felsstufe erkennen. Messner hat keine Karte, nur eine ungefähre Vorstellung vom Aufbau der Wand, die in zwei riesige Serac-Zonen gegliedert ist, zerteilt von den Mummery-Rippen. Die Diamir-Seite ist weniger steil als die Rupal-Wand und weniger hoch. Aber 3500 Meter durch die Hängegletscher, durch Steinschlag und Lawinen, erschöpft vom Biwak der letzten Nacht, hungrig und durstig – das macht nur der Mut der Verzweiflung möglich. Reinhold sucht den Weg und dirigiert Günther per Zuruf und Handzeichen den Berg hinab. In einer Metalldose löst er die wenigen verbliebenen Vitamintabletten im durch die Körperwärme geschmolzenen Schnee. Mehr als ein paar Schlucke Wasser ergibt das nicht.

Sie kämpfen sich über Blankeis – 50 Grad geneigt. Sie klettern auch nach Einbruch der Dunkelheit weiter, sie müssen tiefer kommen. Gegen Mitternacht stoßen sie auf die oberste Mummery-Rippe und rasten auf etwa 6000 Meter. Günther scheint es besser zu gehen, die sauerstoffreichere Luft hat eine kräftigende Wirkung. Als der Mond aufgeht, steigen sie weiter ab. Halluzinationen setzen ein. Reinhold sieht einen dritten Mann, hört Wasser rieseln, obwohl alles gefroren ist, bildet sich ein, die Route schon einmal geklettert zu haben. Trotzdem findet er instinktsicher den Weg, läßt Günther an problematischen Stellen warten, steigt solange auf und ab, bis er über die Routenführung im klaren ist. Erst dann läßt er den Bruder nachkommen. Messner schafft den Weg nach unten, obwohl er weiß, daß sie nüchtern betrachtet keine Chance haben, unversehrt aus dieser Wand zu entrinnen. Doch immer wieder gewinnt er der totalen Hoffnungslosigkeit ein Stück Weges ab.

Abstiegsroute der Brüder Messner über die Diamir-Seite.

Im Morgengrauen haben sie es fast geschafft. Es wäre absurd, wenn sie kurz vor dem Talboden noch scheiterten. Doch jetzt wird es am gefährlichsten, im unteren Wandkessel sammeln sich die Lawinen. Bald wird die Strahlkraft der Sonne für Bewegung in der Wand sorgen. Als sich zwei Abstiegsrouten zum Gletscher anbieten, geht Reinhold Messner intuitiv nach links über den festen Schnee eines Lawinenstrichs. Dem Bruder ruft er zu, welchen Weg er einschlägt. Als die Wärme des neuen Tages das Eis schmilzt, kniet sich der Erschöpfte nieder und erfüllt sich seinen elementarsten Wunsch: endlich trinken, trinken, trinken. Es ist Montag, der 29. Juni 1970.

Günther kommt nicht nach. Reinhold wird unruhig. Er geht zurück. Dort, wo Günther abgestiegen sein muß, ist eine Trümmerwüste aus Schnee und Eisbrocken. Eine Lawine ist niedergegangen. Reinhold will es nicht begreifen. Es darf nicht sein, daß Günther so kurz vor dem rettenden Tal umgekommen ist. Als ob er durch seine Hartnäckigkeit das Schicksal zwingen will, bleibt er an der Unglücksstelle. Den Tag über und die ganze Nacht. Wieder einen Tag und noch eine Nacht. Gleichgültig betrachtet er seine Zehen, die blau und erfroren sind. Am Morgen des dritten Tages taumelt sein Körper über die Randmoräne des Gletschers talwärts. Wenn der Tod auch ihn will, soll er kommen. Er kämpft nicht mehr. Er ist einverstanden.

Daß Messner diese Krise übersteht, die ihm die Zerbrechlichkeit seiner Existenz so grausam demonstriert, verdankt er neben seiner seelischen und körperlichen Robustheit den Bewohnern des Diamir-Tals. Nicht in dem Sinne, daß sie ihm bereitwillig geholfen, seine Schmerzen gelindert und ihn herzlich aufgenommen hätten, sondern durch ihre zunächst ablehnende Distanz und ihr Mißtrauen. Erst dadurch wird sein Widerstandsgeist geweckt. Er hat keine Chance, seine tiefe Depression auszuleben.

Die Bewohner des Tals, die Bauern und Hirten, nehmen ihn keineswegs mit offenen Armen auf. Die berühmte Gastfreundschaft dieser Gegenden gilt nicht für die abgerissene, schmutzige Gestalt, die sich kaum auf den Füßen hält. Drei Holzfäller, die Messner auf einer Hochalm trifft, geben ihm nach einer Stunde mühsamer Erklärungen ein Stück Brot – es ist die erste Nahrung seit fünf Tagen – und nehmen ihn mit ins nächste Dorf. Keiner versteht, woher der Fremde gekommen ist. Ein Becher saure Milch und ein Fladenbrot, dazu eine dünne Decke als Lager unter einem Baum im Freien ist alles, was er bekommt. In der Nacht versucht man ihm seine Uhr und den Pickel zu stehlen. Morgens sind seine Socken verschwunden. Um einen Begleiter ins nächste Dorf zu bekommen, zahlt er mit seinen Handschuhen und der Stirnlampe.

Am Morgen schleppt er sich weiter das Tal hinab. Man schreibt den 2. Juli. Eigentlich könnte jetzt langsam der Hilfstrupp Herrligkoffers kommen. Vom Rupal- bis ins Diamir-Tal hatte Mummery vor 75 Jahren zwei Tage gebraucht. Messner hat Hunger. In Zeichensprache verlangt er nach Eiern, Butter, Salz und Fladenbrot. Der Preis dafür ist seine Überhose aus Perlon. Mitten auf dem Weg bereitet er seine erste warme Mahlzeit. Seine Zehen haben sich mittlerweile tiefblau verfärbt. Er versucht Träger für den Weitermarsch anzuwerben, aber das, was er bieten kann, ist den Burschen des Dorfes zuwenig. »Zum ersten Mal in meinem Leben war ich unbehütet, fremden Menschen ausgeliefert, hilflos. Nicht einmal laufen konnte ich mehr. Und sie wußten das, und ließen mich spüren, daß sie es wußten. Das hat mein Vertrauen in die Menschen nicht bestärkt.«

Endlich erklären sich zwei junge Männer bereit, ihn ins nächste Dorf zu bringen. Der kürzeste ist der gefährlichste Weg. Er führt durch die Diamir-Schlucht, an der Hunderte von Metern über dem Abgrund ein schmaler Steig mit Kletterstellen klebt. Sie wollen seine ganze Ausrüstung als Lohn, dazu noch sein einziges Hemd. Messner explodiert. Dann geht er eben alleine. Brüllend verlangt er nach seinen Schuhen, die man schon beiseite geschafft hat. Schmerzgepeinigt wankt er aus dem Dorf hinaus.

Zwei Männer, einer davon mit einem Gewehr, erwarten ihn am Eingang der Schlucht. Messner sieht sich bereits auf ihrem Grund liegen. Kein Hahn würde nach ihm krähen, und ob Kuen sich an Messners Handschuhe auf dem Gipfel erinnern würde, wäre zumindest zweifelhaft. Wider Erwarten entpuppen sich die beiden Männer als Helfer in der Not, tragen ihn durch die Schlucht, sorgen für Nahrung und später für den Weitertransport auf einer Bahre zur Bunar-Brücke ins Indus-Tal. Hier endlich nimmt sich ein pakistanischer Offizier seiner an und bringt ihn mit dem Jeep bis nach Bunji, knapp 25 Kilometer vor Gilgit. Am gleichen Tag, es ist der 3. Juli, trifft Herrligkoffer mit der Expedition dort ein. Als er Messners Erfrierungen zweiten und dritten Grades an den Füßen und Händen sieht, prophezeit er ihm, daß er nie wieder Bergsteigen könne. Kienlin erzählt Messner von der roten Rakete. Er glaubt nicht an einen Zufall, sondern vermutet Absicht dahinter. Aber welche?

Am 8. Juli landet Messner in München. Kienlin schiebt ihn im Rollstuhl über die Landebahn. Es folgt ein monatelanger Klinikaufenthalt in Innsbruck. Messner verliert die Hälfte seiner Zehen und die Kuppen dreier Finger. Sein Vater macht ihm schwerste Vorwürfe wegen Günthers Tod. Seine Mutter nimmt ihn in Schutz. Dann folgt eine Prozeßlawine. Es ist wie 1953, nur die Besetzung hat gewechselt. Herrligkoffers Haßgegner heißt jetzt nicht Hermann Buhl, sondern Reinhold Messner.

BERG DER ZWIETRACHT II

Die beiden Tiroler Buhl und Messner haben nicht nur ihre geographische Herkunft gemeinsam. Fast auf den Tag genau zwanzig Jahre nach Buhl (21. 9. 1924) wird Messner geboren (17. 9. 1944). Am Todestag Buhls, dem 27. Juni, steht er auf dem Gipfel des Nanga Parbat, und 25 Jahre nach Buhls Alleingang von 1953 wird auch Messner den »Schicksalsberg« beider allein besteigen. Schon vor der Expedition zur Rupal-Flanke hatte Messner in Buhls Bereitschaft zum ganzen Einsatz eine innere Verwandtschaft gesehen und dessen Leistung am Berg gewürdigt: »Es war der Gang eines von einer Idee Besessenen in das fast sicher scheinende Verderben. Ein ungeheuerliches Unterfangen gegen jede ›bergsteigerische Vernunft‹ und Wahrscheinlichkeit des Gelingens. Es spottet jeglicher Himalaya-Erfahrung. Der Erfolg hatte Buhl recht gegeben.«

Ganz automatisch zog man Vergleiche zwischen den beiden Bergsteigern. Buhl hatte 1953 beim Tiefblick vom Gipfelgrat in die Rupal-Wand ihre Durchsteigung als Selbstmordunternehmen bezeichnet. Messner aber hatte nicht nur diese für seinen Vorgänger im Geiste unlösbare Aufgabe bewältigt, sondern ihr auch noch die Überschreitung des Berges – wenn auch ungeplant – hinzugefügt. Das war mit den Worten des fast sechzigjährigen Nanga-Parbat-Veteranen Mathias Rebitsch »eine Pioniertat, wie sie die Chronik des Himalaya nicht kennt«. Der Südtiroler hatte Buhl übertroffen.

Messner zahlte für seinen Erfolg einen hohen Preis. Körperlich und seelisch angeschlagen, lag er in Innsbruck in der Klinik, wo seine Wunden langsam ausheilten. Inwieweit er wieder bergsteigen konnte, war völlig offen. Am 18. Juli fuhr er in seinen Heimatort und nahm mit bandagierten Füßen und Händen am Requiem für seinen Bruder teil. Zehn Tage später erschien in der *Bunten* Herrligkoffers Exklusivbericht. Sein Kommentar zum Tod Günther Messners las sich so, als ob dessen Höhenkrankheit und Tod die Folge einer Überanstrengung gewesen seien, die alle Teilnehmer vorausgesehen hätten. »Günther Messner«, schrieb der Expeditionsleiter, »erschien uns allen für den Gipfel zu schwach.« Im Umkehrschluß war klar, wer die Schuld an seinem Tod trug: Reinhold Messner. Er hatte die Fähigkeiten seines Bruders falsch eingeschätzt. Statt ihn mit zum Gipfel zu nehmen, hätte er ihn zurückschicken müssen.

Messner war außer sich. Wenn es jemanden gab, der an Ausdauer und Erfahrung dem Nanga Parbat gewachsen war, dann sein auf Hunderten schwerster Bergtouren erprobter Bruder. In einem Interview stellte er klar, daß nur Herrligkoffers fehlerhafter Abschuß der roten Rakete den Alleingang auslöste, der seinen Bruder zum Nachsteigen verlockte. Außerdem warf er dem Expeditionsleiter vor, nicht einmal den Versuch einer Rettungsaktion unternommen zu haben. Sowohl in der Tagespresse als auch in den alpinen Zeitschriften wurde Messners Standpunkt überwiegend geteilt. Unterstützung erfuhr er auch von seiten der DHS, die Herrligkoffer vorrechnete, daß man spätestens am 30. Juni einen Suchtrupp über den Mazeno-Paß ins Diamir-Tal hätte schicken können. Messners Leidensweg auf Händen und Füßen durch die Diamir-Schlucht wäre so vermieden, die Infizierung seiner Füße verhindert worden.

Demgegenüber erklärte Herrligkoffer, Messner wolle bloß von der Schuld am Tod seines Bruders ablenken. Von einem Alleingang zum Gipfel sei nie die Rede gewesen, die rote Rakete habe zwar eine falsche Information signalisiert, hätte aber den Abbruch des Gipfelversuchs und das Warten auf besseres Wetter bedeutet. Außerdem habe er umgehend die Behörden von Chilas, die für das Diamir-Tal zuständig seien, verständigt. Tatsächlich habe man Messner »im obersten Dorf des Tals« gefunden und betreut. Diese Aussage war eine glatte Lüge. Am 24. September kam es zum Eklat. Als der Expeditionsleiter in einem Münchner Bierkeller den offiziellen Rupal-Wand-Vortrag hielt, hielt es Messner nicht länger in der Klinik. Unmittelbar nach Herrligkoffers Darlegungen schleppte er sich auf Krücken auf die Bühne und forderte diejenigen zum Bleiben auf, die die Wahrheit hören wollten. Niemand verließ den Saal. Messner erzählte seine Version der Geschichte.

In Alpinistenkreisen ging daraufhin die Angst um, es könnten sich die Ereignisse der Herrligkoffer-Buhl-Auseinandersetzung von 1953 mit allen schädlichen Folgen für das Image des Bergsteigens wiederholen. Genauso war es, und aufs neue erlebte die erstaunte Öffentlichkeit, daß die Wände der Himalaja-Riesen nicht von »sieghaften« Jodlern, sondern von Streit, Zank und Zwietracht widerhallten. Herrligkoffer goß noch Öl ins Feuer, indem er Messner vorwarf, er habe den Abstieg über die Diamir-Flanke schon vorher geplant und »eiskalt den Bruder seinem persönlichen Ehrgeiz geopfert«.

Den traurigen Tiefpunkt erreichte der Streit, als Herrligkoffer, ohne auch nur die Spur eines Beweises vorzulegen, behauptete, Günther Messner sei erst am Morgen des 28. Juni höhenkrank geworden und nicht in einer Lawine am Wandfuß, sondern bereits oben in der Merkl-Scharte gestorben. Aus ebendiesem Grund habe Reinhold Messner Kuen nicht um Hilfe gebeten. Daß Messner von einer »bodenlosen Schweinerei« sprach, gegen die er sich wehren wolle, ist mehr als verständlich. Als Verbündeten gegen Herrligkoffer bot ihm ausgerechnet die DHS ihre Hilfe an. Auf Anraten ihres Vorsitzenden, des Rechtsanwalts Gerhart Klamert, erstattete Messner am 16. Januar 1971 Strafanzeige wegen fahrlässiger Tötung und unterlassener Hilfeleistung. Für Herrligkoffer und die DHS, in deren Hintergrund noch immer der inzwischen 74jährige Bauer die Fäden zog, ergaben sich die alten, seit über dreißig Jahren gepflegten Feindbilder. Der zwischen die Fronten geratene Messner konnte am Ende froh sein, daß er nach fünfeinhalb Jahren und sämtlich verlorenen Prozessen – denn wie hätte man etwas »beweisen« können, das sich in der Todeszone eines Achttausenders und in abgelegenen Gletschern und Tälern abgespielt hatte? – mit 50 000 DM Prozeßkosten davonkam. Selbst die Versicherungssumme für seine amputierten Zehen verschwand als Prozeßkostenvorschuß in Herrligkoffers Tasche.

Messners Versuch, seine Sicht der Dinge in Buchform darzulegen, brachte ihm die nächste Niederlage ein. Wie im Falle Buhl bestand Herrligkoffer, gestützt auf den Expeditionsvertrag, auf seinem Recht der alleinigen Berichterstattung. Messners Buch über die Expedition mit dem Titel *Die rote Rakete am Nanga Parbat*, das er im Krankenhaus und im Schloß seines Bergkameraden Kienlin in Rekordzeit schrieb, wurde sofort nach Erscheinen mit einer einstweiligen Verfügung belegt und verschwand aus dem Buchhandel. Es ist heute eine gesuchte antiquarische Rarität. Herrligkoffers Vorgehen hatte einen sehr praktisch-merkantilen Grund. Messners Abrechnung mit dem Expeditionsleiter kam im Frühjahr 1971 heraus. Herrligkoffers Opus *Kampf und Sieg am Nanga Parbat* war erst für den Herbst geplant. Zu Recht befürchtete er, Messner würde ihm beim lesenden Publikum den Rang ablaufen. Vergleicht man die beiden Bücher, kann man seine Ängste verstehen. Messners Idee, das Geschehen am Berg in einem Filmdrehbuch darzustellen, es in Dialoge und »Szenenanweisungen« aufzulösen, ist noch heute, dreißig Jahre danach, eine spannende Lektüre. Dagegen lieferte Herrligkoffer seinen üblichen Langweiler, dessen 135 Textseiten zu einem Drittel der Berghistorie gewidmet waren. In der Einleitung verglich er sich mit Amundsen, der in seinen Büchern allerdings darauf verzichtet hatte, die Verpflegungs- und Materiallisten seiner Expeditionen vollständig abzudrucken. Vielleicht werden aber spätere Generationen Herrligkoffers Bücher gerade deswegen schätzen, weil sie uns verraten, daß neben 50 Dosen Sauerkraut und 2 Kilo Atemgold auch 800 Dosen Bier (44 pro Teilnehmer) und 50 Liter Schnaps (verschämt als »für die Hochträger« deklariert) im Basislager vorhanden waren. Geradezu großzügig disponierte Herrligkoffer beim Klopapier. Mit insgesamt 300 Rollen war dafür gesorgt, daß die Firn- und Eishänge des Nanga Parbat weiß und rein blieben.

Messner kam mit dem Tod seines Bruders lange nicht zurecht. Mit Günther war die Aura der Unverletzlichkeit, das Gefühl unbedingter Sicherheit ein für allemal dahin. Eine nie zuvor gekannte Furcht überfiel ihn, wenn er an den Nanga Parbat dachte. Herrligkoffers absurde Schuldzuweisungen kümmerten ihn wenig. Die größten Vorwürfe machte er sich selbst. Ohne ihn wäre Günther nicht in den Himalaja gegangen. Im September 1971 kehrte Messner zum Nanga Parbat zurück. Ängste und Schuldgefühle glaubte er nur dadurch überwinden zu können, daß er sich mit ihnen konfrontierte.

Die Zeitungen berichteten von einer tschechoslowakischen Expedition, die nach achtzehn Jahren Buhls Route von Norden erfolgreich wiederholt hatte. Von den sechzehn Teilnehmern erreichten zwei den Gipfel. Es war überhaupt das erste Mal, daß Bergsteiger aus einem kommunistischen Land des Ostblocks einen Achttausender bezwangen. Messner war es egal. Er suchte seinen Bruder. Vom Indus marschierte er das Bunartal hinauf nach Diamirai, dann durch die Schlucht, die ihm im Jahr zuvor das letzte abverlangt hatte. Die braune Bergwüste lag wieder lebensfeindlich und abweisend vor ihm. Die grünen Oasen der Dörfer, die dem kargen Boden dank künstlicher Bewässerung ein paar Feldfrüchte abrangen, waren jetzt einladend für ihn geöffnet. Messner wurde wiedererkannt. Der abgerissene Vagabund des Vorjahres hatte sich in einen großzügig zahlenden »Sahib« verwandelt und wurde entsprechend behandelt. Allerdings begriff man immer noch nicht, wieso er, statt über den Paß zu gehen, den Umweg über den Berg genommen hatte.

Messner war nicht allein. Ursula Demeter, frischgeschiedene Frau von Kienlin, begleitete ihn. Viele aus der Zunft nahmen es ihm übel, daß er dem »Bergkameraden« die Frau »ausgespannt« hatte. Nur zu zweit verbrachten sie vier Tage unterhalb der Diamir-Wand. Tagsüber suchte Messner den Gletscher ab. Nachts lag er schweißgebadet und von Alpträumen gepeinigt in dem kleinen Zelt. Er fand keine Spur seines Bruders. Gleichgültig donnerten die Lawinen in die Tiefe. Der Berg, dessen 33. Opfer Günther geworden war, schwieg sich über sein Schicksal aus.

Wieder in Südtirol, organisierte Messner sein Leben neu. Das Studium fortzusetzen, schien ihm undenkbar. Zum Wehrdienst eingezogen werden konnte er nicht mehr – immerhin diesen Vorteil verschafften ihm seine abgefrorenen Zehen. Erst einmal brachte er sich als eine Art Exklusiv-Bergführer durch, bestieg mit einem italienischen Industriellen die Carstensz-Pyramide in Neuguinea und führte eine zahlende Gruppe auf den Gipfel des höchsten afghanischen Berges, des 7492 Meter hohen Noshaq. 1972 heiratete er Ursula Demeter und vertauschte die ungeheizte Dachkammer, die sie bis dahin in Messners Elternhaus bewohnten, mit dem baufälligen alten Pfarrhaus von St. Magdalena in Villnöß, aus dessen Südfenstern man den schönsten Blick auf die Nordwände der Geislergruppe hat. Er kletterte wieder in den Dolomiten und stellte fest, daß ihn die fehlenden Zehen weniger behinderten, als er gedacht hatte. Seine große Zeit als Felskletterer war gleichwohl vorbei. Auch innerlich hatte er damit abgeschlossen, vielleicht deswegen, weil sie so eng mit seinem verunglückten Bruder verbunden war. Außerdem stellten sich die größten Probleme, die neuen Herausforderungen, nicht in den Alpen, sondern im Himalaja. Das Ziel der internationalen Bergsteigerelite waren die schwierigsten Wände an den Achttausendern. Messner wollte weiterhin ganz vorne mit dabeisein.

Die erste Gelegenheit bot eine Expedition zur Südwand des in Nepal gelegenen 8128 Meter hohen Manaslu. Ihr Leiter war Wolfgang Nairz, die Teilnehmer kamen alle aus Tirol. Von der vierköpfigen Spitzengruppe, bestehend aus Reinhold Messner, Franz Jäger, Andi Schlick und Horst Fankhauser, erreichte nur Ersterer den Gipfel. Die letzten 500 Höhenmeter war er allein gegangen. Sein Seilpartner Jäger hielt Messners Tempo nicht durch, entschloß sich umzukehren, um im Lager IV auf 7400 Metern auf ihn zu warten. Kurz nachdem Messner den Gipfel betrat, brach völlig unerwartet ein Schneesturm los. Jäger verschwand spurlos im Orkan. Schlick starb bei der Suche nach dem Vermißten. Mit letzter Kraft retteten sich Messner und Fankhauser in die unteren Lager. Wieder in Europa, blieb Kritik nicht aus. Messner, so der Vorwurf, hätte nicht allein zum Gipfel gehen dürfen, sondern Jäger beim Abstieg begleiten müssen. Mit der Besteigung des Manaslu trat Messner in den exklusiven Club jener Bergsteiger ein, die zwei Achttausender bezwungen hatten: Hermann Buhl und Kurt Diemberger. Jetzt war der Südtiroler der dritte.

Ein Jahr später, 1973, ist Messner allein am Nanga Parbat – ohne Genehmigung und ohne Begleitoffizier. Wieder hat er die Westseite des Berges vor sich, die Diamir-Flanke, über die er 1970 mit seinem Bruder abstieg. Genau dort will er hinauf, auf Mummerys Spuren, über die nach ihm benannten Felsrippen. Falls er es schafft, wird er der einzige sein, der dreimal auf einem Achttausender gestanden hat. Und noch nie hat ein Mensch einen der Riesenberge von der Basis bis zum Gipfel solo bestiegen.

Der Versuch scheitert auf 6000 Meter Höhe. Messner ist nicht im seelischen Gleichgewicht. Er denkt an seine Frau, hält das Getrenntsein nicht aus und wird von Weinkrämpfen geschüttelt. In der Nacht peinigen ihn Angstzustände. Morgens will er weiter aufsteigen und sich eine Route durch die drohenden Hängegletscher suchen, aber sein Körper entscheidet anders. Wie unter einem inneren Zwang tragen ihn seine Füße zurück ins Basislager.

Bei den Expeditionen des Jahres 1974, zu den Südwänden der Aconcagua in Argentinien und dem 8470 hohen Makalu in Nepal, begleitete ihn seine Frau. Was heutzutage niemanden mehr aufregt, löste damals bei vielen Bergsteigern Befremden aus. Dabei hatte es schon zwischen den Weltkriegen mitreisende und sogar mitsteigende Ehefrauen oder Freundinnen gegeben. Man denke etwa an Irene »Hetty« Dyhrenfurth, die mit ihrem Mann zum Kangchendzönga und in den Karakorum zog, oder an Elizabeth Knowlton, die amerikanische Journalistin auf Merkls erster Nanga-Parbat-Expedition.

Auch am Aconcagua kam Messner nur allein zum Gipfel. Am Makalu scheiterte er, weil die herkömmliche Taktik des langsamen Hinaufschiebens der Hochlager bei Schlechtwetterperioden versagte. Messner litt doppelt. Er war immer schneller als seine Seilpartner und mußte doch auf sie Rücksicht nehmen. Dazu fühlte er sich ins Korsett einer Methode gepreßt, die ihm als überholt und ineffizient erschien und seine überragenden Fähigkeiten nicht zur Geltung kommen ließ. Außerdem war sie mit viel Aufwand und immensen Kosten verbunden.

EXKURS SECHS: ALPENSTIL

Messners Bruch mit den geheiligten Traditionen des Expeditionsbergsteigens begann mit einer Ehekrise. Im Mai 1975 war er mit einer großen italienischen Expedition zur Südwand des Lhotse, des 8501 Meter hohen Nachbarberges des Everest, aufgebrochen. Sie wurde von Riccardo Cassin geleitet, der mittlerweile 65jährigen Bergsteigerlegende, in den dreißiger Jahren unbestritten der beste Kletterer Italiens. Die Taktik der Expedition mit ihren Hochträgern, Fixseilen, Sauerstoffgeräten und geplanten vier bis fünf Hochlagern unterschied sich in nichts von der seit Jahrzehnten üblichen, war aber offensichtlich für die Wand ungeeignet. Zwei Lawinen ruinierten das Basislager, und tausend Meter unterhalb des Gipfels war für die Spitzengruppe Schluß. Für Messner war es der endgültige Beweis, daß man in Zukunft anders vorgehen müsse.

Noch in Nepal erfuhr er von seiner Frau, daß er eine Genehmigung für den Hidden Peak oder Gasherbrum I, mit 8068 Meter einer der »kleinen« Achttausender im Karakorum, erhalten habe. Bedingt durch den pakistanisch-indischen Krieg, war das Gebiet vier Jahre nicht zugänglich gewesen. Was Messner plante, hatte bisher noch keiner gewagt: Mit nur einem Begleiter wollte er den Berg ohne Hochträger, ohne künstlichen Sauerstoff, ohne Hochlager und ohne Fixseile wie einen Alpengipfel angehen.

Den richtigen Partner hatte er bereits gefunden: den zwei Jahre älteren österreichischen Bergführer Peter Habeler. Sie kannten sich schon lange, waren zehn Jahre zuvor durch die Matterhorn-Nordwand geklettert, dann bei der Anden-Expedition 1969 dabeigewesen und hatten 1974 durch einen Rekord verblüfft: In nur zehn Stunden durchstiegen sie die Eigernordwand. Es war ein Test ihrer Leistungsfähigkeit und gab Messner die Sicherheit, seinen tollkühnen Plan weiterzuverfolgen.

Kaum wieder zurück in Südtirol, nahm er Kontakt zu Habeler auf. Es war bereits Mitte Juni, für eine Expedition in den Karakorum eigentlich fast zu spät. Wollte man am Hidden Peak noch ordentliche Wetterverhältnisse antreffen, mußte man so rasch wie möglich mit den Vorbereitungen für die Expedition beginnen. Messners Frau war weniger begeistert. Sie hatte auf eine gemeinsame Zeit mit ihm gehofft, doch wie nie zuvor war ein für allemal klar, wo Messners Prioritäten lagen. Seine bergsteigerische Karriere war eine Abfolge logischer Schritte, die zwingend andere nach sich zogen. Seine Erfolge in den Alpen führten ihn zum Nanga Parbat. Die gescheiterten Expeditionen am Makalu und am Lhotse brachten ihn auf die Idee des Alpenstils. Seit Jahren bemühte er sich um eine Besteigungsgenehmigung für den Hidden Peak, jetzt war sie da und mit ihr die Chance, eine neue Taktik zu erproben. Er war in Bestform und hatte den momentan stärksten Bergsteiger an seiner Seite. Er würde eine Revolution auslösen und der Erste sein, der auf drei Achttausendern stand. Es war eine Herausforderung wie die Rupal-Wand. Eben deswegen konnte er keine Rücksicht auf seine Frau nehmen, weil er sich längst für sich

Ursula und Reinhold Messner bei einer Preisverleihung in Mailand.

und seinen Weg entschieden hatte. Diese absolute Kompromißlosigkeit macht seine Stärke aus.

In seinem Buch über die Expedition, das ein Jahr später erschien, ist diese Vorgeschichte ausführlich behandelt. Messner beschreibt sich als Egomanen, der auf die berechtigten Ansprüche seiner Frau mit Ratlosigkeit reagiert. »Was hätte ich … antworten sollen? Wie hätte ich sie trösten können? Ich fand einfach nicht die rechten Worte … ›Entschuldige bitte‹, konnte ich nur sagen.« Er besitzt »die Freiheit aufzubrechen, wohin er will«, aber nicht die Freiheit zu bleiben. Messner stilisierte sich zum Opfer seines Willens zum Berg. Das war sein Schicksal und folglich nicht zu ändern. Man konnte ihn ertragen – oder gehen.

Bereits im Vorfeld gelangen der Expedition drei Rekorde. Ihre Vorbereitung nahm gerade einmal zehn Tage in Anspruch, ihr Budget war mit nur 20 000 DM das kleinste in der Besteigungsgeschichte des Himalaja, ihre Ausrüstung belief sich auf knapp 200 Kilo. Am 3. Juli 1975 landeten die beiden Teilnehmer in Rawalpindi und schlugen sich volle acht Tage mit den bürokratischen Hemmnissen pakistanischer Genehmigungspraxis herum.

Der Zufall wollte es, daß sie Herrligkoffer am Flughafen trafen. Er kam gerade von seiner achten Expedition zum Nanga Parbat zurück, die er dem Gedächtnis Felix Kuens gewidmet hatte. Sie war gescheitert, hatte ihm jedoch unverhofft eine Reliquie beschert. Ein Hirte fand auf dem Bazhingletscher, 3000 Meter unterhalb der Stelle, an der Merkl gestorben war, dessen rechten Schuh. Er war durch die Initialen seines Besitzers eindeutig zu identifizieren. »Willy Merkl wäre am 6. Oktober 1975 75 Jahre alt geworden. 41 Jahre nach seinem Tode wollte es eine wunderbare Fügung, daß ich seinen rechten, eisenbeschlagenen Bergschuh, den ich vor seiner Ausreise im Jahre 1934 scheu bewundert hatte, in meinen Händen halten konnte.« Fortan begleitete er Herrligkoffer bei seinen Vorträgen. Sieben Jahre später fand sich auch der linke Schuh. Da noch der Mittelfußknochen darin steckte, war es für Herrligkoffer der endgültige Beweis dafür, daß Bauer und Bechtold die Leiche Merkls die Ostwand hinunter »bestatteten«.

Mit dem Hidden Peak, dem »Verborgenen Berg«, hatte sich Messner einen der abgelegensten Achttausender ausgesucht. Der Brite Martin Conway, der ihn als erster Europäer 1892 entdeckte, gab ihm seinen Namen. Im Umkreis des Berges liegen mit dem K2, dem Broad Peak und dem Gasherbrum II drei weitere Achttausender. Der wochenlange Anmarsch durch die extrem steinschlaggefährdete Talschlucht des Braldu war selbst an schönen Tagen schwierig. Danach kam ein endloses Auf und Ab durch das weglose Geröll und Eis des fast sechzig Kilometer langen Baltoro-Gletschers. »Wenn hier normales Wetter herrscht«, notierte Conway, »bedeutet dies, daß es ganz außerordentlich abscheulich zugeht.« Sein Begleiter Bruce charakterisierte die Gebirgsregion des Karakorum als »das nackte Gerippe der Welt, einen Bauplatz Gottes, den der Schöpfer vorzeitig verlassen hat«, und konstatierte grimmig: »Auch die Einmaligkeit der Gipfel kann die ebenso einmalige Häßlichkeit der Täler nicht wettmachen.« Die vorherrschenden Farben in dieser Hochgebirgswüste sind die braunen Schutthänge der Berge, das schmutzige Grau der Gletscher und das Weiß des ewigen Schnees.

1934 hatte eine internationale Expedition unter Dyhrenfurth den Berg zu besteigen versucht. Dabei war der später am Nanga Parbat so entscheidungsfreudige Ertl über den Südsporn bis auf 6200 Meter gelangt. Zwei Jahre später schleppten 800 Träger in vierzig Tagen vierzehn Tonnen Ausrüstung einer französischen Mammutexpedition unter de Ségogne zum Basislager am Hidden Peak. Trotz dieses Aufwands, außerdem noch unterstützt von 35 Sherpas aus Darjeeling, scheiterte der Vorstoß auf 6800 Meter Höhe. Erst 1958 hatten Amerikaner Erfolg. In 35 Tagen bauten sie fünf Hochlager, und am 5. Juli erreichte eine Zweierseilschaft unter massivem Einsatz von künstlichem Sauerstoff den Gipfel. Angesichts dieser Vorgeschichte gab es nicht wenige Stimmen alpiner Experten, die Messners Idee für absolut selbstmörderisch, zumindest aber für hirnrissig hielten.

In Skardu, dem Hauptort der Baltistan oder »Klein-Tibet« genannten Region, heuern Messner und Habeler zwölf Träger an. Das Wetter ist schlecht. Der Braldu und seine Zuflüsse führen Hochwasser. Unterwegs treffen sie auf den Himalaja-Veteranen Joe Brown, den Erstbesteiger des Kangchendzönga, der Messners Plan keine Chancen gibt. Trotz der grundlosen Wege und immer kurz vor einem Streik der Träger sind sie schon nach zwölf Tagen im Basislager auf 5100 Meter Höhe. Im Gegensatz zu den Versuchen ihrer Vorgänger haben sie sich die Nordwestwand ausgesucht, die um vieles steiler als die Route der Amerikaner ist, dafür aber schneller zum Gipfel führt. Denn Geschwindigkeit ist für die beiden der Schlüssel zum Erfolg. Statt systematischem Ausbau von Hochlagern und Lastenschleppen, immer in der Angst, Wetterstürze könnten die Arbeit zunichte machen und die Bergsteiger in den oberen Bereichen des Berges festnageln, benötigten Messner und Habeler nur eine kurze Schönwetterperiode, um zum Gipfel zu kommen. Immer vorausgesetzt, sie sind schnell genug.

Vom 25. Juli bis zum 7. August unternehmen sie Erkundungsvorstöße. Mit der Zeit schlüsseln sie den Rhythmus des Wetters auf. Keine Schönwetterperiode hält länger als vier Tage. Auf dem Marsch hierher und durch das beständige Auf- und Absteigen haben sie sich gut akklimatisiert, Messner kommt ohnehin vom Lhotse. Aber niemand kann ihnen sagen, ob der geplante, nie zuvor gewagte schnelle Anstieg in der sauerstoffarmen Luft nicht zum Kollaps führt.

Einer, der ihnen hätte raten können, ist tot. Abgestürzt bei einem ganz ähnlichen Versuch. Auf ihrem Marsch sind Messner und Habeler am Broad Peak vorbeigekommen, dem Achttausender, den Hermann Buhl 1957 mit einer vierköpfigen Mini-Expedition erstbestiegen hat. Schon damals verzichtete der Mann, den viele mit Messner vergleichen, auf Hochträger und brauchte nur drei Hochlager zum Gipfel. Anschließend erfüllte sich Buhl den Traum seines Lebens – »in drei Tagen auf einen Siebentausender, nicht in drei Wochen« – und suchte sich dafür die 7654 Meter hohe Chogolisa aus. Mit einem Kleinzelt erprobten er und sein Partner Diemberger die Taktik des »wandernden Hochlagers« und biwakierten zweimal am Berg, bis sie von einer Höhe von 6700 Metern aus zum Gipfel starteten. Auf 7300 Metern, sie rechneten fest damit, am Mittag auf der Spitze zu stehen, schlug plötzlich das Wetter um. Beim Abstieg im peitschenden Schneesturm geriet Buhl auf den Rand einer Wächte und stürzte 500 Meter tief in die Leere. Mag sein, daß sein Tod eine Methode diskreditierte, die sich vielleicht rascher durchgesetzt hätte, wäre er am Leben geblieben. Von ihrem Basislager aus haben Messner und Habeler einen guten Blick auf den Grat, der dem Nanga-Parbat-Bezwinger zum Verhängnis wurde.

Daß sich die beiden den 3000-Meter-Aufstieg auf den Hidden Peak ohne Hochlager zutrauten, hatte viel mit dem intensiven Training zu tun, das sie seit Jahren praktizieren. Don Whillans, einer der englischen Spitzenkletterer 1970 an der Annapurna-Südwand, der noch den Standpunkt vertrat, sein Training beginne, wenn der Pub schließe, hatte sein Übergewicht erst am Berg ver-

1000 Höhenmeter in 35 Minuten. Messner beim Vorbereitungstraining für den Hidden Peak (Gasherbrum I).

loren. Die Bergsteiger der dreißiger und fünfziger Jahre waren allesamt Amateure, für die das Klettern der Ausgleich zum Beruf war und keiner speziellen Vorbereitung bedurfte. Messner und Habeler aber wußten genau, daß für ihr tollkühnes Unterfangen körperliche Topform überlebensnotwendig war.

Mit 65 Kilo Körpergewicht bei 1,76 Meter Größe hatte Messner kein Gramm zuviel den Berg hinaufzuschleppen. Den täglichen Dauerlauf im steilen Gelände absolvierte er bei einer Strecke von tausend Höhenmetern unter 40 Minuten, wobei er die ganze Zeit zur Stärkung der Wadenmuskulatur auf den Zehenspitzen lief. Sein Ruhepuls lag schließlich bei sagenhaften 42 Schlägen in der Minute. Autogenes Training, eine gesunde Ernährung mit wenig Fleisch, viel Kohlehydraten, Obst und Milch sowie eiskalte Duschen am Morgen ergänzten sein Fitneßprogramm. Gezielt trainierte er, längere Zeit auf Nahrung verzichten zu können, also die Glykogenspeicherung in der Leber und die Strapazierfähigkeit der inneren Organe zu steigern. Um seine Kletterfähigkeit zu erhalten, kam ein spezielles Fingertraining hinzu. Mindestens vier

Stunden täglich waren nötig, um diese Spitzenkondition zu halten. Habeler hielt es genauso. Im Winter hatte er sich mit einem exzessiven Langlauftraining in Form gebracht. Mit nur 57 Kilo und einer Größe von 1,72 Meter wirkte er eher schmächtig. Aber das Aussehen täuschte. Habeler war wie Messner ein Athlet.

Am 8. August steigen sie auf 5900 Meter auf und beziehen ihr erstes Biwak. Noch einmal gehen sie Stück für Stück den Inhalt ihrer Rucksäcke durch. Jedes Gramm zuviel wird ihre Geschwindigkeit hemmen, andererseits müssen sie jederzeit mit einem Wettersturz rechnen und benötigen dafür ein Minimum an Ausrüstung. Am nächsten Tag durchsteigen sie in einem Zug die extrem steile, im obersten Teil mit vereistem Fels durchsetzte Wand. Habeler schätzt ihren Schwierigkeitsgrad auf den der Matterhorn-Nordwand, mit dem Unterschied, das diese hier 2000 Meter höher beginnt. Sie gehen seilfrei, sind sich ihres Könnens und ihrer Kondition gewiß. Jede Sicherung würde nur Zeit kosten, und eben die haben sie nicht. Acht Stunden arbeiten sie hochkonzentriert im Takt von Steigeisen und Pickel. In 7100 Meter Höhe schlagen sie das zweite Biwak auf. Zuvor hat ihnen das »brüchige Band«, eine Zone vereister Felsen, das letzte abverlangt. Mit 150 Höhenmetern pro Stunde haben sie eine respektable Leistung geschafft. Habeler leidet unter stechenden Kopfschmerzen. Essen kann er nichts. Um der Dehydrierung zu entgehen, zwingen sich beide Tasse auf Tasse lauwarmen Tee hinunter. In dieser Höhe kocht das Wasser bereits weit unter 100 Grad.

Der dritte Tag bricht an. Um 6.30 Uhr gehen sie los. Bis 15 Uhr wollen sie am Gipfel sein, um sicher zum Zelt zurückkehren zu können. Das Gelände ist weniger schwierig, dafür wird ihnen die Luft zum Atmen knapp. Instinktsicher findet Messner den Weg, in fast schon automatischen Abläufen bewältigen sie die technischen Schwierigkeiten. Als ob das alles nicht genug wäre, filmt und fotografiert Messner den Aufstieg. Die Rastpausen, erst

Die Nordwestwand des Hidden Peak.

nach zwanzig, dann nach fünfzehn, schließlich nur noch nach fünf Metern, werden länger, aber in nur sechs Stunden schaffen sie die fast tausend Höhenmeter bis zum Gipfel. Eine phantastische Leistung.

Seinen Zustand beschreibt Messner als »eine Art Nirwana«. Es ist das Gefühl vollständiger Harmonie mit sich und seiner Umgebung, einer Leere, die nicht bedrückt, sondern offen ist für das Göttliche. Wäre Messner ein Christ und vertraut mit den Begriffen der Mystik, wüßte er ihn zu benennen. Es ist die »Unio mystica«, die Vereinigung Gottes mit der Seele, zu der man durch Askese und Meditation gelangt. Nichts anderes praktiziert der Südtiroler mit seiner Art des Bergsteigens. Auf dem Gipfel des Hidden Peak macht er die tiefste, den Menschen mögliche religiöse Erfahrung – und weiß es nicht.

Erst beim Rückmarsch zum Biwakzelt wird Messner die ganze Tragweite dieses Tages bewußt. Er ist der erste Mensch, der drei Achttausender erstiegen hat, es war die erste Zwei-Mann-Expedition auf einen Achttausender, und es ist die erste Zweitbegehung des Hidden Peak – dazu noch auf einer neuen Route. Messners und Habelers Triumphgefühl wärmt sie in der eisigen Nacht bis fünf Uhr morgens. Dann reißt das Zelt auf. Binnen weniger Minuten verwandelt sich ihre Zuflucht in einen eisigen Windkanal. In ihrer Erschöpfung haben sie den aufkommenden Sturm nicht bemerkt.

Die beiden machen sich nicht die Mühe, den zerrissenen Stoff zu reparieren. Jetzt gibt es nur noch eins: eiliger Rückzug. Sie packen nur das Allernötigste in ihre Rucksäcke, lassen alles andere zurück und steigen so rasch wie möglich ab. Die Wand hinunter ist härter als hinauf. Zwar läßt der Wind im Laufe des Vormittags nach, aber der Abstieg ist angesichts der schwindelerregenden Steilheit, der Steinschlaggefahr und des extrem harten Blankeises eine hochkonzentrierte Anstrengung. Die Steigeisen, bei jedem Schritt strapaziert, werden locker. Auf der Hälfte der Strecke läßt Habeler seinen Rucksack in die Tiefe sausen, und Messner tut es ihm nach. Befreit von der Last, lassen sich die Gurte der Steigeisen enger schnallen, ohne daß man die Balance verliert.

Am 12. August um 9.30 Uhr sind sie wieder im Basislager. Für Auf- und Abstieg haben sie nur fünf Tage gebraucht. Die ersten Gratulanten sind die Teilnehmerinnen einer polnischen Frauenexpedition unter Wanda Rutkiewicz, die in der Nähe zelten. Den Koryphäen des Bergsteigens ist sofort klar, daß mit dieser Besteigung eine neue Epoche des Alpinismus ihren Anfang nimmt. Fritz Wiessner, der Leiter der K2-Expedition von 1939, spricht von »der höchsten Leistung, die je im hohen Gebirge gemacht worden ist«, Cassin von einem »großartigen Unternehmen, im Grunde unmöglich, aber bei Messner muß man auf alles gefaßt sein«. Die italienische Bergsteigerlegende Walter Bonatti, der seine Autobiographie Messner als »dem letzten jugendlichen Hoffnungsträger der großen Tradition des Bergsteigens« gewidmet hatte, sah sich aufs schönste bestätigt und urteilte: »Großer Alpinismus. Die beiden sind die einzigen, die die Entwicklung des Bergsteigens in diesen Jahren weitergebracht haben.«

In München erwartete sie die Sportpresse Europas. In Mayrhofen, Habelers Geburtsort, und in Villnöß bereiteten die Tiroler den beiden Gipfelsiegern einen überwältigenden Empfang. Messner wurde mit einem Fackelzug und einem Prachtfeuerwerk geehrt, Habeler erhielt die höchste Sportauszeichnung des Landes. Der Präsident des Südtiroler Landtags, der Landeshauptmann Silvio Magnago, sowie der Vizepräsident von Nordtirol hielten Ansprachen und rühmten voller Stolz »eine gesamttirolerische Leistung«. Das war natürlich, wie alle Beteiligten betonten, »ohne den Hauch eines falschen Tones« gemeint. Angesichts der Spannungen zwischen Österreich und Italien in puncto Südtiroler Autonomie handelte es sich trotzdem um ein Politikum.

In der Nacht vor dem Aufstieg zum Hidden Peak ließ Messner die vierzehn Achttausender im Geiste Revue passieren. Ihm war bewußt geworden, daß er sie alle schon aus der Nähe in Augenschein genommen hatte. Im nachhinein ist es reizvoll anzunehmen, hier liege der Ursprung seiner Vision, auf ihren Gipfeln zu stehen. Wahrscheinlich ist es nicht. Die Vorstellung, es sei möglich, daß ein Mensch alle Achttausender besteigen könnte, war 1975 vollkommen abwegig. Logische Fortsetzung und Steigerung der Hidden-Peak-Idee war vielmehr der magische Berg, dessen Name Messner und Habeler beim ersten Gin Tonic im Flugzeug nach Hause synchron und wie aus der Pistole geschossen über die Lippen kam: Everest! Die noch unbezwungene Südwestwand. Die schwierigste Wand am höchsten Berg der Welt.

Mit der Besteigung des ersten Achttausenders im Alpenstil hatten Messner und Habeler neue Maßstäbe gesetzt. »By fair means«, das alte Wort Mummerys, hatte Messner für das moderne Bergsteigen aktualisiert und neu definiert. Wer jetzt in den Himalaja zog, um einen Gipfel zu »erobern«, mußte sich daran messen lassen. Die Leistung der Tiroler Seilschaft anzuerkennen war das eine, ihr nachzueifern etwas anderes. Denn natürlich begriffen die Bergsteiger, daß mit Messners Vorgaben – ohne künstlichen Sauerstoff, ohne Hilfsteams im Tal und am Berg, ohne Fixseile und Hochlager – nur noch die Elite der Alpinisten eine Chance hatte, auf der Spitze eines Achttausenders zu stehen. Ihre Zahl wurde noch kleiner, wenn man wie Messner den Ehrgeiz hatte, eine neue anspruchsvolle Route zu erschließen. Mummery hatte proklamiert, daß »ein gescheiterter Versuch an einer unberührten Wand rühmlicher« sei, als die bekannten Anstiege zu gehen. Der Stil der Besteigung war demnach wichtiger als der Gipfel. Die meisten Bergsteiger, die viel Zeit und Geld investierten, um endlich in den Himalaja zu kommen, sahen das weniger »eng«. Wie und in welchem Stil man den Gipfel erreichte, war sekundär – Hauptsache, man stand ganz oben. Im Zweifelsfall zog man »by all means« dem ehrlichen Scheitern vor. Die Aufspaltung des Himalaja-Bergsteigens in »Minimalisten« und »Gipfelfetischisten« war damit vorprogrammiert.

Es gab auch Stimmen, die in Messners Bergethik die gleiche gefährliche »Ideologie des Wahnsinns« sahen, die schon sein Freiklettern in den Alpen bestimmt hatte. Durfte ein Ausnahmebergsteiger Normen setzen, die das tödliche Risiko am Berg noch mehr erhöhten? Die Versuchung, in Messners Fußstapfen zu treten, hatte nicht nur mit Konkurrenz zu tun, sondern auch damit, daß das Himalaja-Bergsteigen plötzlich finanzierbar wurde. Messners Alpenstil war ausgesprochen preiswert und reduzierte den logistischen Aufwand einer Expedition radikal. Das Problem war, daß die neue Methode nur für die Besten taugte. Sie verzieh kein Mittelmaß und keine Fehler. Die Mitnahme von Funkgeräten lohnte sich schon deswegen nicht, weil es keinen gab, den man zu Hilfe rufen konnte. Und ob man sich zuviel zugetraut oder überschätzt hatte, wußte man spätestens dann, wenn man verletzt oder höhenkrank im Biwaksack vergeblich auf Rettung wartete.

Zu Recht wandte Messner ein, daß auch Großexpeditionen nicht gegen Katastrophen gefeit seien. Das Gefühl der Sicherheit, das von der schieren Menge der Teilnehmer ausging, war trügerisch, aber es beruhigte. Demgegenüber konfrontierte der Alpenstil im Himalaja den Bergsteiger Tag für Tag und Meter für Meter mit der Gefahr am Berg. Er war ehrlicher, härter – und um vieles ungemütlicher.

EVEREST OHNE

Im Spätsommer 1977 zog Messner zum vierten Mal zu seinem »Schicksalsberg«. Es war kein gutes Jahr für ihn. Im Frühjahr scheiterte er vor den laufenden Kameras des ZDF an der Dhaulagiri-Südwand und verpaßte die Chance, seinen vierten Achttausender zu besteigen. Auch der Traum von der Südwestwand des Everest war ausgeträumt. Eine britische Expedition unter der Leitung von Chris Bonington hatte sie erfolgreich durchstiegen. Parallel dazu lösten tschechoslowakische Bergsteiger das Problem der Makalu-Südwand, die Messner 1974 vergeblich versucht hatte. Privat stand er vor einem Scherbenhaufen. Seine Frau wollte sich von ihm trennen. Fünf Jahre lang war sie seine Agentin, Managerin und Lektorin gewesen, hatte sich rund um die Uhr um Verträge, Kontakte und die Organisation seiner Expeditionen gekümmert. Sie hatten eine fast symbiotische Beziehung gelebt. Ursula Messner empfand sie als zu einseitig. Die Perspektive dieser Ehe hieß Selbstaufgabe. Das war ihr auf Dauer zuwenig.

In dieser Situation kam Messner ein Auftrag seiner Mutter gerade recht. Sie machte sich Sorgen um ihren Sohn Hansjörg. Der hatte den in den siebziger Jahren üblichen Selbsterfahrungstrip in Indien über Gebühr ausgedehnt. Messner sollte ihn finden und zurückbringen. Er spürte den Bruder in Nepal auf. Auf dem Rückweg kam Messner durch das alte tibetische Königreich Ladakh, von dem aus sich ein Abstecher zum Nanga Parbat förmlich anbot.

Er gelangte gerade mal bis in Sichtweite des Berges. Von Weinkrämpfen geschüttelt, tief deprimiert, macht er im Kagan-Tal halt. Angesichts der Aussicht, verlassen zu werden, will er sich einer weiteren Einsamkeit, der des Alleingangs, aussetzen. Sein eigener Arzt will er sein und Gleiches mit Gleichem bekämpfen, um sich zu heilen. Doch er bringt es nicht über sich, die Therapie anzuwenden, was ihm wahrscheinlich das Leben rettet. Im Zustand abgrundtiefer Verzweiflung kann man nicht siegen – was an einem Achttausender überleben heißt –, sondern nur untergehen, also sterben. Für dieses Jahr kehrt Messner dem Berg des Todes den Rücken.

Wieder mit sich ins Reine zu kommen, gelingt Messner auf dem klassischen Weg: Arbeit und eine neue Frau. Sie heißt Ursula Grether, ist sieben Jahre jünger und studiert Medizin. Auf einer seiner Vortragsreisen lernen sie sich kennen. 1978 wird sie ihn im Everest-Basislager besuchen und danach als Expeditionsärztin zum Nanga Parbat begleiten. Das Projekt aber, das jetzt seine ganze Kraft in Anspruch nimmt, nennt er »Expedition zum Endpunkt«. Es ist nichts weniger als der Plan, den höchsten Berg der Welt zum ersten Mal ohne künstlichen Sauerstoff zu besteigen. Habeler, sein bewährter Partner, will mitmachen, obwohl die meisten Mediziner bleibende Gehirnschäden aufgrund des Sauerstoffmangels prophezeien. Messner hat sich jedoch intensiv mit der Berggeschichte beschäftigt und weiß, daß der Engländer Edward Felix Norton 1924 ohne Sauerstoff bis 8560 Meter aufgestiegen ist und trotzdem danach ein gutes Buch geschrieben hat. Er rechnet sich eine faire Chance aus, wenn sie nur schnell genug sind.

Schon im Vorfeld der Expedition wird das Für und Wider breit diskutiert. Messner ist längst eine Kultfigur, gleichermaßen

Reinhold Messner mit Ursula Grether im Everest-Basislager.

anerkannt in den Vereinigten Staaten und Europa, unbestritten der »beste lebende Bergsteiger« und wie kein anderer Alpinist in den Medien präsent. Daß dem so ist, hat nicht nur mit seinen Leistungen und seinen revolutionären Ideen für die Zukunft des Bergsteigens zu tun. Hinzu kommen noch andere Begabungen, und erst dies alles zusammen ergibt das »Phänomen Messner«.

Messner ist ein guter und fleißiger Schriftsteller. Schon seine ersten Bücher haben ihm Literaturpreise eingetragen, und seit seinem Erstlingswerk *Zurück in die Berge* vergeht kein Jahr, in dem er nicht ein oder zwei, manchmal sogar drei Bücher vorlegt. Es sind Texte von schrankenloser Offenheit, die nicht nur von Siegen, sondern von Ängsten, Einsamkeit und Zweifeln sprechen, von Out-of-body-Erfahrungen und Halluzinationen, von Schuld und Getriebenheit. Die prüde Bergsteigergemeinde provoziert er mit Schilderungen seiner Ehekrise und einer Bergphilosophie, die vor allem die eigene Person in den Mittelpunkt stellt. Keine Probleme hat er damit, sich als Egomanen und selbsterfahrungssüchtigen Grenzgänger darzustellen und die Ideale der Alpinistenwelt, die Idylle aus Bergkameradschaft, Gipfelsieg und unberührter Natur, als Klischee zu entlarven.

Was in Alpenvereinskreisen und der mit ihr verbundenen Presse oft für böses Blut sorgt, trägt ihm an anderer Stelle Bewunderung ein. Mitte der siebziger Jahre entdeckt ihn *Der Spiegel* als einen, »der das Bergsteigen wieder spannend gemacht hat«, und charakterisiert ihn als »Gebirgs-Beatle« oder als »einen Handke im Himalaya«, der »seine Stunde der wahren Empfindung« – Anspielung auf einen Roman des Schriftstellers – »auf dem Gipfel eines Achttausenders findet«. Waren es zu Beginn seiner Kletterkarriere Lokalblätter oder allenfalls die *Süddeutsche Zeitung*, die über Messners Taten und Thesen berichteten, so hat er spätestens nach seinem Dhaulagiri-Versuch die Aufmerksamkeit der überregionalen Presse, von der *Bunten* und *Quick*, über *Geo*, *Spiegel* und *Stern*, bis hin zur *Frankfurter Allgemeinen* und der *Neuen Zürcher Zeitung*. Bald folgen Radio und Fernsehen.

Messners Präsenz in den Medien weckt den Neid. Um so mehr, als sein publizistischer Erfolg demonstriert, in welcher gedanklichen und schriftstellerischen Wüste er sich bewegt und wie sehr das Bergsteigen intellektuell verloren hat. Tatsächlich dürfte es äußerst schwerfallen, aus der Zeit zwischen 1954, dem Jahr von Buhls Buch *8000 drüber und drunter*, und 1972, in dem Messners erster Expeditionsbericht unter dem Titel *Sturm am Manaslu* erscheint, mit der Ausnahme von Harrers Eiger-Chronik ein auch nur mäßig spannendes und anspruchsvolles deutsches Bergbuch zu finden. Es war die Zeit Luis Trenkers, dessen Bergromane und autobiographische Erzählungen in der Nachfolge des trivialen Heimatschriftstellers Ludwig Ganghofer mit Gipfelglück und Herzensschwulst Regale und Hirne verstopften.

Messner dominierte auch die fachliche Diskussion. Mit seiner Forderung nach der Einführung des siebten Schwierigkeitsgrads im Felsklettern stieß er eine Entwicklung an, die sich 1978 durch Beschluß der UIAA, des internationalen Dachverbands aller Bergsteigervereine, offiziell durchsetzte und die alte, auf Welzenbach zurückgehende sechsstufige Skala ablöste.

Damit nicht genug, ist Messner auch noch ein ausgezeichneter Redner, genauer gesagt ein in die Gegenwart hineingeborener Vertreter jener keltischen Barden und orientalischen Märchenerzähler, die mit ihren Gesängen ganze Völkerschaften in Bann schlugen. Was ihnen Leier und Laute war, ist ihm das suggestiv eingesetzte Bild. Schwungvoll trug er in freier Rede vor und lieferte alles andere als die üblichen »Diashows«. Er organisierte seine Vortragstourneen professionell und füllte ganze Säle. Seine Gagen entsprachen denen der etablierten Größen des Kulturbetriebs.

In einem Gespräch mit dem *Spiegel*-Redakteur Wilhelm Bittorf äußerte Messner damals, es gebe nur drei Möglichkeiten, eine Expedition zu finanzieren. Entweder müsse man genügend Geld geerbt haben oder die patriotische Karte spielen, also die Alpenvereine oder den Steuerzahler über staatliche Zuschüsse bemühen, oder die ganze Sache kommerziell aufziehen. Da er nichts geerbt habe und nicht einsehe, wieso die Staatsbürger für seinen Spleen zahlen sollten, müsse er eben diesen dritten Weg beschreiten. Seine Ehrlichkeit trug ihm sofort den Vorwurf der Geschäftstüchtigkeit ein.

Am Beispiel der Everest-Expedition, die Habeler und Messner ungefähr 30 000 DM kostete, läßt sich seine Methode gut demonstrieren. Die exklusive Berichterstattung verkaufte er an das Magazin *Geo*, die *Bunte* schickte den bergsteigenden Fotografen Reinhard Karl, die Fernsehrechte gingen an eine englische Gesellschaft, die Buchrechte an einen Münchner Verlag. Ein Vorabdruck des Gipfelkapitels erschien im *Spiegel*. Ergänzt wurde dieses Paket mit lukrativen Werbeverträgen aus der Industrie. Im Gegenzug leistete Messner harte Arbeit. Er filmte ohne Sonnenbrille selbst in der Todeszone, was ihm eine Schneeblindheit für mehrere Tage eintrug. Die Schmerzen waren so stark, daß er sich kaum beruhigen konnte, weil er für sein Augenlicht fürchtete. Um sein Everest-Buch möglichst authentisch zu gestalten, nahm er ein Aufnahmegerät mit zum Gipfel und keuchte seine Eindrücke auf Band. Zum Schreiben blieben ihm gerade vier Wo-

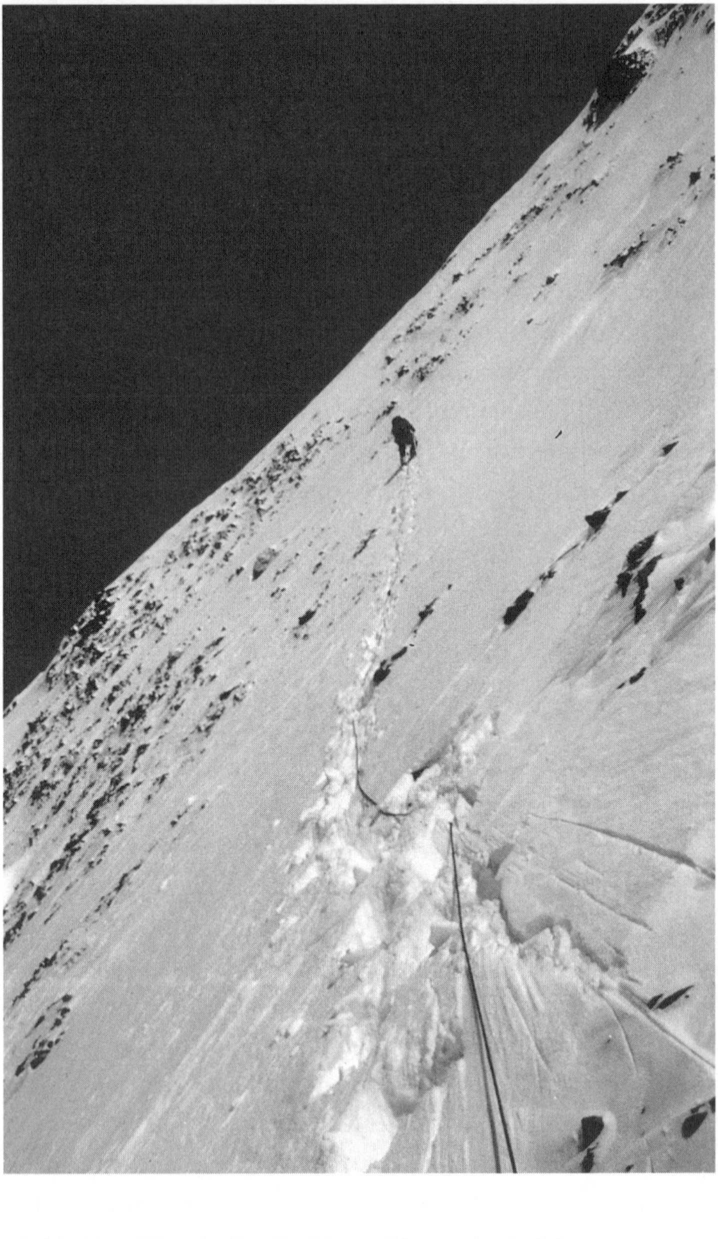

Die Fliege auf dem Antlitz des Riesen. Messner im Aufstieg zum Südsattel des Everest in der Lhotse-Flanke.

chen, damit das Buch pünktlich zur Frankfurter Buchmesse erscheinen konnte. Anschließend begann die exzessive Vortragstournee, bei der er in zwölf Wochen 145 Auftritte absolvierte. Alle Aktivitäten griffen ineinander und verstärkten sich zur optimalen Wirkung. Daß er die Genehmigung zur Besteigung gerade für dieses Jahr erhielt, war Zufall, aber günstig, denn das 25jährige Jubiläum der Erstbesteigung trieb Sir Hillary noch einmal zum Everest. Der Gipfelsieger von 1953 und die »Sauerstofflosen« von 1978 machten sich auf den Fotos sehr gut. Messners Everest-Buch wurde vom Fleck weg zum Bestseller. Binnen eines halben Jahres wurden 100 000 Exemplare abgesetzt, die Auslandsrechte in mehr als zwölf Länder verkauft. Bei einem Preis von 30 DM und einem Honorar von 10 bis 12 Prozent vom Ladenpreis läßt sich leicht ausrechnen, daß der Everest Messner sanierte. Den Vorwurf, er betreibe »Bergsteigen als Showgeschäft« hielt Messner für Heuchelei. Herrligkoffer und viele andere wären gerne in seine Fußstapfen getreten, besaßen aber weder seine Ideen noch seine Fähigkeiten noch sein Schreibtalent. Ihr vorgeblicher »Idealismus« war nichts anderes als Unfähigkeit fürs »Geschäft« mit dem Publikum. Messner hatte kein schlechtes Gewissen. Er kaufte sich einen silbernen Porsche Carrera und demonstrierte damit vor aller Augen sein Prinzip, daß der Grenzgang den Grenzgänger ernähre.

Nur sechs Stunden brauchen Messner und Habeler vom Südsattel des Everest knapp unter 8000 Meter bis zum Gipfel auf 8848 Meter. Zum ersten Mal geht eine Seilschaft ohne Zwischenlager zum höchsten Punkt der Welt, ohne künstlichen Sauerstoff und doch 150 Höhenmeter pro Stunde schnell, angetrieben von der Angst vor lebenslanger Schädigung, die besonders Habeler plagt, der wie einst Lachenal als Bergführer und Ausbilder arbeitet und nicht riskieren will, sein restliches Leben als Invalide zu verdämmern. Ihr Training hat sich gelohnt: Habelers 1200 Höhenmeter täglich im Laufschritt oder auf Skiern, je nach Jahreszeit, Messners Ausflug zum Kilimandscharo und seine Erstdurchsteigung der Eiswand der Breach Wall sowie ihr gemeinsamer zehntägiger Gewaltmarsch von Katmandu bis zum Basislager. Dennoch schmerzen ihre Lungen unsäglich, und Messner hat bei jedem Atemzug das Gefühl, er müsse ersticken. Man schreibt den 8. Mai 1978.

Die Sensation ist perfekt. Ungläubige Stimmen – die Sherpas vermuten, Messner und Habeler hätten kleine Sauerstoffpatronen in den Taschen gehabt – gehen im Sturm der Begeisterung unter. Die beiden Tiroler haben das Unmögliche geschafft. Die Heimat feiert die Helden. Doch das Fest in Bozen mit über 3000 Teilnehmern und den Vertretern der Landesregierung endet mit einem Eklat. Als Messner, »der berühmte Sohn Südtirols«, in der offiziellen Festrede dafür gelobt wird, den Everest »für die Heimat« erstiegen zu haben, entzieht er sich der allgemeinen Verbrüderungsstimmung und erklärt, daß er den Berg für kein Land der Welt, sondern nur für sich erstiegen habe: »Denn ich bin mir meine eigene Heimat, und mein Taschentuch ist meine Fahne.«

Messner lag nicht nur dem politischen Establishment seiner Heimat schwer im Magen, sondern auch den Alpenvereinen. Längst war er aus der Bozener Sektion ausgetreten und mokierte sich über deren verstaubte Bergideologie, in der er zu Recht nie aufgearbeitete Relikte der braunen dreißiger Jahre vermutete. Seine polemische Forderung, sämtliche Alpenvereinshütten zu verbrennen, um die Gebirge Mitteleuropas wieder zu Räumen des Abenteuers und der Wildnis zu machen, löste beim DAV und ÖAV schieres Entsetzen aus. Sein bergsteigerisches Programm kokettierte mit der Nutzlosigkeit seines Tuns und gab vor, jeglichen höheren Sinn zu negieren. Um so wichtiger war es ihm, die Berge als individuellen Erfahrungsraum geschützt zu wissen. Messner nahm kein Blatt vor den Mund und wenig Rücksicht. Als »freiberuflicher Bergsteiger«, wie er sich selbst definierte, hatte er keinen Chef. Als »Halbnomade« fühlte er sich frei vom Korsett einer bürgerlichen Existenz.

Messners Zwänge waren anderer Art. Er genoß den Erfolg und wollte, daß es so blieb als Bestsellerautor, als gesuchter Gesprächspartner der Medien, als Vortragsredner, als erster aller Bergsteiger und als Abenteurer. »Es ließ sich gut dabei leben«, schreibt er in seiner Autobiographie, »wenn ich den anderen Abenteurern um eine Nasenlänge voraus war.« Meistens war der Abstand größer.

1976 und 1978 waren Messner zwei Erstbegehungen am Mount McKinley in Alaska und am Kilimandscharo in Kenia gelungen. Die Kühnheit der Routenfindung beeindruckte die alpinistische Fachwelt. Die Öffentlichkeit ignorierte sie. Dagegen war am Dhaulagiri sofort das Interesse des breiteren Publikums erwacht, denn der Dhaulagiri war ein Achttausender. Buhl hatte die gleiche Erfahrung gemacht. Bei seiner Expedition zum Broad Peak hatten die Sponsoren Schlange gestanden. Als aber die pakistanische Regierung ihm nur eine Genehmigung für den 200 Meter niedrigeren Masherbrum erteilen wollte, brach die Finanzierung zusammen. Buhl mußte zum Broad Peak, obwohl ihn der Masherbrum bergsteigerisch weitaus mehr gereizt hätte.

Die Freiheit aufzubrechen, wohin ich will, so der Titel von Messners Autobiographie, und sein Bestreben, »dorthin zu gehen, wo die anderen nicht sind«, fanden dort ihre Grenze, wo seine Taten nicht mehr vermittelbar, also nicht vermarktbar waren. Ein Abenteuer ohne öffentliches Interesse war ein Zuschußgeschäft und zahlte sich für die »freiwilligen Dirnen des Alpinismus«, wie Messner sein Metier selbstironisch nannte, nicht aus. Es kam hinzu, daß er die Erwartungen des Publikums mit jeder spektakulär gelungenen Expedition noch steigerte. Nanga Parbat, Manaslu, Hidden Peak und jetzt der Everest ohne Sauerstoff – jede dieser Unternehmungen war als das Nonplusultra des Alpinismus gefeiert worden. Blieb noch etwas zu wünschen übrig?

Am 30. Juni 1978 lief über die Ticker der deutschsprachigen Zeitungen folgender Text: »Ein Achttausender im Alleingang. Dies ist mein letzter, ganz großer alpiner Traum, denn es ist die letzte große alpine Idee. Ich will versuchen, einen der höchsten Berge der Welt über eine neue Route zu erklettern und dabei nicht nur auf die Technik, sondern auch noch auf den Partner, auf das Gegenüber zu verzichten. Bei dieser Expedition werde ich der Frage nachgehen, wieweit der Mensch Einsamkeit ertragen kann ... Ein Achttausender im Alleingang bedeutet gleichzeitig die höchste und letzte Auseinandersetzung zwischen Mensch und Berg.« Messner hätte sich einen leichteren Berg wählen können, aber für dieses Husarenstück kam für ihn nur einer in Frage: sein Schicksalsberg, der Nanga Parbat.

War der Südtiroler endgültig verrückt geworden? Hatte ihn die Trennung von seiner Frau so sehr mitgenommen, daß er zum Hasardeur geworden war, der »sein Leben hinwarf wie einen zerbrochenen Bergstock«, wie es der von ihm geschätzte österreichische Bergsteiger Eugen Guido Lammer einmal formulierte? Selbst seine Freunde befürchteten, daß er mit dem neuen Plan den Everest-Erfolg mindern könnte.

Messner war alles andere als ein Spieler. Schon gar nicht tendierte er dazu, spontan und unüberlegt zu handeln, wenn es um sein ureigenstes Feld, das Bergsteigen, ging. Durch die Everest-Expedition war er hervorragend akklimatisiert, dazu noch in der Form seines Lebens. Der Erfolg beflügelte ihn, und Ursula Grether würde ihn begleiten. Das Manuskript des Everest-Buchs war fertig. Seelisch und körperlich gab es keinen besseren Zeitpunkt. Er verkaufte die Exklusivrechte an den *Stern*, packte zwanzig Kilo Ausrüstung zusammen und flog nach Pakistan.

Die kleinste Expedition, die je zu einem Achttausender unterwegs war, startete am 2. Juli 1978 von Rawalpindi, fast auf den

Tag genau 25 Jahre nach Buhls einsamem Gipfelgang. Dritter im Bunde war der vorgeschriebene pakistanische Begleitoffizier, Mohammed Tahir. Da der von chinesischen Ingenieuren gebaute Karakorum-Highway für Ausländer gesperrt war, brauchten sie fast drei Wochen, um ihre 200 Kilo Gepäck einschließlich der Lebensmittel ins Basislager an der Diamir-Flanke zu schaffen. Einen Tag später traf eine sechsköpfige österreichische Expedition ein, die auf der Kinshofer-Route zum Gipfel wollte. Beide Gruppen wußten schon vorher voneinander. Man versteht sich gut.

Anfangs ist das Wetter schlecht, und es bleibt nichts als abwarten. Kaum zeigt sich das erste Anzeichen einer Besserung, packt Messner einen fünfzehn Kilo schweren Rucksack für den Alleingang. In der Nacht vor dem Aufbruch überkommen ihn so starke Selbstzweifel, daß er das Vorhaben verschiebt. Weinkrämpfe schütteln ihn. Die Angst vor dem geplanten Alleingang packt ihn wie in den Jahren zuvor. Diesmal aber weiß er, daß sie der unvermeidliche Anfang des Abenteuers ist. Erst indem er sich ihr ausliefert, wächst ihm der Mut zum Wagnis zu.

Am 6. August ist es soweit. Mit Ursula Grether biwakiert er eine letzte Nacht am Wandfuß. Am 7. August um sechs Uhr morgens beginnt er den Aufstieg durch die Hängegletscher des großen Eisfalls. Er hält sich weit südlich seiner alten Abstiegsroute von 1970, in dem Bereich, wo sich Diamir- und Mazeno-Gletscher vereinen. In fünf Stunden steigt er bis auf 6400 Meter auf, das sind mehr als 300 Höhenmeter pro Stunde – trotz seines schweren Rucksacks. Es ist der gefährlichste Teil der Wand. Jeden Augenblick kann sich eine Lawine lösen, aber wieder ist es der berühmte Messner-Instinkt, gepaart mit Schnelligkeit, der ihn sicher durch die Eisbrüche leitet. Später wird Messner von der Angst schreiben, die ihn beflügelt habe, aber kühl bis ans Herz hinan legt er einige Passagen zweimal zurück, um sich mit dem Selbstauslöser zu fotografieren. Schließlich ist der *Stern* ein Magazin, das von Bildern lebt.

Des Alleingängers Last: Um sein Abenteuer per Selbstauslöser zu dokumentieren, muß Messner etliche Stellen zweimal gehen.

Um elf Uhr baut er sein winziges Zelt auf und beginnt Tee zu kochen. Er trinkt ihn mechanisch, Tasse für Tasse, obwohl er bald keinen Durst verspürt. Je mehr Flüssigkeit er aufnimmt, um so besser sind seine Gipfelchancen. Flüssigkeit bedeutet dünneres Blut, Schutz vor Erfrierungen, Kälteresistenz. Er zwingt sich zu essen. Corned beef. Es bekommt ihm nicht. Er muß sich erbrechen und kotzt mit dem Büchsenfleisch den mühsam heruntergewürgten Tee in den Schnee. Fängt wieder von vorne mit dem Trinken an. Sein Magen wird darüber entscheiden, ob er den Gipfel packt. Gott sei Dank ist die Einsamkeit weniger schlimm als befürchtet. Er ist nicht allein. Unter den Seracs hat ihm eine Stimme auf englisch den richtigen Weg gewiesen. Hier oben unterhält er sich mit mehreren Personen, die sich außerhalb des Zeltes befinden. Deutlich versteht er jedes Wort.

Am nächsten Morgen wird er um fünf Uhr wach. Der Luftdruck ist gefallen, was meist schlechtes Wetter bedeutet. Während er den obligatorischen Tee bereitet, bricht mit ungeheurem Getöse die halbe Eiswand weg, die er tags zuvor durchstiegen hat. Später wird er erfahren, daß ein Erdbeben die Ursache war. Den Ort, an dem er und Ursula Grether 24 Stunden vorher nächtigten, bedecken nun tonnenschwere Eismassen. Anstatt in Panik zu geraten, fühlt er sich bestätigt: Sein Biwakplatz liegt oberhalb der Gefahrenzone. Was allerdings den Zeitpunkt des Aufstiegs angeht, glaubt selbst der Atheist Messner an eine Fügung: »Ich wußte nicht, welche Kraft mich zur richtigen Zeit durch die gefährlichen unteren Wandzonen geführt hatte. Es war dieselbe Kraft, die mich schon früher einmal gezwungen hatte, einen Tag später zu starten und nicht unter die Lawine zu laufen.«

Nun ist ihm der Rückweg versperrt. Er wird sich einen anderen Abstieg suchen müssen, vielleicht sogar über die Rupal-Flanke. Eine merkwürdige Umkehrung der Ereignisse von 1970 am Nanga Parbat. Messner steigt weiter auf. Dann wühlt er sich durch den Schnee in Richtung Gipfelaufbau. Alles wiederholt sich und

9. August 1978, 16 Uhr. Als erster Mensch, der einen Achttausender von der Basis bis zum Gipfel allein bestiegen hat, steht Messner auf dem Nanga Parbat.

ist doch neu: die Schwierigkeiten der Todeszone, das keuchende Atmen, die Gluthitze der Sonne, das hüfttiefe Einsinken in den Pulverschnee. Um 13.30 Uhr macht er auf 7400 Meter halt. Er kann nicht mehr. Jetzt einen Kameraden haben, der aufmuntert, beim Spuren ablöst, beim Aufbau des Zeltes hilft oder Tee kocht. »Der Starke ist am mächtigsten allein«, heißt es bei Schiller, der schon 200 Jahre vorher wußte, was Messner hier oben suchte: »Und setzet ihr nicht das Leben ein, nie wird euch das Leben gewonnen sein.« Der Südtiroler hat jetzt allerdings keinen Bedarf an klugen Sprüchen, sondern will Gesellschaft. Also bekommt er sie. Ein Mädchen schaut ihm beim Biwakieren zu, freundliche Menschen geben ihm Ratschläge und kommentieren seine Verrichtungen. Die Welt des Nanga Parbat, die er nach seinem Willen und seinen Vorstellungen formt, ist keine heroische Eiswüste, sondern wird ihm zur gemütlichen Wohnstube, in der nur der Herrgottswinkel fehlt. Er ist nicht allein, weil er, wie alle Menschen, nicht allein sein will.

Am nächsten Tag quält er sich weiter durch den grundlosen Schnee zum Gipfel, den er nur erreicht, weil er in riskantes Klettergelände ausweicht. Eine Stunde sitzt er oben und fotografiert. In eine Aluminiumhülse schiebt er das erste Blatt der Gutenberg-Bibel, die ihm ein Freund mitgegeben hat. Über den ersten Satz »Am Anfang schuf Gott Himmel und Erde« schreibt er seinen Namen, das Datum und die Route. Als er sich gegen 17 Uhr zum Biwakplatz zurücktastet, weiß er selbst nicht mehr, wie er ihn wiedergefunden hat. Die Nacht ist still. Messner, der alte Hase, weiß, was das bedeutet. Am Morgen tobt der Sturm los. So fürchterlich, daß er nichts anderes tun kann als abwarten. Die Zeit läuft gegen ihn. 36 Stunden lang. Sein Zelt steht in der Todeszone, hier erholt man sich nicht.

Sobald sich die erste Gelegenheit bietet, steigt Messner ab. Läßt Zelt und Schlafsack, Kocher und Lebensmittel liegen, will in einem Zug nach unten. Es ist seine einzige Überlebenschance.

3000 Meter Abstieg durch Fels und blankes Eis. Ein Drittel des Weges steigt er mit dem Gesicht zur Wand ab, nur den Frontalzacken der Steigeisen und dem Gleichgewichtssinn vertrauend. Tausendmal führt er die gleichen Bewegungen aus und muß doch hochkonzentriert bleiben, darf nicht müde und unaufmerksam werden. Alfred Imitzer, einer der Österreicher, beobachtet ihn im unteren Wandteil: »Reinhold steigt mit letzter Kraft herunter. Das Gelände wird flacher. Reinhold setzt sich auf seinen Hosenboden und fährt ab. Er setzt sich hin, rastet, steht wieder auf und taumelt vorwärts. Das Ganze wiederholt sich wohl ein dutzendmal.« Gegen Mittag hat er den Gletscher hinter sich. Tahir schmückt ihn mit einem Blumenkranz, Ursula Grether gibt ihm eine Infusion. Der rechte Daumen ist erfroren. Messner schläft tagelang. Er erwacht als der erfolgreichste Bergsteiger aller Zeiten.

Messner hat nach dem Nanga Parbat noch viele Berge bestiegen. Es folgten der Everest ohne Sauerstoff im Alleingang, drei Achttausender in einer Saison, die erste Doppelüberschreitung zweier Achttausender, und schließlich ist er der erste Mensch, der auf allen vierzehn Achttausendern gestanden hat. Gleichwohl hat ihm nichts so viel bedeutet wie dieser einsame Gang auf seinen Schicksalsberg – ohne Seil, ohne Haken, ohne Sauerstoffmaske, mit einer eigenen Route im Auf- und Abstieg. Traum und Wirklichkeit waren zur Deckung gebracht. »Ein gelebtes Kunstwerk in Vollendung« hat Messner diese Tour genannt. Bis heute ist sie ein unberührtes Ideal geblieben. Niemand hat gewagt, sie zu wiederholen.

Messners anschließende Tournee durch Deutschland, Österreich und die Schweiz gerät zum Triumphzug. Ob in der Stuttgarter Liederhalle, im Kongreßzentrum Hamburg, wo die Feuerpolizei wegen totaler Überfüllung eingreifen muß, oder in Westberlin, wo innerhalb einer Stunde alle Karten ausverkauft sind: Die Menschen drängen in seine Vorträge. Weit über den Kreis der Bergsteiger hinaus zieht sie eine Figur in Bann, die in den

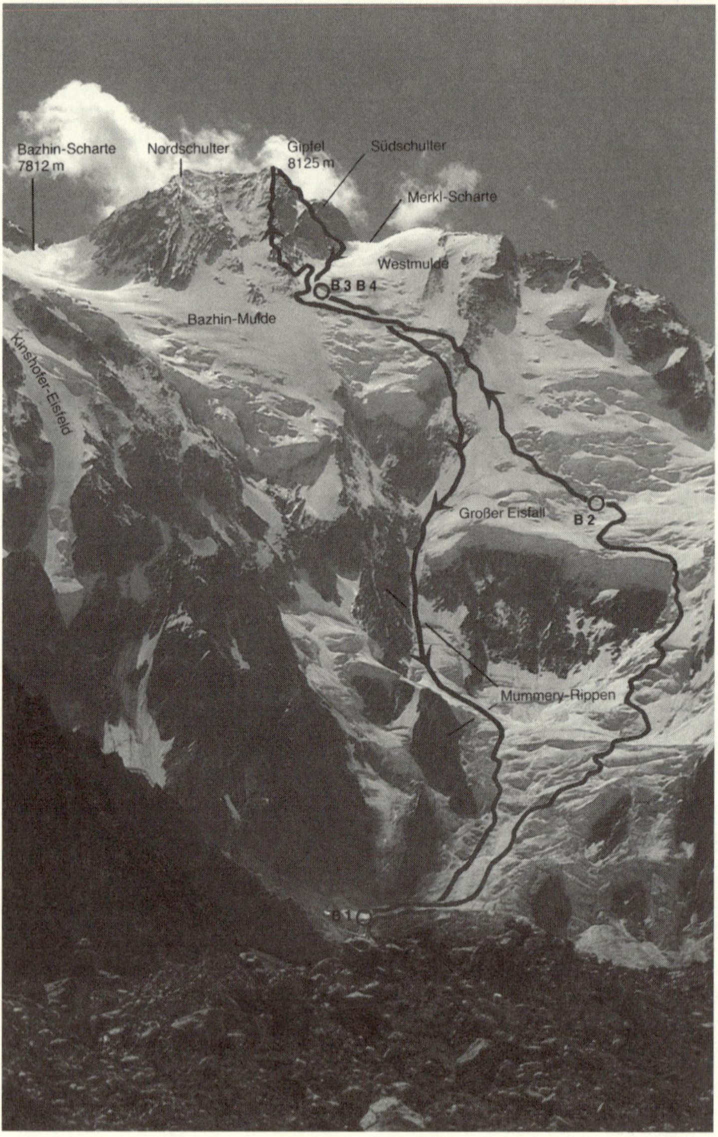

Auf- und Abstiegsroute mit Biwakplätzen (B 1–4) von Messners Alleingang 1978.

Zeitungen mit Livingstone und Amundsen verglichen wird, die vorführt, daß man das für unmöglich gehaltene doch erreichen kann. Die Frage nach dem Sinn seines Tuns rückt dabei in den Hintergrund. Messner ist »der Mann, der zeigt, was in uns steckt« *(Stern)* und wird zur Projektionsfläche der nie gelebten Ausbruchsphantasien seiner Zuhörer.

Spätestens von diesem Zeitpunkt an beherrschte Messner die alpine Arena. Er wurde zum Synonym des Extrembergsteigers und Abenteurers schlechthin. Neben ihm und seiner Fähigkeit, das Geschehen am Berg in Worte zu fassen, seine Beweggründe zu beschreiben, schließlich eine eigene Bergphilosophie und -ethik zu entwickeln, verblaßten alle möglichen »Rivalen«. Keiner hat das Himalaja-Bergsteigen in den siebziger und achtziger Jahren so geprägt wie Messner – und als er es schließlich aufgab und sich statt der Vertikalen die Horizontale, die Wüsten und Eisregionen der Erde, als neuen »Spielplatz der Eitelkeiten« wählte, ging eine Epoche zu Ende.

Bis auf eine Ausnahme hat Messner seine eigenen Prinzipien durchgehalten. Nur im Wettrennen, wer als erster auf allen vierzehn Achttausendern stehen würde, wurde er schwach. Hart bedrängt von dem polnischen Bergsteiger Jerzy Kukuczka, bestieg er Makalu und Lhotse, die ihm noch in seiner Sammlung fehlten, auf den bekannten Normalwegen.

Man hat Messner den Vorwurf gemacht, durch seine Taten und ihre gekonnte mediale Vermarktung einen ungeahnten Ansturm auf die Achttausender ausgelöst zu haben. Denn seit den achtziger Jahren und bis heute hat das Bergsteigen im Himalaja massentouristische Züge angenommen. Dutzende von Toten und riesige Umweltschutzprobleme waren die Folge, und mitunter behinderten sich sogar Alpinistenschlangen an den »Modebergen« des Himalaja und Karakorum gegenseitig. Das erste Opfer des Vertrauens in die Technik war Hannelore Schmatz. Am 2. Oktober 1979 stand die 39jährige als erste Deutsche auf dem Gipfel des

Everest. Sie benutzte künstlichen Sauerstoff. Als sie mit ihrem Begleiter abstieg, geriet sie in einen Sturm, der sie länger aufhielt, als ihre Sauerstoffvorräte reichten. Sie starb. Schon damals hat Messner darauf hingewiesen, daß die Bergsteigerin bei Anwendung seiner Regeln noch am Leben hätte sein können. Ohne Sauerstoff-Flasche wäre sie niemals bis in die obersten Regionen des Berges gelangt, genausowenig wie die vielen Durchschnittsbergsteiger, die heute mit Atemmaske, Bergführerunterstützung und auf mit Fixseilen präparierter Route »sicher« zum Gipfel gehen. Wie sicher, hat die Katastrophe von 1996 gezeigt, bei der zwölf Menschen am Everest starben.

Dessenungeachtet ist der Run auf die Achttausender ungebrochen. Ihre Anziehungskraft ist durch nichts zu beschädigen. In welchem Stil, mit wieviel Sherpa-Unterstützung, ob mit versicherter Route und mit wieviel Sauerstoff fragt in der Regel keiner. Es genügt, den Berg »gepackt« zu haben, um in New York oder München Partymittelpunkt zu sein. Messners existentielle Grenzerfahrungen sind nicht jedermanns Sache. Die Teilnehmer der kommerziellen Expeditionen zahlen lieber bis zu 70 000 Dollar für eine nicht vertraglich abgesicherte, aber erwartete Gipfelgarantie.

Messners Regeln sind nur für eine kleine Bergsteigerelite verbindlich geworden. Sie lassen sich wiederfinden in den waghalsigen Touren eines Doug Scott, Erhard Loretan und Tomaz Humar oder in der Kletterkunst der Huber-Brüder. Was sie tun, ist für den engen Kreis der Eingeweihten und Spezialisten interessant. Die Aufmerksamkeit der Öffentlichkeit läßt sich damit nicht gewinnen. Messners geniale Idee war es, innovatives Bergsteigen mit den attraktivsten und imageträchtigsten Objekten überhaupt, den Achttausendern, zu verbinden. Zum letzten Mal in der Geschichte des Alpinismus hat es Messner vermocht, dem Bergsteigen über den sportlichen Aspekt des Kletterns hinaus sowohl Breitenwirkung zu verschaffen als auch einen tieferen Sinn zu geben.

Origineller als Buhl, zäher als Welzenbach, geschickter im Überleben als Mallory, hat Messner jahrzehntelang versucht, Mummerys »by fair means«, den Verzichtalpinismus, als verbindlichen Maßstab des modernen Bergsteigens durchzusetzen. Er ist gescheitert. Das Klettern im 21. Jahrhundert geht den Weg eines massentouristischen Sports. So gesehen ist Reinhold Messner der letzte Bergsteiger.

Das Beste geben die Götter uns umsonst.
Ernst Jünger

ABSTIEG

DER LETZTE BERG

Im Sommer 2000 steht Messner noch einmal vor seinem Schicksalsberg, dem Nanga Parbat. Er hat abenteuerliche Touren durch Arktis und Antarktis, durch Grönland und durch die Wüste Takla-Makan hinter sich. In Tibet und Pakistan hat er den Yeti gefunden. Er ist Besitzer eines Schlosses, einer Alm, einer Yakherde, eines Weinbergs und zweier Restaurants. Er ist Vater von drei Kindern, als Schriftsteller und Medienprofi etabliert und wohlhabend. Seit vierzehn Jahren hat er nicht mehr auf einem Achttausender gestanden, aber jetzt will er es noch einmal wagen. Er ist 55 Jahre alt. Sein bei einem Sturz zertrümmertes Fersenbein macht ihm zu schaffen. Außerdem sitzt er zuviel; er ist Abgeordneter im Europaparlament.

Aus der Sicht alpiner Blätter ist er bereits in Pension. Titel wie »Expeditions-Altmeister« oder »Achttausender-Ruheständler« transportieren neben zähneknirschender Anerkennung auch die Häme, den Leitwolf endlich schwach zu sehen. Beweisen will Messner am Nanga Parbat gar nichts, seine Gipfelchancen schätzt er auf unter 50 Prozent. In Interviews begründet er sein Vorhaben mit der persönlichen Geschichte, die ihn mit dem Berg verbindet, er war der Ort seines größten Erfolges und seiner bittersten Niederlage. Dreißig Jahre zuvor hat er an ihm mit dem Achttausender-Bergsteigen begonnen, jetzt will er es hier auch beenden.

Für diese Expedition braucht er keinen Sponsor, keinen Buchvertrag und keinen großen Bahnhof. Wie einstmals Mummery geht er nur mit ein paar handverlesenen Freunden zum Berg. Sein jüngerer Bruder Hubert, der ihn durch Grönland, in die Mongolei und in die Arktis begleitet hat, übernimmt als Arzt die Rolle des »Medizinmanns«. Hanspeter Eisendle, einer der besten Felskletterer Südtirols, hat schon an den Achttausendern Dhaulagiri und Cho Oyu Erfahrungen gesammelt, Wolfgang Thomaseth, Bergführer und Kameramann, bringt Know-how aus der Antarktis und aus Südamerika mit und war bereits 1990 am Nanga Parbat. Vom Durchschnittsalter ist es sicherlich die älteste Expedition, die jemals zu einem Achttausender aufgebrochen ist, und die solideste. Die vier Familienväter sind alle Nichtraucher und respektieren die Gesetze der islamischen Republik Pakistan: kein Alkohol. Was ihnen um so leichter fällt, als ihr Lieblingsgetränk Rotwein sowieso nicht zu haben ist. Für seine letzte Achttausender-Expedition hat sich Messner etwas Besonderes vorgenommen. Er will versuchen, das Schicksal Mummerys aufzuklären, und eine neue Route durch die nie gewagte Nordwand finden. Selbstverständlich nach seinen Regeln: ohne künstlichen Sauerstoff, Hochträger und vorher angebrachte Fixseile.

Viel hat sich in Pakistan in den letzten zwanzig Jahren verändert. Im Tourismusministerium liegt die Liste der Expeditionen aus. Waren es in den siebziger Jahren noch fünf bis zehn, die zu den Bergen des Himalaja und des Karakorum aufbrachen, so sind es dieses Jahr sage und schreibe 74. Immerhin sechs davon, die Messnersche eingeschlossen, haben den Nanga Parbat zum Ziel. Beim Durchblättern fällt auf, daß an den bekannten Bergen fast ausschließlich die Normalwege zum Gipfel gewählt werden. Am Nanga Parbat haben sich koreanische, belgische und spanische Expeditionen die leichteste Route, den Toni-Kinshofer-Weg an der Diamir-Flanke, ausgesucht. Messners Plädoyer auf einem Empfang des pakistanischen Alpine Club, man solle nur noch eine Expedition pro Berg und Route erlauben, stößt auf wenig Begeisterung. Die Besteigungsgenehmigungen für durchschnittlich 10000 Dollar sowie die Ausgaben der Bergsteiger für Träger, Lebensmittel und Transport sind ein lukrativer Posten in der Tourismusbilanz.

Die Anfahrt zum Nanga Parbat ist dank des Karakorum-Highway völlig unproblematisch. Im bequemen Reisebus legt man die 415 Kilometer bis Chilas in zehn Stunden zurück. Die Straße, in den siebziger Jahren von chinesischen Ingenieuren aus den Felsen des Industals herausgesprengt, kostete in ihrer Bauzeit 500 Arbeitern das Leben. Ihre Erhaltung bedeutet einen immensen Aufwand, da Muren und Steinschlag immer wieder ganze Abschnitte unpassierbar machen.

Der Weg von Chilas zur Bunar-Brücke und dann hinauf ins Diamir-Tal ist als Jeepstraße ausgebaut. Zwar sind die Kurven so eng geschnitten, daß die Landrover immer wieder zurücksetzen müssen, weil ihr Lenkradius zu groß ist, aber im Vergleich zu den Strapazen der Vorkriegsexpeditionen sind die einzigen Gefahren ein bekiffter Fahrer und Tonnen von Staub.

Der Pfad durch die tiefeingeschnittene Diamir-Schlucht ist ebenfalls einfacher zu begehen als ehedem. Da die Schlucht zum Hauptanmarschweg der Expeditionen wurde, hat man den Weg verbreitert. Die Kletterstellen, die Messner 1970 mit blutigen Füßen und halb ohnmächtig passierte, sind verschwunden. Trotzdem stürzen fast jedes Jahr Bergsteiger oder Trekker in den 300 Meter tiefen Abgrund, in dem der eiskalte, brauntrübe Fluß tost. »Paß auf deine Füße auf, sonst bist du bald Plusquamperfekt«, lautet der beflügelnde, die Aufmerksamkeit schärfende Satz.

Die armseligen Dörfer des Tals haben sich auf die Expeditionen eingestellt. Die Dorfoberen sorgen dafür, daß die Mitglieder ihrer Clans als Träger Beschäftigung finden, und diktieren mehr oder minder die Preise. Mangels Alternative zahlt man einen Trägerlohn für drei Tage – die Strecke Bunar–Basislager –, der dort dem halben Monatsgehalt eines Grundschullehrers entspricht. In diesem Punkt hat sich nichts geändert. Schon Merkl hatte über die hohen Trägerlöhne gestöhnt und sie trotzdem bezahlt.

Wie durch ein Brennglas sticht die Sonne in die Schlucht. 35 bis 40 Grad im Schatten sind normal. Vom Indus bis zum Basislager sind 3200 Höhenmeter zu überwinden. Die vier Tiroler haben damit keine Schwierigkeiten. Messner hält leichtfüßig die Spitze.

Jedem, der aus den Krüppelwäldern auf die hochaufgeschüttete Seitenmoräne des Diamir-Gletschers heraustritt, verschlägt es den Atem. Hinten am Talschluß wartet strahlend weiß und breitschultrig der Nanga Parbat. Beim Näherkommen löst sich eine Lawine mit Donnergetöse aus der Wand. Der Luftdruck schiebt eine mit Schneestaub durchsetzte eisige Walze vor sich her. Später wird das Ereignis alltäglich, die Geräusche geraten zur Hintergrundmusik. Nur bei den wirklich großen Eisabbrüchen, die einen Temperatursturz von 20 Grad auslösen und das Grün und Braun der Moräne schlagartig in eine Winterlandschaft verwandeln, reißt die Mannschaft die Ferngläser vor die Augen.

Am üblichen Platz des Basislagers stehen bereits die Zelte der koreanischen und belgischen Expeditionen sowie die einer Gruppe französischer Trekker. In zwei Tagen werden die Spanier kommen. Der allzugroßen Nähe weicht Messner auf einen Hügel aus. Weiter geht nicht. Die einzige Quelle unter der Wand sprudelt nur hier. Es ist der 5. Juli 2000.

So sehr sich der Südtiroler am Berg schindet, so wenig möchte er dort, wo es möglich ist, auf Komfort verzichten. Das Hotel in Islamabad war mehr als ordentlich, und auch das Basislager hat alles, was nötig ist, um die Stimmung zu heben. Das Eßzelt ist geräumig, die Klappstühle sind bequem. Ein Koch und sein Gehilfe gehören selbstverständlich zur Expedition, und die Pakistani sind stolz darauf, die kolonialen Gewohnheiten ihrer einstigen Herren, ob »Early Morning Tea«, Toast oder das klassische Porridge, zu pflegen. Die Küche ist abwechslungsreich, serviert landestypische Spezialitäten genauso wie Pommes frites und Würstchen. Das aus Südtirol mitgebrachte luftgetrocknete Schüttelbrot und der gut abgehangene Speck sind für den Aufstieg reserviert. Beides ist leicht und kann in der Höhe nicht gefrieren.

Nach dem Abendessen wird der Tisch freigeräumt für die Karten und Fotografien, die Messner mitgebracht hat. Dort, wo er hin will, an die Nordostseite des Berges, ist bisher nur ein einziger vorgedrungen, und der kam nicht zurück: Mummery, der englische Bergsteiger. Schwer zugänglich ist das Gebiet, lawinen- und steinschlaggefährdet und nur erreichbar über einen spaltenübersäten Nebengletscher, den Diama. In einer Stunde Gehzeit vom Basislager erreicht man den extrem zerrissenen Gletscherbruch, in dem das Eis über eine mehrere hundert Meter hohe Felsstufe herabdrängt.

Ein Ungar, der vor Jahren auf den Grat der benachbarten Ganalo-Kette stieg, hat Aufnahmen des Hochtals gemacht. Zu sehen ist ein Eistrog, in dem Messner die Schlüsselstelle der Aufstiegsroute zum Gipfel vermutet, den Zugang, der Mummery magisch anzog und ihm zum Verhängnis wurde. Punkt vier Uhr morgens ist Aufbruch.

Als Messner und seine Mannschaft Tage später ins Basislager zurückkehren, wissen sie, warum seit Mummery niemand den Aufstieg über den Diama-Gletscher gewagt hat. Das Gelände ist eine mörderische Wüste aus Geröll und Eis. Der Weg verläuft unterhalb einer Galerie von Hängegletschern, die den ruhigen, sonst kaum aus der Fassung zu bringenden Eisendle »an ein Dutzend Scharfschützen erinnern, die alle auf dich zielen, und du weißt nicht, ob einer abdrückt«. Auf 5200 Metern haben die Bergsteiger ein Depot eingerichtet, auf 5800 Metern das vorgeschobene Basislager (Advanced Base Camp, ABC) angelegt. In den zwei kleinen Zelten wollen sie sich akklimatisieren. Auf dem Rückmarsch fahren sie mit Skiern über den Gletscher. Trotz der Spalten fahren sie unangeseilt. Hier jemanden sichern zu wollen, wäre sowieso zwecklos.

Das Gespräch kreist um Mummery. Der Engländer hatte den richtigen Instinkt, aber der Berg ist ein Risikosystem, eine Mischung aus Kälte und Hitze, Eis und Fels, dünner Luft, Lawinen, Steinschlag und Sturm. Es reicht, nur einen dieser Faktoren falsch zu berechnen, um ihm zum Opfer zu fallen.

Auf Mummerys wahrscheinlicher Route arbeiten sich die Messner-Brüder hinauf zur 6300 Meter hohen Diama-Scharte. Hier wollte er ins benachbarte Rakhiot-Tal absteigen, aber nach mehr als hundert Jahren findet sich keine Spur.

Währenddessen suchen Eisendle und Thomaseth zwischen den eisspuckenden Kolossen der Hängegletscher einen halbwegs sicheren Durchschlupf zum Gipfel. Knapp oberhalb des ABC-Lagers entdeckt Eisendle im dritten Anlauf die 85 Grad steile Schwachstelle des Berges. Die Passage wird mit einem zwanzig Meter langen Fixseil gesichert. Wenn die Gipfelgruppe erschöpft und ausgepowert zurückkommt, ist der Abstieg auch bei schlechten Wetterverhältnissen relativ problemlos.

Am Morgen des 19. Juli sind Messner und seine Crew in bester Stimmung wieder im Basislager. Die Akklimatisierung ist abgeschlossen. Die Logistik steht. Über die gefundene Route ist der Gipfel theoretisch in vier Tagen machbar. Vorausgesetzt, das Wetter spielt mit, das trotz aller Erfahrung und Taktik letztlich über den Erfolg entscheidet. Seit Beginn der Expedition hat es die Sonne fast zu gut gemeint. Im Eistrog des Diama-Gletschers war sie kaum auszuhalten. Zum Ausgleich setzt Dauerregen ein. Man kann nur abwarten. Einen Tag, zwei Tage, eine Woche. Das Leben nimmt klosterähnliche Züge an. Lesen, Schreiben, Schach- und Kartenspiel füllen die Zeit. In dieser Situation empfinden es

Der Diama-Gletscher im Jahr 2000.

alle als angenehm, nicht erreichbar zu sein. Bewußt hat Messner auf die gängigen Kommunikationsmittel – Satellitentelefon, Funk oder Internet – verzichtet. Niemandem muß man erklären, warum nichts vorangeht.

Von einem Erkundungsgang auf dem Gletscher kommt Eisendle mit Beute zurück. Ein offensichtlich sehr alter Knochen und ein Stück ausgebleichtes grünliches Segeltuch sind seine Funde. Mit Expertenblick identifiziert Hubert Messner das Relikt als Fibula, Teil eines menschlichen Unterschenkels. In jedem Fall dürfte er älter als fünfzig Jahre sein. Die exakte Datierung wird man erst in Europa vornehmen können. Stammt er von Mummery? Sorgfältig wickelt der Expeditionsarzt die Überreste in ein steriles Tuch.

Im zwei Stunden entfernten Dorf Kurgali hat Messner zum Veteranentreffen gebeten. Wer 1970 dabei war, als sich der Schwerverletzte vom Berg hinunterschleppte, findet sich ein und drückt ihm die Hand. Das Leben im Tal ist hart. Altersgenossen Messners sind zahnlose Greise geworden, damalige Kinder, jetzt Ende dreißig, graubärtige Männer. Auf vielfachen Wunsch präsentiert er seine »Wundmale«, zieht Schuhe und Socken aus und zeigt, was von seinen Zehen übriggeblieben ist. Lassi, Tschapati und Butter werden herumgereicht, und Messner lädt die Dorfbewohner im Gegenzug ein, am Ende der Expedition ins Basislager hinaufzukommen und sich aus den Beständen Zelte, Matten und Kleidung auszusuchen.

Als ob die Götter des Nanga Parbat Messners Großzügigkeit belohnen wollten, hört der Regen auf. Kumuluswolken signalisieren einen Wetterumschwung. Noch in dunkler Nacht setzt sich am 27. Juli die kleine Kolonne der vier Bergsteiger in Bewegung. Ohne Schwierigkeiten wird das AB-Camp wieder bezogen. Dank seiner guten Lage sind Zelte und Ausrüstung unbeschädigt geblieben. Am nächsten Morgen steigen Messner, Eisendle und Thomaseth durch den Gletschergürtel bis auf 7200 Meter. Ein

Lawinenstrich, der tausend Meter tief die Bergflanke hinunterreicht, bietet ihnen griffigen Untergrund.

Gegen ein Uhr mittags setzt ihnen die Sonne so zu, daß die drei die sengenden Strahlen nur in absoluter Vermummung ertragen. Handschuhe und Windmasken dienen ihnen in der Gluthitze als Schutz. Der Flüssigkeitsverlust in dieser Höhe ist enorm. Um Schnee zu schmelzen, schlagen die Bergsteiger ihr kleines Biwakzelt auf und decken es mit ihren Schlafsäcken ab. Trotzdem verwandelt es sich sofort in eine Sauna. Es dauert endlos, bis auf dem winzigen Gaskocher der erste Liter Wasser erwärmt ist.

Unter dem schützenden Rand einer Riesenspalte pickeln die Männer eine kleine Plattform aus dem Eis. Bei Einbruch der Dunkelheit fällt die Temperatur rasch. Die Höchsttemperatur von 40 Grad am Tag sinkt nachts bei sternklarem Himmel auf minus 25 Grad. Das ist für Nanga-Parbat-Verhältnisse ausgesprochen warm.

Wind kommt auf. Er treibt den Schnee über die Spalte und droht das Zelt vollzuwehen. Die Crew muß alle Luftlöcher schließen. Es wird eine fürchterliche Nacht. In der ohnehin dünnen Luft reicht der Sauerstoff im verschlossenen Zelt kaum aus. Um nicht für immer einzuschlafen, halten sie sich mit aller Gewalt wach. Eisendle setzt sich alle paar Minuten auf, atmet mühsam an einem Luftloch und nickt für einige Sekunden ein. Den anderen ergeht es nicht besser.

Das Aufstehen am nächsten Morgen ist Befreiung und ungeheure Willensanstrengung zugleich. Die Schlafsäcke sind naß vom Kondenswasser, die Klettergürtel steif gefroren, die Plastikschuhe eiskalt und steinhart. Nichts wäre jetzt einfacher, als die Schinderei aufzugeben und zurückzugehen.

Aber die Wetterverhältnisse sind weiterhin gut. Der gangbare Lawinenstrich setzt sich oberhalb des Biwakplatzes fort. Trotz Wind und Minustemperaturen arbeiten die drei sich rasch hundert Höhenmeter empor. Doch dort, wo der Lawinenstrich endet, beginnt der Triebschnee. Die Schlechtwettertage, die Messner und seine Crew im Basislager festhielten, haben hier oben alles verändert: Mulden und Abhänge sind hüfthoch mit Schnee bedeckt.

In der grundlosen Masse bedarf es zehnfacher Anstrengung, um Meter für Meter an Höhe zu gewinnen. »Ein Sumpf, in dem man bergauf gehen muß«, nennt Messner diesen Zustand. Wäre man vier Wochen früher gekommen, ginge man über festen Firn zum Gipfel. Jetzt aber wissen sie, daß sie an ihre Grenzen gestoßen sind. Ihr Tempo ist zu langsam. Nach zweistündiger Quälerei sind sie erst auf 7500 Metern. Es ist aussichtslos. Selbst wenn sie eine weitere schlaflose Nacht im Biwakzelt verbrächten, würden sie bei diesen Schneeverhältnissen nicht zum Gipfel kommen. Deshalb heißt es absteigen, schnell, solange der Schnee noch trägt und die Kraft der Sonne schwach ist. In nicht einmal zwei Stunden bewältigen sie die 1700 Meter Höhenunterschied zum vorgeschobenen Basislager, wo sie Hubert Messner mit heißem Tee erwartet.

Am 30. Juli mittags sind sie zurück. Mit verbranntem Gesicht, müde, erschöpft, aber guter Laune zieht Messner das Fazit: »Die neue Route steht, sie konnte aber wegen ungünstiger Schneeverhältnisse nur bis 7500 Meter begangen werden.« Von diesem Punkt an mündet sie in eine seit 1978 bekannte Route ein, die sogenannte Tschechen-Route. Daß man nicht den Gipfel erreicht hat, findet keiner der Beteiligten tragisch. Wichtiger ist ihnen der Beweis, daß Mummery recht hatte, an der Nordseite einen leichten Zugang zum Gipfel zu vermuten. Der Kreis hat sich geschlossen, der Alleingeher Messner hat seinen Vorgänger im Geiste rehabilitiert. Und er tat es wie Mummery »by fair means«, im minimalistischen Stil, und auf neuen, unbetretenen Wegen. Kein schlechter Endpunkt für den erfolgreichsten Bergsteiger aller Zeiten.

Währenddessen haben die Koreaner den Gipfel »erobert«. In monatelanger Arbeit hatten die sechzehn Bergsteiger die Kinshofer-Route mit Hunderten Meter Fixseil gesichert und drei Hochlager eingerichtet. Die vier besten der Gruppe werden geschont. Als das schöne Wetter beginnt, steigen sie durch die vorbereitete Lagerkette zum Gipfel auf. Böllerschüsse und das Hissen der Nationalflagge feiern ihren Sieg, der per Internet sofort nach Korea gemeldet wird. Die Spanier, die weniger Zeit als die Koreaner haben, machen ihren Vorgängern ein Angebot und erwerben Fixseile und Hochlagerzelte, was ihnen viel Mühe erspart. Sportlich sehen sie die Sache nicht so eng. In ihrer Heimat zählt der Gipfelerfolg, Messners Kriterienkatalog des »sauberen Bergsteigens« ist für sie nicht relevant. Großzügig bieten sie Messner an, sich ihnen anzuschließen, aber an Fixseilen entlang, im Gänsemarsch in festgetretener Spur zur Spitze zu gehen, hat für Messner und seine Mannschaft keinen Reiz. Lieber sind sie gescheitert, dafür zu den Bedingungen, die sie sich selbst gesetzt haben.

NANGA PARBAT PER KATALOG

Ralf Dujmovits ist gut im Geschäft. Seit mehr als zehn Jahren bietet der 39jährige Bergführer kommerzielle Expeditionen zu den Achttausendern an. Sein Kundenkreis ist international, seine Preise sind moderat. Die 51-Tage-Expedition 2001 zum Nanga Parbat kostet die zwölf Teilnehmer pro Person knapp 9200 Euro. Im Preis sind zwei Bergführer, ein Arzt, zwei Hochträger, ein Koch und drei Tonnen Ausrüstung enthalten, die 115 Träger ins Basislager schleppen. Das Messezelt erhellt keine Petroleumfunzel, sondern Solarbeleuchtung. Die Mitglieder der Expedition sind per E-Mail erreichbar. Die Angehörigen können die Fortschritte am Berg im Internet verfolgen, in dem Dujmovits mehrmals in der Woche einen Newsletter veröffentlicht. Ein Satellitentelefon, vier Funkgeräte und eine Basislagerstation garantieren beständige Kommunikation. Eine Überdruckkammer sorgt für die medizinische Absicherung im Höhenkrankheitsfall. Sicherheit ist Trumpf in Dujmovits Firma, um den geschäftsschädigenden »Super-GAU« am Berg auszuschließen: Tote und Verletzte.

Dujmovits ist ein Profi. Zehnmal hat er schon auf einem Achttausender-Gipfel gestanden, über vierzig kommerzielle Expeditionen organisiert und durchgeführt. Zusammen mit seinem 46jährigen Bergführerkollegen Hajo Netzer ergänzt und befestigt er jetzt 3300 Meter Fixseile in der Wand und richtet die vier Hochlager ein. Längst sind die Zeiten vorbei, als man Sturm und Nebel in den oberen Lagern aussitzen mußte. Abseilachter und Klemmgeräte erlauben es heutzutage, in zwei Stunden 1700 Meter am Fixseil hinunterzugleiten und so den Unbilden der Witterung im komfortablen Basislager zu trotzen.

Aus Gründen der Risikobegrenzung geht Dujmovits mit seinen Kunden nicht mehr auf die großen Achttausender. Die Sicherheit seiner Klienten kann er nur dort gewährleisten, wo bei Wetterstürzen oder Unfällen durch Abseilen ein rascher Rücktransport vom Berg möglich ist. Ebendeswegen hat er sich bei seiner Expedition am Nanga Parbat für die steile und technisch anspruchsvollere Kinshofer-Route entschieden. Der Weg, den der Österreicher Hanns Schell 1976 auf den Gipfel fand, ist zwar leichter und flacher, aber länger. Die Gefahr wäre zu groß, bei Sturm und Nebel die Klienten nicht mehr den Berg hinunterzubringen.

Viel Sorgfalt verwendet Dujmovits auf die Prüfung der Tourenlisten der Teilnehmer. Fälle wie die in Jon Krakauers Buch *In eisige Höhen* beschriebenen, in denen amerikanische und neuseeländische Anbieter kommerzieller Everest-Touren völlig überforderte Bergsteiger für den Gipfelgang akzeptierten, schließt er aus. Vorbereitungstreffen mit allen Expeditionsmitgliedern sind obligatorisch. Bei seiner Nanga-Parbat-Expedition gibt es zwar zwei Klienten ohne Achttausender-Erfahrung, aber die haben es immerhin auf veritable Sechs- und Siebentausender geschafft. Der stärkste Kletterer, der Japaner Hirotaka Takeuchi, hat sogar den Ostgrat des Makalu erstbegangen.

Ein weiteres Sicherheitspolster ist mit dem konsequenten Verzicht auf künstlichen Sauerstoff eingebaut. Wer es ohne nicht schafft, muß unten bleiben. Damit genügend Zeit fürs Akklimatisieren und fürs Aussitzen von Schlechtwetterperioden bleibt, dauern seine Expeditionen länger als die der Konkurrenz. Auch das ist ein Filter für Bewerber. So gesehen spricht die Everest-Katastrophe von 1996, bei der zwölf Bergsteiger starben, aus Dujmovits' Sicht nicht gegen das kommerzielle Höhenbergsteigen an sich. Was der Journalist und Augenzeuge Jon Krakauer beschreibt, hält er nicht für die Regel, sondern für die Ausnahme. Es sei das Ergebnis eines gnadenlosen Konkurrenzkampfes und der Fehleinschätzungen der Expeditionsleiter. Was es daraus zu lernen gibt, hat Dujmovits gelernt – und bisher hat er auf seinen Expeditionen keinen Toten zu beklagen.

Bis Lager III auf 7300 Meter hält das schöne Wetter an, dann gibt es den für den Nanga Parbat so typischen Wettersturz. Elf Tage hockt die Mannschaft im Dauerregen im Basislager, dann kommt per Telefon aus Innsbruck die erlösende Nachricht, daß mit sechs Schönwettertagen sicher gerechnet werden kann. Genug für den Gipfel.

Das leidige Wetterproblem, das noch alle Expeditionen des 20. Jahrhunderts beschäftigt hat, ist jetzt per Technik gelöst. Vorbei die Zeiten, in denen ein Merkl oder Buhl, ein Herrligkoffer oder Messner sich die Frage stellte, ob man in den Hochlagern ausharren oder absteigen sollte – immer in dem Bewußtsein, daß eine falsche Antwort tödlich sein konnte. Heute verfügt der Wetterdienst Innsbruck über satellitengestützte Informationen über Hochdruck- und Tiefdruckgebiete, ihre Ausdehnung und Geschwindigkeit. Dujmovits ruft sie täglich ab. Wo Messner und seine Crew im Jahr zuvor im Triebschnee steckengeblieben sind, findet Dujmovits hartgepreßten Schnee und ausgeblasene Mulden vor. Am 30. Juni 2001 steht er mit elf Bergsteigern, darunter acht Klienten, bei strahlendem Sonnenschein am Gipfel. Theresia Koch und Eva Zarzuelo haben als erste deutsche bzw. als erste spanische Frau den Nanga Parbat bestiegen. Messners Metallröhre von 1978 ist noch da. Unter seiner Unterschrift auf der Pergamentrolle ist es mittlerweile ziemlich eng geworden.

Netzer, der den Ersteigungsbericht verfaßte, schlägt darin selbstkritische Töne an: »Willy Merkl würde sich im Grabe umdrehen angesichts unseres heutigen sicherheitsorientierten ›Weichlings-Alpinismus‹«. Er hofft, »daß uns Hermann Buhl trotz dieser neumodischen Entweihung durch die Technik die Besteigung nicht aberkennt«. Nachdenklich stellt er die Frage, »ob unser Einsatz an technischen Mitteln nicht auch viel vom Erlebnis Höhenbergsteigen nimmt«.

KATHEDRALEN STATT KLETTERMASTEN

Es ist voll geworden an den Achttausendern. Messners Aufrufe, »dahin zu gehen, wo die anderen nicht sind«, verhallen ungehört. Hunderte von Bergsteigern drängen sich Jahr für Jahr zum Everest und K2, schlagen ganze Zeltstädte auf und behindern sich gegenseitig auf den Normalrouten. Zugangswege und Lager sind buchstäblich vollgeschissen. Der Expeditionsmüll einschließlich leerer Sauerstoff-Flaschen ist längst der eigentliche »Eroberer« der Todeszone. Kritische Berichte über die Risiken, die der Durchschnittsbergsteiger an den höchsten Bergen eingeht, über Bergunfälle mit zahlreichen Toten und immer höhere Preise für die Besteigungsgenehmigungen schrecken niemanden ab.

Im Frühjahr 2002 sind mit einem 66jährigen Italiener und einer drei Jahre jüngeren Japanerin der bisher älteste Mann und die älteste Frau auf dem Gipfel des Everest gewesen. Ein Blinder und ein Beinamputierter haben es geschafft und auch ein konditionsschwacher Multimillionär mit Hilfe von zehn Sherpas und drei Bergführern. Am 16. Mai 2002 schließlich erklommen ihn – Rekord des Massenwahns – 55 Bergsteiger an einem einzigen Tag.

Die bergsteigerischen Werte Stille, Einsamkeit, Ursprünglichkeit sind an den Modebergen dahin. Forderungen, die kommerziellen Anbieter mögen nur die Anreise ins Basislager organisieren und dann die Bergsteiger sich selbst überlassen, sind gut gemeint, gehen an den »Kundenwünschen« aber genauso vorbei wie der Versuch, den obligatorischen Verzicht auf künstlichen Sauerstoff zu proklamieren. Wer 10000 Euro für eine Besteigungsgenehmigung oder bis zu 70000 Dollar für einen Achttausender mit »Gipfelgarantie« ausgegeben hat, der will hinauf, egal, wie. Als 1996 am Second Step des Everest indische Bergsteiger im Sterben lagen und eine nachfolgende Japaner-Crew um Hilfe baten, stieg diese ungerührt an ihnen vorbei zum Gipfel. »Above 8000 meter there is no place to afford morality«, lautete ihre Begründung. Am Nanga Parbat lag die ausgetrocknete und deformierte Leiche eines rumänischen Bergsteigers zwei Jahre lang unmittelbar neben dem Anstiegsweg zur Normalroute auf dem Diama-Gletscher, bis sich endlich ein Nichtbergsteiger und ein Einheimischer ihrer erbarmten und sie zur Ruhe betteten. Ungerührt waren die Mitglieder von acht Expeditionen im Auf- und Abstieg an ihr vorbeimarschiert.

Seit der Erfindung des Felshakens und des Karabiners vor fast hundert Jahren hat die Diskussion um das »technische« Bergsteigen nicht aufgehört. Das stärkste Argument der Freikletterer war immer, daß allein im Verzicht auf künstliche Hilfsmittel die wirkliche Erfahrung des Bergsteigens liege. Ohne das Gefahrenmoment des Berges werde die Auseinandersetzung zwischen Natur und Mensch zum reinen, jederzeit kontrollierbaren Sport. Zu Recht verweisen Messner und die kleine Schar Gleichgesinnter auf das Paradoxon jeder kommerziellen Expedition: Sie muß aus Geschäftsgründen das Scheitern ausschließen, jenes Moment also, durch das gerade das wahre Abenteuer definiert ist. Was fasziniert die Masse der Bergsteiger so sehr an den Achttausendern oder auch an den höchsten Gipfeln der Alpen, daß sie nicht nur freiwillig auf die »Gänsemarsch-Berge« gehen, sondern auch noch dafür zahlen?

In 150 Jahren alpiner Geschichte haben Eroberungs-, Schwierigkeits- und auch Verzichtsalpinisten ein dichtes Netz von Prestige um die Achttausender gewoben. Ihre Besteigung war stets Synonym für Durchsetzungskraft, Ausdauer, Können und Todesverachtung. Wer den Spuren der alpinen »Helden« folgt, hofft auf Teilhabe an ihrem Ruhm. Bevor Mallory und Merkl, Hillary und Herzog, Buhl und Bonington, Mummery und Messner kamen, waren die Achttausender lebensfeindliche Eiswüsten, nicht für Menschen, nur für Götter geschaffen. Die Bergsteiger haben sich auf deren Throne gesetzt, sie haben alle Grenzen überwunden und den letzten Schleier gehoben. Als »Eroberer des Nutzlosen« haben sie das Paradies der Unzugänglichkeit zerstört, die »Kathedralen« der Berge, von denen der Philosoph John Ruskin einst schwärmte, entweiht. Ihren Triumph haben sie millionenfach in ihren Büchern und in allen Medien verkündet – wie sollen da Nachahmer begreifen, daß sie unten bleiben sollen, nachdem man ihnen das Ersteigen der Höhe so schmackhaft gemacht hat? Jeder will dorthin, wovon die bergsteigerischen »Götter« in ihren Shows so spannend fabulieren, und den meisten reicht die Selbsterfahrung am Fixseil und mit der Sauerstoff-Flasche zur Betrachtung des eigenen Innenlebens völlig aus.

Die Perspektive des Bergsteigens im 21. Jahrhundert zeigt mit hoher Wahrscheinlichkeit eine zweigeteilte Welt. Eine kleine Minderheit von Elitebergsteigern wird weiter den Verzichtsalpinismus »by fair means« pflegen, was ihnen an weniger bekannten Bergen wahrscheinlich attraktiver vorkommen wird als an den von kommerziellen Expeditionen belagerten Prestigeobjekten. Die Masse der Bergsteiger wird die »hundert klassischen Alpengipfel« stürmen, die man »gemacht« haben muß, egal, ob sich Dutzende von Seilschaften am Einstieg drängen und der Gipfel unter Überfüllung leidet. Höhepunkt eines solchen Kletterlebens: die Katalogreise zu einem Achttausender.

Beide Extremformen des Bergsteigens taugen nicht mehr zur medialen Darstellung. Die Elite der Kletterer wird die Kompliziertheit ihrer Routen, die Ausgesetztheit und Waghalsigkeit ihres Tuns nur noch einem Fachpublikum vermitteln können, die bergsteigerische Masse nur noch auf lokale Aufmerksamkeit – erste Heidekönigin auf dem Everest – rechnen dürfen. Vereint sind beide Richtungen nur noch im Tod. Allein das Sterben, möglichst spektakulär und vor laufenden Kameras, hat noch einen Neuigkeitswert für die Öffentlichkeit. Insofern konnte sich der Reporter Jon Krakauer glücklich schätzen, daß er zufällig an der einzigen kommerziellen Achttausender-Expedition teilnahm, die zwölf Menschen das Leben kostete und ihn zum Bestsellerautor machte. Bis zum heutigen Tag hat sich ein solcher Unfall nicht wiederholt. Daß sich das Bergbuch in diese Richtung entwickeln wird, belegen auch die Themen des sensibelsten Seismographen des Buchmarktes. Mit *Mallorys zweitem Tod* (1999) und *Der nackte Berg – Nanga Parbat – Bruder, Tod und Einsamkeit* (2002) ist Messner dem Trend erneut die berühmte Nasenlänge voraus.

Vielleicht wird sich eine Renaissance des Bergsteigens aus ganz anderen Quellen speisen als aus Extremsituationen der Angst, Einsamkeit, Todesgefahr und Leiden, die die Wildnis als Erkenntnisgewinn für den Grenzgänger bereithält. Das Gebirge als Rückzugsort gedacht, ohne Straßen und Seilbahnen, ohne Handys und CD-Player, darin ein Kletterer, der Zelt und Lebensmittel einschließlich einer Flasche Wein im eigenen Rucksack zum Wandfuß trägt, hält »das schönste Geschenk« bereit, »das die Berge geben können: die Harmonie der Seele«. Was man schon 1925 wußte: auf dem Stiftungsfest zum dreißigjährigen Bestehen der Sektion Bayerland.

Vielleicht ist es auch an der Zeit, den mißbrauchten und oft geschmähten Begriff der Bergkameradschaft mit neuem Leben zu füllen. Ihn rein militärisch zu interpretieren, wie in den dreißiger Jahren üblich, engt ihn genauso ein wie ein strikt leistungsbezogener Blick, der im Bergkameraden nur den effizienten Kletterpartner sieht. Dagegen könnte ein gemeinsamer Wertekanon des Bewahrens von Landschaft und Natur das einigende Band sein, das vom Wanderer bis zum Extremkletterer die Freunde der Berge verbindet. Bergsteiger haben sich immer als etwas Besonderes gefühlt. Der Nimbus des Todes und der Gefahr, der sie umgab, erhob sie zur Elite. Diese Elite müssen sie wieder werden. Nicht im Tod, sondern im Leben. Die Erkenntnis, daß im Verzicht und nicht in der Technik die größten Möglichkeiten des Alpinismus liegen, würde aus Klettermasten wieder Berge, aus Bergen wieder Kathedralen und aus Bergtouristen wieder Bergsteiger machen.

DANKSAGUNG

Den Bergkameraden:
Hanspeter Eisendle, Sterzing, der das Manuskript auf bergsteigerische Stimmigkeit durchforstete, Reinhold Messner, Juval, der mir die hohen Berge erst nahebrachte, Prof. Dr. Oswald Oelz, Zürich, dessen Interpretationen so überzeugend sind wie seine Rotweine vorzüglich, Christoph Ransmayr, Castlehaven, der den endgültigen Titel fand, und Wolfgang Schmidt, Bremen, der Freund, der mir seit über dreißig Jahren die Grenzerfahrungen des Lebens bewältigen hilft.

Den Historikern und Zeitzeugen:
Lutz Chicken, Brixen, Ralf Dujmovits, Bühl, Dr. Peter Mierau, Würzburg, Manfred Sturm, München, Dr. Helmuth Zebhauser, Bad Mergentheim. Sowie Ursula Demeter, St. Magdalena, Dr. Ursula Grether-Endres, Berlin, und Sabine Stehle, Meran, mit denen zusammen ich eine Ausnahmepersönlichkeit gedanklich einkreiste.

Den Sherpas, ohne die keine Bergbesteigung gelingen kann:
Barbara Golz, München, Maria Nießen, Berlin, Dr. Cordelia Borchardt, Frankfurt/M., Regina Droge und Dr. Klaus Lang, Bad Vilbel, Dr. med. Lothar Hollerbach und Silvia Osteen, Heidelberg, und Prof. Dr. Dr. Dietrich Kerlen, Leipzig.

Dem Computerexperten:
Kai Kristinus, Frankfurt/M., der BAD WORM TRANS zur Strecke brachte.

Dem Verlag:
Meinem Verleger Dr. Arnulf Conradi und Dr. Ludger Ikas, meinem Lektor.

Meiner »Verlobten«:
Bettina Schrewe, New York.

Den Institutionen:
Archiv des DAV und der DHS, insbesondere der Leiterin des Alpinen Museums Frau Kaiser und den Herren Kratzer und Merk.
Archiv der Sektion München.
Bibliothek des DAV und ihren Mitarbeiterinnen, insbesondere Frau Dambacher.
Bundesarchiv Berlin.
Bundesarchiv Koblenz.
Deutsches Institut für Auslandsforschung, insbesondere Horst Höfler.
Dover Museum.
Stadtarchiv München.
Südostasieninstitut der Universität Heidelberg.

Das Schreiben dieses Buch ist mir durch den Rückhalt eines spirituellen Raumes sehr erleichtert worden. Ich fand ihn in der Mönchsgemeinschaft des Klosters Gerleve, stellvertretend sei Bruder Franz Josef, OSB, genannt. Deo gratias.

Jeder Autor steht auf den Schultern seiner Vorgänger. Das Literaturverzeichnis im Anhang legt darüber Rechenschaft ab. Besonders erwähnen möchte ich sieben Autoren, deren gründliche Beschäftigung mit dem Thema mir viele eigene Recherchen ersparte und deren Bücher ich dem interessierten Leser zur weiteren Lektüre wärmstens empfehle: Rainer Amstädter, Chris Bonington, Günter Oskar Dyhrenfurth, Reinhold Messner, Peter Mierau, Walt Unsworth und Helmuth Zebhauser. Die Titel finden sich im Literaturverzeichnis.

Mehr als hundert Jahre alpiner Geschichte in ein Buch zu pressen, Sachverhalte zu schildern, die oftmals widersprüchlich erzählt wurden, und eine Vielzahl von Daten und Fakten wiederzugeben, kann nach menschlichem Ermessen nicht ohne Fehler ablaufen. Der Autor ist daher jedem gründlichen Leser für etwaige Korrekturen und Ergänzungen dankbar und erbittet sie per Brief, Fax oder E-Mail zu seinen Händen an die Adresse des Verlages.

Um den Text nicht mit Anmerkungen und Nachweisen zu belasten, ist die zu den einzelnen Kapiteln benutzte Literatur jeweils vollständig aufgeführt. Die Herkunft der Zitate ist in jedem Fall im Textzusammenhang erklärt und über das nachfolgende Literaturverzeichnis erschließbar.

LITERATURVERZEICHNIS

DER ENGLÄNDER

Blakeney, T. S.: »Some Notes on A. F. Mummery«, *Alpine Journal* 60 (1955), S. 118–131.

Bruce, Charles Granville: »The Passing of Mummery«, *Himalayan Journal* 1931, S. 1–12.

Ders.: *Twenty Years in the Himalaya*, London 1910.

Candler, Edmund: *On the Edge of the World*, London 1919.

Clark, Ronald W.: *Men, Myths and Mountains. The Life and Times of Mountaineering*, London 1976.

Ders.: *Six Great Mountaineers*, London 1956.

Collie, Norman J.: *Climbing on the Himalaya and other Mountain Ranges*, Edinburgh 1902.

Ders.: »Climbing on the Nanga Parbat Range, Kashmir«, *Alpine Journal* 18 (1897), S. 17–32.

Conway, William Martin: *Climbing and Exploration in the Karakorum-Himalayas*, London 1894.

Ders.: *Mountain Memories. A Pilgrimage of Romance*, New York 1920.

Dent, Clinton Thomas: *Hochtouren*, mit einer Einleitung des Hrsg. und Übersetzers Walther Schultze, »Das Wesen des modernen Hochalpinismus«, Leipzig 1893.

Ders.: Rezension von Mummerys »Climbs«, *Alpine Journal* 17 (1895), S. 527–531.

Dixon, Harold B.: »The ascent of Mount Lefroy, and other climbs in the Rocky Mountains«, *Alpine Journal* 19 (1898), S. 97–112.

Egger, C.: *Pioniere der Alpen*, Zürich 1946.

Engel, Claire Eliane: *They Came to the Hills*, London 1952.

Dies.: *A History of Mountaineering in the Alps*, London 1950.

Fieldhouse, David K.: *Die Kolonialreiche seit dem 18. Jahrhundert*, Frankfurt/M. 1996.

Freshfield, Douglas William: »An Adress to the Alpine Club«, *Alpine Journal* 18 (1897), S. 1–17.

Geißler, P.: »Mummery am Nanga Parbat«, *Der Bergsteiger*, 1934, S. 393–398.

Goehrke, Carsten u. a.: *Russland*, Frankfurt/M. 1996.

Hobson, John A.: *Confessions of an Economic Heretic*, London 1938.

Humboldt, Alexander von: *Kleinere Schriften*, Bd. 1, Stuttgart 1853.

Kick, Wilhelm: *Schlagintweits Vermessungsarbeiten am Nanga Parbat 1856*, München 1967.

Knight, E. F.: *Where three Empires meet. A Narrative of recent travel in Kashmir, Western Tibet, Gilgit, and the adjoining countries,* London 1903 (EA 1897).

Longstaff, Tom: *The Alpine Club Centenary*, London 1957.

Lunn, Arnold: *Die Schweiz und die Engländer*, Zürich 1947.

Maurer, Michael: *Geschichte Englands*, Stuttgart 2000.

Meurer, Julius: *Katechismus für Bergsteiger, Gebirgstouristen, Alpenreisende*, Leipzig 1892.

Montgomerie, Thomas George: »Memorandum on the Nanga Parbat and other Snowy mountains«, *J. Asiat. Soc. Bengal.* 26 (1857), S. 266–274, Kalkutta 1858.

Muller, Edwin jr.: *They Climbed the Alps*, London 1930.

Mummery, Albert Frederick: *Meine Bergfahrten in den Alpen und im Kaukasus*, hrsg. vom DAV, eingel., komm. und durch bio-bibliographische Daten ergänzt von Martin Lutterjohann, München 1988.

Ders.: *My Climbs in the Alps and Caucasus*, with an Introduction by Mrs. Mummery and an appreciation by J. A. Hobson, London 1908 (4. Auflage, eine 5. erschien 1913, die EA 1895).

Ders./Hobson, John A.: *The Physiology of Industry. Being an exposure of certain fallacies in existing theories of economics*, with a new Introduction by Roger E. Backhouse, London 1992 (Reprint der Ausgabe 1889).

Nachruf Mummery, *Alpine Journal* 17 (1895), S. 561 und S. 566–568.

Oppenheim, Roy: *Die Entdeckung der Alpen*, Frauenfeld 1974.

Saussure, Horace-Benedict de: *Kurzer Bericht von einer Reise auf den Gipfel des Montblanc*, Straßburg 1788.

Schlagintweit-Sakünlünski, Hermann: *Reisen in Indien und Hochasien*, Bd. 3, Jena 1872.

Schmitt, Fritz: »Die Engländer und ihr Playground«, in: Deutscher Alpenverein (Hrsg.): *Fritz Schmitt. Bergsteiger, Schriftsteller, Chronist*, München 1987, S. 166–175.

Schwarz, B: *Die Erschließung der Gebirge*, Leipzig 1885.

Seitz, Gabriele: *Wo Europa den Himmel berührt. Die Entdeckung der Alpen*, München 1987.

Smythe, Frank S.: *Edward Whymper. Ein Bergsteiger- und Forscherleben*, Bern 1940.

Ders.: *British Mountaineers*, London 1946.

Stephen, Leslie: *The Playground of Europe*, London 1871 (zwei deutsche Ausgaben: »Der Tummelplatz Europas«, übers. von W. Rickmer Rickmers, München o. J., und »Der Spielplatz Europas«, Zürich 1942).

Taylor, William C.: *The Snows of Yesteryear, J. Norman Collie, Mountaineer*, Toronto 1973.

Taugwalder, Hannes/Jaggi, Martin: *Der Wahrheit näher. Die Katastrophe am Matterhorn von 1865*, Aarau 1990.

Unsworth, Walter: *Tiger in the Snow. The Life and Adventures of A. F. Mummery*, London 1967.
Ders.: *Because it is there. Famous Mountaineers: 1840–1940*, London 1968.
Ders.: *Matterhorn Man. The Life and Adventures of Edward Whymper*, London 1965.
Vigne, Godfrey Thomas: *Travels in Kashmir, Ladak, Iskardo, the Countries adjoining the Mountain-Course of the Indus, and the Himalaya North of the Panjab*, London 1842.
Viriglio, Attilio: *Mummery*, Bologna 1953.
Whymper, Edward: *Travels amongst the great Andes of the equator*, London 1892.
Ders.: *Berg- und Gletscherfahrten in den Alpen in den Jahren 1860 bis 1869*, mit einer Einführung von Theodor Wundt, Braunschweig 1909 (5. Auflage).
Ders.: *The ascent of the Matterhorn*, London 1880.
Younghusband, Francis E.: *The Heart of a Continent. A narrative of travels in Manchuria, across the Gobi desert, through the Himalayas, the Pamirs, and Chitral, 1884–1894*, London 1896.
Zsigmondy, Emil: *Die Gefahren der Alpen*, Leipzig 1885.

DIE DEUTSCHEN

Achtzig Jahre Akademischer Alpenverein München, München 1974.
Jahresberichte des Akademischen Alpenvereins München, 1.–9., 32. u. 33., München 1893–1902, 1924 u. 1925.
Akademischer Alpenverein München (Hrsg.): *Willo Welzenbachs Bergfahrten.* Unter Mitwirkung von Eugen Allwein, Fritz Bechtold, Georg von Kraus, Hans Pfann, Fritz Rigele, Erich Schulze, Karl Wien, Berlin 1935 (unter dem Titel »Ascensions«, Paris 1940).

Ammer, Johann: »Willy Merkls Kampf mit den Bergen«, *Völkischer Beobachter* vom 8.8.1934.

Anker, Daniel (Hrsg.): *Eiger. Die vertikale Arena*, 3. Aufl., Zürich 2000.

Aufschnaiter, Peter: »Diamir Side of Nanga Parbat, reconnaissance 1939«, *The Himalayan Journal* 14 (1947), S. 110–115.

Ders.: Karl Wien (Nachruf), *45. Jahrbuch des AAVM*, 1936/37, München 1937, S. 10–12.

Ders.: »Wir gedenken der gefallenen Kameraden. Die Toten am Nanga Parbat 1937«, *Der Bergsteiger*, Okt. 1936/Sept. 1937, S. 746–754.

Bauer, Paul: »Vorläufiger Bericht über die Himalaya-Expedition«, *27. Jahrbuch des AAVM* 1928/29, München 1929, S. 12–31.

Ders.: *Im Kampf um den Himalaja. Der erste deutsche Angriff auf den Kangchendzönga 1929*, München 1931.

Ders.: »Kurzbericht über die Deutsche Himalayafahrt 1931«, *39. Jahrbuch des AAVM* 1930/31, München 1931, S. 17–21.

Ders.: »Das ›physiologische Ergebnis‹ der Deutschen-Himalaja-Expedition. Eine notwendig gewordene Verwahrung«, *Der Bergsteiger* 1931/32, S. 479/480.

Ders.: *Um den Kantsch. Der zweite deutsche Angriff auf den Kangchendzönga 1931*, München 1933.

Ders.: »Die Deutsche Himalaja-Expedition 1931« (Schlussbericht), *Österreichische Alpenzeitung* 54 (1932), S. 74–79.

Ders.: »Schlusswort über Walter Bing«, *Österreichische Alpenzeitung* 55 (1933), S. 384–386.

Ders.: »Wie nahe kam man dem Gipfel des Kangchendzönga?«, *Mitteilungen des DÖAV* 9/1933, S. 213–214.

Ders.: »Zu welcher Jahreszeit trifft der Bergsteiger die günstigsten Verhältnisse im Himalaja?«, *Mitteilungen des DÖAV* 4/1933, S. 89–91.

Ders.: *Kampf um den Himalaja. Das Ringen der Deutschen um den Kantsch, den zweithöchsten Berg der Erde*, München 1934.

Ders.: »Die Deutsche Himalaja-Kundfahrt 1936«, *44. Jahrbuch des AAVM* 1935/36, München 1936, S. 12–21.

Ders.: *Auf Kundfahrt im Himalaja. Siniolchu 1936 und Nanga Parbat 1937 – Tat und Schicksal deutscher Bergsteiger*, mit einem Vorwort des Reichssportführers, München 1937.

Ders.: »Nanga Parbat 1937«, *The Himalayan Journal* 10 (1938), S. 145–158.

Ders.: »Nanga Parbat 1937«, *45. Jahrbuch des AAVM*, 1936/37, München 1937, S. 18–26.

Ders.: »Die Auslese einer Himalaja-Mannschaft«, *Österreichische Alpenzeitung* 59 (1937), S. 61–63.

Ders.: »Nanga Parbat 1938«, *Österreichische Alpenzeitung* 61 (1939), S. 70–78.

Baumeister, Hans (Hrsg.): *Jugend in Fels und Eis. Ein Ehrenmal gewidmet dem Helden vom Matterhorn, Toni Schmid, von seinen Kameraden*, München 1934.

Baumeister, Heinrich: »Den Toten der Deutschen Himalaya-Expedition 1934«, *Reichsbahn- Turn- und Sportzeitung*, Heft 8, August 1934.

Jahresberichte der Alpenvereinssektion Bayerland e. V., insbesondere der 21. und 22., München 1928 und 1929.

»Zum 30. Stiftungsfest der Sektion Bayerland«, *Der Bergsteiger* 49 (1925), S. 316.

Bechtold, Fritz: *Deutsche am Nanga Parbat. Der Angriff 1934*, 12. Auflage, 91–140 Tsd., München 1944 (EA: *Nanga Parbat Adventure*, London 1935).

Ders.: »Nanga Parbat 1938«, *Alpine Journal* 258 (1939), S. 70–78.

Ders.: Willy Merkl (Nachruf), *Mitteilungen des DÖAV* 10/1934, S. 235–237.

Behrenbeck, Sabine: *Der Kult um die toten Helden. Nationalsozialistische Mythen, Riten und Symbole*, Vierow bei Greifswald 1996.

Benz, Wolfgang/Graml, Hermann/Weiß, Hermann (Hrsg.): *Enzyklopädie des Nationalsozialismus*, München 2001.

Bergsteigen als Lebensform. Zusammenstellung: Fritz Schmitt, hrsg. von der Sektion Bayerland des Alpenvereins zum fünfzigjährigen Bestehen 1895–1945, München 1949.

Bernard, Willi: »Der Arzt der Himalaja-Expedition erzählt. In 6000 Meter Höhe vier bis fünf Atemzüge für einen Schritt«, *Völkischer Beobachter* vom 6.3.1934.

Bernett, Hajo: *Sportpolitik im 3. Reich*, Schorndorf 1971.

Ders.: »Die innenpolitische Taktik des Reichssportführers«, *Arena* 1 (1975), S. 140–197.

Ders.: *Der Weg des Sports in die nationalsozialistische Diktatur*, Schorndorf 1983.

Ders.: *Nationalsozialistische Leibeserziehung. Eine Dokumentation ihrer Theorie und Organisation*, Stuttgart 1966.

Bing, Walter: »Der Alpinismus als Zeitbild«, *Deutsche Alpenzeitung* 1 (1931), S. 70–75.

Ders.: »Das physiologische Ergebnis der Himalaja-Expedition. Verwahrung gegen eine Verwahrung«, *Der Bergsteiger* (1932/33), S. 122–124.

Bohus, Julius: *Geschichte des Sports in Bayern*, Augsburg 1998.

Breashears, David/Salkeld, Audrey: *Mallorys Geheimnis. Was geschah am Mount Everest?*, Innsbruck 2000.

Breuer, Stefan: *Ordnungen der Ungleichheit – die deutsche Rechte im Widerstreit ihrer Ideen 1871–1945*, Darmstadt 2001.

Broszat, Martin/Frei, Norbert (Hrsg.): *Das Dritte Reich im Überblick. Chronik, Ereignisse, Zusammenhänge*, München 1992.

Bruce, Charles Granville: *Mount Everest. Der Angriff 1922*, übers. von W. Rickmer Rickmers, Basel 1924 (EA: *The Assault on Mount Everest*, 1922, London 1923).

Burleigh, Michael: *Die Zeit des Nationalsozialismus. Eine Gesamtdarstellung*, Frankfurt/M. 2000.

Chicken, Ludwig: »Nanga Parbat reconaissance, 1939«, *The Himalayan Journal* 14 (1947), S. 53–58.

Deutscher Alpenverein (Hrsg.): *Walter Schmidkunz: ein Klassiker im Hintergrund*, zusammengestellt von Peter Grimm, München 1989.

Deutsche Himalaja-Stiftung (Hrsg.): *Nanga Parbat. Berg der Kameraden. Bericht der deutschen Himalaja-Expedition 1938.* Aus Tagebüchern von Bruno Balke, Fritz Bechtold, Rolf v. Chlingensperg, Alfred Ebermann, Uli Luft, Herbert Ruths, Lex Thoenes, mit Vorwort von Paul Bauer, Berlin 1943 (16.–20. Tsd.).

Dyhrenfurth, Günter Oskar: *Himalaya. Unsere Expedition 1930*, Berlin 1931.

Ders.: *Himalaya-Fahrt*, Zürich 1942.

Ders.: *Das Buch vom Kantsch. Die Geschichte seiner Besteigung*, München 1955.

Enzensperger, Ernst: *Von Jugendwandern und Bergsteigertum. Eine Geschichte des Bayerischen Jugendherbergswerkes*, München 1951.

Erler, Heinrich (Hrsg.)/Noll-Hasenclever, Eleonore: *Den Bergen verfallen. Alpenfahrten von Eleonore Noll-Hasenclever*, Berlin 1932.

Ertl, Hans: *Meine wilden dreißiger Jahre. Bergsteiger, Filmpionier, Weltenbummler*, München 1982.

Ders.: *Bergvagabunden*, Erfurt 1937.

Ders.:*Als Kriegsberichter 1939–1945*, Innsbruck 1985.

Fellowes, P. F. M. u. a.: *Der erste Flug über den Mount Everest. Die Houston-Mount-Everest-Expedition 1933*, übers. von Peter Wit, Berlin 1934 (EA: *First Over Everest*, London 1934).

Fickeler, Paul: »Die Deutsche Himalaja-Expedition zum Nanga Parbat. Ihre bergsteigerische, wissenschaftliche und vaterländische Bedeutung«, *Münchner Abendzeitung* vom 15. April 1934.

Finch, George Ingle: *Der Kampf um den Everest*, übers. von Walter Schmidkunz, Leipzig 1925.

Finsterwalder, Richard: *Die geodätischen, gletscherkundlichen und geographischen Ergebnisse der Deutschen Himalaja-Expedition 1934 zum Nanga Parbat*, Berlin 1938.

Ders. u. a.: *Forschung am Nanga Parbat. Deutsche Himalaya-Expedition 1934*, Hannover 1935.

Ders.: »Den Toten des Nanga Parbat. Trauerrede, gehalten am 23. Juli 1934«, *Mitteilungen des DÖAV*, 1934, S. 205–206.

Firstbrook, Peter: *Verschollen am Mount Everest. Die spektakuläre Suche nach George Mallory*, Nürnberg 1999.

Fochler-Hauke, Gustav: »Der Nanga Parbat als Sinnbild und Verpflichtung«, *Der Bergsteiger* (1936/37), S. 754–756.

Freshfield, Douglas William: »The Conquest of Mount Everest«, *Alpine Journal* 36 (1924), S. 1–11.

Gillman, Peter/Gillman, Leni: *The Wildest Dream. Mallory, His Life and Conflicting Passions*, London 2000.

Grassler, Franz: »Dr. Willo Welzenbach«, *Jahrbuch des Deutschen Alpenvereins*, 1960, S. 177–192.

Günther, Dagmar: *Alpine Quergänge. Kulturgeschichte des bürgerlichen Alpinismus* (1870–1930), Frankfurt/M. 1998.

Harrer, Heinrich: *Die weiße Spinne. Das große Buch vom Eiger*, Berlin 2001 (EA 1958).

Hartmann, Hans: *Ziel Nanga Parbat. Tagebuchblätter einer Himalayaexpedition*, Berlin 1942.

Ders.: *Das Kantschtagebuch*, hrsg. von Karl Wien, München 1934 und 1937 (neue Ausgabe mit einem Geleitwort von Edwin Erich Dwinger).

Heckmair, Anderl: *So war's*, Oberstdorf 1991.

Ders.: *Eigernordwand, Grandes Jorasses und andere Abenteuer*, Zürich 1999.

Ders.: *Mein Leben als Bergsteiger*, München 1972.

Ders./Vörg, Ludwig/Kasparek, Fritz/Harrer, Heinrich: *Um die Eiger-Nordwand*, München 1938.

Hemmleb, Jochen/Johnson, Larry A./Simonson, Eric R.: *Die*

Geister des Mount Everest. Die Suche nach Mallory und Irvine, Hamburg 1999.

Herrligkoffer, Karl (Hrsg., unter Mitarbeit von Fritz Schmitt): *Willy Merkl. Ein Weg zum Nanga Parbat. Leben, Vorträge und nachgelassene Schriften*, mit einem Geleitwort des Reichssportführers, München o. J. (1937?), 5. Aufl. (EA 1936).

Herzog, Th. (Hrsg.): *Der Kampf um die Weltberge*, München 1934.

Hieronimus, Hans: »Zwischen Sieg und Tod! Die letzten Schicksalstage der Deutschen Himalaya-Expedition 1934«, *Reichsbahn- Turn- und Sportzeitung*, Heft 9, Sept. 1934.

Hingston, R. W. G.: »Physiological difficulties in the ascent of Mount Everest«, *Geographical Journal* 65 (1924), S. 4–16.

Höfler, Horst: Willy Merkl – Willo Welzenbach – Alfred Drexel. »Nanga Parbat. Der deutsche Schicksalsberg«, *Der Bergsteiger* 12 (Dez. 2000), S. 84–89.

Hofmann, E. F.: »Zum Nanga Parbat. Eine Nachehrung für Willo Welzenbach«, *Österreichische Alpenzeitung*, 1953, S. 104–114.

Howard-Bury, Charles Kenneth: *Mount Everest. Die Erkundungsfahrt 1921*, übers. von W. Rickmer Rickmers, Basel 1922.

Hundert Jahre Sektion München des DAV, zugleich Band 3 der Sektionsgeschichte 1930–1965, München o. J. (1968).

Irving, R. L. G.: *Werden und Wandlungen des Bergsteigens*, Wien 1949 (EA: *The Romance of Mountaineering*, London 1935).

Kasparek, Fritz: *Ein Bergsteiger. Fritz Kasparek, einer der Bezwinger der Eiger-Nordwand erzählt von seinen Bergfahrten*, Salzburg 1939 (NA erschien unter dem Titel »Vom Peilstein zur Eiger-Nordwand. Erlebnisse eines Bergsteigers«, Salzburg und Stuttgart 1951).

Klein, Jürgen: »Der AAVM von 1923 bis 1933«, *41. Jahrbuch des AAVM*, 1932/33, München 1933, S. 12–16.

Kluge, Volker: »Hitlers Statthalter im Sport. Hans von Tschammer und Osten«, *Sozial- und Zeitgeschichte des Sports*, 7. Jg., Nr. 3 (1993), S. 29–42.

Knowlton, Elizabeth: *The Naked mountain*, New York 1934.

Kröner, Gustav: »Aiguille Grands Charmoz – direkte Nordwand«, *Deutsche Alpenzeitung* 10 (Okt. 1931), S. 305–307.

Kucher, D. W.: *Der Geologe und Forschungsreisende Albrecht Krafft von Dellmensingen. Beitrag zu seiner Biographie*, Erlangen 1985.

Kugy, Julius: *Aus dem Leben eines Bergsteigers*, München 1925.

Kunigk, Herbert: »The German-American Himalayan Expedition 1932, *Alpine Journal* 245 (1932), S. 192–200.

Ders.: »Die Deutsch-Amerikanische Himalaya-Expedition 1932«, *40. Jahrbuch des AAVM*, 1931/32, München 1932, S. 23–26.

»Letzter Hitlergruß nach Deutschland«, *Völkischer Beobachter* vom 26.7.1934.

Leuchs, Georg: »Dr. Willi Welzenbach« (Nachruf), *Mitteilungen des DÖAV* 10/1934, S. 233–235.

Ludewig, Hans-Ulrich: »Sport und Nationalsozialismus«, *Neue Politische Literatur* 30 (1985), S. 401–420.

Luft, Ulrich: »Hans Hartmann« (Nachruf), *45. Jahrbuch des AAVM*, 1936/37, München 1937, S. 2–5.

Maduschka, Leo: »Der junge Bergsteiger von heute«, *Deutsche Alpenzeitung*, April 1931, S. 121–126.

Ders.: *Junger Mensch im Gebirg*. Eine Sammlung seiner poetischen und literarischen Werke, bearbeitet von Walter Schmidkunz, München 1933.

Ders.: *Ausgewählte Schriften*, bearbeitet von Helmuth Zebhauser, München 1992.

Mallory, George Leigh: »Mount Everest: The Reconaissance«, *Alpine Journal* 34 (1921/22), S. 215–227.

Ders.: »The Second Mount Everest Expedition«, *Alpine Journal* 34 (1921/22), S. 425–439.

Merkl, Willy: »Der Kampf um den Nanga Parbat«, *Münchner Illustrierte Presse* Nr. 47 vom 20.11.1932.

Ders.: »The Attack on Nanga Parbat«, *The Himalayan Journal* 5 (1933), S. 65–74.

Ders.: »Der Angriff auf den Nanga Parbat«, *Der Bergsteiger*, 1933, S. 219–228.

Ders.: »Der Tod am Nanga Parbat«, *Münchner Neueste Nachrichten* vom 8.6.1934.

Ders.: »Deutsch-Amerikanische Himalaja-Expedition 1932«, *Österreichische Alpenzeitung*, Juni 1933, S. 193–198.

Messner, Reinhold: *Mallorys zweiter Tod. Das Everest-Rätsel und die Antwort*, München 2000.

Ders.: *Paul Preuß*, München 1996.

Ders./Höfler, Horst: *Eugen Guido Lammer. Durst nach Todesgefahr*, Augsburg 1999.

Mierau, Peter: *Die Deutsche Himalaja-Stiftung. Ihre Geschichte und ihre Expeditionen*, München 1999.

Ders.: »Auslandsbergfahrten der Akademiker. Der Beginn der deutschen Himalaya-Expeditionen in den zwanziger Jahren«, in: Archiv der Münchner Arbeiterbewegung (Hrsg.): *Kaukasus. Die Geschichte der Ersten Deutschen Arbeiter-Kaukasus-Expedition 1932. Münchner und Dresdner Bergsteiger in der Sowjetunion*, München 2002, S. 92–98.

Moehn, Arwed: »Extremer Alpinismus – das sportliche Vorrecht der deutschen Nation«, *Österreichische Alpenzeitung* 1125 (1932), S. 286.

Müller, Alfred M.: *Geschichte des Deutschen und Österreichischen Alpenvereins. Ein Beitrag zur Sozialgeschichte des Vereinswesens*, Münster 1979, Diss.

Norton, Edward Felix u. a.: *Bis zur Spitze des Mount Everest. Die Besteigung 1924*, übers. von W. Rickmer Rickmers, Basel 1926 (EA: *The Fight for Everest, 1924*, New York und London 1925, mit einem Vorwort von Francis Younghusband, Reprint Berlin 2000, mit einem Nachwort von Ruth Bombosch).

Pätzold, Kurt: »Arthur Seyss-Inquart«, in: Pätzold, Kurt/Weißbecker, Manfred (Hrsg.): *Stufen zum Galgen. Lebenswege vor den Nürnberger Urteilen*, Leipzig 1999, S. 332–366.

Paulcke, Wilhelm/Welzenbach, Wilhelm: »Schnee, Wächten, ›Lawinen‹«, *Zeitschrift für Gletscherkunde* 1 (1928), S. 42–69.
Paulcke, Wilhelm: »Himalaya – Nanga Parbat. Forscher- und stilles Heldentum«, *Karlsruher Tagblatt* vom 19.7.1934.
Pfann, Hans: *Führerlose Gipfelfahrten in den Hochalpen, dem Kaukasus, dem Tien-Schan und den Anden*, München 1941.
Rauch, Rudolf: *Der Ruf vom Nanga Parbat*, 2. Aufl., Graz 1942.
Rickmers, Willi Rickmer: *Alai Pamir Expedition 1928.* Vorläufige Berichte der deutschen Teilnehmer (Deutsche Forschung, aus der Arbeit der Notgemeinschaft der Deutschen Wissenschaft, Heft 10), Berlin 1929.
Ders.: *Alai! Alai! Arbeiten und Erlebnisse der Deutsch-Russischen Alai-Pamir-Expedition*, Leipzig 1930.
Ders.: *Querschnitt durch mich*, München 1930.
Rigele, Fritz: *50 Jahre Bergsteiger. Erlebnisse und Gedanken*, Berlin 1935.
Ders.: »Der Eishaken«, *Der Bergsteiger* 21 (1925), S. 131–133.
Ders.: »Wie ich Welzenbach kennenlernte«, *Deutsche Alpenzeitung*, 1934, S. 286–288.
Roberts, Eric: *Willo Welzenbach. Eine biographische Studie mit ausgewählten Schriften*, Pforzheim 1981.
Rodewald, Martin: »Bemerkungen zu Karl Wien, Die Wetterverhältnisse am Nanga Parbat während der Katastrophe auf der deutschen Himalaja-Expedition 1934«, *Meteorologische Zeitschrift*, Heft 5, 1936 (Sonderdruck).
Rudatis, Domenico: *Das Letzte im Fels*, München 1936.
Ruths, Hans Herbert: »Nanga Parbat 1938«, *46. Jahrbuch des AAVM*, 1937/38, München 1938, S. 16–24.
Ruttledge, Hugh: *Everest 1933*, London 1934.
Ders.: »Mount Everest, the sixth Expedition«, *Alpine Journal* 253 (1936), S. 221–233.
Ders.: »The Mount Everest Expedition, 1936«, *The Himalayan Journal* 9 (1937), S. 1–15.

Salomon, Ernst von (Hrsg.): *Das Buch vom deutschen Freikorpskämpfer*, Berlin 1938.

Schaefer, Hermann: *Die weiße Kathedrale. Abenteuer am Nanga Parbat*, München 1989.

Schivelbusch, Wolfgang: *Die Kultur der Niederlage. Der amerikanische Süden 1865, Frankreich 1871, Deutschland 1918*, Berlin 2001.

Schlappner, Martin: »Hitlers Alpinisten«, *Neue Zürcher Zeitung*, 14.11.1997, S. 47.

Schmidkunz, Walter: »Es geht um den Nanga Parbat! Die neue deutsche Himalaja-Expedition«, *Der Bergsteiger* 1931/32, S. 430–432.

Schmitt, Fritz: »Die heroischen Dreißiger Jahre«, in: *Fritz Schmitt. Bergsteiger, Schriftsteller, Chronist*, hrsg. vom Deutschen Alpenverein, München 1987, S. 129–153.

Ders.: *Mensch, Berg und Tod.* Erzählungen, München 1937.

Ders.: *Der Bergsteiger von heute. Entwicklung, Technik und Grundlagen des neuzeitlichen Bergsteigens*, München 1937.

Schmitz-Berning, Cornelia: *Vokabular des Nationalsozialismus*, Berlin 2000.

Schneider, Curt: »Der Sieg am Berg«, *Die Zeit*, Jg. 53, Nr. 34, 13.8.1998.

Schulze, Hagen: *Freikorps und Republik 1918–1920*, Boppard am Rhein 1969.

Seaver, George: *Francis Younghusband. Explorer and Mystic*, London 1952.

Shipton, Eric E.: »The Mount Everest Reconaissance, 1935«, *The Himalayan Journal* 8 (1936), S. 1–13, und *Alpine Journal* 252 (1936), S. 1–14.

Sild, Meinhart: »Bergsteigen als Rüstung«, *Österreichische Alpenzeitung*, April 1938, S. 160–164.

Skuhra, Rudolf: *Sturm auf die Throne der Götter. Himalaja-Expeditionen 1921–1950*, Berlin 1938 u. 1952 (gereinigte Version).

Smythe, Francis Sydney: *Camp Six, an Account of the 1933 Mount Everest Expedition*, London 1937.

Ders.: »Death in the Himalayas. German Expedition Accident. Blow to Mountaineering«, *The Times*, London, vom 24.7.1934.

Spender, Michael: »Survey on the Mount Everest Reconaissance«, 1935, *The Himalayan Journal* 9 (1937), S. 16–20.

Steinhöfer, Dieter: *Hans von Tschammer und Osten. Reichssportführer im 3. Reich*, Berlin 1973.

Strutt, Edward Leslie: »The Disaster on Nanga Parbat, 1937«, *Alpine Journal* 255 (1937), S. 210–227.

Summers, Julie: *Fearless on Everest. The Quest for Sandy Irvine*, Seattle 2001.

Sydnor, Charles W., jr.: *Soldaten des Todes. Die 3. SS-Division »Totenkopf« 1933–1945*, mit einem Geleitwort von Bernd Wegner, Paderborn u. a. 2002.

Tilman, Harold William: »Mount Everest, 1938«, *The Himalayan Journal* 11 (1939), S. 1–14; *Alpine Journal* 258 (1939), S. 3–17.

Ders.: *Mount Everest* 1938, London 1948.

Trumpp, Julius: »Feierstunde für die Toten des Nanga Parbat«, *Österreichische Alpenzeitung*, 1938, S. 48–51.

Ders.: »Bergsteigen und Volksertüchtigung«, *Österreichische Alpenzeitung*, 1934, S. 345–347.

Wagner, A.: »Meteorologisches zur Nanga Parbat-Expedition«, *Mitteilungen des DÖAV* 11/1934.

Wagner, Gerhard: »Kein Monsun am Nanga Parbat. Eine Studie über die wetterbestimmenden Luftmassen im Nordwesthimalaja«, *Alpenvereins-Jahrbuch* 1970, S. 188–199.

Waite, Robert G. L.: *Vanguard of Nazism. The Free Corps Movement in Postwar Germany 1918–1923*, Cambridge (Mass.) 1969.

Welzenbach, Wilhelm: »Das Recht am Mauerhaken«, *Der Berg* 1924 (Heft Dez. 23/Jan. 24), S. 55–56.

Ders.: »Ostererinnerungen aus den Westalpen«, *Der Berg* 1924 (Heft Dez. 23/Jan. 24), S. 43–45.

Ders.: »Ein Vorschlag zur Vereinheitlichung der Schwierigkeitsbegriffe«, *Der Bergkamerad* 22 (1926), S. 258–259.
Ders.: »Das Gehen im Eis«, in: *Alpines Handbuch des DÖAV*, Bd. 2, Leipzig 1931, S. 127–147.
Ders.: »Alpine Tat – Literarische Untat«, *Der Bergsteiger* 1929, S. 947–950.
Ders.: *Mein alpiner Lehrmeister, Beitrag zur Festgabe von Hans Pfann*, »Menschen im Hochgebirge«, München 1933, S. 230 bis 242.
Ders.: *Untersuchungen über die Stratigraphie der Schneeablagerungen und die Mechanik der Schneebewegungen nebst Schlussfolgerungen auf die Methoden der Verbauung*, Innsbruck 1930.
Ders.: »Der Angriffsweg auf den Nanga Parbat«, *Mitteilungen des DÖAV*, Bd. 60, 1934, S. 178–179.
Ders.: »Das Gebirge der unbegrenzten Möglichkeiten«, *Münchner Neueste Nachrichten* vom 27. April 1934.
Ders.: »Alfred Drexel«, *Deutsche Alpenzeitung*, 1934, S. 263–264.
Wien, Karl: »Willo Welzenbach« (Nachruf), *41. Jahrbuch des AAVM*, 1932/33, München 1933, S. 3–5.
Wien, Wilhem: *Aus dem Leben und Wirken eines Physikers*, Leipzig 1930.
Younghusband, Francis E.: *Der Heldensang vom Everest*, übers. von W. Rickmer Rickmers, Basel 1928 (EA: *The Epic of Mount Everest*, London 1926).
Ders.: *Der Himalaja ruft*, übers. von Heinrich Erler, Berlin 1937 (EA: *Everest. The Challenge*, London 1936).

DER EINZELGÄNGER

Abendzeitung vom 4.8.1953: »Streit um Nanga-Parbat-Sieg« und 6.8.1953: »Buhl soll schweigen! Herrligkoffer beantragt einstweilige Verfügung«.

Bauer, Paul: *Offener Brief an Oberbürgermeister Thomas Wimmer*, Manuskript, Bestand Personalarchiv Fritz Schmitt, DAV.

Buhl, Hermann: *Achttausend Drüber und Drunter*, mit einem Vorwort von Kurt Maix: »Der Wanderer zwischen Erde und Wolken«, München 1954.

Ders.: *Große Bergfahrten*, mit einer Einleitung von Luis Trenker, München 1974.

Ders.: *Allein am Nanga Parbat und große Fahrten*, mit einem Geleitwort von Reinhold Messner und einem Lebensbild von Lia Hörmann, Innsbruck 1984.

Ders.: »Mein Gang zum Gipfel«, *Der Bergsteiger* 1952/53, S. 471–481.

Ders.: »Nanga Parbat 1953, Teil III, Der Gipfelangriff«, *Jahrbuch des DAV* 1953, S. 24–30.

Ders.: »Dolomitenerinnerungen«, *Jahrbuch des DAV* 1952, München 1952, S. 98–109.

Ders.: »Nächtlicher Gang«, *Der Bergsteiger* 1952/53, S. 304–307.

Ders.: *Nanga Parbat 1953. Eine notwendige Erklärung zu den Schriftwerken über diese Expedition!*, Manuskript, Bestand Deutsches Institut für Auslandsforschung.

Ders.: »Offener Brief Hermann Buhls an Herrligkoffer«, *Abendzeitung* vom 7.8.1953, S. 7 u. 8.

Ertl, Hans: »Erinnerung an Dr. Walter Frauenberger«, *Mitteilungen des DAV* 1958, S. 40–41.

Franz, Hans/Maix, Kurt: *Der Mensch am Berg. Von der Freude, dem Kampf und der Kameradschaft der Bergsteiger*, München 1935.

Frauenberger, Walter: »Nanga Parbat 1953, Teil II, Der Weg zum Gipfel«, *Jahrbuch des DAV* 1953, S. 17–23.

Frei, Norbert: *Karrieren im Zwielicht. Hitlers Eliten nach 1945*, Frankfurt/New York 2001.

Friedrich, Jörg: *Die kalte Amnestie. NS-Täter in der Bundesrepublik*, München 1994.

Gerhart, Gert K.: »Schatten fallen auf einen alpinen Sieges-Lorbeer«, *Süddeutsche Zeitung* vom 4.8.1953, S. 3.

Ders.: »Thomas Wimmer besänftigt die Berggeister«, *Süddeutsche Zeitung* vom 10.8.1953, S. 4.

Herrligkoffer, Karl Maria: *Nanga Parbat 1953*, 2. Aufl., München 1954 (EA München 1953 mit dem UT »Vollständiger Expeditionsbericht«).

Ders.: *Tagebuchnotizen*, Hankensbüttel 1953.

Ders.: *Der letzte Schritt zum Gipfel. Kampf und Sieg im Himalaya*, Reutlingen 1958.

Ders.: *Nanga Parbat. Willy Merkls Himalaja-Expeditionen 1932 und 1934 von ihm selbst dargestellt und seinem Bruder Dr. Karl M. Herrligkoffer Leiter der Deutschen Himalaja-Expedition 1953*, Hankensbüttel o. J.

Ders.: *Deutsche Himalaya-Expedition 1953. Willy Merkl und seinen Kameraden zum Gedächtnis* (mit Spenderliste und sämtlichen Kuratoriumsmitgliedern), München o. J. (1953).

Ders. (Hrsg.): *Im Banne des Nanga Parbat.* Bildband der deutsch-österreichischen Willy-Merkl-Gedächtnisexpedition 1953 zum Nanga Parbat, München/Wien 1953.

Ders.: *Nanga Parbat 1953*, Teil I, Deutsch-Österreichische Willy-Merkl-Gedächtnisexpedition, *Jahrbuch des DAV* 1953, S. 5–16.

Ders.: »Neuer Sturm auf den ›deutschen Berg‹ im Himalaja. Kuratorium ruft zur Unterstützung der Himalaja-Expedition auf«, *Süddeutsche Zeitung* vom 19./20.7.1952, S. 7.

Herzog, Gerard: *Louis Lachenal. Ein Leben für die Berge*, Bern 1963.

Herzog, Maurice: *Annapurna – erster Achttausender*, mit einem Vorwort von Lucien Devies, Wien 1952.

Heydecker, Joe J.: »So schildert Hermann Buhl den 3. Juli 1953«, *Süddeutsche Zeitung* vom 4.8.1953, S. 3.

Ders.: »Endlich die Wahrheit! Hermann Buhl: So besiegte ich den Nanga Parbat, *Abendzeitung* vom 1.8.1953, S. 9 u. 13.

Hillary, Edmund: *Ich stand auf dem Everest. Meine Erstbesteigung mit Scherpa Tensing*, Stuttgart 1997 (EA: *High Adventure*, London 1955).

Hunt, John: »Mount Everest. Kampf und Sieg«, Wien 1954 (EA: *The Ascent of Everest*, London 1953).

Jennewein, Alfred: »Zum Plan einer Nanga-Parbat-Expedition 1953«, *Mitteilungen des DAV* 2 (Februar 1953), S. 22 f.

Leeb, Johannes: »Im Schatten des Nanga Parbat. Ein verworrenes Kapitel des Münchner Alpinismus«, *Abendzeitung* vom 30./31.7.–6./7.8.1955 (7 Teile).

Messner, Reinhold: *Annapurna. 50 Jahre Expeditionen in die Todeszone*, München 2000.

Ders./Höfler, Horst: *Hermann Buhl. Kompromisslos nach oben*, Augsburg 1997.

Müller-Meiningen, Ernst jr.: »Der Gipfelstürmer mit dem Maulkorb«, *Süddeutsche Zeitung* vom 7.8.1953, S. 3.

N. N.: »Der Deutsche Alpenverein und die geplante Nanga-Parbat-Expedition«, *Mitteilungen des DAV* 2 (Februar 1953), S. 29–31.

Rebuffat, Gaston: *Sterne und Stürme. Die großen Nordwände der Alpen*, München 1955.

Revue, insbesondere die Nr. 29 vom 18. Juli 1953 (S. 9: das ganzseitige »Gipfelbild«: Buhl mit Sauerstoffmaske und Fahnen), Nr. 30 vom 25.7.1953 und Nr. 31 vom 1.8.1953.

Schmidkunz, Walter: »Nanga Parbat. Ein Rückblick«, *Der Bergsteiger* 12 (1952/53), S. 481–494.

Schmitt, Fritz: »Zur Ausreise der Nanga-Parbat-Expedition«, *Mitteilungen des DAV* 4 (April 1953), S. 50.

Spiegel vom 2.10.1952, S. 30–33: »Himalaja – Mordlustig und drohend«; vom 2.12.1953, S. 35 u. 37: »Nanga Parbat – Über allen Gipfeln Buhl«.

Terray, Lionel: *Vor den Toren des Himmels. Von den Alpen zur Annapurna*, übers. und mit einem Nachwort von Herbert

Stifter, München 1965 (2. Auflage) (EA: *Le Conquerants de l'Inutile*).

Thorwald, Jürgen: »Krach um den Nanga Parbat«, *Quick* 34 (23.8.1953), S. 12–17 u. 34.

DER LETZTE BERGSTEIGER

Baumgartner, Peter: »Tod am Nanga Parbat. Die höchste Wand der Erde erstmals bezwungen – der Preis: ein Menschenleben«, *Die Presse*, 18./19.7.1970.

Bittorf, Wilhelm: »Der Drache darf nicht sterben«. Über den Himalaja-Bergsteiger Reinhold Messner, *Der Spiegel* 16 (1977) S. 200–209.

Ders./Hoelzgen, Joachim: »Aufbruch in die Todeszone. Messners Expedition zum K2«, *Der Spiegel* 28–31 (1979).

Burda, Franz: »Bitterer Sieg am Nanga Parbat«, *Bunte Illustrierte* 31 (1970), S. 17–20.

Einstellungsbescheid im Ermittlungsverfahren gegen Dr. Herrligkoffer und Michael Anderl wegen Verdachts der fahrlässigen Tötung und der unterlassenen Hilfeleistung des Landgerichts München I vom 14. März 1972, Archiv Messner.

Faux, Ronald: *Reinhold Messner.* Autorisierte Biographie, München/Berlin 1981.

Habeler, Peter: *Der einsame Sieg. Erstbesteigung des Mount Everest ohne Sauerstoffgerät*, München 2001 (EA 1978).

Ders.: »Zu zweit am Hidden Peak. Neue Aspekte im Alpinismus?«, *Alpinismus* 10 (1975), S. 8–10.

Ders.: »Everest by fair means«, *Alpinismus* 7 (1978), S. 9–10.

Herrligkoffer, Karl Maria: *Kampf und Sieg am Nanga Parbat. Die Bezwingung der höchsten Steilwand der Erde*, Stuttgart 1971.

Ders.: »Sieg und Tod am Nanga Parbat«, *Bunte Illustrierte* 31 (1970), S. 32–41 u. 54.

Ders.: »Nanga Parbat 1953 bis 1970. Gipfelsiege – Große Opfer und kleine menschliche Probleme«, *Die Presse*, 22./23.8.1970.

Hiebeler, Toni: »Felix Kuen. Der Mann, der die schwierigsten Wände bezwang, aber im Leben scheiterte«, *Alpinismus* 4 (1974), S. 30.

Hobe, Bertram von: »Tod am Nanga Parbat. Erfolgreiche Expedition mit gerichtlichem Nachspiel«, *Schwäbische Zeitung* vom 23.3.1971.

Kuen, Felix: »Mein schönster Sonntag«, in: Karl M. Herrligkoffer (Hrsg.): *Bergsteiger erzählen* …, Bamberg 1978, S. 11–13.

Ders.: »Der Sieg und die Tragödie«, *Der Bergsteiger* 11 (1970), S. 885–888.

Mannhardt, Anderl: »Nanga Parbat – Diamirflanke«, in: Die Bergwacht des Bayerischen Roten Kreuzes im Jahre 1962, Kempten o. J. (1963), S. 14–18.

Messner, Reinhold: *Die rote Rakete am Nanga Parbat. Drehbuch zu einem Film, der nie gezeigt werden kann*, München 1971.

Ders.: »Direttissima – oder Mord am Unmöglichen«, *Alpinismus* 8 (1968), S. 24–25.

Ders.: »Probleme der Bewertung. Wer sagt, was richtig ist?«. *Alpinismus* 10 (1968), S. 24–26.

Ders.: *Zurück in die Berge. Bergsteigen als Lebensform – Gedanken und Bilder*, Bozen 1970.

Ders.: *Der nackte Berg. Nanga Parbat – Bruder, Tod und Einsamkeit*, München 2002.

Ders.: *Alleingang Nanga Parbat*, München 1979.

Ders.: *Der siebte Grad. Clean Climbing, Freies Klettern*, München 1973.

Ders.: *Arena der Einsamkeit. Expeditionen gestern, heute, morgen*, Bozen 1976.

Ders.: *Die Herausforderung. Zwei und ein Achttausender*, München 1976.

Ders.: *G I und G II: Herausforderung Gasherbrum*, München 1998.

Ders.: *Everest. Expedition zum Endpunkt*, München 1978 (NA München 1995).
Ders.: »Das aktuelle Interview«, *Alpinismus* 12 (1981), S. 30–36.
Ders.: *Sturm am Manaslu. Himalaya-Expeditions-Report*, München 1972.
Ders.: »Odyssee am Nanga Parbat«, *Der Bergsteiger* 11 (1970), S. 881–885.
Ders.: »Jetzt bin ich ganz oben«, *Stern* 36 (1978), S. 12–20 u. 98.
Ders.: *Mein Weg. Bilanz eines Bergsteigers ohnegleichen*, München 1982.
Ders.: »Nanga Parbat 1970. Die Sache mit den Raketen«, *Alpinismus* 9 (1970), S. 28–29 u. 59.
Ders./Rudatis, Domenico/Varale, Vittorio: *Die Extremen. Fünf Jahrzehnte sechster Grad*, München 1974.
Moravetz, Bruno: »Ohne Sauerstoffgerät auf den höchsten Berg«, *Frankfurter Allgemeine Zeitung* vom 21.4.1978.
Ders.: »Auf der Suche nach dem Abenteuer im siebenten Grad. Der Alpinist Reinhold Messner allein auf dem Nanga Parbat«, *Frankfurter Allgemeine Zeitung* vom 24.8.1978.
Nanga Parbat. Deutscher Schicksalsberg. Begleitheft der Ausstellung im Münchner Stadtmuseum, März/April 1965.
Oelz, Oswald: »Das Phänomen Reinhold Messner«, *Neue Zürcher Zeitung* vom 18./19.10.1986, S. 95.
Ders.: *Mit Eispickel und Stethoskop*, Zürich 1999.
Polaczek, Dietmar: »Bergsteigen als Show-Geschäft. Der Wettlauf um die Vermarktung einer Everest-Expedition«, *Frankfurter Allgemeine Zeitung* vom 17.10.1978.
Ders.: »Nicht nur die alpinistischen Wagnisse sind genau kalkuliert. Reinhold Messner und die Einsamkeit«, *Frankfurter Allgemeine Zeitung* vom 30.3.1979.
Rebitsch, Mathias: »Tiroler Sieg und Tragik am Eisriesen Nanga Parbat«, *Tiroler Tageszeitung* vom 5./6.9.1970 u. 9.9.1970.
Ruef, Karl: *Felix Kuen – Auf den Gipfeln der Welt*, Graz 1972.

Silbernagl, Fritz: »Nanga Parbat – Triumph, Drama – auch Leichtsinn«, *Tiroler Tageszeitung* vom 15. Juli 1970.

Der Spiegel 9 (1971), S. 60–63: »Herrligkoffer – Leidhafte Wirklichkeit«.

Sturm, Manfred: »Nanga Parbat – Diamirflanke 1962«, *Alpin* 11/2001, S. 60–63.

ABSTIEG

Dall'O, Norbert: »›Bergsteiger sind verrückt‹. Reinhold Messner, Hans Peter Eisendle und Wolfgang Thomaseth haben Mühe, ihre Erstbesteigung auf dem Nanga Parbat als Erfolg zu verkaufen«, *FF Tiroler Illustrierte* 32 (10.8.2000), S. 34–35.

Dick, Andreas: »Geld oder Leben? Eine Diskussion über die Gefahren des kommerziellen Bergsteigens«, *Mitteilungen des DAV*, Juni 1997.

Dujmovits, Ralf: »Wir werden wegkommen von der Heroisierung der Achttausender-Bergsteiger«, *Alpin* 1/2000, S. 9.

Eisendle, Hanspeter: *Verlust der Wildnis: die Alpen als Sportgerät*, Vortrag Alpinismusforum Bruneck, Manuskript.

Etschert, Georg: »Abstieg zum Event. Bergkameradschaft ade. Im Deutschen Alpenverein geht es drunter und drüber«, *Die Zeit* 40 (28.9.2000), S. 79.

Karl, Reinhard: »Mit dem Glück ist es so wie mit dem Abstieg. Gasherbrum II – Yosemite«, *Alpenvereins-Jahrbuch* 1980, S. 133–150.

Ders.: *Erlebnis Berg. Zeit zum Atmen*, München 1993 (EA Bad Homburg 1980).

Ders.: »Erst nach dem Gipfel bist du wieder frei (Cerro Torre – Nanga Parbat)«, *Alpenvereins-Jahrbuch* 1981, S. 103–113.

Krakauer, Jon: *In eisige Höhen. Das Drama am Mount Everest*, mit einem Nachwort zur 15. Auflage, München 2000.

Ders.: *Auf den Gipfeln der Welt. Die Eiger-Nordwand und andere Träume*, München 1999.

Loretan, Erhard: »Ich kritisiere die fehlende Moral«, *Alpin* 1/2000, S. 8.

Märtin, Ralf-Peter: »Der letzte Berg«, *Die Zeit* 27 (29.6.2000).

Ders.: »Operation Nanga Parbat«, *Die Zeit* 33 (10.8.2000).

Messner, Reinhold: *Wir haben uns verstiegen. Bergsteigen ja, aber wie*, Manuskript, Archiv Messner.

Ders.: »Der Gipfel des Selbstbetrugs. Kein Höhenrausch, kein Glücksgefühl – nur Müll: Der Mount Everest ist zum Konsumgut für jedermann verkommen«, *Süddeutsche Zeitung* vom 28./29.4.2001.

Ders.: *Berg heil – heile Berge? Rettet die Alpen*, München 1997.

Ders.: *Die Grenzen der Seele wirst du nicht finden.* Michael Albus im Gespräch mit einem modernen Abenteurer, Freiburg 1996.

Ders.: *Ich gehe bis an die Grenze.* Ein Porträt von Hans-Dieter Schütt, Berlin 1991.

Ders./Hillary, Edmund u. a.: *Stimmen vom Gipfel. Die bedeutendsten Bergsteiger zur Zukunft des Alpinismus*, o. O. 2001.

Interviews mit Reinhold Messner:

- »Ich bin der Sonnenkönig«. Interview mit Arno Luik, *Sports*, Mai 1990, S. 50–59.
- »Warum noch einmal, Reinhold Messner?« Interview mit Ralf-Peter Märtin, *Die Zeit* 27 (29.6.2000).
- Jeder Berg ist ein zerstörter Traum. Interview mit Andre Müller, *Die Zeit* 49 (1990), S. 65–66.
- »Warum sollten Manager ihre Grenzen kennen, Herr Messner?« Interview mit Irene Nießen, *FAZ-Magazin* 752 (29.7. 1994).
- Ein offenes Gespräch mit dem Bergsteiger, Eiswanderer und Yeti-Forscher, dem der Streit fast so wichtig ist wie das Abenteuer. Interview mit Ossi Urchs und Gert Höhle, *Playboy*, Februar 1991, S. 30–38.

Moravec, Fritz: *Himalaya-Bergsteigen einst und heute. Von den ersten Erkundungen zu den käuflichen Gipfeln*, Wien 1998.
Netzer, Hajo: »Schicksalsberg?«, *Alpin* 11/2001, S. 52–59.
Oelz, Oswald: »Die Freiheit, das Unnütze zu erobern«, *Alpin* 12/2000, S. 9.
Renzler, Robert: »Exkurs über die Beliebigkeit«, *Alpin* 12/2000, S. 8.
Rübesamen, Hans Eckart: »Der Ruf der Berge. Anmerkungen zum Massen-Alpinismus«, *Frankfurter Allgemeine Zeitung* vom 10.8.1995.
Seiser, Michaela: »Das mache ich nicht für eine Milliarde Lire. Bergsteiger, Bergkonsumenten und der Massentourismus«, *Frankfurter Allgemeine Zeitung* vom 18.8.2001, S. 15.
Statement Showing List of Mountaineering Expeditions likely to visit Pakistan during 2000, Archiv Messner.
Steinle, Bernd: »Längst nicht mehr einsame Spitze. Eine Bilanz der Frühjahrssaison am Mount Everest, dem höchsten Berg der Welt«, *Frankfurter Allgemeine Zeitung* vom 29.5.2002, S. 11.

ÜBERBLICKSDARSTELLUNGEN

Amstädter, Rainer: *Der Alpinismus. Kultur, Organisation, Politik*, Wien 1996.
Ders.: *Gesellschaftsgeschichte des Alpinismus. Die kulturelle, ökonomische und politische Dimension des Alpinismus: die alpinen Vereinigungen Österreichs und Deutschlands im Kontext der Sportgeschichte*, Wien 1995, Diss.
Ardito, Stefano: *Die Eroberung der Giganten. Von der Erstbesteigung des Montblanc bis zum Freeclimbing*, München 2000.
Aspetsberger, Friedbert (Hrsg.): *Der Berg. Einige Berg- und Tal-, Lebens- und Todesbahnen*, Innsbruck 2001.

Aufmuth, Ulrich: *Zur Psychologie des Bergsteigens*, Frankfurt/M. 1988.

Ders.: *Lebenshunger. Die Sucht nach Abenteuer*, Zürich 1996.

Ders.: »Die verrückte Notwendigkeit. Gedanken über die Extremformen der Bergleidenschaft«, *Alpenvereins-Jahrbuch* 1981, S. 87–102.

Ders.: »Die zweite Existenz. Das Bergsteigen und die Defizite des Selbsterlebens in unserer Gesellschaft. Eine soziologische Betrachtung über den Sinn des Bergsteigens«, *Alpenvereins-Jahrbuch* 1980, S. 69–84.

Bauer, Paul: *Das Ringen um den Nanga Parbat 1856–1953. Hundert Jahre Bergsteigerischer Geschichte*, München 1955.

Der Berg ruft. *Die Alpinismus-Ausstellung im Salzburger Land*, Oberndorf 2000.

Bonington, Chris: *Triumph in Fels und Eis. Die Geschichte des Alpinismus*, Stuttgart 2000.

Ders.: *Quest for Adventure. Remarkable Feats of Exploration and Adventure 1950–2000*, London 2001.

Caysa, Volker/Schmid, Wilhelm (Hrsg.): *Reinhold Messners Philosophie. Sinn machen in einer Welt ohne Sinn*, Frankfurt/M. 2002.

Dauer, Tom (Hrsg.): *Reinhard Karl. Ein Leben ohne Wenn und Aber*, Zürich 2002.

Dyhrenfurth, Günter Oskar: *Das Buch vom Nanga Parbat. Die Geschichte seiner Besteigung 1895–1953*, München 1954.

Ders.: *Zum dritten Pol. Die Achttausender der Erde*, München 1952.

Ders.: *Der dritte Pol. Die Achttausender und ihre Trabanten*, München 1961.

Gillman, Peter: *Everest. 80 Jahre Triumphe und Tragödien*, München 2001.

Hemmleb, Jochen: *Everest – Göttinmutter der Erde*, Zürich 2002.

Herrligkoffer, Karl Maria: *Nanga Parbat. Die Geschichte eines Achttausenders*, Frankfurt/M. 1981.

Ders.: *Nanga Parbat. Sieben Jahrzehnte Gipfelkampf in Sonnenglut und Eis*, Berlin 1967.

Ders.: *Mein Weg in den Himalaya, Biografie eines Bergsteigers*, Stuttgart 1989.

Hiebeler, Toni: *Lexikon der Alpen*, München 1982.

Höfler, Horst: *Sehnsucht Berg. Große Alpinisten von den Anfängen bis zur Gegenwart*, München 1989.

Ders./Messner, Reinhold: *Karl Maria Herrligkoffer. Besessen, sieghaft, umstritten*, Zürich 2001.

Dies.: *Nanga Parbat. Expeditionen zum »Schicksalsberg der Deutschen« 1934–1962*, Zürich 2002.

Kantezky, Reinhard: *Personalbibliographie historischer Persönlichkeiten des Alpinismus*, München 1988.

Lerchenperg, Harald (Hrsg.): *Himmel, Hölle, Himalaya*, München 1958.

Lunn, Arnold: *A Century of Mountaineering*, 1857–1957, London 1957.

Mason, Kenneth: *Abode of Snow. A History of Himalayan Exploration and Mountaineering*, New York 1955 (NA London 1987).

Messner, Reinhold: *Nie zurück. Nordpol, Mount Everest, Südpol, 3 Fluchtpunkte*, München 1996.

Ders.: *Grenzbereich Todeszone*, Köln 1978.

Ders.: *Die großen Wände. Von der Eiger-Nordwand bis zur Dhaulagiri-Südwand*, München 1977 (NA mit CD, München 2000).

Ders.: *Überlebt. Alle 14 Achttausender.* Mit Chronik, München 1999.

Ders.: *Die Freiheit aufzubrechen, wohin ich will. Ein Bergsteigerleben*, München 2001.

Ders.: *Berge versetzen. Das Credo eines Grenzgängers*, München 1994.

Ders.: *Vertical – 100 Jahre Kletterkunst*, München 2002.

Murray, W. H.: *Das Buch vom Everest. Die Geschichte seiner Besteigung 1921–1953*, München 1953.

Neale, Jonathan: *Tigers of the Snow. How One Fateful Climb Made the Sherpas Mountaineering Legends*, London 2002.

Perfahl, Jost: *Kleine Chronik des Alpinismus*, Rosenheim 1984.

Peskoller, Helga: *BergDenken. Eine Kulturgeschichte der Höhe.* 2 Studien, Wien 1998.

Sale, Richard/Cleare, John: »*On Top of the World*«. *Die 14 Achttausender. Von den Erstbesteigungen bis heute*, München 2001.

Semler, Gert: *Die Lust an der Angst. Warum Menschen sich freiwillig extremen Risiken aussetzen*, München 1994.

Simons, Elisabeth/Oelz, Oswald: *Kopfwehberge: Eine Geschichte der Höhenmedizin*, Zürich 2001.

Simpson, Joe: *Spiel der Geister. Die Sucht nach dem Berg*, Zürich 1995.

Unsworth, Walt: *Hold the Heights. The Foundations of Mountaineering*, London 1994.

Ders.: *Encyclopaedia of Mountaineering*, London 1992.

Ders.: *Everest. The Mountaineering History*, 3. Aufl., Seattle 2000.

Weyer, Helfried/Dyhrenfurth, Norman G.: *Nanga Parbat. Der Schicksalsberg der Deutschen*, Karlsruhe 1980.

Zebhauser, Helmuth: *Alpinismus im Hitlerstaat. Gedanken, Erinnerungen, Dokumente*, München 1998.

Ders. (Hrsg.): *Handbuch Alpingeschichte im Museum*, München 1991.

Ders./Trentin-Meyer, Maike (Hrsg.): *Zwischen Idylle und Tummelplatz*, Katalog für das Alpine Museum des Deutschen Alpenvereins in München, München 1996.

Ziak, Karl: *Der Mensch und die Berge. Eine Weltgeschichte des Alpinismus*, 5. Aufl., Salzburg 1981 (EA 1936).

BILDNACHWEIS

Jost von Allmen S. 198

Ursula Demeter S. 347

Archiv des Deutschen Alpenvereins, München S. 219

Ebd. (Deutsche Himalaja-Stiftung) S. 107, 112, 126/27, 130, 148, 150 oben u. unten, 153, 156/57, 158, 160/61, 179, 183, 189, 318

Ebd. (Deutsches Institut für Auslandsforschung) S. 222, 223, 226/27, 228, 231, 269, 272, 285, 326, Nachsatzkarte

Hanspeter Eisendle/Wolfgang Thomaseth S. 385

Andrea Forlini S. 210

Ludwig Gramminger/Archiv Hans Steinbichler S. 202

Marcel Ichac S. 249

Archiv Ralf-Peter Märtin S. 14, 24/25, 28/29, 48, 61, 89, 93, 98, 165, 215, 294

Archiv Reinhold Messner S. 54/55, 84/85, 246/47, 314, 329, 334, 351, 353, 359, 362, 368, 370/71, 374

Royal Geographical Society, London S. 82, 277

Friedrich Wobst Vorsatzkarte

REGISTER DER PERSONEN- UND BERGNAMEN

atro-Gletscher
Ganalo Peak
6606
6238
6313
6227
KAMM
Diama-Gletscher
DIAMIR
Herrligkoffer 1961 u. 1962
mir-Gletscher
Mummery 1895
Löw-Eisrinne
Kinshofer-Eisfeld
L1
L2
L3
S. Löw
23.6.62
BAZHIN-MULDE
Messner 1970
ca 6750
Nanga Parbat
Peaks